Gewaltfrei durch Erziehung

Rüdiger Posth

Gewaltfrei durch Erziehung

Versuch einer Pädagogik des friedlichen Zusammenlebens

Das Konzept der bindungsbasierten frühkindlichen Entwicklung und Erziehung (BBFEE)

Waxmann 2013
Münster / New York / München / Berlin

Bibliografische Informationen der Deutschen Nationalbibliothek
Die Deutsche Nationalbibliothek verzeichnet diese Publikation in der Deutschen Nationalbibliografie; detaillierte bibliografische Daten sind im Internet über http://dnb.dnb.de abrufbar.

2., verbesserte und ergänzte Auflage 2016
ISBN 978-3-8309-3455-4

Postfach 8603, 48046 Münster

www.waxmann.com
info@waxmann.com

Umschlaggestaltung: Christian Averbeck, Münster
Umschlagabbildung: © Miredi – Fotolia.com
Satz: Stoddart Satz- und Layoutservice, Münster
Druck: Hubert & Co., Göttingen

Gedruckt auf alterungsbeständigem Papier, säurefrei gemäß ISO 9706

MIX
Papier aus verantwortungsvollen Quellen
FSC® C016439
FSC www.fsc.org

Printed in Germany

Jeder Mensch ist bei Geburt unschuldig,
und er hat das Recht
es zu bleiben.

Dieses Buch ist allen Kindern der Welt gewidmet

Inhalt

Vorwort

Eine auch heute noch schwierig zu beantwortende Frage ist die nach den Ursprüngen der Gewalt in der menschlichen Gesellschaft. Dieser Frage soll in diesem Buch aus psychologischer wie aus pädagogischer Perspektive nachgegangen werden. Gleichzeitig soll eine Methode erarbeitet werden, Gewalt allein durch die Erziehung des Menschen einzudämmen oder zu verhindern. Dabei sollen die Bindungsverhältnisse des Menschen in der frühen Kindheit eine zentrale Bedeutung erhalten.

In den meisten Besprechungen über den Gewaltfaktor unter Menschen wird nahezu ausschließlich auf die sozialen Ursprünge eingegangen, oft mit dem ernüchternden Resultat, dass diese keine plausiblen Begründungen für den entstandenen Ausbruch von Gewalt bieten. Dieses gilt ganz besonders, wenn es sich um eine Einzeltat handelt. Lediglich die Phänomene kriegerischer Auseinandersetzungen unter Völkern oder nationale Bürgerkriege lassen sich eindeutig aus machtpolitischen und sozialen Verwerfungen in einem Staatssystem ableiten. Im Falle der großen Volkskriege hilft zumeist auch der Verweis auf die vorherrschende Ideologie einer Nation zur Erklärung für die Entstehung und Ausübung von Terror und Gewalt. In wieder anderen Fällen lässt sich ein ethnisches Problem ausmachen mit der Verteilung von Land und Herrschaft in einem gemeinsamen Territorium.

Aber schon bei despotischen Gesellschaftssystemen liegt, anders als es den Anschein macht, der Fall nicht mehr so klar auf der Hand, und beim individuellen Amoklauf gibt es in der Regel keine klar erkennbare, von äußeren Umständen gesteuertes Auslösen der Gewalttat. Eine gezielte Aufstachelung oder Manipulation des Täters durch andere Menschen oder Menschengruppen fehlt hier völlig. Und bei Gewalt in der Familie verlässt uns dann endgültig jede gesellschaftspolitische Erklärung. So ergibt sich immer wieder die ganz nüchterne Frage, warum dieser gewalttätige Ausbruch, warum gerade dieser Mensch?

„Warum dieser Mensch/diese Menschen" kann meiner Auffassung nach nur individualpsychologische Ursachen haben, die zu ergründen Inhalt der folgenden Ausführungen darstellt. Und die Gründe, die für den Einzelnen mit seiner Entwicklung zur Gewaltneigung gelten, stimmen zu einem großen Teil mit denen überein, die eine ganze Gruppe in dieses sozial negative Verhaltensmuster abgleiten lässt. Bei der von mir erstellten Untersuchung sollen nun keineswegs allgemein sozialer Hintergrund sowie gesellschaftlicher Einfluss auf die Entwicklung der Gruppe oder des Einzeltäters unter den Tisch fallen. Im Gegenteil, immer wieder wird davon zu sprechen sein, wie ungünstige soziale Lebensumstände in der Kindheit auf den oder die einzelnen Menschen ihren Einfluss nehmen und seine/ihre seelische und geistige Gesundheit prägen. Es wird von mir aber nicht einseitig vom sozialen Umfeld und von den gesellschaftlichen Verhältnissen auf die emotionale und psychosoziale Entwicklung geschlossen. Vielmehr soll das gegenseitige Wechselspiel zwischen emotionalen und geistig-kognitiven Entwicklungen von Kindern und Jugendlichen und deren realen Lebensbedingungen untersucht werden. Diese existenziellen Voraussetzungen will ich methodisch aufteilen in primäre und sekundäre Einflüsse auf das Kind, was in den einzelnen Kapiteln des Buches zum Ausdruck kommt.

Der beschriebene Ansatz deckt sich mit dem biologischen Grundprinzip der Genetik. Als Grundvoraussetzung individueller Anlagen führt die Genetik in vergleichbarer Weise eine Art Zwiegespräch mit den vorgefundenen Lebensbedingungen des Menschen. Erst durch diesen Dialog angeregt schaltet sie bestimmte Gene an und bringt sie stark zum Ausdruck, schaltet andere dagegen ab oder hält sie auf dem Niveau einer niedrigen Aktivität. Diese Erkenntnis hat sich in den letzten Jahren in der Erbforschung durchgesetzt und wird mit dem Begriff Epigenetik beschrieben. Genetik ist heutzutage ohne die Epigenetik nicht mehr zu verstehen. Dieser Ansatz soll die Leserin bzw. den Leser durch das ganze Buch begleiten, auch wenn nicht jedes Mal ausdrücklich davon gesprochen wird.

Viel offenkundiger als das Verständnis der Erbanlagen ist dagegen die Erfahrung des Menschen in früher Kindheit, sowohl was die Besprechung all seiner Entwicklungsfragen betrifft als auch deren Auflösung in Richtung einer Entstehung von menschlicher Gewalt. Hauptsächlich diese empirische Betrachtungsweise soll den Maßstab abgeben für die Theorie zur Entstehung von Gewalt, nach der schon immer gesucht wurde. Mithin geht es fast ausschließlich um die Jahre von null bis sechs mit einzelnen längeren Ausblicken in die Schulzeit und die Pubertät. Da es aber in den Jahren der Schulzeit bis zur Adoleszenz in entscheidendem Maße um die Erweiterung des geistigen Horizonts, die Ausdifferenzierung der Vernunft und um die sexuelle Reifung geht, sind diese Jahre für die Grundsteinlegung der sozialen Fähigkeiten des Menschen, allen voraus von Empathie und Gewissen, schon weit weniger von Bedeutung. Was die Emotionen und die psychosoziale Entwicklung in diesem Alter angeht, stehen vor allem die Auseinandersetzung mit dem reifenden Selbst und die Persönlichkeitsfragen, die Prozesse zur Ausdifferenzierung partnerschaftlicher Beziehungen und die Entwicklung zu tief empfundener Liebesfähigkeit an.

Das entscheidende Empfinden und Verhalten hinsichtlich der Prosozialität des Menschen entwickelt sich also bereits viel früher, das heißt in den Jahren des innerfamiliären Aufziehens der Kinder und des extrafamiliären Erziehens in den Familien ergänzenden Kindertagesstätten und Kindergärten. Daher sind diese sozialen Strukturen für alle Kinder dieser Welt von so entscheidender Bedeutung.

Weil sich aber „alles“ bereits so früh aufbaut und entwickelt und nicht erst beim geistig gereiften Schulkind, kann das Verstehen dieser Vorgänge nur darin bestehen, sich mit den Kleinkindern an einen Tisch zu setzen oder ihnen in die Sandkiste und die Spielzimmer zu folgen, um sie in ihrem Lebensumfeld zu beobachten und ihren Weg vom egozentrischen, noch weitgehend selbstnützigen Eigen-Wesen zu einem multizentrischen, altruistischen Sozial-Wesen kennenzulernen. Alles labortechnische Spekulieren und jegliches statistische Auswerten nützt wenig anhand der Vielgestaltigkeit der ganz eigenen, psychosozialen Entwicklungsprozesse, die die Kinder dabei, und ein jedes für sich, produzieren. Genau genommen ist nur die ganze Welt das geeignete Labor, in dem man die emotionalen und psychosozialen sowie die geistig-kognitiven Entwicklungsschritte von Kindern umfassend studieren kann.

Diese Arbeit kann allerdings niemand alleine leisten, und so wird es die Aufgabe von vielen Menschen sein, dieses ungeheuer vielseitige Kaleidoskop der sozialen Menschwerdung zu ordnen und vom eher schmalspurigen Wegenetz der biologischen Entwicklung abzutrennen. Ich möchte mit diesem Buch einen Beitrag dazu leisten.

Ein zweiter für mich entscheidender Faktor bei diesem Unternehmen sollte gleich zu Anfang angesprochen werden: Eine Erziehung, die sich ausdrücklich als Erziehung *gegen* Gewalt versteht oder gegen jedes gewaltsame Handeln unter Menschen, erhebt einen großen Anspruch an sich selbst. Das heißt zu allererst, dass die Erziehung *ohne* Gewalt die nicht weiter zu diskutierende Grundvoraussetzung ist. Darüber sollten sich alle, die eine solche pädagogische Arbeit leisten wollen, im Klaren sein. Jeder Autor und jede Autorin sollte in diesem Bewusstsein seine Recherchen anstellen. Der Anspruch an sich selbst kann nur dadurch eingelöst werden, dass die kritische Betrachtung der Entwicklung zu Gewalt mit unerschrockener Offenheit und klarer Selbstpositionierung geführt wird. Der Maßstab hierzu ist das unschuldige, grundsätzlich niemals an Gewalt interessierte Kind.

Ob man tatsächlich allein über den Weg der Erziehung die Gewalt aus dem menschlichen Verhalten und damit aus der Welt verbannen kann, ist eine schwierig zu beantwortende Frage und in seiner versteckten Behauptung des Gegenteils zugleich ein gewagte Hypothese. Muss man, und das wäre das Gegenteil, nicht erst die Welt verändern? Angesichts der zahlreichen Gewaltphänomene auf der Welt, die bis heute ungebrochen anhalten, trotz gezielter Friedenspolitik und mannigfaltiger sozialer und wirtschaftlicher Verbesserungen zumindest in den westlichen Industrienationen, ist jedoch ein pädagogischer

Vorstoß meines Erachtens mehr als gerechtfertigt. Die Veränderung der Welt allein verhindert nicht die Gewalt unter den Menschen. Sie hat es nie getan!

Nur, brauchen wir überhaupt besondere Bemühungen einer gewaltfreien Pädagogik? Ist nicht jede Form von Erziehung zugleich eine Beeinflussung des Menschen gegen gewaltsames Handeln, ist nicht Erziehung immer ein Schritt in Richtung Gewaltfreiheit und Moralität? Noch vor einer Antwort ergibt sich die entscheidende Gegenfrage: Führt ein Nicht-Erziehen des Menschen automatisch zu egoistischen, antisozialen Individuen und damit auch zum gewaltsamen Denken und Handeln? Gibt es denn in der Natur des Menschen nicht so etwas wie ein Sich-selbst-Erziehen hin zu einer altruistisch ausgerichteten, sozialen Haltung, weil der Mensch in der Natur nur so als biologische Art überleben kann? Kurz gefragt: ist der Mensch von Natur aus zu Gewalt veranlagt oder ist er es nicht? An diesem Punkt ist das geistige Band in der Kultur- und Ideengeschichte der Menschheit anzuknüpfen an die Ideen der Französischen Aufklärung und des Deutschen Idealismus, also an Jean-Jaques Rousseau oder Immanuel Kant, was im Laufe de Ausführungen an geeigneter Stelle geschehen soll.

Erziehung ist meiner Auffassung nach, und damit will ich einen entscheidenden Hinweis darauf geben, warum mir das Schreiben dieses Buch so am Herzen liegt, keineswegs automatisch eine Erziehung gegen Gewalt. Das ist sie auch nicht, selbst wenn sie sich ausdrücklich als eine solche bezeichnet. Damit hebe ich gezielt auf weltweit verbreitete Erziehungstechniken ab, die darauf aufbauen, das seelische Kostüm des Menschen schon in seinen frühen Kinderjahren so „abzuhärten", dass es im späteren Leben als lebensstark und streittauglich für die Gesellschaft gelten kann. Aber gerade auch diese Erziehung versteht sich ausdrücklich als prosozial und antigewalttätig.

Wie ich aber zeigen möchte, beschädigt gerade diese Erziehung in Wahrheit das dem Menschen angeborene, seelische Kostüm, das ihn auf natürliche Weise selbststark und sozialtauglich machen könnte. Sie riskiert, dass der Mensch andere Anlagen in sich heranzüchtet und verstärkt, solche, die letztlich nur dem individuellen Überlebenskampf in der Gemeinschaft und damit der Eigennützigkeit dienen. Die Gefahr einer Entwicklung zur Gewalt ist auf diese Weise durch die Hintertür wieder hereingelassen. Genau das zu verhindern sollte jedoch Aufgabe einer Erziehung gegen Gewalt sein.

Seelisches „Abhärten" als eine früh einsetzende Erziehungsform zur Stärkung des Selbstbewusstseins und zur Durchsetzungsfähigkeit in der Gruppe ist eine durch viele Irrtümer über das menschliche Verhalten in nahezu jeder Kultur auf diesem Globus verbreitete Form des erzieherischen Umgangs mit Kleinkindern und Schulkindern. Es ist das grundlegende Ziel der autoritären Erziehung. Vielleicht sind noch die Säuglinge diejenige Altersgruppe, die von dieser pädagogischen Strategie einigermaßen ausgenommen ist. Aber auch im ersten Lebensjahr des Menschen verbreiten sich, stärker in den hochindustrialisierten Ländern als in den Entwicklungsländern, immer weiter diese pädagogischen Praktiken.

Denn immer mehr Stimmen in den Völkern der Industrienationen werden laut, auch Säuglingen schon Anpassungsreaktionen an unser dem generellen Funktionieren und dem wirtschaftlichen Erfolg unterworfenes Gesellschaftssystem aufzunötigen. Und die Wissenschaft dient sich diesem Trend allzu bereitwillig mit passgenauen Erkenntnissen an. Davon soll im Buch immer wieder die Rede sein. Diese Entwicklung mag zum Teil den der Marktwirtschaft angeschlossenen Sozialsystemen geschuldet sein, die mit ihrem Bemühen um finanzielle Ressourcen und ihrem damit verbundenen Zwang zur Vollbeschäftigung der Menschen im Land Sicherheit über Menschlichkeit stellen. Für die intensive Betreuung von Säuglingen gibt es dabei keine Zeit mehr. Zum Teil ist sie aber auch sichtbares soziales Zeichen für die Emanzipation der Mütter wie Väter geworden, die eine Familienstruktur im klassischen Sinne für ein von der modernen Zeit überholtes Phänomen halten. Die Selbstverwirklichung des einzelnen erwachsenen Menschen hat das bislang vorherrschende soziale Prinzip der gemeinschaftlichen Erschaffung einer neuen, nächsten Generation abgelöst. Das alles muss kritisch hinterfragt und auf bestehende Fehler untersucht werden.

Dieses Buch wird demzufolge viele gesellschaftspolitische Fragestellungen neben den individualpsychologischen zu beachten haben. Aufgrund der großen Komplexität dieser Thematik wird jedoch nicht alles zur Sprache kommen können. Ich will mich im Wesentlichen auf das beschränken, was unmittelbar mit der frühkindlichen Entwicklung in Blickrichtung auf Erziehung durch Bezugspersonen und Erziehungspersonal zu tun hat. Der Faktor Gewalt als mögliche Ausuferung zum Negativen solcher erzieherischer Einflüsse auf den Menschen will ich am Ende der gesamten Besprechung noch einmal ganz in den Mittelpunkt rücken. Dann soll es auch um die Frage gehen, ob Aggression ein genetisch angeborener Trieb ist oder nur eine sozialreaktive Verhaltensform aufgrund eines speziellen, durch die Evolution vorgegebenem Reaktionsmusters. Die Entscheidung darüber, was hier richtig ist oder falsch, hat enormen Einfluss auf die Erziehungsfrage an sich und die Sorge, dass Nicht-Erziehen bei den meisten Menschen höchstwahrscheinlich direkt zu dissozialen und antisozialen Persönlichkeiten führt. Wenn es dem Menschen aber gelingt, die Aggression als natürlichen Trieb von der Gewalt als tatsächlich nur sozialem Phänomen durch Erziehung abzukoppeln und die Gewalt durch prosoziale Entwicklungsschritte zu bändigen, ja zu beherrschen, kommen wir der Antwort nach dieser zentralen Frage im Leben des Menschen ein Stück näher.

Eltern und erziehende Erwachsene haben daher die Aufgabe, die Kinder darin zu begleiten, ihre genetisch vorgegebenen sozialen Anlagen im Abgleich mit ihren individuellen, charakterlichen Voraussetzungen zum Wohle eines friedlichen Zusammenlebens der Gesellschaften auszubilden. Dabei spielt die Bildung, wie derzeit vielfach behauptet, nicht die Hauptrolle. Vielmehr ist es die Bindung zu den Bezugspersonen, die hierfür den Ton angibt. Bindung steht also vor Bildung, was in der aktuellen Debatte über den Umgang mit Kindern im frühen Kindesalter nicht ausreichende Beachtung findet. Daher sei dieser Grundsatz gleich an den Anfang der ganzen Auseinandersetzung gestellt.

Der einfacheren Lesbarkeit halber ist das Buch in vier Teile aufgegliedert. Frisch gebackene Eltern können den ersten Teil ansteuern, der sich mit der normalen kindlichen Entwicklung übersichtsmäßig bis zur Pubertät befasst. In dieser Betrachtung soll der Bindungstheorie noch einmal der Stellenwert gegeben werden, den sie meines Erachtens heutzutage haben sollte. Es geht um Fragen der gesunden Eltern-Kind-Beziehung und des unschuldig geborenen Säuglings bis zum halbwegs erwachsenen, aufbegehrenden Jugendlichen.

Eltern, Erzieher/innen und Sozialpsycholog/inn/en wie auch Kindertherapeut/inn/en können im Teil zwei einsteigen. Darin geht es um die Störungsmuster im Verhalten der Säuglinge und Kleinkinder, wenn die Bindungsstrukturen misslingen, Beziehungs- und Bindungsstörungen auftreten und/oder die Familie in soziale Schieflage gerät.

Im Teil drei können sich auch die Eltern wieder zuschalten, die keine Entwicklungsprobleme mit ihren Kindern haben und sich nur für die vorgeschlagene Erziehungsform interessieren. Zugleich können aber auch jene Leser hier ihren Einstieg wählen, die überhaupt nur an dem Erziehungskonzept interessiert sind, das oder besser weil es auf bindungstheoretischen Grundlagen basiert.

Teil vier ist gewissermaßen das Herzstück des Buches, da es die Grundkonzeption der Erziehung gegen Gewalt einer genaueren Untersuchung unterzieht und dazu eine theoretische Ausformulierung wagt. So wie im dritten Teil über die praktischen Schritte und Auswirkungen einer Antigewalt-Erziehung gesprochen wird, geht es im Teil vier um die passende Theorie dazu. Auf diese Weise sollen die zuvor ausgesprochenen, praktischen Empfehlungen durch die theoretische Untermauerung der Erkenntnisse bekräftigt werden. Wer also nur das theoretische Grundgerüst studieren möchte, kann sich weitgehend auf diesen Teil beschränken.

In meinen Darstellungen und Ausführungen berufe ich mich auf eine langjährige Praxiserfahrung, die ich während meiner Kinderarzt- und Psychotherapeutentätigkeit gesammelt habe. Zu der großen Zahl der von mir in privaten Langzeitbeobachtungen in meiner Praxis untersuchten Kinder kommt noch eine große Zahl von Elternberatungen über das Internet und das private Telefon. Das Internet-Entwicklungsforum (bei www.rund-ums-baby.de/entwicklung) weist inzwischen eine Fragen- und Antwortzahl von gut 50.000 aus. Viele dieser Antworten sind in einem öffentlich zugänglichen Stichwortkatalog gesammelt und ergeben für sich genommen schon einen guten Überblick über das gesamte psychosoziale Entwicklungsgeschehen. Die Theorie, die hier im Buch ausgebreitet wird, hat dort ihre praktische Vorarbeit. Im Gegensatz zur wissenschaftlichen Vorgehensweise im Labor arbeite ich mit empirisch erworbenen Daten im konkreten Lebenszusammenhang. Manche sehen darin vielleicht eine Schwäche, andere halten dieses Vorgehen für das einzig wirklich gute Konzept. Denn der kleine Ausschnitt, den das Labor mit seiner gezielten Fragestellung und den ausgewählten Versuchskindern bietet, sowie die künstlich erzeugte Atmosphäre darin, spiegeln keineswegs immer auch die realen Verhältnisse. Genau genommen kann nur ein großer Ausschnitt aus der sozialen Realität wertgenaue Ergebnisse erbringen.

Allgemein einleitende Erklärungen

In den letzten Jahren wird im Zusammenhang mit Kindererziehung immer häufiger auch von Bindung gesprochen. Trotzdem bleibt dieser Begriff in den Ausführungen hierzu häufig unklar und mitunter etwas nebulös. Lediglich in Fachartikeln und sachbezogenen Büchern ist gut zusammengefasst, um was es bei dem Bindungsgeschehen geht. Gegen diese oft unklare Verwendung des Begriffs Bindung möchte ich mit diesem Buch etwas unternehmen. Damit ich nun aber möglichst von allen Menschen verstanden werde, die eine unmissverständliche Erklärung zum Grundsatz der Eltern-Kind-Bindung suchen, um sich dadurch in ihrer Erziehungshaltung beeinflussen zu lassen, bemühe ich mich soweit es geht, ohne Fachausdrücke auszukommen. Oder ich erkläre notwendige Fachausdrücke noch im Zusammenhang. Jede andere Möglichkeit zu einer Erklärung wie Fußnoten oder ein angehängtes Glossar störte zu sehr den Lesefluss.

Pauschale Aburteilungen von Eltern mit falschen Erziehungskonzepten und den Generalangriff auf die moderne Pädagogik sind meiner Auffassung nach abzulehnen (vgl. M. Dornes, 2011). Solche Pamphlete helfen keinem weiter und werfen nur reichlich Staub auf, der alle bislang bestehenden Klarheiten wieder vernebelt. So gibt es weder völlig versagende Eltern noch von Geburt an böse Kinder, und ebenso wenig gibt es eine total scheiternde Pädagogik. Das zu erklären gegen alle populistischen Schriften ist dringlicher denn je.

Das vorliegende Buch soll helfen, mehr Licht in das Dunkel zwischen psychischer Veranlagung des Kindes und erzieherischem Einfluss von Eltern, anderen Bezugspersonen und sozialer Umgebung zu bringen. Dabei schreite ich den alt bewährten Weg ab von Erklärungen zur normalen Entwicklung in der Kindheit über die Störungsmechanismen in der Entwicklung bis hin zu den Möglichkeiten einer gezielten Erziehung. Für den pädagogischen Teil wähle ich zwei gesonderte Abschnitte, den einen, der konkrete erzieherische Maßnahmen besprechen will und einen zweiten, der ein theoretisches Gebäude zur Entwicklung von Gewissen, Moral und Vernunft konstruieren möchte. Dieser letzte Abschnitt im Buch repräsentiert seinen eigentlichen Kern. Ihm unterliegt eine neue, spezielle Logik, die durch die Voraberklärungen in den Kapiteln zur Normalität, zu den Störungsmustern und zu den erzieherischen Grundlagen erst richtig verständlich wird. In ihm spielen der Wille, die Empathie und der geistige Perspektivwechsel sowie die Entstehung von Gewissen und Vernunft die maßgebliche Rolle. Aggression und angeborene Triebe werden hier gesondert besprochen. Ideen und Erkenntnisse aus der Hirnforschung hierzu sollen an den Stellen, an denen es nötig erscheint, ergänzend hinzugezogen werden.

Probleme in der Erziehung der Menschen hat es schon immer gegeben und rebellierende Kinder und Jugendliche sind der Motor der sich verändernden Gesellschaftsverhältnisse. Erwachsene, einmal zu Wohlstand, Rang und Namen gekommen, ändern nur noch wenig an ihrer Lebensumwelt. Die Entwicklung der Gesellschaftsverhältnisse steht und fällt aber mit der Freiheit der einzelnen Menschen. Und diese Freiheit ist noch am größten bei Kindern und Heranwachsenden. Die Menschen in den total durchorganisierten Industrienationen mit ihrem eng gefassten und gut sortierten Terminplan sollten diese Erkenntnis zu schätzen wissen.

Viele Irrtümer, die in den vielen Empfehlungen zur Erziehung von Kindern die Runde machen, basieren auf einem entscheidenden Denkfehler. Ich meine damit die oft leichtfertig akzeptierte Verwechslung von Pädagogik und Psychologie. Genau genommen gelingt die eine Betrachtungsweise in Bezug auf die emotionalen Äußerungen (Affekte) und Verhaltensweisen des Menschen nicht ohne die andere, gerade wenn man verändernd und nach Möglichkeit auch verbessernd in das Denken und Handeln der Menschen eingreifen will. Also Pädagogik geht nicht ohne Psychologie und ebenso umgekehrt. Aber was die exakten Inhalte einer solchen verändernden Einflussnahme angeht, sollte doch genau unterschieden werden, auf welche der zwei Seiten von ein und derselben Medaille man Einfluss nimmt und wie sich dieser Einfluss dann auf die andere Seite auswirkt.

Nehmen wir zwei gängige Beispiele aus der Frühpädagogik, einmal das

- Schreien eines Säuglings, weil es gleich am Lebensanfang des Kindes Probleme aufwirft,

und zum anderen das

- wütende Aufbegehren des trotzenden Kleinkinds, weil es ein Generalthema in der Kindheit darstellt.

Beides sind Affekte und Verhaltensweisen von Kindern in den ersten Lebensjahren, die höchst strittigen Ansichten unterworfen sind, was den elterlichen Umgang mit ihnen angeht. Schreit ein kleiner Säugling unstillbar, lässt sich einerseits sagen, er habe ein schweres Problem und müsse unbedingt und unverzüglich Hilfe erhalten. Andererseits lässt sich das Geschehen auch so interpretieren, dass der Säugling sein im Moment wahrgenommenes Bedürfnis mit aller Macht zum Ausdruck bringen möchte und dafür seine Mutter oder gleich beide Eltern eigennützig unter Druck setzt. Die erste Sicht ist eine psychologische, die zweite eine pädagogische.

Nicht viel anders stellt sich das Problem beim Wut entbrannten Aufbegehren des Zweijährigen dar, der sich der einen Vorstellung widersetzt und trotzt, weil er unbedingt sein gerade erkanntes und gewonnenes Selbst durchsetzen möchte und dadurch persönliche Stärkung erfährt. Oder der in der anderen Auffassung die Eltern durch aufsässiges, nach Macht und Beherrschung strebendes Verhalten dominieren möchte, um sie frühzeitig zu steuern und später seinen egoistischen Ansprüchen zu unterwerfen; das Wort terrorisieren, wie es heutzutage gerne für das Handeln dieser Kinder gebraucht wird, möchte ich bewusst nicht benutzen. Wieder stehen sich psychologische und pädagogische Einschätzung beinahe gegensätzlich gegenüber.

An der Gegensätzlichkeit dieser Betrachtungsweisen lässt sich zeigen, wie sich **B**indungs**B**asierte **F**rühkindliche **E**ntwicklung und **E**rziehung (BBFEE) von **K**onventioneller **E**lternorientierter **A**utoritärer **E**rziehung (KEAE) unterscheidet. BBFEE ist das von mir in diesem Buch entwickelte Schema, mit dem ich Bindungskonstrukte in der Eltern-Kind-Beziehung in die Erziehung einfügen möchte. Auf die Einzelheiten werde ich im Verlauf meiner Ausführungen immer wieder zu sprechen kommen.

Mit diesen beiden zunächst formelhaften Begriffen möchte ich im Folgenden die grundsätzlichen Erziehungsprinzipien, die es gibt, zunächst einmal grob unterscheiden. Auf das Prinzip des **N**icht-**E**rziehens (NE) bzw. das „Laissez-faire" will ich aus den im Vorwort skizzierten Gründen nicht weiter eingehen. Die so genannte **A**nti**A**utoritäre **E**rziehung (AAE) soll zusammen mit der autoritativen Erziehungsform dagegen in einem kurzen Abriss bei der historischen Betrachtung der Erziehungskonzepte besprochen werden.

Auf einen einfachen Nenner gebracht, lässt sich der Unterschied im erzieherischen Vorgehen bei den beiden hauptsächlich zur Debatte stehenden Erziehungsprinzipien folgendermaßen präzisieren: Unter den Gesichtspunkten der Bindung rückt die psychologische Interpretation von kindlichem Verhalten sehr viel stärker in den Mittelpunkt der Betrachtung und unter dem Aspekt eines reinen Machtabgleichs von kindlichem und elterlichem Interesse die pädagogische.

Zwischen diesen beiden Polen erzieherischen Vorgehens gibt es weitere gezielte Erziehungsprogramme, die sich teils mehr dem bindungsbasierten Prinzip annähern (z.B. FamilienTeam, SAFE, STEEP, Starke Eltern – starke Kinder) und teils dem konventionell autoritären (z.B. Zero to Three, TripleP oder STEPP). Am Ende des Buches soll in einem gesonderten Kapitel überblicksmäßig ein Abgleich zwischen den verschiedenen Programmen vorgenommen werden.

An der Unterschiedlichkeit in der Betrachtung der Erziehung wäre grundsätzlich nichts auszusetzen, ließe sich eine Art Kompromiss zwischen den verschiedenen Ansichten zum Umgang mit frühkindlichen Verhaltensweisen finden. Ein solcher Kompromiss muss aber misslingen, da es zwischen den beiden Betrachtungsweisen, die ich hier als im Grundsatz gegensätzliche Pole herausgestellt habe, fundamentale Unterschiede gibt. Denn die Sicht der Bindungsforschung ergibt ein Bild des Entwicklungsgeschehens, das das kindliche Bedürfnis über die gleichzeitig bestehenden, elterlichen Ansprüche stellt. Wohingegen die konventionell autoritäre pädagogische Sicht in umgekehrter Weise den elterlichen Anspruch in weitreichender Form über das kindliche Bedürfnis stellt. Auch wenn dieser Unterschied nicht immer so klar in Erscheinung tritt, macht er doch viele grundlegende Anschauungen zum erzieherischen Umgang mit Kleinkindern aus.

So erklären zum Beispiel die überwiegend nur pädagogisch geschulten Erzieher/innen, Kleinkinder müssten frühzeitig lernen, sich von ihren Eltern zu trennen, damit sie ihre anfängliche Abhängigkeit von den Bezugspersonen überwinden lernen und schneller bereit sind, sich auch von fremden Personen beaufsichtigen zu lassen. Außerdem propagieren sie in großer Mehrzahl, den aufsässigen, trotzigen Kleinkindern mit konsequenten Verboten zu begegnen, damit diese rechtzeitig ihre Grenzen kennen lernen.

In der Bindungstheorie wird die Fähigkeit des Kindes zur Trennung von seinen Bezugspersonen als ein Reifungsschritt betrachtet, der eine sichere Bindung mit einer gelingenden Loslösung zwischen Mutter, Vater und Kind voraussetzt. Das Signal zur Trennungsbereitschaft geht dann in einem bestimmten Alter wie automatisch von den Kindern aus, nicht aber von erzieherischen Ansprüchen der Erwachsenen. Das Trotzgebaren wird dann unter dem Entwicklungsaspekt als Aufbruch in die Selbstständigkeit gesehen mit dem Widerstand gegen Fremdbestimmung und dem Anspruch auf erste Selbstbestimmung.

Das frühzeitige Setzen von Grenzen wird unter Bindungsgesichtspunkten dahingehend umgewandelt, dass Grenzen im eigenen Verhalten ganz von alleine entstehen, wenn verständliche Regeln zwischen Eltern und Kind ausgehandelt worden sind. Dazu muss von elterlicher Seite erzieherische Zuverlässigkeit oder Beständigkeit (so genannte Konsistenz) gewährleistet sein und auf die Einhaltung dieser Regeln geachtet werden. Diese auf Konsequenz aufbauende Erziehungshaltung ist ein im Grundsatz ganz anderes Prinzip als frühzeitiges Grenzen setzen.

In der Sauberkeitserziehung gibt es ebenfalls einen grundsätzlichen Unterschied in den Anschauungen von bindungsorientierter Erziehung und konventionell autoritärer. In der Bindungstheorie fußt das Sauberkeitskonzept auf Reifungsschritten, die wie beim Laufen- und Sprechenlernen gleichsam aus sich selbst heraus entstehen. In Wahrheit stricken an den rein körperlichen Entwicklungsprozessen die Emotionen mit. Denn auch die Fortschritte in der

Sozialentwicklung beruhen auf Organisationen von Netzwerkstrukturen im Gehirn. Diese sind von außen nur unter erzieherischem Druck zu erreichen oder zu beschleunigen, einem Druck, der aus Effektivitätsgründen hauptsächlich durch Belohnung und Bestrafung erzielt wird. Dieses Vorgehen entspricht dann dem konventionell autoritären Prinzip.

So könnte man zu jedem Erziehungsproblem den Unterschied zwischen bindungsbasierter und klassisch autoritärer Erziehungsform darstellen. Um aber erst einmal den Unterschied zwischen beiden Formen erzieherischen Vorgehens auf einen allgemeinen Nenner zu bringen, lässt sich Folgendes in Verfeinerung ausführen: Die bindungsbasierte, psychologische Sichtweise frühkindlichen Verhaltens richtet ihr Hauptaugenmerk auf das Kind selbst und seine Befindlichkeiten, die konventionell autoritäre, pädagogische Sichtweise beschäftigt sich mehr mit den elterlichen Ansprüchen an das Kind und den unmittelbaren gesellschaftlichen Auswirkungen der eingeschlagenen Erziehungsschritte.

Die Auswirkungen erzieherischen Einflusses zielen darüber hinaus nach bindungstheoretischen Maßstäben auf viel größere Zeiträume in der Sozialisation des Menschen ab als in der aktuell klassischen Pädagogik. Im Bindungskonzept spielt die Persönlichkeitsreifung die entscheidende Rolle für das, was das Kind später als seinen gesellschaftlichen Beitrag leistet und nicht so sehr die unmittelbar situative Anpassungsfähigkeit. Dadurch rückt auch mehr die Bereitschaft zur Anpassung ins Zentrum des Geschehens als die Fähigkeit dazu. Bereitschaft wird hier als die unabdingbare Voraussetzung für die eingeforderte Fähigkeit verstanden, eine bestimmte Anforderung oder Aufgabe zu erfüllen. Die Fähigkeit ohne Bereitschaft hierzu ist zum größeren Teil nur Unterwerfung. Die Fähigkeit mit Bereitschaft hingegen ist ein freiwilliger Lernprozess.

Eine kleine Tabelle könnte helfen, den Sachverhalt zu verdeutlichen:

Bindungsbasierte Erziehungshaltung (BBFEE)	**Klassisch pädagogische Erziehungshaltung (KEAE)**
Erziehung findet auf Beziehungsebene statt	Erziehung findet auf Belehrungsebene statt
Erziehung basiert auf Reifungsschritten der Persönlichkeit	Erziehung basiert auf der Anpassungsfähigkeit des Kindes
Erziehung richtet sich auf langfristige Ziele im Verhalten	Erziehung richtet sich auf kurzfristige Verhaltensänderung

Es gibt über diese Grundsätze einer erzieherischen Einstellung unseren Kindern gegenüber hinaus noch völlig andere Gesichtspunkte, die Einfluss auf die Vorstellungen im Umgang mit Kindern nehmen. Insbesondere sind da zwei wichtige Einflussgrößen zu nennen, die immer wieder zur Sprache kommen und die ganz aktuell noch einmal große Bedeutung erlangt haben. Ich spreche von den genetischen und epigenetischen Einflüssen.

Das berühmte Wort vom Kind als unbeschriebenem Blatt bei der Geburt, bekräftigt von dem englischen Philosophen John Locke (1632–1704), hat spätestens mit der Entdeckung des genetischen Codes seine Gültigkeit verloren. Denn längst ist erwiesen, dass erbliche Anlagen nicht nur das Aussehen, die körperliche Konstitution und die gesundheitliche Veranlagung eines Menschen bestimmen, sondern ebenso auch seine charakterlichen Eigenschaften und vor allem seine Temperamentsfaktoren.

Und es gibt noch ein weiteres Ausstattungsmerkmal, mit dem die Kinder zur Welt kommen. Das sind die vorgeformten Verhaltensweisen, die sich über die Jahrtausende seiner Vorgeschichte hinweg im Erbmaterial des Menschen „eingeprägt" haben. Und gerade diese Festlegungen kommen im frühen Kindesalter in den kindstypischen Verhaltensweisen immer wieder zum Tragen. Das erweist sich sogar als sinnvolles Prinzip, fehlt den Kindern doch am Anfang des Lebens noch das nötige Wissen, sich geschickt und zweckangepasst in ihrer Lebensumwelt zu bewegen, um möglichen Gefahren auszuweichen und Schaden von sich abzuwehren.

Anders gesagt, ohne die Verhaltens-Vorprogrammierung auf der Basis von Erfahrungen aus der Vorgeschichte der Menschheit hätten alle Neugeborenen einen überaus schweren Stand in der Welt, in die sie hineingeboren werden. Viele Gefährdungen warteten auf sie, ohne dass sie eine Chance hätten, ihnen im Voraus schon auszuweichen. Vergleichbar schwer wäre auch ihr Stand in der menschlichen Gemeinschaft und der mit ihr verbundenen unmittelbaren Lebensumgebung. Urangst und Urvertrauen sind solche vorgeformten Verhaltensweisen oder auch Vorprägungen, um diese Gefahren frühzeitig zu erkennen und abzuwenden. Aber auch Durchsetzungswille und Anpassungsbereitschaft, Machtbedürfnis sowie Unterwerfungsfähigkeit gehören dazu, weil sie das entstehende Selbst als Ursprung der Persönlichkeit gleich zu Anfang sinnvoll in die sozialen Beziehungsstrukturen einführen. Schließlich zählen natürlich auch die Intelligenzvoraussetzungen dazu.

Ganz am Anfang eines jeden menschlichen Lebens stehen nun das Bindungsbedürfnis und der Loslösungsdrang als wichtigstes Ergebnis existenzieller Erfahrungen aus dem urzeitlichen Leben. Damit verbunden sind die Schutzsuche bei Stärkeren und das Beschützen von Schwächeren. Mit diesen in der Evolution gewonnenen Verhaltensweisen hat es die Menschheit geschafft, über die Jahrtausende hinweg zu existieren und aus der Urgesellschaft die moderne Zivilisation zu entwickeln.

Die Genetik hier im Einzelnen zu beschreiben, würde die Konzeption des Buches zweifelsohne sprengen. Nur soviel sei gesagt: Grundlegende Gefühlsempfindungen und die Triebe, die Temperamentsfaktoren und Charakteranlagen sowie die Intelligenzvoraussetzungen oder Talente sind in den Erbanlagen in der DNS-Doppelschleife (Desoxyribonukleinsäure) codiert. Sie finden ihren Weg zum Körper in Form von Eiweißbausteinen, die den organischen Aufbau und bestimmte Funktionen im Gehirn steuern und die durch Botenstoffe und Hormone Wirkungen auf das Empfinden und Verhalten direkt ausüben.

Nun hat die Wissenschaft in den letzten Jahren herausgefunden, dass die Produktion dieser Eiweißbausteine nicht ganz von alleine als ein bei Geburt mitgebrachtes Programm abläuft. Vielmehr passt sie sich den jeweils angetroffenen Lebensbedingungen und existenziellen Herausforderungen an, indem sie über Start- und Stopp-Gene die jeweils benötigte Genaktivität an- oder abschaltet. Diesen Einfluss der Umwelt auf die Funktion der Gene bezeichnet man als Epigenetik. Inzwischen weiß man auch, dass diese Wechselwirkung zwischen Umwelt und Genexpression bzw. Genaktivität nicht nur ganz am Anfang eines jeden menschlichen Lebens stattfindet, sondern lebenslang weiter fortschreitet mit Auswirkungen auf Lernprozesse, Verhaltenssteuerung, Immunität sowie Krankheits- und Alterungsprozesse.

So ist davon auszugehen, dass Gesundheit oder Krankheit, auch psychische und immunologische Gesundheit, im Verlauf des Lebens mit dieser angepassten Ausdrucksgestaltung der Gene zu tun hat: Einerseits werden Schutzfaktoren durch äußere Einflüsse angeschaltet und krankmachende Umweltauswirkungen kommen dadurch weniger stark zum Tragen; andererseits können aber auch Schutzfaktoren abgeschaltet werden und krankmachende Umweltauswirkungen sich viel leichter durchsetzen. Die Fachbegriffe für diese Vorgänge im psychosozialen Entwicklungsspektrum lauten Salutogenese für Entstehung und Erhalt von seelischer Gesundheit und Vulnerabilität für Verletzlichkeit der Seele und krankmachende Wirkung.

Das Verhältnis von seelischer Gesundheit zu Verletzlichkeit spiegelt sich im Begriff der Resilienz wider; damit ist die seelische Widerstandfähigkeit des Kindes gemeint. Darauf wird in der Besprechung der kindlichen Entwicklung im Allgemeinen und der Erziehungsschritte im Einzelnen noch weiter einzugehen sein. Selbstverständlich wird auch das Ausmaß der Intelligenz, theoretisch wie vor allem praktisch, auf diese Weise beeinflusst, was die Forderung nach frühzeitiger Bildung begründet. Und ebenso unwidersprochen ist die Erkenntnis, dass auch das Bedürfnis des Kindes nach sozialem Kontakt vom ersten Lebenstag an in vergleichbarer Form genetisch gesteuert wird, was die Forderung nach Bindung begründet.

Auf diesen Grundlagen beruht nun weiter das Verständnis von der negativen Verstellung der Stressgene durch einen zu hohen und damit ungünstigen Stress-Einfluss aus der Umwelt (Diathese-Stress-Modell). Das Stresssystem arbeitet mit Hormonen und (Neuro-)Transmittern (Botenstoffen), die zum Teil im Gehirn selbst (zentral), zum Teil im Körper (peripher) gebildet werden. Im Gehirn steht eine Hormonsubstanz an der Spitze der Auslösung, die den etwas umständlichen Namen Corticotropin-Releasing-Hormon (CRH) trägt. Sie aktiviert oder hemmt bestimmte Neurotransmitter wie z.B. Noradrenalin und Serotonin, die wiederum die auf Stress reagierenden Funktionen in den Hirnzellen steuern. Im Körper selbst werden über das vegetative Nervenzentrum im Hypothalamus via Hirnanhangdrüse (Hypophyse) und das Steuerungshormon ACTH (Adrenocorticotropes Hormon) die Nebennieren aktiviert, die vermehrt Cortisol und Adrenalin ausschütten. Diese beiden Hormone produzieren die im Körper einem jeden Menschen spürbaren Stressempfindungen und -erlebnisse. Das autonome Nervensystem mit Sympathicus- und Parasympathicuswirkung auf die einzelnen Organe spielt dabei eine entscheidende Rolle.

Die Auswirkungen des Stresses im Gehirn selbst und die als zu Bewusstsein gelangende Rückkopplung aus dem Körper sind fühlbar in Form von Bedrohung und Angst, dem Bedürfnis nach innerem Rückzug, Vermeidung und Flucht. Aber auch die gegenteilige Reaktion, die Kampfreaktion mit aggressivem Potenzial kommt dadurch zustande. Kampf oder Flucht ist somit die grundsätzliche, aus dem Tierreich übernommene, innere Haltung zu einer jeden Bedrohungssituation. Mit der Kampf- oder Fluchtreaktion verbunden sind nun jene körperlichen Auswirkungen, die jedem Menschen geläufig sind: Herzklopfen, Schweißausbruch, wütende Erregung oder angstvolles Zittern, Atembeklemmung, Benebelung des Bewusstseins, Kollapsneigung sowie im Extremfall Harn- und Stuhldrang beherrschen das subjektive Empfinden und addieren sich je nach persönlicher Ausgangslage.

Im Säuglingsalter und frühen Kindesalter wird durch zu ein zu langes Schreien-Lassen und den damit Anpassungszwang zu Lasten positiver Bindungsgestaltung oder durch Inkaufnahme von Wut, Angst und Panik das Stresssystem so sehr ins Negative und damit Ungesunde verstellt, dass in Zukunft schon leichte Irritationen ausreichen, um sofort wieder Stressempfindungen auszulösen. Das so genannte Stress-Toleranz-Fenster (K.H. Brisch, 2011) wird mit jeder Stressepisode immer kleiner. Das heißt, ein Ertragen-Müssen von unangenehmen Einflüssen aus der Umwelt löst mit der Zeit immer frühere und auch immer stärkere Stressreaktionen aus. Wird der negative Stress im Einzelfall nicht rechtzeitig gestoppt, verfallen die Säuglinge und Kleinkinder in eine Art vegetativen Kollapszustand, entweder mit sympathikotoner Übererregung und „Erstarrung“ (freezing) oder mit vagotoner (parasympathicotoner) Untererregung und Erschlaffung bei tiefer Erschöpfung. Das „freezing“ entspricht in der animalischen Natur dem so genannten Totstellreflex. Welchen Weg die Natur an diesem Punkt jeweils nimmt, entspricht mehr einer individuellen Veranlagung, als dem auslösenden Geschehen. Es gibt auch Fälle, in denen das Erstarren dem Kollaps vorausgeht.

Kinder, die man am Ende des ersten Lebensjahres als unsicher gebunden bezeichnet, sind häufig Kinder, die solche Stresseskapaden als Säugling erlebt haben. Sie sind stressintolerant geworden, erscheinen jetzt leichter reizbar, zeigen höhere Schmerzempfindlichkeit und regen sich im weiteren Leben viel schneller auf als andere. Das Stresssystem hat es, ganz ähnlich wie es vom Schmerzsystem seit langem bekannt ist, gelernt, schon bei kleinsten Anlässen anzuspringen. Die Reizschwelle ist herabgesetzt. Allerdings zeigen nicht alle Kinder diesen Stress auch gleich nach außen. Einige haben es früh gelernt, aus Gründen des Selbstschutzes eine vermeidende Haltung einzunehmen. Davon wird im Folgenden des Öfteren die Rede sein.

Von diesen stressgeplagten Kindern abzugrenzen sind selbstverständlich die, die schon durch ihr Temperament bedingt schneller in Erregung geraten. Bei diesen Kindern wird gerne von Kindern mit „schwierigem Temperament“ gesprochen. Dadurch, dass sie ihre Eltern stärker belasten als „bequeme“ Kinder und diese schneller gereizt reagieren, sind für sie die Gefahren einer zusätzlichen Stressintoleranz größer. Auf alle diese Fragen wird in den kommenden Kapiteln noch exakt Bezug genommen.

Im zweiten Lebensjahr sind es die behinderten Loslösungsprozesse, die einen vergleichbaren Stress auslösen können. Erste klare Willensbekundungen mit ständigem Widerstand gegen das, was die Eltern möchten, stehen jetzt ganz im Vordergrund. Außer im Widerstand kann ein Kind in diesem Alter seinen Willen noch nicht richtig äußern, denn die Fähigkeit zur Willensformulierung und zum geplanten Handeln fehlen noch größtenteils. Der sich daraus entwickelnde Trotz wird gesellschaftlich bekannterweise schlecht toleriert. Von der gewöhnlichen Pädagogik wird vorschnell auf „Grenzen-Setzen“ plädiert. Dadurch wird der negative Stress jedoch nur weiter verstärkt. Wo ihm Grenzen gesetzt werden, will der Mensch sie niederreißen. Das gilt ganz besonders schon für Kinder.

Die andere Ursache für Spannungen und Stress in dieser Entwicklungsphase ist der schlecht erreichbare Vater. Dem Kind fehlt das zuverlässige Loslösungsvorbild, das zu bieten in der intakten Familie Aufgabe des Vaters ist. Ist der Vater aber zu sehr mit seinen beruflichen Aufgaben beschäftigt oder nimmt er seine familiäre Rolle zu wenig ernst, dann leidet das Kind unter einem Mangel an Förderung zur Selbstständigkeit und Autonomie.

Mit solch schlechten Vorerfahrungen wie gerade besprochen lösen im zweiten oder dritten Lebensjahr auftretende Konflikte zwischen Eltern und Kind sehr viel leichter neue, heftige Stressreaktionen aus. Das heißt, der Widerstand solcher Kinder verstärkt sich weiter, statt dass er mit zunehmender Sprechfähigkeit und anwachsenden geistigen Fähigkeiten abnimmt. Der gegenteilige Verlauf ist der, dass der Widerstand abrupt in sich zusammenbricht und das Kind einen scheinbaren Rückschritt in seiner Entwicklung macht. Das bedeutet in der Praxis, entweder wird die Mutter aggressiv angegangen oder das Kind klammert sich verzweifelt an sie. Klammernde oder wütend aggressive Kinder sind ständiges Bild von in ihrer emotionalen Entwicklung behinderten Kindern.

Unter derartige Beziehungsprobleme fallen auch solche Konstellationen, die durch schwerwiegende Interessenskonflikte zwischen Eltern und Kind Krisen hervorrufen, oder die durch persönliche Enttäuschungen und durch Versagenserlebnisse für sich allein und/oder in der Gruppe verursacht sind. Dieses später auftretende Stressverhalten findet dann passend zur Entwicklungsphase auf einem anderen, dem Alter entsprechend höheren Niveau statt, wobei ab dem zweiten Lebensjahr immer stärker der dem Menschen angeborene, aggressive Trieb mit ins Spiel kommt. Diese Aggressionen können in bezeichnender Weise auch stark gegen sich selbst gerichtet sein. Man spricht hierbei von Autoaggression. Neben der vermehrten Aggression spielt der innere Rückzug auf vorherige Verhaltensweisen, die Regression, eine zentrale Rolle im Störungsverhalten. Angeborene Veranlagungen in die eine oder andere Richtung, entweder defensiv oder offensiv zu reagieren, arbeiten Hand in Hand mit an diesen Entwicklungen.

Positive Bindungserfahrungen, das heißt eine sichere Bindung und im zweiten Schritt eine gelingende Loslösung, regulieren das Stresssystem nach unten bzw. ins Günstige, das Stress-Toleranz-Fenster wird dadurch größer. Das lässt sich folgendermaßen auf das Verhalten umsetzen: Im frühen Kindesalter muss jetzt viel passieren, um das System anspringen zu lassen. Kleine Irritationen und kurze Stressereignisse werden relativ leicht weggesteckt. Auch Frustrationen, individuelle Versagenserlebnisse und Enttäuschungen werden im Sinne einer beginnenden Selbstregulation viel besser in den Griff bekommen. Dafür sorgt bei diesem Verlauf das gut entwickelte Belohnungssystem, von dem gleich zu sprechen ist. Das bedeutet natürlich nicht, dass es beim Großziehen dieser Kinder keinerlei Probleme gäbe. Aber die Probleme bleiben auf das Unvermeidliche begrenzt und sind verhältnismäßig friedlich aus der Welt zu schaffen.

Wissenschaftliche Ergänzung

Die Hirnforschung kann seit einigen Jahren zumindest im Tierversuch damit aufwarten, praktisch zu beweisen, dass sich solche durch negativen Stress bedingten Auswirkungen auf das Zentralnervensystem konkret im Gehirn niederschlagen und die Hirnfunktionen nachhaltig beeinflussen. So gilt es als erwiesen, dass junge Äffchen oder Jungtiere von anderen im sozialen Verband aufwachsenden Säugetieren (z.B. bestimmte Ratten), die durch in zeitlichen Abständen experimentell ausgeführte Trennungen von ihren Müttern gezielt in Dauerstress versetzt worden sind, messbare Veränderungen in ihren Gehirnen aufwiesen. Sie besaßen als adulte (ausgewachsene) Tiere einen kleineren Mandelkern (Gefühlszentrum) und Hippocampus (Gedächtniszentrum) in beiden Schläfenlappen, kleiner, als diese bei vergleichbaren Jungtieren zu finden sind, wenn sie bei ihren Müttern in Sicherheit aufwachsen durften (A.-K. Braun et al., 2002, 2003, 2011, M. Meaney, 2005).

Dieser kleine Ausflug in die Funktionsweise des menschlichen Gehirns soll nur verdeutlichen, wie weit die Hirnforschung inzwischen in der Entdeckung von Funktionszuständen vorangekommen ist, die das Verhalten der Menschen unmittelbar beeinflussen.

Die Mandelkerne oder Amygdala (insbesondere die hinteren seitlichen Abschnitte) gelten unter anderem als die Angst- und Stressregulationszentren im Gehirn eines Säugetieres, die beiden Hippocampusformationen allgemein als die Gedächtniszentralen. Sind diese Hirnkerne vom Volumen her normal und ausreichend mit Hirnnervenzellen bestückt, wehren sie innere Stresssymptome erfolgreich ab oder kanalisieren sie in andere Hirnbereiche, wo sie besser verarbeitet werden können. Erscheinen sie jedoch durch Verringerung dieser regulierenden Zellen beschädigt und im Volumen verkleinert wie im Fall der gestressten Versuchstiere, leisten sie diese wichtige Aufgabe nur noch stark eingeschränkt oder überhaupt nicht mehr. Der Stress breitet sich dadurch ungehindert im gesamten Gehirn aus (Förstl, Hautzinger, Roth, 2005).

Was das wichtige Nachbarzentrum der Mandelkerne, den Hippocampus bzw. das „Seepferdchen" im Speziellen anbelangt, ist bei den durch negativen Stress fehlgeprägten Tieren später Desorientierung und fehlendes Schutzverhalten (für sich selbst wie für andere Tiere) festzustellen. Die Zusammenstellung der hierzu notwendigen Erinnerungsfunktionen an bereits Gelerntes gelingt nicht mehr. Außerdem scheinen die vom Instinkt gesteuerten, verhaltensregulierenden Lern- und Anpassungsprozesse nicht mehr zuverlässig zu funktionieren. Auf den Menschen übertragen könnte dieses Ergebnis bedeuten, dass Aufmerksamkeitslenkung und Konzentrationsfähigkeit durch die Beeinträchtigungen im Hippocampus Funktionseinbußen erleiden. Denn diese das Bewusstsein aufrechterhaltenden und kontrollierenden Hirnfunktionen übernehmen beim Menschen vergleichbare Vorgänge im Gehirn wie beim Tier. Mit dieser geistigen Beeinträchtigung sind dann zwangsläufig auch die Lernfähigkeit und die Auffassungsgabe eingeschränkt.

Infolge der Fehlprägung war in Untersuchungen an den erwachsen gewordenen Tieren außerdem die Hirnrinde des Frontalhirns (Stirnhirn) sehr viel schlechter vernetzt, als bei den gesunden Tieren. Im Frontalhirn finden aber alle der sozialen Anpassung dienenden Funktionen des Gehirns statt sowie alle Funktionen der Handlungsplanung und Entscheidungsfindung. Beim Menschen finden sich dort auch die emotionalen Erinnerungszentren.

Die stressgeplagten Tiere zeigten mithin auch allesamt Störungen in ihrem Sozialverhalten, die sich in unangepassten Verhaltensweisen in der Gruppe und in verstärkter Aggression zeigten (als Verteidigung), sowie in Schwächen der Exploration ihrer Umgebung als ein orientierendes und nach Problemlösung strebendes Verhalten. Deshalb verhielten sich die Tiere falsch im sozialen Verband und unzweckmäßig in ihrer Umwelt und kamen früher zu Tode.

Diese Ergebnisse aus der Hirnforschung haben durch schreckliche, sozialpolitische Entwicklungen Parallelen in der menschlichen Gesellschaft gefunden. So wurden mittels „bildgebender Verfahren" in der Radiologie wie z.B. funktionelle magnetische Resonanztomographie/fMRT und Positronenemissionstomographie/PET die Gehirne jener Kinder untersucht, die viele Jahre der Diktatur in rumänischen Kinderheimen kaserniert und nahezu ohne menschliche Zuwendung aufgewachsen waren (H.T. Chugani et al., 2001, M. Rutter et al., 2007). Wir würden in unserer Sozialterminologie bei solchen Zuständen von Verwahrlosung und Misshandlung sprechen. Das kindliche Störungsbild entspricht dem der Deprivation. Die speziellen radiologischen Untersuchungen der Frontalhirnrinde dieser Kinder ähnelten im Befund sehr stark jenen Bildern, die auch von den Gehirnen der fehlgeprägten Tierjungen gemacht worden waren. Verglichen mit einem menschlichen Gehirn hatten diese Bilder große Ähnlichkeit mit solchen von Kindern, die unter schwerer Epilepsie leiden.

Das Sozialverhalten dieser Kinder war wie das der Tiere deutlich gestört und zwar im Sinne einer schwerwiegenden Bindungsstörung mit nachfolgender Persönlichkeitsstörung. Natürliches Angstverhalten fehlte und aggressive Triebhaftigkeit setzte sich durch. Gleichzeitig erschien ihre sinnvolle und nützliche Handlungsplanung stark eingeschränkt. Damit waren auch wichtige Vernunftreaktionen blockiert.

Dadurch und durch andere handlungsstrategische Fehlverhaltensweisen erschien aber auch ihre Intelligenz erheblich eingeschränkt. Diese Kinder waren größtenteils nur noch schwer resozialisierbar. Eine echte Bindung an ihre

Adoptiveltern kam nicht mehr zustande und ihre mentalen Defekte konnten sie auch nach Jahren der Adoption nicht mehr aufholen.

Die Problematik des Stresssystems ist nur eine von verschiedenen Wechselwirkungen zwischen genetischer Anlage und Umwelteinfluss, die im menschlichen Gehirn gestaltende und steuernde Funktionen ausüben. Es ist neben dem Schmerzsystem derzeit der am besten untersuchte auf das Gefühlsleben bezogene Funktionskomplex im Gehirn und wird deswegen immer wieder zitiert. Es gibt aber noch andere für die emotionale und psychosoziale Entwicklung des Menschen entscheidende Systeme, wie zum Beispiel das Belohnungs- und das unabhängig von der Angst existierende Bestrafungssystem. Man darf davon ausgehen, dass es wie beim Stress auch hier günstige Einflüsse von außen geben wird, die die mit dem System verbundene Funktion stabiler und in seiner Leistung effektiver machen, und ungünstige, die eine solche Funktion instabiler und anfällig machen. Nur über das Funktionieren dieser Systeme weiß die Wissenschaft vorläufig noch relativ wenig.

Wissenschaftliche Ergänzung

Was die neuronale Struktur im Gehirn angeht, hat man allerdings schon genaue Vorstellungen über diese Systeme: Das Belohnungssystem nimmt seinen Ursprung im Mittelhirn (Tegmentum), also auf einer unteren Ebene der Hirnformationen und sendet seine Signale über eine große Bahnenverbindung (mediales Vorderhirnbündel) zu den höheren Ebenen des limbischen Systems als dem Zentrum der Gefühle, zu den vorderen Anteilen der Basalganglien (v.a. Nucleus accumbens) für die Kontinuität guter Handlungen und via Gyrus cinguli zum Frontalhirn, wo diese Empfindungen dem Menschen bewusst werden. Dort findet auch ihre komplexe Steuerung statt. Dopamin und Serotonin sowie Endorphine (körpereigene Opiate) übertragen diese Gefühle an den Nervenzellverbindungen, als den zugehörigen Synapsen. Das Belohnungssystem verleiht dem Menschen das Empfinden von positivem Selbstgefühl, innerer Stärke, Anerkennung der eigenen Person und Steuerungsfähigkeit der Emotionen und Affekte (G. Roth, 2003/2009). Daher ist es ganz eng verbunden mit dem Aktivierungs- und Motivationssystem, wenn nicht sogar ihr Pendant.

In Umkehr der Gefühlsempfindungen existiert im Gehirn des Menschen auch so etwas wie ein Bestrafungssystem. Neueste Untersuchungen ergeben eine Verortung dieses Systems mit Ursprung im Zwischenhirn oberhalb des Mittelhirns (Habenulae) und Bahnenverbindungen wiederum zum limbischen System, insbesondere der Amygdala, sowie bestimmten Frontalhirnabschnitten. Die Aktivierung dieses Systems geschieht v.a. durch Frustrationen, Demütigung, Bestrafung und Liebesentzug; sie erzeugt aversive (= abneigende) Empfindungen und führt zu einem Gefühl von Freudlosigkeit, Hilflosigkeit und Depressivität (Gehirn & Geist, Nr. 5/2011). Damit führt sie gleichzeitig zu einer Stressreaktion, wie sie weiter oben genauer beschrieben worden ist. Außerdem wird parallel die Dopaminaktivität im Belohnungssystem vermindert. Es ist anzunehmen, dass das Bestrafungssystem neuronale Verbindungen zum zentralen Höhlengrau und zum Locus coeruleus (blauer Kern) im Stammhirn unterhält, wo die Urgründe der Angst gespeichert sind.

Mit Belohnung und Bestrafung Hand in Hand gehen Willens- und Entscheidungsfunktionen des Kindes sowie Fähigkeiten der Selbstdarstellung, verbunden mit Selbstbeherrschungs- und Verdrängungsmechanismen. Die viel beschworene autonome Regulation des Kindes (Selbstregulation) nimmt an dieser Stelle ihren Anfang. Die Zusammenhänge sind äußerst komplex und auf vielfältige Weise mit allen anderen Funktionskreisläufen des Gehirns verknüpft. Hier steht die Forschung erst am Anfang ihrer Entdeckungen. Ein erster Versuch einer Sortierung und Zuordnung dieser Vorgänge im Gehirn zu konkretem Verhalten soll – wie bereits angekündigt – im letzten Teil des Buches erfolgen.

Ein weitgehendes Eigenleben im menschlichen Gehirn führen offenbar die sensorischen und sensomotorischen Systeme, das heißt die eigenen Sinneswahrnehmungen und die Beherrschung der Körperbewegung. Lange Zeit hatte man angenommen, dass die sensomotorische Reifung, also die durch natürliche Herausforderung entstehende ständige Verbesserung der Körperwahrnehmung und Körperbeherrschung, auch die übrigen Wahrnehmungsfunktionen und die Selbstbewusstheit, die Aufmerksamkeitsleistung und sogar die sozialen Funktionen positiv beeinflussen könnte. Diese Vorstellung ist heute so nicht mehr haltbar. Zu klar wird, dass junge Menschen mit körperlicher Behinderung, die inzwischen immer häufiger das Erwachsenenalter erreichen, alle diese geistigen Funktionen ebenso gut ausprägen können und zwar auch ohne ausreichende sensomotorische Fähigkeiten.

Dennoch gibt es zwischen allen genannten Systemen und selbst zu den vegetativen und rein sensorischen viele Verbindungen in der Art günstiger wie vor allem auch ungünstiger Kurzschlüsse, die überwiegend genetische Ursprünge haben. Die Epigenetik belegt, dass auch die Umwelt ihre Einflüsse geltend macht. Diese Kurzschlüsse bahnen sich zum Beispiel in Tic-Erscheinungen, in vegetativen Funktionsstörungen (u.a. die Schreck-Synkopen) sowie in psychosomatischen Krankheiten ihren Weg.

Auf die sensorischen, das heißt wahrnehmungsbezogenen Systeme nimmt die psychosoziale Entwicklung indirekten Einfluss über die Aufmerksamkeitssteuerung und die Konzentrationsfähigkeit. Damit stecken wir dann aber mitten in der Krankheitslehre, die in diesem Buch nur ansatzweise aufgegriffen werden kann.

Im Mittelpunkt der Betrachtungen stehen die Bindungseinflüsse und die Umwelteinflüsse auf die normale charakterliche Veranlagung der Kinder samt der aus beiden Einflussgrößen resultierenden Störeinflüsse auf das Verhalten. Das Hauptaugenmerk ist dabei auf die erzieherischen Einwirkungen durch Eltern, Erzieher/innen und Umwelt gerichtet. Das beste Ergebnis für die Kinder, das über solche Analysen zu erzielen wäre und das dieses Buch sich zu erklären vorgenommen hat, ist die Erziehung auf den Grundlagen der Bindungskonzeption zwischen Kindern und ihren Eltern mit der Verhütung von Verwerfungen auf der Beziehungsebene von Anfang an. Das ist das, was in der Fachwelt als Primärprävention bezeichnet wird.

Als das zweitbeste Ergebnis würde man das frühzeitige Einschreiten erziehungskompetenter Fachgruppen und Sozialtherapeut/inn/en ansehen, die eine mehr oder weniger kontinuierliche Beratung in Erziehungsfragen übernähmen und das entstehende Störungsverhalten in der Eltern-Kind-Beziehung rechtzeitig beseitigten. Das wäre der immer noch vorsorgliche Schritt der Sekundärprävention. Auch davon ist in diesem Buch ausführlich die Rede, insbesondere im zweiten Teil. Die eigentliche Psychotherapie, die dann einsetzen muss, wenn Primär- und Sekundärprävention nicht mehr zum Zuge kommen oder versagt haben, kann höchstens am Rande mit erwähnt werden. Sie bewegt sich außerhalb des erzieherischen Einflusses.

Um das an dieser Stelle noch einmal klar zum Ausdruck zu bringen: Die Rede muss grundsätzlich immer erst einmal von den gesunden Voraussetzungen in der Eltern-Kind-Beziehung sein, damit die ungestörte psychische Entwicklung des Kindes eine Richtschnur bekommt. Alle weiteren Schritte zu einer fruchtbaren Erziehung mit hoher Selbstkompetenz (Selbstkontrolle und Selbstbeherrschung) und zu prosozialem Verhalten und Handeln (Verständnis für den Anderen, Hilfsbereitschaft und Kompromissfähigkeit) basieren auf diesen Grundlagen und sind letztlich Ausdruck einer gelungenen frühkindlichen Erziehung.

Das heißt alles, was die Akzeptanz der Sitten, Normen (Konventionen) und Werte der Gesellschaft betrifft und die entstehende Bereitschaft, sich produktiv an dem Aufbau und Erhalt einer humanen und demokratischen Gesellschaft zu beteiligen, setzt später ein und ist noch nicht Bestandteil eines direkten erzieherischen Einflusses in den ersten drei oder vier Lebensjahren. Daher muss man sich bei der Klärung solcher Fragestellungen immer ausführlich mit den ersten Lebensjahren eines Menschen befassen. Die konkrete Diskussion über die Einrichtung eines Normen- und Wertekanons schließt sich entwicklungszeitlich später daran an. In dieser Reihenfolge soll es auch in diesem Buch geschehen.

Das Buch will kein einfacher Ratgeber bei der erzieherischen Bewältigung von Alltagskonflikten sein. Vielmehr soll es eine Art verständlich geschriebenes Lehrbuch über die frühkindliche psychosoziale Entwicklung sein, das von möglichst vielen Menschen gelesen werden kann und den komplexen Sachverhalt zwischen kindlicher Psychologie und erzieherischem Einfluss auf diese Psyche durchschaubar macht. Die bindungsbasierte Entwicklung und Erziehung soll dafür die Matrize bilden. Wer von dem Buch einfache Erziehungsratschläge für sich selbst erwartet, wird sich von Vornherein umstellen müssen. Es geht letztlich mehr um allgemeine Grundsätze in der Erziehung als um konkrete Empfehlungen im Einzelfall. Diese finden aber hier und da, wo es Sinn macht und hingehört, durchaus ihre Erwähnung, so dass auch die nach Erziehungspraxis suchenden Leserinnen und Leser auf ihre Kosten kommen können. Als allgemein grundsätzlich in der Erziehung verstehe ich die Trias Liebe, Achtung und Respekt dem Kind gegenüber.

Komplizierte wissenschaftliche Untersuchungen zur geistigen Entwicklung des Kindes sollen nicht Bestandteil dieses Buches sein und müssen demzufolge weitgehend ausgelassen werden. Im Zusammenhang mit der Erziehung und der seelischen Entwicklung des Kindes sollte aber die grundsätzliche Verknüpfung zwischen Geist und Seele immer wieder Betonung finden. Ohne ein in sicheren Bindungsverhältnissen stehendes seelisches Empfinden beim Kind kommt seine geistige Entwicklung nur schlecht in Gang. Anders gesagt: Ohne günstige emotionale Entwicklungsvoraussetzungen sind Lernen und Bildung einem Kind nur schwer zu vermitteln.

Teil 1
Das Bindungskonzept als natürliche Grundlage im Eltern-Kind-Verhältnis

1. Warum Bindung notwendig ist und wie sie entsteht

Um nicht gleich am Anfang mit allzu viel Theorie aufzuwarten, steige ich in meiner konkreten Betrachtung der frühkindlichen Entwicklung mit den allerersten Alltagserfahrungen ein, die alle Eltern machen, wenn sie durch ein Kind zu einer Familie werden. Der erste Augenblick, den Eltern mit ihrem Kind erleben, ist genau genommen nicht der Moment der Geburt, sondern viel früher bereits die Feststellung der Schwangerschaft bei der Mutter. Väter sind an dieser Stelle vordergründig betrachtet wieder entbehrlich, es erscheint aus bestimmten Gründen für die Bindung aber wichtig, dass sie doch an diesem Erlebnis intensiv beteiligt werden. Also schon bei dem Nachweis der Zeugung des Kindes wird Bindung zu einem entscheidenden Prinzip in der zukünftig erweiterten Partnerschaft.

Die Schwangerschaft ist eine natürliche Aufgabe für die Frauen. Für die Männer bleibt der Teil, alles daran zu setzen, dass die Frauen in der Schwangerschaft nach Möglichkeit entlastet werden und sie ihre beginnende Mutterschaft möglichst stressfrei erleben können. Es muss als gesichertes Wissen gelten, dass zu großer Stress in der Schwangerschaft, eine zu hohe körperliche Belastung sowie das sich Aussetzen toxischen Stoffen wie Nikotin, Alkohol oder bestimmten Drogen und Medikamenten ein Schädigungsrisiko für das noch ungeborene menschliche Wesen darstellt.

So gilt es als unumstößliche Gewissheit, dass Neugeborene, die **Stress in der Schwangerschaft und/oder unter der Geburt** ausgesetzt gewesen sind, unruhiger und unzufriedener in der Neugeborenenphase und der frühen Säuglingszeit auftreten (G. Hüther und I. Krens, 2011). Und mit diesen Problemen in der Neugeborenenphase geht der Zyklus potenzieller Beziehungsstörungen los und nicht erst bei den trotzenden Kleinkindern oder den sich verweigernden Kindergarten- und Schulkindern. Trotzverhalten und Kindergartenverweigerung sind allerdings die sehr viel häufiger diskutierten Themen bei der frühkindlichen Erziehung.

Schwangerschaft und Geburt entscheiden aber keineswegs allein darüber, wie sich das Neugeborene und der kleine Säugling verhalten. Jedoch scheint die Schwangerschaft über die hormonellen Faktoren und die Stressübermittlerstoffe, welche die Plazenta passieren und in der Blutkreislauf des Embryos und Fetus gelangen, einen sehr viel größeren Einfluss auf das ungeborene Kind zu haben, als bisher angenommen. Das gilt sowohl für den negativen wie auch für den positiven Einfluss. Demzufolge sind die Temperamentsfaktoren und Verhaltensweisen, mit denen das Kind zur Welt kommt, zu einem großen Teil auch schon Ausdruck seiner überwiegend noch körperlichen Erfahrungen aus dem Mutterleib.

An dieser Stelle sollte eines jedoch gleich Erwähnung finden. Neben den Grenzen für eine perfekte Schwangerschaft und Geburt sind es vor allen Dingen Unvereinbarkeiten zwischen elterlichem Wunschdenken und dem regelmäßig hohen Anspruch der Eltern an ihr Kind, die bereits im Säuglingsalter für auftretende Unstimmigkeiten sorgen. Denn das elterliche Wunschdenken bewegt sich in Richtung eines gesunden, unkomplizierten und stets frohgemut erscheinenden Säuglings, der er aber keineswegs immer ist. Erste Enttäuschungen für die Eltern ergeben sich oft schon sehr bald durch das **schwierige Temperament** ihres Kindes als ein ihm angeborenes Verhaltensmuster. Für seine genetischen Veranlagungen aber trägt der Säugling keine Schuld. Als schwierig gelten neben dem beinahe

- **unstillbaren Anspruch auf Kontakt und Zuwendung (Nähebedürfnis)**,
- die **schnelle Erregbarkeit (Impulsivität)**,
- der **abrupte Stimmungswechsel (Nervosität)**,
- die **hohe körperliche Empfindsamkeit** und
- die **besonders große Lebhaftigkeit**.

Die fünf genannten Temperamentsfaktoren stimmen nicht ganz mit denen der Temperamentsforschung überein, die sich aus Beobachtungen an Säuglingen und Kleinkindern herleitet (M. Zentner, 2008). Das liegt daran, dass nicht immer genau zwischen Temperament und Charakter unterschieden wird. Im zweiten Kapitel von Teil 3 gehe ich genauer auf dieses Problem ein. Dort ist dann auch die Rede von den Charaktereigenschaften, die sich im Gegensatz zum Temperament im Austausch mit der angetroffenen Lebensumwelt und unter erzieherischen Einflüssen entwickeln. Die einzelnen Temperamentsfaktoren erscheinen dagegen schon im frühen Säuglingsalter recht ausgeprägt und erweisen sich als lebenslang ziemlich stabil. Das heißt sie sind schwer zu beeinflussen und kaum zu verändern. Die Zwillingsforschung trägt hierzu wesentliche Erkenntnisse bei.

Konkret heißt das: Starke Bedürftigkeit und Anspruchshaltung hinsichtlich eines permanenten Kontaktes zur Bindungsgestaltung, hochgradige Erregungsfähigkeit bei unerwartetem Beziehungsabbruch oder körperlichem Ungemach und emotionale Labilität mit launisch erscheinendem Stimmungsbild machen die Bindungsgestaltung bei vielen Säuglingen nicht gerade leicht.

Im Temperament drückt sich auch das **starke Fremdeln** in individueller Weise aus, das seine Quelle allerdings aus dem Grundgefühl der **Urangst** (s. 2. Kapitel) bezieht. Neben dem Temperament sind dem Säugling nämlich auch Gefühle mit auf den Weg gegeben worden, die seine Existenz in der sozialen Gemeinschaft mit absichern helfen sollen. Diese Gefühlslast kann zuweilen sehr heftig ausgeprägt sein. Negative Urangst wechselt sich in schneller Folge ab mit selbstzufriedener **Glückseligkeit**.

Das Fremdeln und damit oft verbunden die frühen Schlafprobleme stehen im Ruf, schnell zu einem Problem in der Beziehung zwischen Eltern und ihrem Säugling zu werden. Alle diese Eigenschaften und Verhaltensweisen bestimmen also von Anfang an sehr stark die Qualität dieses Beziehungsverhältnisses im ersten Lebensjahr mit.

Selten sind es einmal **Verschlafenheit**, **geringe Empfindsamkeit**, **Interesselosigkeit** oder **Apathie**, die ein Grund für elterliche Klagen werden. Solche Säuglinge gelten eher als bequem und leicht zu versorgen. Allerdings kann sich auch hinter einem solchen Verhalten sehr viel mehr verbergen, als zunächst in Erscheinung tritt. Die wahren Gründe für schwieriges Säuglingsverhalten sind also immer genau zu untersuchen und im Einzelfall zu ergründen (s. Teil 2, 1. Kapitel).

Solche Gründe aufzuspüren und auf ein allgemeines Wissen zurückzuführen wird schon allein dadurch wichtig, dass eigentlich jede Neugeborenenphase und jede frühe Säuglingszeit bestimmte Schwierigkeiten in der Eltern-Kind-Beziehung mit sich bringt. Diese Schwierigkeiten sollen und müssen aber nicht gleich zu Beziehungsstörungen führen.

Damit eine Beziehungsstörung nicht passiert, muss jedoch viel für die Bindung getan werden. In dieser Weise vorzugehen hat seit einigen Jahren die wissenschaftliche Bezeichnung **Primärprävention** erhalten. Wenn Eltern später bei auftretenden Problemen mit ihrem Kind gerne sagen, dass das doch alles übertriebene Vorsorge gewesen sei und dass diese Zeit eigentlich ganz entspannt und problemlos verlaufen sei, dann haben sie entweder ein Kind mit besonders günstigem Temperament und unkomplizierten Charaktereigenschaften „erwischt", oder sie haben – was viel häufig der Fall ist – schlicht vergessen oder sogar verdrängt, wie aufregend doch die Anfangszeit mit ihrem Kind inklusive der Schwangerschaft gewesen ist.

Anders gesagt, nahezu jeder neugeborene Mensch bringt seine eigenen mehr oder weniger problematischen Verhaltensweisen mit auf die Welt. Das gilt auch für eine ganz unproblematisch verlaufene Schwangerschaft der Mutter. Und auch eine schnelle und entspannte Geburt schützt, anders als vielleicht zu erwarten, nicht vor Problemen bereits im Säuglingsalter. Nach stressiger Schwangerschaft und/oder Geburt jedoch potenzieren sich diese problematischen Eigenschaften erheblich.

Es kommt mir bei allem bereits erwähnten Respekt vor der Bedeutung der Schwangerschaft und der Geburt wie ein Fehler vor, wenn man der Lebensphase des Kindes im Mutterleib und dem ersten Erblicken der Welt überbordende Bedeutung zukommen ließe. Viele Mütter wissen zu berichten, dass ihr Kind trotz einer aufregenden, vielleicht sogar ungewollten Schwangerschaft von Geburt an sehr ruhig und wie ausgeglichen erschien und andere Mütter wissen von gut verlaufenden Schwangerschaften zu berichten, hatten aber Säuglinge mit äußerst schwierigem Temperament. Das spricht nicht gegen den notwendigen Schutz der Mutter in der Schwangerschaft, aber gegen zu einfache Schlussfolgerungen.

Auch der Geburt wird gerne eine magische Bedeutung zugeschrieben, und es mutet einen zuweilen an, als hinge das ganze Leben eines Menschen vom Augenblick seiner Geburt ab. Die klassische Psychoanalyse unterstützte sehr stark diesen Aspekt und sprach vom Geburtstrauma, das jeder Mensch erleide. Das möchte ich so nicht unterschreiben. Trotz solcher Zweifel halte ich aber den Eingang bindungstheoretisch unterstützter Ansichten über die Notwendigkeit einer verzögerten Abnabelung und eines Begrüßungsmoments von Neugeborenem und Mutter, das **Bonding**, für einen entscheidenden Entwicklungsschritt in der modernen Geburtsheilkunde. Wer es wissenschaftlich mag, sollte wissen, dass in diesem Begrüßungsvorgang Mengen eines wichtigen Hormons im mütterlichen wie kindlichen Körper ausgeschüttet werden, das den Namen **Oxytocin** trägt. Neue Forschungen weisen darauf hin, dass Oxytocin eine Art Bindungshormon darstellt. Das gilt im Übrigen auch für die Männer, was den Schluss zulässt, dass alle Männer bei der Geburt ihrer Kinder anwesend sein sollten. Anwesenheit allein genügt aber nicht, die Männer sollten eine aktive Aufgabe in der Geburtsbegleitung ihrer Frauen bekommen. Vielleicht trägt diese Regelung dazu bei, dass Väter beim Größerwerden ihrer Kinder weniger Feindseligkeit empfinden, seltener zu Misshandlung oder Missbrauch (sexueller Gewalt) neigen und vor allem auch seltener ihre Familien verlassen.

Neueste Forschungen über das „Bindungshormon“ Oxytocin belegen weiterhin, dass diese hirneigene Substanz auch im weiteren Leben immer wieder dieselben Kräfte im Gefühlshaushalt zu wecken vermag wie am Anfang des Lebens. So kommt ihr eine Art Botenstofffunktion im Gehirn zu mit der Aufgabe von allgemeiner Beruhigung, Befriedigung und Herunter-Regulation von Stressfaktoren. Diese Minderung von Stress verbunden mit der Erfahrung von Selbstberuhigung bei einer bestimmten Person, wie eben der primären und später auch sekundären Bezugsperson, trägt wiederum maßgeblich zum Bindungserhalt bei. Oxytocin scheint dabei mit hirneigenen Opiaten (Endorphine) sowie den eigentlichen Botenstoffen Dopamin und Serotonin zusammenzuarbeiten.

Ist das Kind nun zur Welt gekommen, werden Eltern erst einmal eine relativ ruhige und beinahe schläfrige Spanne von zwei bis drei Wochen bei ihrem Säugling feststellen. Dann aber ändert sich das Bild und das noch Neugeborene (bis 4 Wochen nach der Geburt) wird richtig wach und fängt an, seine unmittelbare Umgebung ausgiebig zu betrachten. Dabei stehen die Gesichter der Eltern zunächst einmal absolut im Mittelpunkt.

Hat das Neugeborene die Mutter schon vorher an ihrer Stimme, ihrem Geruch und dem Geschmack von Muttermilch erkannt, kommt jetzt ein erstes optisches Bild dazu, das Bild des mütterlichen Gesichts. Dieses wird in einem bestimmten Zentrum im Gehirn für die **Gesichtererkennung** abgespeichert. Es befindet sich im multimodalen Cortex an der Schnittstelle von Schläfenhirn, Scheitelhirn und Hinterhauptshirn. Spätestens jetzt fangen die ersten absolut unumkehrbaren Anteile der Bindung an.

Das individuelle Gesicht bei einem Tier ist wahrscheinlich nicht so einprägsam wie das eines Menschen. Der Mensch zeichnet sich (abgesehen von den Menschenaffen) aus durch sehr viel differenziertere Mimik, durch eine recht komplizierte Gestik und durch einen Variationsreichtum an Handlungsweisen. An dieser Stelle regelt die Natur schon ein Problem, das sie mit der Evolution der Arten speziell beim Menschen eingegangen ist. Der Mensch ist ein kritisch denkender Zeitgenosse, der sich anders als die Tiere aus egoistischen Motiven gegen seinen Nachwuchs entscheiden kann. Damit meine ich nicht so sehr den verwerflichen, rein selbstnützigen Egoismus (den es im Einzelfall auch gibt), sondern den zwangsläufig kalkulierenden Egoismus des in Bedrängnis geratenen Menschen.

Auch wenn hier eigentlich eine komplizierte Analyse der Umstände erforderlich wäre und damit meine ich den ethischen Konflikt einer massiv in Bedrängnis geratenen Mutter (und Väter nicht ausgenommen), möchte ich wenigstens kurz daran erinnern, dass Kindsaussetzungen oder gar -tötungen bereits unmittelbar nach der Geburt keine allzu große Seltenheit sind. Die Erfahrungen mit den Babyklappen in verschiedenen Großstädten des Landes belegen die auch noch heute bestehende Aktualität des Problems.

Der größte Schutz des Neugeborenen vor der Aussetzung oder Tötung durch seine Erzeuger ist das frühe Eingehen der gegenseitigen **Bindung**. Und was bemerkenswert ist, das natürliche Phänomen der Bindung gelingt schon weit vor jeglichem kritischen Denken. Das noch nicht wirklich denkende Neugeborene und der nur in Ansätzen denkende Säugling gehen diese Bindung bedingungslos ein. Diese Bindung ist das Resultat der Gefühle und nicht des kritischen Geistes. Bindung ist gegenseitige emotionale Durchdringung.

Bei Tieren wird dieses Anfangsproblem einer Beziehungsaufnahme bei der Fortpflanzung rein instinktiv gelöst, wobei auch hier aus schwerwiegenden Gründen Ausstoßung und Tötung von Jungtieren vorkommt. Aber niemals spielen egoistische Motive eine Rolle, selbst wenn existenzielle Not die Tiere dazu treibt. Allein das Überlebensprinzip sichert hierbei die richtigen Eingriffe. Zieht das Muttertier aber seine Jungen auf, leitet sie dabei ein weiterer instinkthafter Vorgang, der **Prägung** genannt wird.

Aus solchen, zugegeben eher unangenehmen Betrachtungen am Anfang der Lebenszeit wird deutlich, warum beim Menschen im Gegensatz zu den Tieren das Eingehen einer Bindung unbedingt erforderlich geworden ist. Der nüchtern kalkulierende Geist im menschlichen Gehirn könnte sich des Nachwuchses entledigen, wenn ihm eine bessere existenzielle Lösung für seine Person in den Sinn kommt. Nur die Gefühle hindern ihn daran, im Falle des Falles nicht danach zu handeln. Diese Gefühle bezeichnen die Menschen als die bedingungslose Liebe zum eigenen Kind.

Davon gibt es Ausnahmen, sonst wäre das gerade geschilderte Problem nicht vorhanden, Ausnahmen, die an dieser Stelle zu erörtern aber zu weit führten. Wichtig ist die Feststellung, dass die Bindung durch das Gefühlband, das in ihr steckt, das Risiko einer Trennung des Erwachsenen von seinem Kind wirkungsvoll minimiert.

2. Warum das Kind geliebt werden muss und wie sich Bindung weiterentwickelt (die emotionale Integration)

Die Bindung zu einem Kind definiert die Beziehung der Eltern noch einmal neu. Aus Lebenspartnern wird ein Elternpaar, ganz gleich, ob es verheiratet ist und auch zusammenlebt oder nicht. Eltern sein bedeutet, neue Rollen zu akzeptieren, Rollen, die durch das Kind vorgegeben werden. Die Elternrolle wird bestimmt von zwei nicht mehr zurückzuweisenden Faktoren, erstens der Kommunikation mit dem Kind, die die (psychische) **Beziehung** herstellt, und zweitens der unausgesprochenen (sozialen) **Bindung**, die die Identifikation der Eltern mit ihrem Kind und des Kindes mit seinen Eltern erzeugt. Dieses innere Band aus Bindung und Kommunikation sowie Interaktion (Umgang miteinander) ist die Grundlage der lebenslangen Liebe zwischen Eltern und Kindern.

Die grundlegende Beeinträchtigung in diesem Verschränken der Biographien, das heißt die nachhaltige Störung der Bindung, ist im Entstehungsprozess als Beziehungsstörung zu verstehen. Die Bindungsstörung selbst ist dann ein noch tieferer Riss in der Eltern-Kind-Beziehung.

Die Bindung stabilisiert und erhält sich durch ein zwischen Mutter (Vater) und Kind zirkulierendes positiv-animatives Verhalten, das sich auszeichnet durch einen aufeinander abgestimmten Lebensrhythmus. Dieser ist bestimmt von einem freundlichen Blickwechsel („Augengruß"), von gegenseitiger Berührung (Schmusen/Kuscheln) sowie von einer Art Babysprache, die auch als Ammensprache (K. und K.E. Grossmann, 2003, 2004, Papousek et al., 2004) bezeichnet wird. Gelingt dieser positiv gestimmte Austausch, erlebt der Säugling Zufriedenheit, Freude und **Glück**. Dieses Glücksgefühl stärkt seine seelischen Voraussetzungen, sich gegen unangenehme Gefühle wie Verlassenheit, Angst (Urangst) und Schmerz innerlich zur Wehr zu setzen (**emotionale Integration**, R. Posth, 2007/2009). Das schafft er über eine schrittweise vor sich gehende Abspeicherung von Erwartungshaltungen (innere Arbeitsmodelle oder Antizipationen, s.u.), wie seine Bezugspersonen auf die von ihm initiierten Signale reagieren (K.-H. Brisch, 1999/2006). Dabei spielen Gewohnheiten und Konditionierungen vorerst die entscheidende Rolle, denn Denken und Lernen im Sinne von Überlegen und eine Erwartung vorformulieren kann der kleine Säugling noch nicht.

Das so genannte **Kindchen-Schema** als spezifische Formgebung für das Gesicht und die körperliche Gestalt des Säuglings und Kleinkindes mit relativ großem Kopf sind ein von der Natur mitgegebener optischer Reiz für den Erwachsenen, angemessen und richtig auf seinen Nachwuchs zu reagieren. Er soll über die besondere Attraktivität des Kindes dazu animiert werden, in sich selbst positive Einstimmung zu aktivieren und Schutzgefühle auszulösen vor möglichem Verlassen seines Kindes und vor gewalttätigen Übergriffen.

Allen Beobachtungen und Erfahrungen mit kleinen Säuglingen zufolge lassen sich fünf Grundsätze zum frühen Bindungsgeschehen formulieren:

1. Kind: Schreien als Suchen ohne motorische Fortbewegungsfähigkeit, später dann aktives Suchen und Nachfolgen der Bezugsperson.
   Eltern: Prompte und zuverlässige Beruhigung des Säuglings durch die Bindungsperson(en).
2. Kind: Mimisch-gestisch-stimmlicher Kontakt bevorzugt zu der/den Hauptbezugspersonen in der so genannten Ammensprache. Augengruß und anregendes Anlächeln.
   Eltern: Bereitwilliges Eingehen der Eltern auf das Kontaktangebot ihres Kindes. Schmusen und Zurücklächeln.
3. Kind: Fremdeln als Abwehren alles Irritierenden, Fremderscheinenden und als Erkennen der Nicht-Bezugspersonen (Bindungsbestätigung).
   Eltern: Berücksichtigung des Fremdelns durch die Eltern und Schonung des Säuglings in der Kontaktaussetzung.
4. Kind: Erforschendes Verhalten in der Umwelt und ängstliche Rückkehr zur Bindungsperson bei drohender Gefahr (Anhänglichkeit). Die Bezugsperson wird zur „sicheren Basis".
   Eltern: Sicheres Sicht-zur-Verfügung-Stellen der Bindungsperson für diese Aufgabe. Ermunterung aus sicherer Position heraus.
5. Kind: Aufbau von Erwartungshaltungen im Gehirn hinsichtlich der Reaktionen der Bindungsperson(en), auch Antizipationen oder „inneres Arbeitsmodell".
   Eltern: Versuch der Eltern, diese Erwartungshaltungen beim Säugling prompt, zuverlässig und befriedigend zu erfüllen.

Die Bindung verschafft dem Säugling das nötige Gefühl von **Sicherheit** und **Geborgenheit** in der ihm noch gänzlich unbekannten und zunächst feindlich empfundenen Welt. Die vielen Einzelaspekte, die dem Säugling dieses elementare Bedürfnis befriedigen, sollen nun in den folgenden Ausführungen konkret werden.

In der Bindungstheorie (J. Bowlby und M. Ainsworth, 1953/2001, u.a.) wird die mütterliche Umgangsweise mit dem Neugeborenen durch den Begriff **Feinfühligkeit** (ich bevorzuge das Wort **Einfühlsamkeit**) charakterisiert. Dieser Begriff beschreibt das unmittelbare emotionale Verständnis der Mutter für die Lebenswelt des Neugeborenen und Säuglings, das seinen konkreten Ausdruck in prompter Bedürfnisbefriedigung, absoluter Zuverlässigkeit, hoher Aufopferungsbereitschaft und großer Geduld findet. Gerade Geduld ist nötig, denn das menschliche Neugeborene stellt mit seinen sehr unmittelbaren, wechselhaften und impulsiv-ungezügelten emotionalen Äußerungen eine enorme Herausforderung in der Pflege und im Aufziehen dar. Anspruchsvolle Säuglinge mit angeboren schwierigem Temperament (s.o.) sind hierfür beredtes Beispiel. Aber auch der ganz normal veranlagte Säugling stellt seine Anforderungen. Dennoch stehen bei gewünschter Elternschaft und bei Gesundheit des Nachwuchses immer die **Freude** über das gemeinsame Kind im Vordergrund und das Glück, das der Säugling ausstrahlt, wenn die ersten Bindungssignale zwischen ihm und seinen Eltern ausgetauscht werden.

Die drei wichtigsten Bindungsbedürfnis-Notsignale des Säuglings an die Mutter sind das **Schreien**, das **Fremdeln** und die **Anhänglichkeit**. In der Form ihres Auftretens, das auf natürliche Weise vom Temperamentsstatus des Kindes mitbestimmt wird, und in der Fähigkeit selbst beruhigend darauf einzuwirken, erkennt die Mutter das Gelingen der angestrebten Bindung.

Primäre Bindungs- oder **Bezugsperson** ist in der Regel also die **Mutter**, weil sie das Kind neun Monate in ihrem Leib ausgetragen hat und weil sie den Säugling durch Stillen zu ernähren in der Lage ist. Sie ist auch von Anfang an mit dem Kind die meiste Zeit zusammen, sorgt für sein leibliches und seelisches Wohlgefühl und führt die körperliche Pflege durch. Aus dem beständigen Umgang der Mutter mit dem Säugling entsteht die **Mutter-Kind-Dyade** (M. Mahler, F. Pine, A. Bergmann, 1980/1997). Mutter-Kind-Dyade bedeutet, dass der Säugling seine eigene Existenz in den ersten eineinhalb Lebensjahren nur im Verbund mit der angstfrei Mutter erleben kann. Der Mensch braucht also in dieser Zeitspanne für die Regulation seiner Unlustgefühle eigentlich immer die Mutter oder eine andere primäre Bezugsperson (so genannte **Ko-Regulation**).

Die recht häufig auftretende psychische Niedergedrücktheit einer Mutter nach der Geburt, der „Baby-Blues“ oder die Wochenbettdepression, steht all diesen Grundvoraussetzungen im Weg. Obwohl es sich nur um eine vorübergehende Stimmungsschwankung handelt, muss dieses Befinden bei der Mutter unbedingt ernst genommen und soweit möglich auch behandelt werden. Dabei wird gleich nach der Geburt die Rolle des Vaters erneut enorm wichtig. Aus einer solchen vorübergehenden Verstimmung kann jedoch leicht eine postpartale Depression entstehen. Und die **postpartale Depression** erschwert oder verhindert alle Qualitäten der Einfühlsamkeit bzw. Feinfühligkeit. Etwa 19 Prozent aller Mütter erleben nach der Geburt ihres Kindes eine solche tiefe Niedergeschlagenheit (B. Hübner-Liebermann et al., 2012). Es sind Versagensängste, eine gute Mutter zu sein, körperliche Ermüdung nach der hormonellen

Umstellung, Antriebslosigkeit und Freudlosigkeit in Bezug auf das Kind, die die Mütter in den ersten drei Monaten nach der Geburt in ihrem Allgemeinbefinden beeinträchtigen. Ungünstige Lebensumstände und familiäre Probleme tragen erheblich dazu bei. Dadurch sind die jungen Mütter viel zu sehr mit der Stabilisation ihres eigenen Gefühlshaushaltes beschäftigt, als dass sie sich in die Gefühlslage ihres Kindes ausreichend hineindenken könnten. Eine adäquate psychische Behandlung ist unbedingt erforderlich.

Der **Vater** als biologischer Nicht-Ernährer des Kindes bleibt, abgesehen von der wichtigen psychischen Stabilisation und sozialen Absicherung der Mutter, in dieser Zeit erst einmal ein wenig außen vor. Bei Kindern, die mit der Flasche aufgezogen werden, kann das anders sein. Aber ganz gleich, wie die Ernährungsweise vor sich geht, der Vater kann und muss wenigstens durch Körperpflege seines Kindes und durch Beruhigen mittels Herumtragen frühzeitig einen **Ersatzbindungsstatus** erwerben. Die genetische Akzeptanz des Kindes und dessen vorbehaltloses Angenommensein muss also auch vom Vater ausgehen. Gerade diese Vaterrolle ist wichtig, weil der Vater am Ende der Säuglingszeit Loslösungsvorbild (s.u.) wird und die enge Zweierbeziehung von Mutter und Kind, die Mutter-Kind-Dyade, gleichsam „aufsprengen“ muss (R. Posth, ebd.). Ist er von seinem Kind schon im ersten Jahr akzeptiert, ist dieser Schritt im zweiten Jahr sehr viel entspannter.

Einen Ersatzbindungsstatus kann aber auch eine andere Person der Familie erwerben oder eine früh einbezogene Tagesmutter. Früher kannte man besonders in Notsituationen (z.B. bei Stillunfähigkeit) oder aus prinzipiellen Gründen in besonders vornehmen Familien die Amme. Für die leibliche Mutter ist wichtig zu wissen, dass ihr Kind zu einer solchen Amme eine stärkere Bindung aufbauen kann als zu ihr selbst.

Prinzipiell können Mutter und Vater einen **Rollentausch** vornehmen und damit die Reihenfolge der Hauptbindungspersonen umkehren. Die Natur lässt aus Sicherheitsgründen offensichtlich eine solche Lösung zu. Was dann für das Überleben des Säuglings eine ausreichende Sicherung darstellt, ist in der psychosozialen Entwicklung doch nicht dasselbe. Denn angesichts des Geschlechts des Kindes ist die Umkehrung der Elternrollen nicht beliebig. Es hat etwas in der frühkindlichen Entwicklung zu bedeuten, ob die primäre Bindung für einen Jungen nicht die Mutter, sondern der Vater ist, und von ebensolcher Bedeutung ist diese Konstellation für ein Mädchen. Für die Version Vater als primäre Bezugsperson gibt es jedoch wenig untersuchte Beispiele, weder für Jungen noch für Mädchen. Solche Fälle sollten in Zukunft viel genauer verfolgt und psychologisch differenziert ausgewertet werden (K. und K.E. Grossmann, 2004).

Für das entspannte und vorbehaltlose Großziehen des Säuglings sind ein gewisses Maß an Reife bei der Mutter sowie eine ausreichende, psychische Stabilität Voraussetzung. Zu junge Mütter, sozial übermäßig belastete Mütter und psychisch kranke Mütter zeigen unverhältnismäßig oft Probleme im Eingehen einer Bindung zu ihrem Kind. Das hängt neben vielen lebenspraktischen Gründen auch mit verdrängten Gefühlen zusammen, die diese Mütter von ihrer eigenen frühen Kindheit zurückbehalten haben (K.-H. Brisch, 1999/2006). Solche Mütter strahlen in der direkten Beobachtung eine **verhaltene Feindseligkeit** gegen ihr Kind ab. Dasselbe gilt auch für die Väter, die aber wie gezeigt nur sehr selten primäre Bezugspersonen sind.

Auch Väter zeigen, wenn auch nur selten, depressive Empfindungen nach der Geburt ihres Kindes. Sie sprechen noch weniger offen darüber als die Mütter. Jede depressive Verstimmung bedarf, ich sagte es bereits, unbedingt der fachärztlichen Behandlung und wirksamen sozialen Unterstützung.

Genau genommen entwickelt sich die **Wochenbettdepression** aus einem ungünstigen Gemisch von unerwarteter emotionaler Unfähigkeit, ein Bindungsgefühl zum Neugeborenen aufnehmen zu können, sowie einer sozialen Schieflage in der jungen, sich aufbauenden Familie. Anlagebedingte Faktoren zur Entwicklung einer Depression sind dabei zu berücksichtigen. Im Zentrum steht die Angst, keine gute Mutter oder kein guter Vater sein zu können. Die mit der Zeugung eingegangene Verantwortung fängt jetzt an, übermäßigen Druck auf das eigene seelische Gerüst auszuüben. Unbewältigte Gefühle aus der eigenen frühen Kindheit werden auf einmal wach.

Heutzutage sind Familienhebammen in vielen Fallen eine wirksame Hilfe für Mutter und Kind, aber regelmäßig ist auch die gesamte Familie gefragt. Entgegen vieler Vorurteile über die tatsächliche Funktion des Mannes in der Familie, muss gerade auch der Vater ausreichende, psychische Stabilität aufweisen, trägt er doch durch den ihm auferlegten, wirtschaftlichen Versorgerstatus zumeist eine hohe Verantwortung für das Wohlergehen seiner Frau und seines Kindes.

Mit etwa vier Lebenswochen, manchmal schon etwas früher, erwacht nun das Neugeborene wie aus einem nachgeburtlichen Dämmerschlaf und fängt an, sich lebhaft für seine Lebensumgebung zu interessieren. Dabei gilt sein Interesse als erstes der Person, die ihn, jetzt Säugling werdend, rundum versorgt. Zwar kennt der Säugling schon viele Eigenschaften seiner Mutter und zum Teil auch seines Vaters, jetzt aber kommt ein intensives Mustern dazu mit dem gezielten Studium der mütterlichen und väterlichen Mimik und Gestik.

Auch andere Menschen, die ihm nicht so nahe stehen, werden mit Blicken studiert und dann ab drei bis vier Monaten kritisch betrachtet oder sogar schon angefremdelt.

Dafür werden alle Personen, die sich dem Säugling freundlich zuwenden, mit einem Lächeln belohnt, ganz besonders natürlich die Eltern, die dadurch zugleich zur Aufnahme und Erhaltung der Bindung animiert werden. Das Lächeln des Säuglings ist das sicherste Zeichen für Vertrauen in diese Bindung und sorgt bei den Eltern für entstehende Bindungsgefühle. Könnte man den Hormonspiegel lächelnder Säuglinge und angelächelter Eltern messen, würde man mit Sicherheit auch eine starke Ausschüttung des „Bindungshormons" Oxytocin (s.o.) feststellen.

Das ganze Bemühen des Säuglings geht am Anfang dahin, seine Eltern als die primären Bezugspersonen an sich zu binden und sie dazu anzuhalten, ihm gegenüber zuverlässig, einfühlsam und vertrauenswürdig zu handeln. An dieser Gestaltung beteiligt sich der Säugling also aktiv, er wartet nicht erst auf das Angebot. Er stimuliert seine Bezugspersonen durch intensive Blicke, durch freundliches **Anlächeln** und ab dem 3. bis 4. Monat auch durch gezielte Laute, damit sie mit ihm in einen Dialog treten. Bei diesem **Lautaustausch** sollten die Eltern den Tonfall ihres Kindes imitieren (sog. Ammensprache, s.o.), um zu zeigen, dass sie den Inhalt auch ohne Worte verstehen können. Wird es dem Säugling zuviel, richtet er seinen Blick in eine andere Richtung und entzieht sich dem weiteren Kontakt. Denn zuviel Animation und zuviel Körperkontakt können die in dieser Zwiesprache am Anfang des Lebens entstehenden Bindungsgefühle auch schwächen. Das quittiert der Säugling ebenso mit Schreien wie den zu geringen Kontakt (sog. Überreiztheit).

Zuwenig Kontakt ist aber entschieden der häufigere Fall. Wendet sich die Bezugsperson also nicht in gewünschter Weise ihm zu, sendet er ihr einen untrügerischen Warnruf mit seiner Stimme, das **Schreien**. Das Schreien des Säuglings ist ein genetisch veranlagtes, stimmliches Signal zur Alarmierung der Bezugsperson(en), sich um ihn als ihr Kind zu kümmern. Selbstverständlich könnte man auch nur von Weinen sprechen, aber der gesteigerte Affekt in Form des Schreis ist im Säuglingsalter von der Natur gewollt, um der entschieden wichtigen Bedürfnislage des Nachwuchses Ausdruck zu verleihen. Ein einfaches Weinen hätten die Menschen, als sie noch in freier Wildbahn lebten, womöglich allzu leicht überhört.

Auf rein körperlicher Ebene ist mit dem Schreien Stress verbunden und zwar in jeder Hinsicht negativer Stress. Welche Folgen negativer Stress auf das menschliche Gehirn hat, hatte ich in der einleitenden Besprechung von Genetik und Epigenetik ausführlich beschrieben. An dieser Stelle ist noch einmal zu ergänzen, dass die Stresstoleranz des Säuglingsgehirns von Natur aus sehr begrenzt ist. Wird durch die Bezugspersonen nicht schnell genug Abhilfe geschaffen und für Beruhigung gesorgt (Ko-Regulation, s.o.), bricht das vegetative Nervensystem des kleinen Körpers plötzlich zusammen und übersteigerte sympathische oder parasympathische Reaktionen mit einerseits „Erstarrung“ (freezing) oder andererseits „Kollaps“ brechen sich Bahn (s.a. Allgemein einleitende Erklärungen). Auf Gefühlsebene findet dabei ganz früh schon eine Abspaltung des Unerträglichen statt. Ein irgendwie gearteter Lernprozess (z.B. Triebaufschub, s. später) kommt definitiv nicht zustande.

Neben dem Kontaktverlust zur Bindungs- oder primären Bezugsperson ist es die Angst als solche, die das Stresssystem aktiviert. Ich bezeichne dieses diffuse Gefühl von Bedrohung und Unheimlichkeit, das einen verlassenen Säugling befällt, als **Urangst** (R. Posth 2007/2009). Sie ist das negative emotionale Pendant zum **Urvertrauen** (s.o.). Die Urangst ist ein Relikt aus den Jahrhunderttausenden vergangener Evolution.

Natürlich rufen Hunger und Durst, wie auch Schmerz, Müdigkeit ohne Schlaf zu finden und diffuse, vom Säugling nicht interpretierbare Signale seiner Bindungsperson Stresssymptome hervor. Aber alle diese Gefühle münden letztlich in das unheimliche Gefühl von Angst.

Es hat immer wieder Bemühungen in der Säuglingsbeobachtung von Forschern gegeben, das Schreien des Säuglings anders zu interpretieren als auf der von mir favorisierten evolutorischen Grundlage der Urangst. Dieses Bemühen ist sicher berechtigt, wirft aber die Frage auf, warum man fernliegende Auffassungen sucht, wenn doch naheliegende greifbar sind. Der Schrei eines Säuglings ist ein hörbar ängstliches Warnsignal, und intuitiv reagiert jeder Erwachsene, dem Kind zugewandte und verantwortungsbewusst eingestellte Mensch, prompt auf dieses Schreien wie auf einen Hilferuf. Eine ganz andere Aufforderung als den Wunsch nach Zuwendung, Bedürfnisbefriedigung und Abwendung von Ungemach und Gefahr empfindet der Erwachsene normalerweise nicht. Geht man jetzt hin und interpretiert das Schreien kompliziert als notwendige Spannungsabfuhr infolge von Übererregtheit durch die Umgebung, als Abbau von Geburtsstress oder gar als Trauer über fehlschlagende Mutter-Kind-Beziehungsstrukturen, entfernt man sich unnötig weit von dem natürlichen Empfinden und versperrt sich den direkten Zugang zu seinem eigenen Nachwuchs.

In dieselbe Richtung geht der Missbrauch des Schreiens zu erzieherischen Zwecken. **Schreien-Lassen** als eine Methode, den Säugling früh an Triebaufschub zu gewöhnen, und die vom Erwachsenen erwünschte Selbstregulation in ihm vorzeitig auszulösen, ist ein fragwürdiges Produkt menschlichen Zweckdenkens. Mit dem Bemühen um eine menschlich warme Umwelt für das Kind im ersten Lebensjahr hat das nichts mehr zu tun.

Je nach charakterlicher Veranlagung und Temperament (s. Teil 3, 2. Kapitel), setzt das Schreien des Säuglings schnell und im Grundton sehr eindringlich ein, oder verzögert und im Klang wenig fordernd. Wenigstens am Anfang der Lebenszeit spielt die genetische Veranlagung hierbei eine größere Rolle als die Erfahrung mit der sozialen Umgebung. Grundsätzlich gehört dieses Schreien zur Lebenswelt des Säuglings dazu und sollte von den Eltern als Aufforderung respektiert werden, alles zu unternehmen, um ihr Kind zufrieden zu stellen. Andernfalls entwickelt der Säugling immer mehr Angst, Angst, von seinen Bezugspersonen verlassen zu werden und den Gefahren der Umgebung und Natur auf Gedeih und Verderb ausgeliefert zu sein.

Auf die Nichterreichbarkeit seiner Bindungsperson oder Bezugsperson reagiert der Säugling mit drei Stadien der Urangst: erstens mit Angst selbst, zweitens mit Wut (über die fehlende einfühlsame Reaktion der Eltern) und drittens mit Verzweiflung (über die hoffnungslose Lage). Letztere führt zu den vegetativen Entgleisungen wie in der Einleitung beschrieben. Im zweiten Lebensjahr tritt im vergleichbaren Fall dann die Wut vor die Angst, denn immer mehr Wissen und Erkenntnis über die unangenehmen Begleitumstände haben inzwischen eingesetzt. Daneben prallen eigene Willensäußerungen auf konträre Umweltreaktionen. Aber auch jetzt setzt wieder die Verzweiflung ein, wenn die Eltern gar nicht adäquat reagieren. Das Kind ist schließlich völlig außer sich und bettelt regelrecht um Versöhnung. Wieder ein Jahr später werden alle diese Erfahrungen zunehmend in dem komplexen Gefühl der Trauer zusammengeführt und im besten Fall auch verarbeitet.

Auf die immer wieder hervorgerufene Verzweiflung im Säuglingsalter folgt eine Form der Depression, die von dem Psychiater René A. Spitz nach Beobachtung von emotional vernachlässigten Kriegswaisenkindern in amerikanischen Hospitälern als **anaklitische Depression** beschrieben worden ist (R.A. Spitz, 1954). Ihre Ursachen liegen in dem Nichtentstehen oder in der Zerstörung von Bindungsstrukturen. Die Säuglinge haben hinsichtlich der Aufnahme einer primären Bindung resigniert. Ihr Urvertrauen ist vollends der Urangst gewichen, die aber abgespalten wird, weil sie in dem Maße nicht zu ertragen ist. Die Folgen sind desorganisierte Bindungsstrukturen (s.u.) und Bindungslosigkeit. Letztere ist imstande, den Tod des Kindes herbeizuführen. Der Begriff anaklitische Depression ist nicht mehr gebräuchlich, heute würde man eher von **(früher) Deprivation** (D. Bürgin und B. Rost, 1997/2005) sprechen.

Da die Angst selbst kein Wissen voraussetzt, sondern rein als Gefühl Gehirn und Körper beherrscht, gibt es auch keine andere Möglichkeit, sie zu beseitigen, als einzig und allein durch die prompte Zuwendung, sichere Versorgung sowie durch Zuwendung und Trost durch Bezugspersonen. Alle irritativen Einflüsse von außen müssen also als erstes durch die primäre Bindungsperson abgewendet werden. Den Fachbegriff in der frühkindlichen Psychologie hatte ich weiter oben schon eingeführt, er lautet „Ko-Regulation". Dabei ist Reden allein zwecklos, das nötige Beruhigungsgefühl lässt sich in diesem Alter einzig durch Nähe und Körperkontakt herstellen. Es gibt demzufolge keine logischen Gründe dafür, das Schreien des Säuglings zu ignorieren und/oder ersten erzieherischen Zwecken zu unterwerfen.

Letzteres ist sogar gefährlich, denn die Natur hat es offensichtlich vorgesehen, dass nur die Zufriedenheit des Säuglings die entstehende Bindung weiter absichert und dadurch angeborene negative Gefühle in der Säuglingsseele in positive Gefühle umwandelt („**emotionale Integration**", R. Posth, 2007/2009). Angeborene negative Gefühle sind neben unzuverlässiger Bedürfnisbefriedigung wie gezeigt auch das Resultat zigtausender Jahre menschlicher Urzeit. In dieser Zeit der Vorgeschichte lebten Menschen allergrößten Gefahren ausgesetzt, und Säuglinge waren die schwächsten Wesen unter allen Lebewesen überhaupt. Sie verfügen kaum mehr über lebenserhaltenden Instinkt, brauchen lange, um motorisch ausreichend mobil zu werden (z.B. um zu fliehen) und noch wesentlich länger, um für sich selbst zu sorgen und um eine selbstbewusste Person zu werden, die in der Gemeinschaft für sich lebenserhaltend handeln kann. Säuglinge sind biologisch betrachtet Nesthocker.

Aber dabei hat es die Natur, versteht man sie richtig, so eingerichtet, dass der Säugling an seiner Fähigkeit zur Sozialisation intensiv mitarbeitet, indem er negative Ursprungsängste und den noch schwer kontrollierbaren Aktionsdrang im ersten Lebensjahr Stück für Stück in positive steuerbare Willensstärke umwandelt. Denn erst der **Wille** macht persönlich initiiertes und planmäßiges Handeln möglich. Anders gesagt: Aus dem noch unpersönlichen **Drang** zu agieren und „drauf los" zu handeln wird mit der Umwandlung von negativen Urangst-Empfindungen zu positiven Bindungserfahrungen derjenige innere Stoff, der einerseits die reale **Verselbstständigung** (motorisch wie geistig) fördert und andererseits die persönliche Wirksamkeitsentfaltung als **Authentizität** hervorbringt. Dieser innere Stoff zeigt sich in Form des eigenen Willens und erreicht eine umso bessere Ausgangsposition, je mehr Angst getilgt wurde und je mehr ungerichteter Drang in gerichteten, d.h. zweckbestimmten Willen umgewandelt werden konnte (s.a. 1. Kapitel Teil 4).

Mit Drang meine ich jenen rein natürlichen, den Trieben und Bedürfnissen unterworfenen inneren Druck, in Aktion zu treten und etwas zu begehren oder zu handeln. Drang ist ein Gefühl und kein wissentliches Tun. Das parallele Wort dazu aus dem motorischen Bereich heißt Antrieb. Kommt gleich ein lustvolles Wollen dazu, spricht man von (innerer) **Motivation**.

Dass der Säugling schon nach vier Monaten etwas greifen möchte und nach acht Monaten dem Ball hinterher krabbelt, hat nur mit diesem Drang zu tun. Ein bestimmter Wille liegt diesem Handeln noch nicht zugrunde. Denn der Säugling weiß zunächst noch gar nicht, warum er diesen Gegenstand begehrt und was er eigentlich mit ihm anfangen soll. Er greift ihn, betrachtet ihn, nimmt ihn in den Mund und lässt ihn fallen. Es genügt ihm allein die Lust am Handeln, die in diesem Stadium der Motivation auch als **Funktionslust** bezeichnet wird. Wird er etwas älter, beflügelt den Säugling der ungeheuer positive Effekt, als kleiner Mensch für sich selbst etwas bewirken zu können. Dafür wurde das schöne, aber komplizierte Wort der Selbsteffektivität oder **Selbstwirksamkeit** entwickelt. Beide Begriffe besagen nichts anderes, als dass der Säugling danach strebt, in die Vorgänge in der Welt aktiv einzugreifen und damit „Bestandteil" dieser Welt zu werden. Das Kind erwirbt dadurch besagte Authentizität. Ein wichtiger Zusatzeffekt ist die Erkenntnis der eigenen Person mit dem Erwerb der **Identität**.

Aber auch auf der Gefühlsebene findet bei diesen ersten Handlungen etwas statt, das mit Befriedigung und erstem Stolz gut beschrieben ist. Nur ist dieser Stolz noch nicht derselbe, der etwas später (ab etwa 2 Jahren) beim Erringen von positiven Selbstzuschreibungen wirksam wird (s. 4. Kapitel).

Mit der als emotionale Integration zu bezeichnenden Entwicklung des Säuglings vom reinen Gefühlsdasein hin zu einem **Bewusstsein** und **Identität** erzeugenden Denken und Handeln ist die **Individuation** des Menschen vorerst ausreichend beschrieben. Individuation heißt demzufolge, dass aus dem kleinen, in der Mutter-Kind-Dyade gebundenen und abgesicherten Wesen, das nur seinen Bedürfnissen und Trieben folgt, eine selbstständig agierende, sozial wahrzunehmende Person wird. Zu diesem Ablauf der Individuation gibt es keine Alternative. Sie verläuft umso zuverlässiger und psychisch stabiler, je sicherer die Bindung gestaltet worden ist.

Wissenschaftliche Ergänzung

Aus den wissenschaftlichen Ergebnissen der Kognitionspsychologie mit dem Thema, wie funktioniert das Denken im menschlichen Gehirn?, wissen wir, dass die positive Gefühlslage im Säugling und Kleinkind die Wachstumsaktivität der Nervenzellgeflechte im Gehirn günstig beeinflusst. So werden der Nervenwachstumsfaktor (NGF) und der nervenbezogene Ernährungsfaktor (BDNF) durch die Empfindungen von Lust und Motivation mittels spezifischer Neurotransmitter und -modulatoren vermehrt aktiviert (G. Roth, 2003). Die Nervenzellen sprießen aus und suchen über ihre Axone Anschluss an korrespondierende Zellen. Dann werden sie mit Myelinscheiden ummantelt, um ungestört Signale von einer Nervenzelle zu verschiedenen anderen transportieren zu können. Auf diese Weise entstehen im Cortex, der Hirnrinde, und in der subcortikalen grauen Substanz komplexe Netzwerke, über die Lernprozesse in Form von zahllosen Verknüpfungen in Gang gebracht werden. Positive, das heißt sichere Bindung verbessert demzufolge das komplexe, gestalterische Lernen des Kindes erheblich.

Natürlich funktionieren die Lernvorgänge auch bei negativem Stress in der Säuglingszeit und bei unsicherer Bindung am Ende des ersten Lebensjahres, wenngleich nur ziemlich eingeengt. Denn diese Lernergebnisse erhalten eine starke Fokussierung auf den Selbsterhalt, da Lernen unter Stress hauptsächlich den strategischen Mechanismen für das eigene Überleben dient. Aus dem Blickwinkel der Natur mag das ein evolutorischer Vorteil sein, aus dem Blickwinkel der angestrebten Sozialität des Menschen hingegen ist es ein Nachteil. In der Not werden hauptsächlich Strategien für das eigene Überleben erworben und ausgebaut, die komplexen Verhaltensweisen für das erfolgreiche Leben in der Gemeinschaft werden dafür zurückgestellt.

Im rein energetischen Sinne ausgedrückt heißt das: Wachstums- und Ernährungsfaktoren der Nerven stehen für die lebenserhaltenden Lerneffekte gerade noch ausreichend zur Verfügung, für die komplizierten Lernprozesse reichen sie dann nicht mehr aus.

In der Konstruktion des Gehirns hat das zur Folge, dass die Unzahl an Nervenzellverknüpfungen, die im ersten Lebensjahr für den zukünftigen Gebrauch erst einmal vorsorglich angelegt werden, keiner ausreichenden Auslichtung für die entscheidenden Wege und Bahnungen unterzogen wird. Dieser wichtige Selektionsvorgang des Nützlichen und Wichtigen wird als **Syapsenreduktion** bezeichnet (G. Roth, ebd.). Viele überflüssige Nebenwege mit störender Funktion bleiben so erhalten. Kurz gesagt, in der Hirnrinde zeigt sich das neuronale Netzwerk wie ein dichtes Gestrüpp. Klare Strukturen und Bahnen kommen nur in verminderter Zahl zustande. Das energetische Optimum der Hirnfunktion erleidet dadurch Einbußen und Aufmerksamkeitsleistung und Konzentrationsfähigkeit nehmen dauerhaft Schaden (s. Vorwort beim Begriff der Fehlprägung).

Das Eingehen der Bindung zeigt der Säugling zuerst durch vorübergehende Abweisung fremder Personen an. Dieses als **Fremdeln** bezeichnete Phänomen ist ein stark vom Charakter abhängiges Handlungsschema des Säuglings zwischen dem 4. bis zum 8. Lebensmonat (R. Posth, ebd.). Es beginnt selten früher und hört selten später auf. Durch abweisende Mimik, demonstratives Abwenden, u.U. Schreien, und einer der Panik ähnlichen Reaktion tut der Säugling dem fremden Menschen kund, dass er nur seine Bezugsperson zu tolerieren bereit ist und in diesem Moment an sich heran lassen möchte. Ihm spontan sehr sympathische Menschen erhalten hierbei einen Sonderstatus. Alle anderen werden durch mehr oder weniger deutliches Fremdeln abgewehrt. Das Fremdeln kann auch jenseits der Halbjahresgrenze einer unbekannten Umgebung gelten.

Bei der Fremdelreaktion handelt es sich um einen natürlichen Schutzmechanismus im Rahmen der primären Bindung. Die Stärke des Fremdelns scheint zugleich auch etwas mit der Angstbereitschaft des Kindes zu tun zu haben, was sich später in der Kindheit oft deutlich zu erkennen gibt. Der Fremde hat das Fremdel-Signal zu respektieren und sich zurückzuziehen, die Bezugsperson hat zuverlässig zu handeln und Schutz zu bieten. Gegenteiliges Handeln verunsichert den Säugling, erzeugt Negativstress und führt auf Dauer zur Verstärkung der Angst sowie zu unsicheren Bindungsstilen.

Früher sprach man in Anlehnung an René A. Spitz (s.o.) immer wieder vom Achtmonatsfremdeln. Damit meinte man wahrscheinlich aber zugleich auch den Beginn der **Anhänglichkeit**, die am Beginn des Loslösungsalters einsetzt. Der Säugling wird am Ende seines ersten Lebensjahres immer mobiler, entfernt sich von seiner Bezugsperson, erforscht sein Umfeld und fängt an, die Dinge seiner Umgebung zu untersuchen (**Explorationsdrang**) (K. und K.E. Grossmann, 2004). Dabei macht er Erfahrungen, die nicht immer beglückend sind.

Vor allem ist es auch das Gewahrwerden der Trennung von der Bezugsperson, die stattfinden muss, damit er diesen ersten Schritt in Richtung Selbstständigkeit unternehmen kann. Das verursacht wieder Angst, Angst, die Bezugsperson bei solchen Manövern verlieren zu können. Also flüchtet er sich in kürzeren oder längeren Abständen, je nach Veranlagung und Bindungsstatus, immer wieder zu seiner Bezugsperson zurück, um sich bei ihr abzusichern. Oder er sucht die Mimik und Gestik seiner Bezugperson, um abschätzen zu können, ob es etwas Riskantes ist, das er gerade macht oder etwas Ungefährliches. Die Hauptbezugsperson wird zu seiner „**sicheren Basis**“, das Ausforschen ihres Gesichtsausdruckes bei möglicher Gefahr bezeichnet man als **soziales Referenzieren**.

Beide Vorgänge in der Mutter- oder Vater-Kind-Beziehung sind wichtig für den Säugling und stärken noch einmal die Bindung. Einige Säugling sind dabei von Natur aus so ängstlich, dass sie ihre Mütter jetzt regelrecht belagern. Andere haben schon schlechte Bindungserfahrungen machen müssen und reagieren jetzt zum ersten Mal erkennbar unsicher gebunden.

3. Warum sich das Kind auflehnen muss, damit es selbstständig werden kann, und wie sich Bindung in der Loslösung fortsetzt

Am Ende des ersten Lebensjahres steht ein Bindungsgefüge zwischen Kind und Bezugsperson, das zwischen „sicher" und „unsicher" bis „desorganisiert" schwankt. Die Bindung bewirkt, dass sich im geistigen Auge des Kindes die Mutter, zum Teil auch schon der Vater, als verlässliche und Schutz bietende Person abgebildet haben und geliebte Menschen geworden sind. In der Fachsprache bezeichnet man diese Abbildung im Kopf des Kindes als Repräsentation. Die Repräsentation der Bindungspersonen ermöglicht es dem Kind, **innere Arbeitsmodelle** zu entwickeln, die ihm dabei helfen, die richtigen Erwartungen an die Eltern zu haben. Das erleichtert die Kommunikation und bestätigt die Eltern wiederum darin, Einfluss auf ihr Kind nehmen zu können. Ist die Repräsentation nun überwiegend positiv, entstehen daraus positive Erwartungen hinsichtlich des elterlichen Verhaltens. Im umgekehrten Fall werden diese Erwartungen negativ erscheinen. Entscheidend für positiv oder negativ ist einzig der **Nettoeffekt** aller Erfahrungen im ersten Lebensjahr. Nur positiv ist nicht denkbar, nur negativ führte zu emotionaler Desintegration und Deprivation.

Reaktiver Auslöser und zugleich Prüfstein für die so entstandenen **Bindungsstile** sind seelisch belastende oder beängstigende Ereignisse sowie die erzwungene Trennung von der oder den Bezugsperson(en). Ein normierter Test simuliert eine solche Trennungssituation. Er nennt sich **Fremde-Situation-Test** und wurde von der Bindungsforscherin Mary Ainsworth u.a. entwickelt (1978). In diesem Test werden gut einjährige Kinder in einem standardisierten Verfahren von der Mutter getrennt und mit einer fremden Bezugsperson konfrontiert. Dazu verlässt die Mutter zweimal den Raum. Im Anschluss an die jeweilige Trennungssituation wird die Wiederkehr der Mutter inszeniert. Die kindlichen Reaktionen werden bei diesem Prozess genau beobachtet und nach einem bestimmten Schema bewertet.

Da in diesem Alter die Erwartungshaltung aller Eltern dahin geht, ein Kind könne schon einiges allein, das heißt ohne seine Hauptbezugsperson(en), bewältigen, kommen Situationen dieser Art auch in der Realität häufig vor. Größere Unternehmungen, Ausflüge, Reisen und Fremdbesuche mit Kindern, die ein Jahr alt sind, sind gang und gäbe. Es gibt mannigfaltige Gelegenheiten, bei denen das Kind beweisen soll oder muss, wie selbstständig und damit unabhängig von seinen Eltern es schon geworden ist. Aber wie im Fremde-Situations-Test gehen auch in der Wirklichkeit solche Herausforderungen für die

Kleinen häufig schief. Denn auch in der Wirklichkeit zeigt sich der entstandene Bindungsstil und nicht nur im Labor.

Die Entwicklungspsychologie unterscheidet inzwischen vier einigermaßen trennscharf zu differenzierenden Bindungsstilen: die sichere Bindung, die unsichere Bindung in zwei Formen, nämlich vermeidend und ambivalent, und die desorganisierte Bindung (s.u.). Laut empirischen Beobachtungen schätzt man, dass in Deutschland 50 bis 60 Prozent der Kinder sicher gebunden sind, 30 bis 40 Prozent unsicher-vermeidend, 10 bis 20 Prozent unsicher-ambivalent und etwa 15 Prozent desorganisiert. Die Zahlen über 100 Prozent insgesamt bringen zum Ausdruck, dass es trotz guter Beobachtungen viele Überschneidungen gibt, die eine exakte Zuordnung zu einem Bindungsstil nicht zulassen (K. und K.E. Grossmann, 2004 und van Ijzendoorn et al., 1999, zit. nach Gehirn und Geist, 11/2011).

Ein **sicher gebundenes Kind** reagiert bei solchen Herausforderungen am wenigsten aufgeregt und flüchtet sich, sobald es sich verunsichert oder bedroht fühlt, vertrauensvoll in die Obhut seiner Bezugspersonen zurück. Sie sind die „sichere (soziale) Basis". Das setzt voraus, dass die Hauptbezugspersonen Mutter und Vater oder eine sichere Ersatzbezugsperson auch erreichbar sind. In der gezielten Fremde-Situation werden die Bindungspersonen bei deren Rückkehr freudig begrüßt. Schon vorher lässt sich bei älteren Säuglingen in ihrer natürlichen Umgebung beobachten, dass diese bei ersten spielerischen Explorationsunternehmungen mit Erforschung der Umwelt sich immer wieder durch Zurückblicken zur Bezugsperson versichern, ob in ihrer Mimik Ungefährlichkeit signalisiert wird oder drohende Gefahr („social referencing"). Danach richtet sich dann das Kind bereitwillig entweder mit Rückzug oder fortgesetzter Exploration. Außerdem startet das sicher gebundene Kind ohne Widerstand und zur angemessenen Zeit in die Phase der Loslösung (s.u.). Dabei wirkt es die meiste Zeit gut gestimmt, heiter und gelöst.

Die **unsicher gebundenen Kinder** unterscheiden sich zum einen in die „**Vermeider**", die in der Exploration den Weg eingeschlagen, so zu tun, als seien sie schon unabhängig von ihrer Bezugsperson. Im Falle der Verunsicherung oder Bedrohung z.B. durch Hinzukommen einer fremden Person stehen sie dabei aber große innere Ängste aus, was körperlich messbar ist, z.B. durch den Cortisol-Test im Speichel. Das verhalten-angespannte Reagieren der Kinder ist Erfahrenen aber auch äußerlich gut erkennbar. Zum anderen unterscheiden sie sich in die „**Ambivalenten**", die zwar selbstständig erscheinen möchten, bei diesem Versuch und in Furcht erregender Situation aber emotional zusammenbrechen und ein ängstlich getöntes Anklammerungsverhalten an die Mutter (oder vereinzelt auch den Vater) zeigen. Das sind in typischer Weise die Kinder, die sich schreiend auf den Arm ihrer Eltern flüchten, dort an ihrem Hals kleben, aber innerlich nicht wirklich zur Ruhe kommen und von dort auch keinen Kontakt zum Fremden aufnehmen wollen. Ist nur die Mutter einigermaßen sichere Bezugsperson, kann auch der Vater nicht beruhigend einwirken. Die Kinder sind dann ganz auf die ständige Nähe ihrer Mütter angewiesen.

Entsprechend fällt auch der Fremde-Situations-Test aus. Die vermeidenden Kinder lassen ihre negativen Gefühle nicht zu, unterdrücken die Anzeichen von Stress (der doch im Cortisol-Speicheltest messbar vorhanden ist – s. 2. Kapitel Teil 2), mimen exploratives Interesse und ignorieren die Mutter bei ihrer Rückkehr oder wenden sich von ihr ab. Die ambivalenten Kinder zeigen ihre Gefühle in geradezu extremer Weise, sind für jeden erkennbar maximal gestresst und können sich bei ihren Müttern kaum beruhigen. Sogar auf dem sicheren Arm gelingt es ihnen nicht, zur Ruhe finden. Dabei wechseln sie häufig zwischen abwehrenden Reaktionen und Anklammern.

Noch problematischer sind die Kinder mit **desorganisiert gebundenen** Reaktionen. Sie zeigen in schnellem Wechsel nahezu allen Reaktionen der anderen drei Typen, wobei ganz offensichtlich wird, dass sie falsche Annahmen über das elterliche Reagieren entwickelt haben oder gar keine besitzen. Zeigt die Mutter oder eine andere Bindungsperson schützendes Verhalten, fliehen sie oder erstarren förmlich in ihrer Nähe. Ihr ganzes Ausdrucksbild fördert Angst und Unsicherheit vor ihrer Bindungsperson zu Tage. Zeigen Mutter oder Bindungsperson jedoch abweisendes oder desinteressiertes Verhalten, reagieren diese Kinder unbekümmert und völlig unberührt von dem offenkundigen Bindungsverlust. Demgemäß verhalten sie sich auch inadäquat in der Fremde-Situation und zeigen Bindungsimpulse plötzlich zur fremden Person und Abwehr bei der Mutter. Affektiv schwanken sie ständig zwischen regressivem Erscheinungsbild und aggressivem Auftreten. Insgesamt wirken ihre Affekte merkwürdig flach (B. Strauss, A. Buchheim, H. Kächele, 2002).

Schon früh zeigt sich bei ihnen die meist unverständliche Flucht nach vorne mit ungehemmter Kontaktsuche zum Fremden, in blindem Vertrauen auf eine bessere und zuverlässigere emotionale Reaktion bei ihm als bei den angestammten Bezugspersonen (sog. Wahllosigkeit oder auch soziale Promiskuität). Einfach Sympathie genügt, um die Nähe herzustellen, die dann aber ebenso schnell auch wieder entzogen werden kann. Spätes Sprechenlernen und autoaggressive Züge unterstreichen den bindungsarmen Zustand.

Die frühe **Deprivation** (s.o.) bei schon in der Säuglingszeit erfolgter schwerer Vernachlässigung und Misshandlung sowie der **Hospitalismus** bei von ihren Eltern verlassenen und in Heimen aufwachsenden Säuglingen und Kleinkindern gehören meiner Auffassung nach als Sonderformen zum desorganisierten Bindungstyp. Das Störungsverhalten dieser Kinder fällt allerdings zumeist noch krasser aus als bei den übrigen desorganisiert gebundenen. In Heimen ist man darum bemüht, Bindungsbeziehungen zu festen Betreuerinnen aufzubauen. Kinder aus schwer vernachlässigenden oder misshandelnden Familien müssen von den Jugendämtern in Obhut genommen und an Pflegefamilien oder adoptionswillige Eltern vermittelt werden (s. 4. Kapitel Teil 3). Häufig ist für sie dabei eine vorübergehende Heimbetreuung nicht zu vermeiden. Die schwere Bindungsstörung hat nicht nur seelische Auswirkungen, sondern beeinträchtigt häufig auch die körperliche Entwicklung, wobei das Körperwachstum und die hirnorganische Entwicklung am deutlichsten betroffen sind.

Es gibt manchmal wechselnde Reaktionsformen bei ein und demselben Kind, die den eigentlichen Bindungs-Typ schwer bestimmen lassen, und es gibt Kinder, die überhaupt wenig Bindungsimpulse zeigen, ohne in irgendeiner Weise in ihrer Sozialentwicklung beeinträchtigt zu sein (**„bindungsarmer Typ“**). Solche und andere Zwischen- oder Sondertypen weiter aufzuschlüsseln (z.B. K.-H. Brisch, 1999/2006) hat meiner Auffassung zufolge hauptsächlich wissenschaftliche Bedeutung. Schwierig erscheint mir auch das Vermischen von „frühen Bindungsstörungen“ (s. 1. Kapitel Teil 2) mit den soeben besprochenen Formen gestörter primärer Bindung. Denn bei den frühen Bindungsstörungen spielen Loslösungsaspekte (s.u.) zusätzlich eine Rolle. Einigermaßen typisch und praktisch gut unterscheidbar für die weitere Entwicklung sind nur die genannten vier Bindungsstile. Allerdings müssen Deprivation und Hospitalismus als spezielle Form der Desorganisation Eingang in die Definition der Bindungsstörung erhalten.

Hier eine kurze Fallgeschichte zur sicheren Bindung (die anderen Bindungsstile werden wegen der mit ihnen verbundenen Risiken im nächsten Teil besprochen):

Lenny hat gerade seinen ersten Geburtstag hinter sich, als sich eine alte Freundin bei der Mutter meldet und der jungen Familie einen Besuch abstatten möchte. Es wird ein Nachmittagstermin mit Kaffeetrinken vereinbart, wenn Lenny seinen Mittagsschlaf beendet hat. Die alte Freundin kommt pünktlich und betritt die Wohnung, als Lenny gerade mit einem Eimer voller Bauklötze und anderem Spielzeug durch den Flur läuft. Lenny lässt sofort seinen Einer fallen und läuft noch ziemlich tapsig seiner Mutter geradewegs in die Arme. Die nimmt ihn sofort hoch und bleibt nach kurzer Begrüßung der alten Freundin vorerst auf Abstand.

Im Laufe des Nachmittags ist Lennys Neugier auf die andere Frau gewachsen und während er um die Füße seiner Mutter herum spielt, guckt er immer wieder auf zu der fremden Person und mustert ihren Gesichtsausdruck.

Schließlich erscheint sie ihm vertraut genug, dass er ein wenig in ihre Nähe rückt. Als sie sich zu ihm hinunter beugt und ihn mit seinem Namen anspricht, weicht er jedoch sofort wieder zur Mutter zurück. Nach kurzem Blickwechsel mit der Mutter, der ihm Gefahrlosigkeit verrät, dreht er der unbekannten Frau wieder sein Gesicht zu und lächelt sie sogar an.

Kurze Zeit später muss die Mutter in die Küche, um neuen Kaffee zu holen. Sie steht auf, lächelt Lenny aufmunternd zu, und geht aus dem Raum. Lenny ist angespannt und rührt sich nicht vom Fleck. Etwas ängstlich schaut er die fremde Frau an, die wieder Kontakt zu ihm sucht und ihn sehr freundlich anspricht. Aber Lenny lässt sich zu nichts bewegen und zeigt eine sehr ernste Miene. Als die ihm fremde Frau ein Spielzeug greift und die Hand nach ihm ausstreckt, steht er schnell auf und läuft zur Tür, durch die gerade seine Mutter wieder hereintritt. Sie bückt sich zu ihm herab, und er schlingt seine Arme um ihren Hals.

Erst nach einer weiteren Stunde ist Lenny bereit, einen Ball mit der unbekannten Frau hin- und herzurollen, und die Mutter kann sogar das Geschirr abräumen, ohne dass Lenny ihr sofort hinterher läuft oder zu weinen anfängt.

Die sichere Bindung eines Kindes an seine primäre Bezugsperson ist relativ einfach festzustellen. Sie zeigt sich im hohen Vertrauen auf die mütterlichen (oder manchmal auch schon väterlichen) Entscheidungen und lässt den Kontakt zu fremden Personen in einer beziehungsmäßig abgesicherten Konstellation zu. Auch in einer fremden Umgebung bewegt sich das Kind verhältnismäßig frei von Angst und profitiert von dem entstandenen Vertrauensvorschuss. Bei den unsicheren Bindungsmustern ist das Verhalten etwas schwerer zu interpretieren und die beiden Formen unsicheren Bindungsverhaltens sind vor allem durch die einstweilen noch instabilen Gefühlszustände der Kinder nicht immer leicht voneinander abzugrenzen.

Die Feststellung einer oft schwierigen Eingruppierung der Kinder in die typischen Bindungsstile im zweiten Lebensjahr gibt zugleich zu bedenken, dass es offenbar auch Kinder gibt, die eher untypische oder gemischte Bindungsmuster aufweisen (s.o.). Das bringt die Bindungstheorie in gewisser Weise auch auf den Prüfstand ihrer Zuverlässigkeit und Richtigkeit.

Daher bin ich der Auffassung, dass die Bindungstheorie auf dem Boden ihrer klassischen Definition zu erweitern ist in Richtung **Loslösungsprozesse** und **Selbstentstehungsvarianten**. Die Reduktion des Bindungsbegriffes in der Phase um den ersten Geburtstag herum auf eine kennzeichnende Varianz zwischen Exploration (Erforschung) der Umgebung in abgesicherter Position und wieder einsetzendem Bindungsbedürfnis in gefahrvoller Situation reicht meines Erachtens für die Definition der Bindung nicht aus. Erst die sich anschließende **Loslösung** und das einigermaßen fertige Selbst des Kindes mit etwa vier bis fünf Jahren sagen etwas Endgültiges über die tatsächlichen Bindungsverhältnisse und die frühe Entwicklung der Persönlichkeit aus.

Die Entwicklungspsychologin Doris Bischof-Köhler hat in vergleichbarer Weise drei Beziehungssysteme zwischen den Säuglingen und Kleinkindern und der sie großziehenden Eltern in der frühkindlichen Entwicklung ausgemacht: 1. das Sicherheitssystem, 2. das Erregungs- oder Explorationssystem und 3. das Autonomiesystem (D. Bischof-Köhler, 2007). Damit beschreibt sie die Phänomene der primären Bindung, der Exploration der Umwelt und der Entstehung des Selbst als Ausdruck zunehmender Unabhängigkeit von der primären Bezugsperson sowie als interpersonellen Entwicklungsprozess innerhalb eines abgesicherten Beziehungsgefüges.

Die Loslösung stellt in der hier vorgestellten Form nun nicht, wie der Begriff vorzugeben scheint, eine „Lösung" der Bindungsbeziehungen des Kindes dar. In Anlehnung an Margaret Mahler (1975/1997), die den Begriff Loslösung aus der räumlichen Entfernung des Kindes von der Mutter im ersten Lebensjahr abgeleitet hatte, ist bei mir damit vielmehr die innere Orientierung des Kindes auf eine zweite Bindungsperson gemeint, die die enge primäre Bindung in der Mutter-Kind-Dyade relativiert (gleichsam „löst" oder auch nur lockert). Dadurch wird in einem Zug der Weg zur Selbstentstehung frei. Bei Mahler bezieht sich die Loslösung zunächst auf den primär körperlich-motorischen Vorgang eines „Getrenntseins" von der Mutter als der primären Bezugsperson. Erst in der Verinnerlichung dieser Trennungserfahrung wirkt sich der Entwicklungsprozess auch auf die geistig-kognitive Entwicklung zum eigenständigen Selbst aus. Mahler und ihre Mitarbeiter nennen diesen zweiten Schritt die Individuation.

Die zweite Bindungsperson ist nach Möglichkeit der Vater, der mit der neuen Bindung ein Muster für alle weiteren Bindungsbeziehungen im Leben herstellt. Diese Vaterbezogenheit war bei Mahler im Zusammenhang mit der Loslösung allerdings noch nicht vorgesehen. Ihr ging es in der Hauptsache um die Entwicklung des Kindes nach Eingehen der Bindung direkt zum autonomen Selbst als Ausdruck der Individuation. Die faktische Verbindung von Loslösung und Vatervorbild setzt somit ganz neue Zeichen für die Phase der Exploration.

Die Exploration in Gang zu halten und zu fördern ist demzufolge wesentliche Aufgabe des Vaters, der jedoch seine Bindungsfunktion im Sinne der sekundären Bindung nicht alleine auf dem erkundenden Spiel mit seinem Kind begründen kann. Um eine echte sekundäre Bindungsperson zu werden, muss er, wie die Mutter im ersten Lebensjahr, Aspekte der Pflege und Versorgung zuverlässig mit einbringen. Einfühlsamkeit ist selbstverständliche Voraussetzung, die in diesem Zusammenhang nicht mehr herausgestellt werden muss.

So gesehen sind früher Widerstand des Kindes, Entfernung und Exploration, Trotz und Verselbstständigungstendenzen wie auch die Ich-Erkennung im Spiegelbild phasische Anteile bzw. Teilschritte des Loslösungsprozesses. Diese Entwicklung kommt geistig wie sprachlich um den zweiten Geburtstag in den Worten „meins", mich/mir sowie dann auch „ich" zum Ausdruck. Auch die Gestik der Besitzanzeige, wenn Kinder spät sprechen, das Festhalten gehört dazu. Einzig die Wiederannäherungskrise (s.u.) unterbricht (im Normalfall) diesen Prozess dann noch einmal, um die primäre Bindung vor einem Verlust nachhaltig zu schützen. Auf diese Weise führt die Loslösung unter Erhalt der primären Bindung zum Selbst des Kindes.

Ein kurzer Ausblick auf das weitere Leben

Bindung und Loslösung erreichen im frühen Kindesalter nur eine vorläufige Vollendung und bleiben auch danach lebenslang zu bewältigende Aufgaben. Allerdings kommen hinsichtlich der Beziehungskonstellationen immer mehr neue, nicht familiäre Personen hinzu. Geistig ergeben sich immer höhere und kompliziertere Ebenen. Bindung bedeutet im späteren Leben dann das Bedürfnis nach sozialer **Geborgenheit** und **Zugehörigkeit** zu einer Menschengruppe. Loslösung führt zum Autonomiestreben mit dem Bedürfnis nach sozialer **Unabhängigkeit** und größerer **Eigenständigkeit**. Solange diese gegensätzlichen Bestrebungen im Leben einigermaßen ausgewogen bleiben, befindet sich der Mensch im emotionalen Gleichgewicht und innerer Harmonie. Dieses emotionale Gleichgewicht des einzelnen ist Grundvoraussetzung für die Konfliktfreiheit in der Gruppe, ja in der ganzen Gesellschaft.

Unsichere Bindungen sind, um das in diesem Zusammenhang zu klären, zunächst einmal noch keine Bindungs„störung" und damit kein psychopathologisches Geschehen. Sie sind eine **spezielle Anpassungsreaktion** an die problematische Beziehungsgestaltung zwischen primärer Bezugsperson und Kind im ersten Lebensjahr und kennzeichnen den Bindungsstil. Die unsichere Bindung stellt dabei jedoch ein höheres Risiko für spätere Verhaltensauffälligkeiten dar. Für solche Verhaltensauffälligkeiten müssen dann im weiteren Verlauf noch andere beziehungsrelevante Risikofaktoren und hohe psychosoziale Belastungen dazu kommen wie Loslösungsprobleme, Ablösungsüberforderungen, Entwicklungskrisen und gravierende Beziehungsstörungen. Gerade die letzteren schaffen dabei die ursächliche Verknüpfung mit den äußeren Belastungsfaktoren wie z.B. plötzlicher Arbeitsplatzverlust der Eltern, Armut, psychische Erkrankung der Eltern oder schwerwiegende Eheprobleme und Scheidung. Werden diese Krisen in der Entwicklung und Störungen in der Beziehung nicht rechtzeitig erkannt und adäquat beseitigt, resultiert tatsächlich eine Form der frühen Bindungsstörung (s. 1. Kapitel Teil 2).

Aber auch die folgende Variante ist möglich: Eine optimale Loslösung nach einer unsicheren Bindungsgestaltung kann die emotionale und psychosoziale Entwicklung des Kindes wieder verbessern und seine psychische Widerstandskraft, das heißt die Resilienz, erhöhen (R. Posth, ebd.).

Die desorganisierten Bindungen sind, das muss noch einmal herausgestellt werden, von Vornherein höchst riskante Verlaufsformen der Eltern-Kind-Beziehung mit einer beinahe sicher resultierenden schweren Bindungsstörung, wenn keine Therapie veranlasst wird. Diese Form der Bindungsstörung wird in der Fachliteratur als gehemmte bzw. reaktive oder enthemmte Bindungsstörung geführt. Das Erscheinungsbild der Enthemmung entspricht weitgehend der Deprivation (s.o.), das heißt der Folge jeglicher Entbehrung zuverlässiger und innerlich verankerter Bindungsstrukturen. Aus ihr resultieren spätere psychische Erkrankungen und Persönlichkeitsstörungen. Die reaktive Bindungsstörung ist ein tiefer Bruch in der Eltern-Kind-Beziehung mit schwer kalkulierbarem Beziehungsverhalten in der späteren Sozialentwicklung (s. 4. Kapitel Teil 2). Auch bei ihr ist das Risiko einer späteren Persönlichkeitsstörung hoch. Persönlichkeitsstörungen können aber auch aus schweren Psychotraumata der frühen Kindheit resultieren wie schwerer Vernachlässigung, Misshandlung oder sexuellem Missbrauch (ebd. im Teil 2).

Kurze Fallgeschichte zur Loslösung

Malte ist bis zu seinem 10. Lebensmonat ganz stark auf seine Mutter fixiert. Da der Vater stark in seinem Beruf engagiert ist, kommt er selten vor dem späten Abend nach Hause und hat wenig Zeit, sich am Abendprogramm und beim Zubettbringen seines Sohnes zu beteiligen. Häufig reicht es gerade noch für einen Gutenachtkuss, den er seinem schlafenden Sohn auf die Stirn drückt. Trotzdem stellen die Eltern am Ende des ersten Lebensjahres ein sich steigerndes Interesse von Malte an seinem Vater fest. Wenn der Vater dann einmal früher am Abend zu Hause ist oder am Wochenende Zeit für einen Vater-Sohn-Kontakt findet, krabbelt Malte freudestrahlend auf ihn zu und hangelt sich an seinem Hosenbein hoch in den Stand. Auch genießt er es immer mehr, auf dem Arm seines Vaters zu sein und mit ihm ein wenig zu schmusen. Nach einigen Wochen intensiverer Zuwendung lässt er sich sogar von seinem Vater wickeln und füttern. Einzig das Zubettbringen bleibt Domäne der Mutter.

Da der Vater jetzt also viel Interesse an seinem Sohn zeigt und in den verhältnismäßig kurzen Zeiten, die er mit ihm verbringt, große Zuwendung unter Beweis stellt, entwickelt sich bei Malte eine große Begeisterung für ihn. In

Spielsituationen ist über kurz oder lang nur noch der Vater gefragt, und die Mutter wird in diesen Momenten fast vollständig ausgeklammert. Darüber ist sie nicht glücklich und fühlt sich von ihrem Sohn zuweilen ein wenig zurückgesetzt. Aber intuitiv spürt sie, dass der Weg, den ihr Sohn hier einschlägt, der richtige für ihn ist und dass sie ihn dabei nicht behindern darf. Im zweiten Lebensjahr verstärkt sich die Begeisterung von Malte für seinen Vater weiter. Das geht soweit, dass der Vater, ist er denn lang genug zu Hause, ihn auch komplett versorgen soll. Zum Spielen ist er ohnehin die Nummer eins. Mit der Zeit kann sich der Vater aber auch in das Programm des Zubettbringens einschalten und immer häufiger das Einschlafritual übernehmen. Die Mutter hat an diesen Abenden praktisch frei.

Die Entwicklungsaufgabe des Kleinkindes im zweiten Lebensjahr besteht demzufolge in der **Loslösung**. Loslösung bedeutet, dass durch eine weitere Bezugsperson mit starkem Bindungsangebot, die enge Mutter-Kind-Bindung langsam aufgetrennt wird (R. Posth, ebd.). Das Kleinkind erlebt in dieser alternativen Bindungsperson ein autonomes Vorbild für sich und fängt an, dieser Person in Richtung Selbstständigkeit nachzueifern. Im Idealfall ist diese „dritte Person" der leibliche Vater (s.o.). Aus der Dyade (Zweiheit) wird auf diese Weise eine **Triade** (Dreiheit). Ziel dieses Entwicklungsschrittes ist die Erkenntnis des eigenen **Selbst**, verbunden mit der inneren Ausrichtung des Kindes zur **Autonomie**.

Loslösung bedeutet, das sei noch einmal betont, nicht ein Aufgeben von Bindung. Im Gegenteil, die Bindung verfestigt sich weiter – aber jetzt zu zwei Bezugspersonen (primärer und sekundärer). Es kommt gleichsam zu einer Doppelbindung zwischen Kind und Eltern mit dem Kind in der Mitte. Dabei bekommt die Bindung verständlicherweise eine neue Perspektive.

Was alle Eltern in diesem Stadium erleben ist Folgendes: Lief das Kind bei allen konflikthaften Erlebnissen und größeren Frustrationen oder bei all seinen Kümmernissen bislang immer gleich der Mutter in die Arme, um sich trösten zu lassen, wendet es sich auf einmal auch an den Vater. Der Vater muss allerdings dafür vergleichbar zuverlässige Bindungsangebote machen, wie sie die Mutter bot, damit er ihr den Rang in gewisser Weise streitig machen kann. Das heißt, der Vater muss ebenso einfühlsam, liebevoll, geduldig und zuverlässig sein, wie es die Mutter im ersten Lebensjahr gewesen ist. Er muss sich auch um die rein körperliche Pflege seines Kindes bemühen, denn das Kind wertet die Pflege von sich als Sorge um sich. Andernfalls hat der Vater „schlechte Karten" bei seinem Kind. Die Mutter muss es dabei zulassen können, dass die jetzt erfolgende Hinwendung ihres Kindes zum Vater etwas von der von ihr errichteten primären Bindung abzieht.

Mit etwa eineinhalb Jahren (zwischen 15 und 21 Monaten) erleben die Eltern in der Loslösung vorübergehend einen kleinen Rückschritt, die so genannte **Wiederannährungskrise** (s.a. später). Ihr Kind will auf einmal wieder stärker zur Mutter (sichere Bindung vorausgesetzt) zurück, obwohl der Vater schon ein guter zweiter Bindungspartner geworden ist. Das hängt mit der Selbstfindung des Kindes zusammen. Mit ungefähr eineinhalb Jahren wird die Mutter-Kind-Dyade nun endgültig aufgegeben, und das Kind bemerkt jetzt ganz bewusst, dass es eine eigene, von allen anderen Menschen getrennte Person ist, eben auch von seiner Mutter. Im **Spiegeltest** lässt sich das ganz gut zeigen (D. Bischof-Köhler, 1994). Hat das Kind bis dahin in seinem Spiegelbild einen potentiellen Spielkameraden gesehen und munter mit ihm „geschäkert", reagiert es jetzt auf einmal verhalten und oft regelrecht verlegen. Manche Kinder kuscheln sich ganz eng an die Bezugsperson und trauen sich gar nicht richtig hinzuschauen. Auch die Mutter oder der Vater werden jetzt zunächst im Spiegel, dann „in echt" und wieder im Spiegel gemustert. Was hier stattfindet ist ein entscheidender geistiger Reifungsschritt in Richtung Selbstständigkeit. Klassisch geworden ist das Experiment, dem Kind einen roten Fleck auf die Nase zu tupfen, den es jetzt, nach Erkennen seiner eigenen Person, als störend empfindet und abwischen möchte (Rouge-Test). War also das Kind bislang auch für sich selbst nur Objekt, wird das Kind in diesem Moment – philosophisch betrachtet – zu einem **Subjekt**.

Bereits schon vorher hat das **Widerstandsalter** begonnen. Noch am Ende der Säuglingszeit und zunehmend im zweiten Lebensjahr wird aus dem nach Zärtlichkeit und Schmusen begehrenden Wesen gleichzeitig ein kleiner Widerständler oder Rebell. Gegen alles, was mit ihm von Erwachsenenhänden gemacht wird, wird plötzlich Widerstand geübt. Eltern sind genervt, wenn die Kleinen sich jetzt beim Wickeln, Waschen, Anziehen oder Füttern immer wieder sperren. Wird dann gegen den Willen des Kindes vorgegangen, schlagen und treten die Kinder vor Wut auch schon mal nach ihren Eltern. Widerstand und Wut gehören von Anfang an zusammen. In diesen Reaktionen steckt aber nichts Angrifffreudiges. Den Kindern ist noch völlig unbewusst, dass solche Verhaltensweisen den anderen Menschen verletzen können und deswegen eine negative Bewertung haben. So entsprechen diese Reaktionen keinem Zorn des Kindes auf die Bezugspersonen, sondern allein einem genetischen, d.h. im Erbgut verankerten Entwicklungsschema.

Im Zusammenhang mit der Entwicklung zum Widerstand steht der persönliche **Wille**. Die Entstehung des Willens hat eine zentrale Bedeutung im Leben des Menschen für alle weiteren emotionalen und psychosozialen Entwicklungen. Er ist Zeit seines Lebens sozusagen der Dreh- und Angelpunkt der Gedankenführung und Handlungsgestaltung des Menschen. Daher kommt es gleich zu Anfang des Lebens darauf an, die Gestaltung des Willens frei von allen Zwängen zu halten. Der Zwang ist die Kehrseite des Willens. Er dominiert dann, wenn der Wille zu schwach ausgeprägt ist oder im Laufe der Kindheit seine Stärke einbüßt. Aber die Pathologie dieser Vorgänge kann und soll hier nicht Thema sein.

Der Wille bezieht seine Kraft aus den positiven emotionalen Erlebnissen und Erfahrungen des ersten Lebensjahres („emotionale Integration", s.o.).

Diese Auffassung über den menschlichen Willen ist bis heute mit keiner Methode objektiv messbar. Sie ist allein das Ergebnis erfahrungsgemäßer Beobachtungen frühkindlichen Verhaltens. Das entscheidende Zusatzergebnis ist die in Untersuchungen gemachte Feststellung, dass die Unterdrückbarkeit einmal im Willen gefasster Entscheidungen aufgrund einer überraschend abgeänderten Versuchsabfolge eine Aussage darüber treffen kann, wie gesund und entscheidungsmächtig der Wille geworden ist (A.J. Fallgatter et al., 2004).

Das heißt, je besser die Testperson mit dieser Entscheidungsänderung zurechtkommt, desto stärker untersteht ihm die Kraft, sich selbst und die eigenen Reaktionen mit dem Willen zu steuern. Da diese Kraft sich im Versuch aber gegen die einmal gefasste Absicht entscheiden muss, kann die Entscheidungsmächtigkeit des Willens am besten in der Unterdrückbarkeit der einmal gefassten Absicht zum Ausdruck kommen. Der „freie Wille" ist demzufolge ein Wille, der sich selbst negieren kann (s.a. 2. Kapitel Teil 4). Einfacher ausgedrückt bedeutet das, dass sich der Wille kontrollieren lernen muss. Selbstkontrolle zeichnet hier die Freiheit aus.

Der Widerstand selbst dient außerdem dazu, dem Kind eine Möglichkeit zur Abgrenzung gegen die Bezugspersonen zu demonstrieren, um schließlich bei sich selbst bewusst anzukommen. Die Natur hat aus Gründen der Entwicklungsgeschichte des Menschen keinen anderen Weg zur Selbstentstehung vorgesehen als diesen. Ohne Widerspruch und Widersachertum kein Selbstständigkeitsprinzip! Dieser Weg führt nun geradewegs in das Trotzalter hinein, das mit knapp zwei bis gut drei Jahren eine neue Entwicklungsphase einleitet.

Das Trotzen oder der **Trotz** ist ein überall auf der Welt vorkommendes Verhalten von Kleinkindern, das nachweislich aber ethnische Unterschiede zeigt. Das heißt, die Kinder verschiedener Völker trotzen unterschiedlich stark, wobei der Umgang mit dem Säugling und Kleinkind eine Rolle spielt. Die Kinder versuchen im Trotz, ihr gerade frisch erworbenes Selbst und ihren Willen gegen die Einschränkungen von außen durch die Erwachsenen zu behaupten und in der Gemeinschaft unüberhörbar zum Ausdruck zu bringen. Ähnlich wie bei den graduellen Unterschieden des Schreiens bei den Säuglingen spielt auch bei der Heftigkeit des Trotzes der genetische Faktor eine große Rolle.

In die genetische Veranlagung schaltet sich wie schon gesagt ganz stark der Aggressionsfaktor mit ein. Temperamentvolle und vor allem impulsiv veranlagte Kinder trotzen heftiger und nachhaltiger. Es scheint so zu sein, als sei ihre Veranlagung zur Entwicklung von **Aggression** (s.a. 1. Kapitel Teil 4) größer als bei anderen Kindern. Die Stärke des Trotzes hängt aber auch stark vom Bindungsstatus und von den Fortschritten in der Loslösung ab. Somit kann man die Stärke des Trotzes mit einiger Vorsicht als Gradmesser für den Erfolg des Loslösungsgeschehens ansehen.

Als noch normalen Trotz bezeichne ich alle affektiven Ablehnungsreaktionen bis zum wütenden Aufstampfen mit den Füßen sowie auch das beliebte Sich-auf-den-Boden-Schmeißen. Das weithin hörbare Schreien gehört beinahe regelhaft dazu. Nicht mehr unbedingt dazu gehören das wütende Wegwerfen von Gegenständen oder das Hauen der Bezugsperson im Reflex. Das sind schon erste aggressiv unterlegte Handlungen, die gleichzeitig das gesteigerte Temperament zum Ausdruck bringen. Aber erst mutwilliges Zerstören von Gegenständen (Zerstörungswut) und hemmungsloses Einschlagen auf Bezugspersonen sind verdächtig für eine nicht mehr normale Entwicklung, ebenso wie das affektive Wegschreien bis zum Krampfereignis.

Aus der einfachen Reflexhandlung wird also ein gezieltes Handeln mit Beschädigungsabsicht – entweder auf den Gegenstand gerichtet oder auf die Person. Beim Wegschreien entgleist der Affekt endgültig in absolute Unwillkürlichkeit mit pathologischem Anspringen des vegetativen Nervensystems und ist vom Kind nicht mehr bewusst zu steuern (Affektkrampf). Was fast regelhaft noch zum normalen Trotzen zu zählen ist, ist das einfache **Provozieren**. Die Kinder wissen in diesem Alter schon, was sie dürfen und was ihnen eigentlich verboten ist. Gerade das letztere benutzen sie nun, um sich neuen Anlass zum Trotzen zu verschaffen. Und je ohnmächtiger sie sich in diesem sozialen Machtkampf fühlen, desto stärker fühlen sie sich herausgefordert, durch Provokation eine neue Machtmöglichkeit auszuloten.

Steht kein menschliches Aggressionsobjekt zur Verfügung oder wirkt dieses zu machtvoll, so dass das Kind Angst vor ihm hat, verfällt es auch in autoaggressive Verhaltensweisen wie sich selbst beißen, den Kopf gegen die Wand schlagen oder sich die Haare büschelweise ausreißen.

Über die Aggression selbst soll im letzten Teil dieses Buches ausführlich gesprochen werden, da sie als Grundlage für erwünschtes und vor allem unerwünschtes Sozialverhalten maßgeblich an der Entwicklung zum moralischen Denken und Handeln beteiligt ist. Die Entwicklungsschritte zur Moral kommen aber erst zu einem sehr viel späteren Zeitpunkt zum Ausdruck und werden auch erst dann genauer untersucht. An dieser Stelle soll die Aggression nur insoweit Erwähnung finden, als klar wird, dass sie das Trotzverhalten erheblich verstärken kann und immer dann vom Kind „zu Hilfe genommen wird", wenn es sein gerade gefundenes Selbst meint, besonders stark verteidigen zu müssen.

Eltern tun gut daran, das Trotzen ihres Kindes im Grundsatz zu tolerieren. Das heißt nun nicht, dass sie hilflos beobachtend daneben stehen müssen. Selbstverständlich gibt es Augenblicke und Situationen, in denen das Kind sich dem gerade geforderten, familiären Programm zu beugen hat. Oder Wunsch und Begehren des Kindes sind so überzogen, dass sie nicht toleriert werden können. Bevor sie aber reagieren, sollten alle Eltern zunächst einmal prüfen, ob in dem Begehren und Fordern ihres Kindes nicht doch ein Quäntchen Berechtigung zu finden ist. Positiv gewendet bedeutet Trotzen auch ein energisches Durchsetzenwollen der eigenen Willensvorstellungen.

Die naturgemäßen Reaktionen der Bezugspersonen und anderer in den Trotz mit einbezogener Erwachsener bestehen aus ernstem Drohen, Schimpfen und dem vorübergehenden sozialen Trennen. Aber bevor zu solchen Maßnahmen gegriffen wird, sollte immer überlegt werden, ob es nicht geschickte Vermeidungsstrategien gibt, gute Ablenkungsmöglichkeiten und wirksame Überredungskünste. Der drohende Trotzanfall sollte bereits im Keim unterdrückt werden, wenn sich dazu eine sinnvolle Möglichkeit bietet. Es genügt für die Selbstständigkeitsentwicklung, wenn das Kind seinen Unmut äußert, sich auflehnt und damit auch Erfolg hat, wenn auch nicht jedes Mal.

Ein prinzipielles und autoritäres Grenzensetzen verschlimmert in der Regel den Trotz oder unterdrückt ihn schließlich durch Angst vor Herabsetzung oder Bestrafung durch die Bezugspersonen. Jegliche Form von verbaler oder körperlicher Gewalt verbietet sich grundsätzlich. Eltern sollten sich hierzu klar machen, dass sie mit jedem von Gewalt getönten Eingreifen die bisher entstandene Bindung gefährden und die frühe Selbstvorstellung ihres Kindes beschädigen. Außerdem liefern sie ihrem Kind ein schlechtes Vorbild im Umgang mit Konflikten, da es geneigt ist, in der Reaktionsform der Eltern ein Vorbild für sich selbst zu sehen. Alle ganz frühen Vorbilder verbinden sich viel stärker in den Netzwerken des Gehirns als spätere, zum Teil dann schon teilweise reflektierte Reaktionsmuster. Das Gehirn eines Kleinkindes ist noch sehr aufnahmefähig für alle sozialen Verhaltensweisen um sich herum und bildet das Erlebte einprägsam in sich ab. Die nahezu unbegrenzte Fähigkeit zur Imitation, an der z.B. auch die Spiegelneurone beteiligt sind (J. Bauer, 2005), wirkt sich an dieser Stelle eher ungünstig aus.

Spätestens zum Ende des zweiten Lebensjahres kann das **Regelkonzept** eingesetzt werden, welches aber den sprachlichen Fortschritt und geistig-logische Verständnisfähigkeit voraussetzt. Das Verstehen von Ursache und Wirkung (Kausal- und Konditionalprinzip) bildet hierfür die Grundlage. Da diese

Zusammenhänge viel besser verbal verständlich zu machen sind als konkret zu zeigen, wird die Sprache zu einem immer wichtigeren Instrument in der Verständigung zwischen kindlichem und elterlichem Interesse. Sprache wird ab jetzt zu einem entscheidenden Transportmittel für Erziehung. Probleme und Konflikte können durch sie mehr und mehr im Gespräch gelöst werden. Das rein affektive Trotzen sollte immer seltener in Erscheinung treten. Die Hoch-Zeit des Trotzens geht also ihrem Ende zu. Neben diesem logisch-sprachlichen Fortschritt gelten aber weiter das elterliche Vorbild sowie die zunehmende kindliche Fähigkeit, Erfahrungen an sich selbst gefühlsmäßig auf Andere übertragen zu können (Empathie, s.u.).

Vergleichbar mit den Bindungstypen gibt es meinen Beobachtungen an Kleinkindern zufolge auch bei der Loslösung vier unterscheidbare Verlaufsformen, von denen die **gelingende Loslösung** die günstigste ist und im Grundsatz der sicheren Bindung entspricht. Den beiden Formen der unsicheren Bindung entsprechen jetzt die Formen der **erschwerten Loslösung**. Zu unterscheiden sind hier die die **regressive** Verlaufsform der erschwerten Loslösung und die **aggressive**. Erstere erzeugt anhängliche, sich duckende und wenig selbstsicher erscheinende Kleinkinder, die sich von der Mutter nicht lösen können, mit dieser allein aber auch nicht mehr eine in jedem Fall befriedigende Beziehungsstruktur verbinden. Sie spüren längst, dass sie jetzt eine andere Entwicklungsrichtung einschlagen müssen, diese aber mangels eines zuverlässig verfügbaren Loslösungsvorbilds nicht einschlagen können. Spätestens an dieser Stelle erhält der Vater für sein Kind eine besonders wichtige Rolle. Zeitliche Verfügbarkeit, Zuwendungsintensität und absolute Zuverlässigkeit prägen diese Rolle. Das Urvertrauen in die Mutter muss sich beim Vater fortsetzen.

Aggressiv erschwerte Loslösung erzeugt hingegen jene Kinder, die wütend auf ihre Mütter losgehen, sie schlagen oder treten (schlimmstenfalls sogar beißen) oder mit bösen Worten beschimpfen und verwünschen. Andererseits fallen sie ihr aber auch wieder um den Hals, sobald sie sich einer sozialen Herausforderung noch nicht gewachsen fühlen.

Wie es die desorganisierte Bindung gibt, so gibt es auch die **misslingende Loslösung**. Da der eine extrem ungünstige Verlauf häufig den anderen nach sich zieht, ist bei diesen Kindern mit einer ungestörten Entwicklung zu einem sozial verträglichen Wesen nicht mehr zu rechnen. Diesen Entwicklungsverlauf könnte man auch der Deprivation (s.o.) zurechnen. Die Kinder wirken bereits als Kleinkinder im Sozialverhalten völlig unstrukturiert und zeigen beim Umgang mit fremden Personen unvorhersehbare Wechsel von ungewöhnlichem Nähebedürfnis und massiver Ablehnung. Wo im sozialen Kontakt Bindungsimpulse reaktiviert werden müssten, treten Loslösungs- oder sogar Ablösungserscheinungen auf, und wo eine gewisse Selbstständigkeit hingehörte, tritt unpassende Anhänglichkeit auf. Gleichzeitig wirken die Kinder am allgemeinen Geschehen wie unbeteiligt und scheinen sich in eine eigene Welt zurückgezogen zu haben. Dadurch kommt bei der Beobachtung leicht der Verdacht auf, dass man es mit einer Form des Autismus zu tun hätte. Aber im Gegensatz zu den echten Autisten sind diese Kinder nicht durchgängig in diesem Erscheinungsbild, zeigen auch viel mehr Gefühlsbeteiligung und haben nicht deren Sonderinteressen. Als Beschreibung könnte der Begriff pseudoschizoid zu ihnen passen, weil sie weltenfremd und eigenbrötlerisch durchs Leben zu gehen scheinen.

Auch zu den unterschiedlichen Formen der Loslösung ist wie zum Ergebnis in der Bindung anzumerken, dass es viele uneindeutige und gemischte Verlaufstypen gibt, die eine klare Zuordnung erschweren. Grundsätzlich gilt aber auch hier die Feststellung, dass Schwächen und Fehler in der Loslösung, das heißt also die Formen der erschwerten Loslösung weitere Risiken in der Selbstentwicklung nach sich ziehen (s. 4. Kapitel Teil 1).

Mit diesen Beobachtungen befindet man sich aber schon im Bereich der pathologischen Eltern-Kind-Beziehung, die man im Verlauf heutzutage immer häufiger der frühen Bindungsstörung zuordnet. Im zweiten Teil des Buches über die Bindungsstörungen wird auf solche Verläufe genauer einzugehen sein. Die frühe Bindungsstörung ist, das darf an dieser Stelle schon gesagt werden, allem Anschein nach ein Dreh- und Angelpunkt für alle dann weiter unterschiedenen Verhaltensstörungen in der kindlichen und jugendlichen psychosozialen Entwicklung.

Ein wichtiger Faktor mit Auswirkungen auf das Sozialverhalten des Kindes in der normalen Entwicklung ist an dieser Stelle noch anzufügen. Es handelt sich um die Benutzung des so genannten **Übergangsobjektes** (D.W. Winnicott, 1976). Die Entwicklung des Übergangsobjektes hängt für ein Kind mit seiner Subjekt-Objekt-Wahrnehmung zusammen. Die einzelnen Schritte hierzu sind kompliziert und in den frühen Bewusstseinsschritten eines jeden Menschen zu suchen. Es geht darum, dass der Säugling zunächst seine Personenhaftigkeit nur im Verbund mit der Mutter oder einer sie ersetzenden Bezugsperson sicher wahrnehmen kann (Mutter-Kind-Dyade). Lässt diese ihn längere Zeit allein, umfängt ihn die Vorstellung als menschliches Wesen nicht vorhanden zu sein und zu verschwinden. Winnicott nannte dieses Elementargefühl beim Säugling die primäre Unintegriertheit und bezeichnete den schmerzlichen Rückschritt dorthin im weiteren Leben als **Desintegration**.

Alle Eltern machen die Erfahrung, dass ihre Säuglinge nur in sehr begrenzten Zeitabschnitten völlig alleine verbringen können. Je nach Ablenkung durch Außenreize und Fähigkeit zur Selbstberuhigung durch Erfassung ihrer inneren Reize fangen sie über kurz oder lang an, nach der Mutter oder der sie vertretenden Bezugsperson zu rufen oder zu schreien. Die Säuglinge mit schwierigen Temperamentsveranlagungen schreien sofort und mit großer Intensität. Besonders nachts und in der Dunkelheit kommt dieses Phänomen stark zum Tragen.

Das hängt mit der Urangst zusammen, dem Gefühl ohne die Sicherheit bei der Bezugsperson der Natur auf Gedeih und Verderb ausgeliefert zu sein. Es sollte nicht vergessen werden, dass der Säugling in den Urzeiten der Menschheitsentwicklung hinsichtlich Gesundheit und Wohlbefinden ein extrem anfälliges und gefährdetes Lebewesen gewesen ist. Man kann derartige Angstgefühle mit den Gefühlen Erwachsener bei Panikattacken vergleichen. Auch in der Klaustrophobie oder Agoraphobie (Platzangst) kommen diese Urängste wieder zum Vorschein. Im fortgeschrittenen Alter spricht man dann aber nicht mehr von Desintegrationserscheinungen sondern vielmehr von Depersonalisation und Derealisation. Der Mensch verliert in diesen Augenblicken den inneren Bezug zu seiner eigenen Person oder der ihn umgebenden Wirklichkeit.

Erst mit dem Erkenntnisfortschritt zum Selbst und der Fähigkeit des Kindes, diese Fundamentalängste überwinden zu können, beginnt das Bewusstsein, eine selbstständige, von der primären Bezugsperson vollkommen losgelöste Person zu sein. Die Philosophie spricht hierzu von der **Subjekt-Objekt-Spaltung**. Das Kind wird Subjekt und die primäre Bezugperson das erste menschliche Objekt. Der Loslösungsprozess ist der Motor dieses Bewusstseinsfortschritts. Aber die nun vollzogene Trennung von der Mutter macht das Kind noch lange nicht selbstsicher genug, diese neue Erfahrung auch zu schätzen und zu nutzen. Immer wieder überfallen es die Angstzustände in die primäre Unintegriertheit zurückzugleiten und wieder total abhängig zu werden.

Dieses Abhängigkeitsgefühl steht aber nun im Widerspruch zum angestrebten Entwicklungsziel nach Selbstständigkeit und Autonomie, was das Kind deutlich spürt. Dabei wird ihm seine Entwicklungsaufgabe bewusst, immer unabhängiger werden zu müssen von anderen Personen und sich insbesondere von der Mutter zu lösen, wobei ihm sein Loslösungsvorbild, der Vater oder eine ihn ersetzende Person, helfen muss. Aber mit diesen Gefühlen geht es beim Kind noch hin und her. Auf der einen Seite steht das Streben nach Selbstständigkeit und Unabhängigkeit und auf der anderen Seite die Angst vor dem Alleingelassensein und der Beziehungslosigkeit.

Das jetzt zunehmend symbolhafte Denken des Kindes macht es nun möglich, in dem Widerstreit der Gefühle zwischen Autonomiestreben und Wunsch nach elterlicher Nähe sowie persönlicher Absicherung einen Gegenstand, Stofftier oder ähnliches zu wählen, das in seinem Verständnis stellvertretend für die Bezugspersonen steht. Puppe, Teddybär, Schnuffeltuch oder Talisman ersetzen also die nicht immer verfügbare Bindungsperson. Der Schnuller repräsentiert dabei das orale Übergangsobjekt. Auch der gelutschte Daumen oder Finger nimmt eine vergleichbare Stellung ein.

Dieses Übergangsobjekt vertritt demnach symbolisch die Bezugsperson und wird, weil immer verfügbar, zur inneren Absicherung und Selbstberuhigung vom Kind bei sich geführt. Es geht mit in die fremde Umgebung, wird beim Einschlafen in der Hand oder im Mund gehalten und bei allen Unglücken und Frustrationserlebnissen an das Gesicht geschmiegt oder umarmt. Viele Kinder nehmen sogar andere Gegenstände als den Schnuller in den Mund und lutschen oder saugen an ihm. Und so wie dieser Gegenstand für die Wiederherstellung der positiven Gefühle zu sorgen hat, muss er auch helfen, die negativen Gefühle abzubauen. Bei Wut wird er also hemmungslos in die Ecke geworfen, malträtiert und geschunden. Auf diese Weise gewinnt das Kind aber erste Fähigkeiten zur **Selbstregulation**.

Zieht man diese Erkenntnisse über die Hilfe des Übergangsobjektes bei den Entwicklungsschritten in die Selbstständigkeit zusammen und stellt sie in zeitliche Beziehung zur Loslösung, dann kann man davon sprechen, dass das Übergangsobjekt gleichzeitig ein Vehikel für die Loslösung ist und dass mit dem Erreichen erster nennenswerter Autonomie auch seine Aufgabe ausgedient hat. Das ist etwa mit dem vierten Geburtstag der Fall, was den Trick mit der Schnullerfee begründet. Sie holt symbolisch den Schnuller an besagtem Geburtstag ab und ersetzt ihn durch ein Geschenk von bleibendem Wert.

Winnicott sprach bei der Bezugsperson übrigens immer nur von der Mutter. Heute muss man auf jeden Fall auch den Vater mit einbeziehen.

4. Warum die Kinder sich zu sozialen Wesen entwickeln, die Entstehung des autonomen Selbst und was die Bindung dazu beiträgt

Das Trotzalter verliert seine Schärfe mit der Zunahme von Verstandesleistung und Einsichtsfähigkeit. Dieses neue Entwicklungsniveau erreichen die Kinder mit etwa drei Jahren. Der Sprache sind sie dann soweit mächtig, dass sie nicht mehr einzig zum Äußern von Wünschen und Bedürfnissen („ich will ...") oder zum Protest („nein, ich will nicht ...") verwendet werden kann, sondern auch als lösungsorientierte Verständigungsform und Instrument zum Austausch von Meinungen.

Allerdings bleibt bis auf Weiteres die Meinung des Kindes noch absolut subjektiv und auf sich selbst bezogen. Das heißt, das gegenseitige Abstimmen verschiedener Auffassungen über ein und dieselbe Sache oder eine Herstellung von Kompromissen ist noch stark erschwert. Die Kinder sind immer noch sehr beharrlich und bestehen oft in einem sich endlos wiederholenden Widerspruch auf ihrer Version der Dinge (frühkindlicher Egozentrismus).

Dazu kommt, dass die emotionale Entwicklung weitere Anteile einfordert. Sie bringt dazu jetzt zwei umfangreiche Gefühlsqualitäten auf den Plan, die bedient werden wollen und die mit den Empfindungen von **Stolz** und **Scham** zutreffend beschrieben sind. Jedes Kind ist aufgrund seiner absolut egozentrischen Sicht der Dinge, – das heißt soviel wie: jedes Kind denkt in erster Linie an sich selbst und seinen Vorteil –, bestrebt, viel Stolz auf sich zu vereinen. Dabei müssen ihm zu allererst die Hauptbezugspersonen, sprich Mutter und Vater, behilflich sein. Das gelingt im Grundsatz über eine sichere Bindung, eine gelingende Loslösung und über eine Respektierung des daraus entstehenden Selbst, wobei dieser Respekt sich dann besonders vorteilhaft auswirkt, wenn dem Kind auch ein bisschen Macht überlassen bleibt. Ein permanentes Unterdrücken von Trotzerscheinungen wirkt sich daher negativ aus, denn es führt zum Gefühl der Ohnmacht und untergräbt das Selbstwertgefühl des Kindes.

Der Machtfaktor spielt bei diesem Geschehen, wie alle Eltern sicher bestätigen können, eine entscheidende Rolle (s. Kapitel 1b Teil 3). Selbst das nicht mehr so trotzige Kind will spürbare **Macht** erhalten, und zwar **Bestimmungsmacht** über sich selbst. Soweit das gelingt und nicht mit seinen elementaren Sicherheitsinteressen kollidiert, kann es auch nichts Besseres für ein Kind geben. Der Stolz (auf sich selbst) wächst auf diese Weise in hohem Maße an. Dieser berechtigte Stolz in Verbindung mit der grundsätzlich gewährten Macht erzeugt den **gesunden Narzissmus**.

Lassen die Eltern ihrem Kind aber gar keine Macht, keinen Spielraum für die Umsetzung seiner Absichten und Interessen, und haben ihm keine Aufwertung durch Bindung, Loslösung und Entfaltung seines Willens verschafft, dann wird das wachsende Selbstgefühl früh unterminiert und anstelle des Stolzes wächst die Scham (Teil 3, ebd.).

Was den Entwicklungsverlauf des Machtempfindens beim Kind angeht, kann man folgende Schritte feststellen: Zuerst entsteht das rein reaktive Widerstandsverhalten, das von dem sich formierenden Willen eingeleitet wird. Dann entwickelt sich der vom jetzt planenden Willen gesteuerte Trotz und schlussendlich formiert sich in der frühkindlichen Geistes- und Empfindungswelt das „Machtbestreben". Dieses Machtstreben wird in der Gruppe der Gleichaltrigen durch bestimmendes Auftreten, Behauptungsdrang den Anderen gegenüber und durch einen befehligenden Ton zum Ausdruck gebracht. Im Rollenspiel erhält der Machtgegenstand eine besondere Bedeutung (Stöcke, Schwerter, Pistolen usw.). Erlebte Macht ist für das Kind, man kann es nicht oft genug sagen, ein äußerst hohes positives Attribut.

Neben der Bestimmungsmacht und der im erzieherischen Grundsatz erhaltenen Achtung, Liebe und Zuwendung durch die Eltern als wichtige Bindungsattribute bestimmen des Weiteren auch „Äußerlichkeiten" den Grad von Stolz und Scham. Dazu zählen das körperliche Aussehen, soziale Erfolge und/oder individuelle Begabungen, schnelles Gelingen von Vorhaben (also praktische Intelligenz), aber selbstverständlich auch Lob, konkrete Herausstellungen in der Gruppe, „Besitz" (auch Spielzeug!) und nicht zuletzt Geschenke. Das alles sind **positive Attribute** oder **Attributionen** (übersetzt: Selbstzuschreibungen) und sie bestimmen mit, wie gut sich ein Kind innerlich fühlt. Demzufolge gibt es innere Attributionen, wie sie mit den Bindungsprozessen und der Bestimmungsmacht bereits zuvor genannt wurden, und äußere, wie gerade aufgezählt. Besteht an all dem aber ein Mangel, fallen die Attributionen also zu gering oder mit schlechten Selbstzuschreibungen aus, wächst in dem Kind statt Stolz nur die Scham. Das Anwachsen der Scham entspricht der **negativen Attribution**.

Positive Attribute resp. Attributionen stimulieren das Belohnungssystem und Aktivieren das motivationale Verhalten. Man „winkt dem Kind mit einer Belohnung". Negative hingegen fördern das vermeidende Verhalten und stimulieren das Bestrafungssystem durch Aversion bzw. Abneigung (s. dazu in den Allgemein einleitenden Erklärungen über beide wichtigen Systeme). Ein gut funktionierendes Belohnungssystem entwickelt zunehmend die Fähigkeit, auch Selbstattribution zu erzeugen, wodurch das Kind immer unabhängiger von der Hervorhebung und dem Lob seiner Eltern wird und damit selbstständiger. Ein zu stark entwickeltes Bestrafungssystem erzeugt im logischen Umkehrschluss das Gegenteil. Das Kind wird immer abhängiger.

Eine kleine Tabelle soll die wichtigsten positiven und negativen Attribute und Attributionen ordnen (innere und äußere sind gemischt):

Positive Attribute und Attributionen (Erzeugung von Stolz, 2.-4. Lebensjahr)	**Negative Attribute und Attributionen (Erzeugung von Scham, 2.-4. Lebensjahr)**
– sichere Bindung und gelingende Loslösung,	– unsichere Bindung und erschwerte Loslösung,
– Erfolg im Auftreten und eigenen Handeln (Selbstwirksamkeit),	– Erfolglosigkeit im eigenen Handeln,
– Erfolgreiche Kommunikation mit Stimulation der Bezugsperson(en) und Geliebtsein,	– Erfolglose Kommunikation/ Bezugsperson(en) reagieren nicht adäquat,
– Wertschätzung und Beachtung finden (alles auch schon im Säuglingsalter),	– Gefühl von Ungeliebtsein, Vernachlässigung und Missachtung (alles auch schon bei Säuglingen),
– Erfahrung von Authentizität (Ich-Erfahrung),	– schwache Authentizität (mangelhafte Ich-Erfahrung),
– Durchsetzung des Willens,	– Unterlegenheit des Willens,
– Erleben von Macht in der Auseinandersetzung mit den Bezugsperson(en),	– Erleben von Ohmacht in der Auseinandersetzung mit den Bezugsperson(en),
– Begabungen und Talente,	– Unbegabtheit und Talentlosigkeit,
– Anerkennung und Lob, – Besitz und Geschenke, – Bevorzugung,	– wenig Anerkennung, Kritik und Tadel, Besitzlosigkeit, keine Geschenke, Benachteiligung,
– gutes Aussehen,	– kein gutes Aussehen,
u.a.m.	u.a.m.

Stolz und Scham verhalten sich im Gefühlshaushalt des Kindes letztendlich wie Gewichte auf einer Waage. Dabei balancieren sie die **Selbstkonstruktion** aus. Die Natur scheint es aber nicht vorgesehen zu haben, dass die Waage völlig ausgeglichen ist. Zwar ließe sich auch mit ausbalancierter Waage ganz gut leben, aber der eigentliche emotionale Vorteil erwächst aus einem gemäßigten Überwiegen von Stolz. Zu viel Stolz hingegen erscheint eher ungesund, denn ein gewisses Maß an Scham braucht jedes Kind zur späteren Ausbildung von Schuld und Gewissen (s.u.). Zuviel Scham ist wiederum äußerst verderblich, weil sie das Minderwertigkeitsgefühl weckt und dem Kind eigene Wertlosigkeit vermittelt, ein schmerzliches Gefühl, dem jedes Kind intuitiv zu entgehen sucht. Die Waage muss also immer in Bewegung bleiben und leicht zum Positiven ausschlagen, ein Feststehen der einen wie der anderen Schale auf dem Untergrund ist sicher schädlich.

So gibt es mit etwa vier Jahren am Ende dieser grundlegenden Selbstentstehungsphase meiner Auffassung nach vier **Selbsttypen**, die entweder als „**ausgewogen**“ oder verschiedentlich „**unausgewogen**“ einzustufen sind. Ich spreche bei der Betrachtung des Selbst hier von der **Selbststruktur**. Die Selbststruktur ist die Bewusstwerdung der seelischen Zustände der sich entwickelnden Person und der auf sie bezogenen Wertigkeit unter den Mitmenschen. Verständlicherweise ist der ausgewogene Selbsttyp der zufriedenste (in unterschiedlichen Graden), wobei wie gerade dargestellt, ein gewisses Maß von Stolz die Scham überwiegen muss. Damit ist die so dringend notwendige **Selbstachtung** beim Kind gewährleistet. Je mehr Scham aber im Kind entstanden ist, desto mehr geht das Selbst in Richtung Unausgewogenheit, wobei leicht unausgewogene Typen bei der derzeit üblichen Erziehung wahrscheinlich das Hauptkontingent in den Entwicklungen überhaupt ausmachen (R. Posth, ebd.). Kinder mit ausgewogenem und leicht unausgewogenem Selbst sind demzufolge der übliche kindliche Selbsttyp, den man in seinem Verhalten als normal bezeichnet, und der voraussichtlich eine gute individuelle und soziale Entwicklung nimmt. Die leicht unausgewogenen Kinder drohen aber bei Klippen in der Entwicklung und in der Auseinandersetzung mit der Umwelt schneller Verhaltensprobleme zu entwickeln. Von ausgewogenen und leicht unausgewogenen Selbsttypen ist also immer dann die Rede, wenn von Normalität gesprochen wird.

Stark unausgewogene Selbsttypen gehen ab einem gewissen Punkt, der nur schwer zu objektivieren ist, in die Richtung von Persönlichkeitsstrukturen mit starkem **Minderwertigkeitsgefühl**. Scham überwiegt in ihren Seelen bei Weitem den Stolz. Ungeliebtsein, fehlende Anerkennung, z.B. auch permanentes Ausgeschimpftwerden, mangelndes Lob, stattdessen viel Tadel, geringe Begabungen und jede Form von Gewalterfahrung lassen den Stolz verebben und treiben den Schampegel hoch. Diese Kinder entwickeln ein deutlich höheres Risiko für spätere psychosoziale Störungen. Davon wird im nächsten Teil zu reden sein. Außerdem sind diese Kinder bestrebt, sich durch Wichtigtuerei und Angeberei im Auge ihres Gegenübers aufzuwerten. Sie entwickeln früh schon Ehrgeiz und bemühen sich darum, immer der Erste zu sein und neigen zur Unfairness in der Auseinandersetzung mit anderen Kindern. Insbesondere wenn noch ein Quäntchen Grandiosität in ihren Seelen Platz gefunden hat, können sie mit ihrer Aufschneiderei ziemlich unangenehm werden.

Aus diesem Quäntchen Grandiosität, herrührend aus einem vermeintlichen oder vielleicht sogar tatsächlichen Geliebt- und Anerkanntsein, aber auch in Selbsterkenntnis von vorhandenen Talenten, züchten die Kinder im günstigsten Fall eine gewisse Genialität aus sich heraus, im ungünstigsten Fall aber auch einen Menschenverächter. Damit gelingt es ihnen, die Minderwertigkeit im Selbst wenigstens zeitweise zu unterdrücken. Die leichte Kränkbarkeit aber bleibt, insbesondere wenn Mitmenschen und Gesellschaft nicht von ihnen begehrte Anerkennung zollen.

Als vierte Gruppe gibt es die Selbsttypen mit **grandioser (Selbst-)Überschätzung**. Ihnen wurde in der vorangegangenen Entwicklung selten oder nie die nötige Einschränkung ihres ausufernden Expansionstriebes auferlegt. Ganz im Gegenteil wichen ihre Eltern ständig zurück und überhäuften ihr Kind mit positiven Attributen wie Lob und Geschenken. Die Natur hat es häufig gut mit diesen Kindern gemeint und ihnen ansprechendes Aussehen und Begabungen mit auf den Weg gegeben. Auch diese Persönlichkeiten neigen zu psychosozialen Schwierigkeiten, da sie wenig Einfühlungsvermögen in die Lage anderer Menschen entwickeln (s.u.) und leicht einem Gefühl von Selbstüberschätzung entgegen laufen. Bei ungünstigen sozialen Konstellationen kann dieses Gefühl in eine (pathologisch) narzisstische Störung übergehen. Aus diesen Selbsttypen können neben den eitlen Narzissten und krankhaften Eigenbrödlern aber auch weltläufige Karrieristen werden.

Um es noch einmal zu betonen: Die frühkindliche Entwicklungsgeschichte lässt es wie hier aufgezeigt nicht zu, dass völlig rein definierte Selbsttypen entstehen können. Alle sind ein mehr oder weniger starkes Gemisch aus allen Anteilen von großer Ausgewogenheit bis zu starker Unausgewogenheit, von leichter Minderwertigkeit bis hin zu einzelnen grandiosen Zügen. Je stärker aber Ausgewogenheit vorherrscht, desto günstiger ist die Ausgangsbasis für die spätere Persönlichkeit und umgekehrt. Am schwierigsten wird die Weiterentwicklung zur reifen Persönlichkeit bei einem hohen Anteil aus Unausgewogenheit verbunden mit Minderwertigkeit. Kommen minderwertige Anteile und omnipotente Anteile etwa gleich stark vor, steht die Persönlichkeitsentwicklung wie vor einer Zerreißprobe (Spaltung). Enorme Schwankungen in der Selbstauffassung und späteren Selbstdarstellung sind die Folge. Bei der Entwicklung zu den reaktiven Bindungsstörungen und Persönlichkeitsstörungen muss der Faden an dieser Stelle wieder aufgenommen werden.

Wissenschaftliche Ergänzung

Neuere Forschungsergebnisse berichten, dass es im Gehirn des Menschen einen bestimmten Ort gibt, an dem seine Selbstwahrnehmung besonders stark repräsentiert ist. Das ist die Hirnrinde in der so genannten **Inselregion**, die einen nach innen gestülpten Anteil des sensorischen Kortex ausmacht (A. Damasio, 2011). In dem großen Hirnrindenband des sensorischen Cortex, unmittelbar hinter den motorischen Zentren gelegen, befinden sich ansonsten die Wahrnehmungsvorgänge der gesamten Körperperipherie. Das erklärt, warum am Anfang des Lebens vom Säugling allein das Körper-Selbst wahrgenommen wird, denn diese Region unterliegt einer besonders frühen Reifung.

Zur Inselregion wird im Laufe des ersten Lebensjahres der vordere cinguläre Kortex zugeschaltet, der eine ganz enge Verbindung zum limbischen System herstellt (G. Roth, ebd.). Erst zusammen mit dieser höheren Schaltzentrale im Gehirn kommen Empfindungen wie Selbstgewissheit und höheres Selbstbewusstsein zustande.

Von der Inselregion werden aber auch wichtige Gefühlsanteile mit gesteuert. Dabei handelt es sich vorwiegend um soziale Gefühle wie Zu- und Abneigung zu anderen Personen, Selbstsicherheit und -unsicherheit, Stolz und Scham. Die Zerstörung der Inselrinde führt folgerichtig zu Autismus-ähnlichen Verhaltensauffälligkeiten, innerer Leere und einem Gefühl der Aushöhlung der eigenen Person. Es darf spekuliert werden, dass passagere Durchblutungsstörungen dieser Region an den rein körperlichen Empfindungen von Depersonalisation und Derealisation beteiligt sind.

Ein weiterer wichtiger Punkt zur Selbstentwicklung sollte an dieser Stelle Erwähnung finden. Mit der Entstehung des individuellen Selbst fängt das Sich-Vergleichen der Kinder an. Zum ersten Mal erkennen die Kinder voneinander, dass sie Konkurrenten sein können. Sie stellen ihr eigenes bis dahin erworbenes Selbstwertgefühl in eine Relation zu den anderen „vergleichbaren" Kindern. Damit beginnt ein **Wettbewerb**, welcher erste Gewinner und Verlierer kennt. Also noch bevor das Regelspiel solche emotional relevanten Vergleiche am Ende des Spielverlaufs hervorruft, hat sich das Selbst schon ganz von sich aus auf eine Aufrechnung der Wertigkeiten mit den anderen eingestellt. Dieser Punkt erlangt noch einmal eine besondere Bedeutung unter Geschwistern, die um die Gunst derselben Bezugspersonen buhlen. Der Selbstvergleich führt auch dazu, dass schon frühzeitig Kinder ihre Schwächen erkennen. Ergibt sich nun in diesem schwächeren Bereich eine Leitungsanforderung, versuchen die Kinder dieser Herausforderung auszuweichen. Sie sind schlicht demotiviert. Diese Einstellung erhält sich das ganze Leben, wenn nicht bewusst das Bedürfnis nach „Korrektur" eingesetzt wird. Dies kann aus sich selbst heraus entstehen (innere Motivation) oder von außen durch erzieherische Maßnahmen veranlasst (äußere Motivation) werden.

Kommen wir nach der individuellen Entwicklung des Kindes bzw. seiner Individuation nun zu den ersten Schritten seiner sozialen Entfaltung in der Gemeinschaft, d.h. zu der **Sozialisation**. Dieser Übergang kennt keine klare Grenze. Es handelt sich um zwei Entwicklungsstränge, die sich an ihren Grenzen deutlich überlappen und damit zum Teil zeitlich parallel laufen. Festzuhalten ist aber, dass die Individuation, das heißt die Erkenntnis der eigenen Person im Ich und Selbst der Sozialisation vorausgeht.

Eng verwoben mit den bisherigen überwiegend emotionalen Prozessen, aber auch mit den zuvor besprochenen subjektiven Meinungen über Dinge und Geschehnisse bildet sich beim zwei- bis dreijährigen Kind ein Fühlen und Bemerken heraus, welches als **Empathie** bezeichnet wird. Diese ergibt nun die Grundlagen für die gesamte weitere psychosoziale Entwicklung. Der psychosoziale Fortschritt des Kindes im Erwerb der Empathie lässt sich als **emotionaler Perspektivwechsel** bezeichnen (ausführlicher dazu s. Teil 4). Es gibt meiner Auffassung nach dabei eine Empathie des Gefühlsaustausches und eine Empathie der Gerechtigkeitsvorstellung. Über die erstere soll im Folgenden gesprochen werden. Als **Empathie des Gefühlsaustausches** bezeichne ich das, was bislang allgemein unter Empathieentwicklung verstanden wird. Die **Empathie der Gerechtigkeitsvorstellung** bespreche in dann am Schluss dieses Unterkapitels, wenn auch der kognitive, also der geistige Perspektivwechsel zur Sprache gekommen ist.

Nahezu alle Eltern ausreichend sicher gebundener Kinder machen zuerst folgende Erfahrung: Ihr zweieinhalb- bis dreijähriges Kind spricht zum ersten Mal über seine eigenen Gefühle und sagt von sich selbst Angst zu haben oder wütend zu sein. Eine altersgemäße Sprachentwicklung ist dabei vorausgesetzt. Außerdem fragt es seine Eltern immer wieder nach deren Gefühlen. „Bist du böse, Mama?“ „Ist Papa traurig?“ und andere Formulierungen. Darüber hinaus übt es plötzlich aggressiv unterlegte **Scheinattacken** auf andere Menschen aus und wählt dabei aus strategischen Gründen genau die Personen aus, bei denen es sich am sichersten und am geborgensten fühlt, die eigenen Eltern. Denn das Kind weiß noch nicht, ob die zum Schein angegriffene Person letztendlich die Harmlosigkeit des Geschehens und den spielerischen Charakter darin wirklich versteht. Bei den Eltern hat das Kind jedoch das größte Vertrauen in ein solches Verständnis. Folglich erwartet das Kind von ihnen eine Reaktion– gleichsam in abgesicherter Form –, an der es ermessen kann, ob und wie sehr dieser Angriff tatsächlich als feindlich gewertet wird oder ob er doch nur freundlich aufgenommen wird. Wird er wie erwartet als feindlich aufgefasst, kann ihm als

Angreifer nichts passieren, denn von den Bindungspersonen ist grundsätzlich kein Gegenangriff zu erwarten.

Gewünscht vom Kind ist folglich keineswegs eine freundliche Reaktion, wie man vordergründig vielleicht erwarten könnte, sondern eine klar abwehrende, denn das Kind braucht die belehrende Rückantwort seiner Eltern auf seine zum Schein vorgetragenen Aggressionen in Form einer negativ bewertenden Reaktion oder Äußerung. Das kleine Lehrstück hat aber in jeder Hinsicht spielerisch zu sein und muss demzufolge auch in der Antwort vom Adressaten maßvoll ausfallen. Die erlebte Gegenreaktion der Eltern kann dann vom Kind vorteilhaft genutzt werden, vorübergehend in die Rolle des Beschützers und Trösters zu schlüpfen. Dieses macht das Kind dann auch mit sichtbarer Lust und verstärkt sein Tun sogar noch, wenn die Eltern die Opferrolle in theatralisch übertriebener Weise spielen. Das gemimte Weinen und das von Schmerz gezeichnete Gesicht des Erwachsenen stacheln das Verhalten des Kindes als Tröster noch weiter an. Neben Trost werden sogar Maßnahmen zur Heilung angeboten (Pusten, Streicheln, Pflaster aufkleben usw.). Im Teil 3 des Buches über die erzieherischen Maßnamen spreche ich noch einmal umfassender über dieses Geschehen als „**Induktion**".

Die bestehende sichere Bindung sorgt dafür, dass die positive Beziehung zwischen Kind und Eltern unter dem „Schauspiel" nicht leidet. Der ganze Sinn dieser Aktionen besteht darin, in der Verkehrung der Täter-Opfer-Rolle die soziale Bewertung des aggressiven Angriffs vom Kind zu verstehen und gleichzeitig die Opferposition bei dem Anderen in eigener Anschauung mitzuerleben. Miterleben bedeutet zugleich auch Erkenntnis, denn Opfer ist jedes Kind, wie es sich sicher erinnern kann, auch einmal gewesen.

Aufgrund dieser Erfahrung erwirbt das Kind die notwendigen Gefühle zur Empathie. Gleichzeitig fühlt es sich sozial aufgewertet durch die Richtigkeit seiner tröstenden Reaktion, was ein hohes positives Attribut darstellt.

Man darf auf keinen Fall verkennen, dass es sich vom Kind aus gesehen nur um Scheinattacken handelt, selbst wenn das Temperament des Kindes dabei manchmal etwas über die Stränge schlägt. Es verbietet sich also jede aggressiv getönte Gegenreaktion auf Seiten der Eltern. Sie wäre in höchstem Maße schädlich, weil erstens das Vertrauen des Kindes in seine Bezugsperson schwindet, und zweitens es dem Geschehen völlig ratlos gegenüberstände mit dem paradoxen Gefühl der Aufforderung, das Spiel immer aggressiver zu betreiben.

Ein echter Gegenangriff der Eltern offenbarte die Eltern schließlich als die eindeutig Stärkeren. Dieser Gegenangriff erschiene dem Kind als im höchsten Maße bedrohlich, und die erlebte eigene Machtlosigkeit träte ihm schmerzlich in Erscheinung. Geschieht das dennoch und wird zudem häufig wiederholt, bricht das Kind sein Bemühen um das Verständnis von Empathie ab und zieht sich wieder in seine egozentrische, das heißt auf sich selbst gerichtete Empfindungswelt zurück. Die weitere Entwicklung zur Mitfühlsamkeit mit dem anderen Individuum hätte an dieser Stelle einen vorläufigen Abbruch. In dieser Konstellation würde ein Hinzukommen von an sich selbst erlebter oder an anderen beobachteter Gewalt jene unheilvolle Entwicklungsspirale auslösen, die später in mitleidloser Gewalt zur Durchsetzung der eigenen Interessen endet und die Haltung von Empathie und Mitleid irgendwann gänzlich auslöscht. Dieselbe Aggressionsspirale kommt auch in Gang, wenn Eltern in der Erziehung generell Gewalt anwenden. Neuesten Umfragen zufolge (K. Bussmann, 2010 und Forsa-Institut, 2012) spielt **Gewalt in der Erziehung** in Deutschland bei noch etwa der Hälfte aller Familien eine Rolle. Das bezieht sich in der Aussage auf die körperliche Gewalt, wobei Schläge auf die Hände, den Po oder auf den Hinterkopf auch schon als Gewalt angesehen werden. Die Anzahl seelischer Gewalt lässt sich kaum beziffern, da die Definition, was seelische Gewalt ist, sehr unterschiedlich gesehen wird und die Dunkelziffer entsprechend hoch anzusetzen ist.

Solche Kinder tragen schon bald ihre aggressiven Attacken in der altersgleichen Gruppe aus, wo sie ihre erlebte Machtlosigkeit damit zu kompensieren versuchen, kleinere und schwäche Kinder anzugreifen und zu überwältigen. Der Ausgleich für die an sich selbst erfahrene Ohnmacht ist somit gesichert, die unangenehme Scham der eigenen häuslichen Niederlage in den Stolz des Siegers umgewandelt. Erst sehr viel später, wenn die eigene körperliche Stärke in ausreichender Form angewachsen ist, wendet sich dann das Blatt und der körperliche Angriff wird auch gegen Gleichstarke und Stärkere eingesetzt, dann auch gegen ErzieherInnen und schließlich sogar gegen die eigenen Eltern, wenn der Bindungsschutz aus der frühen Kindheit nicht stark genug erhalten ist oder gar nicht zustande gekommen war (s.a. 4. Kapitel Teil 2).

Um dem möglichen Entwicklungsweg sich aufschaukelnder Machtdemonstrationen und Gewaltanwendungen von Vornherein einen Riegel vorzusetzen, hat die Natur in früher Kindheit zwei soziale „Regelwerke" ausgebildet, die sich lebenslang erhalten und durch zunehmende Erfahrung im Sozialverhalten weiter ausdifferenzieren. Das eine Regelwerk ist der geistige Fortschritt mit dem **kognitiven Perspektivwechsel** (s.a. Extrakasten), welcher schließlich zur Vernunft führt, das andere ist die Einrichtung des Gewissens auf der Basis des gerade erklärten **emotionalen Perspektivwechsels** (Empathie).

Aber beide Sozialregulative basieren letztendlich auf den Grundlagen der Empathie, weshalb diese in der frühkindlichen Entwicklung vor dem geistigen Fortschritt kommt und daher muss diese unbedingt erfolgreich entwickelt sein. Denn ohne Empathie entsteht kein Mitleid und ohne Mitleid bilden sich im weiteren Verlauf kein Bedauern, kein Schuldbewusstsein und damit auch keine Reue aus. Um an dieser Stelle aber nicht den Faden zu verlieren, soll jetzt zuerst über die weitere Entwicklung in der Sozialisation zum Gewissen gesprochen werden.

Wissenschaftliche Ergänzung

Die Vernetzungsvorgänge hierzu im Gehirn sind äußerst kompliziert, und ich will versuchen, vereinfacht darzustellen, was dazu bisher bekannt ist. Der kognitive Perspektivwechsel ist eine Errungenschaft des Geistes, das Gewissen wie eben ausgeführt eine solche des Gefühls (D. Bischof-Köhler, 2000). Beide Entwicklungen verlaufen neurobiologisch nur wenig zeitversetzt und werden allen bisherigen Ergebnissen der bildgebenden Verfahren nach wie fMRT und PET in dichten neuronalen Netzwerken im Stirn- bzw. Frontalhirn abgebildet. An der Schwelle zum Frontalhirn befindet sich als Übergang zwischen den rein emotionalen Zentren des limbischen Systems und den Mandelkernen (Amygdala) eine im mittleren Hirnspalt tief gelegene Hirnrindenzone mit einem starken Faserbündel, die sich Gyrus cinguli mit dem sich hindurch ziehenden Cingulum (übersetzt: Gürtel) nennt.

Es dürfte kein Zufall sein, dass bei komplizierten psychologischen Versuchsanordnungen an freiwilligen Personen in den bildgebenden Verfahren des Gehirns gerade diese Zonen einer starken Hirnaktivität mit einem deutlichen Signal unterworfen sind, wenn es um eine Entscheidungsfindung geht und um Verhaltensweisen, die stark mit der motivationalen Gefühlslage der untersuchten Person zusammenhängen.

Wille, Unterdrückung des Willens und schnelle Entscheidungsfähigkeit spielen sich offenbar in diesen Regionen ab (Fallgatter et al., ebd.). Zu den moralischen Entscheidungen schalten sich die Areale des limbischen Systems dazu, da in ihnen Gefühlsregungen mit dem Großhirn verbunden werden (G. Roth, 2003). Sie finden ihren Zugang zum Frontalhirn in den hinteren Windungen des Gyrus cinguli. Alle abgespeicherten Vorerfahrungen, was die emotionalen Vorgänge betrifft, befinden sich v.a. in den Abschnitten über dem Augendach (obitofrontaler Cortex/OFC) und in der mittleren Zone (ventromedialer Cortex/VMC) des Frontalhirns. In den hinteren seitlichen Abschnitten des Frontalhirns (dorsolateraler präfrontaler Cortex (DPC) und in der Zentralregion mit dem vorgeschalteten supplementär motorischer Cortex (und prae-SMC) liegen die führenden Zentren für die passenden handlungsmotorischen Aktivitäten. Diese Zentren im Frontalhirn reifen nur langsam über die gesamte Kindheit hinweg aus.

Gleichzeitig gibt es aber auch Reaktionen in der grauen Substanz des übrigen Gehirns, die mit der notwendigen räumlichen und zeitlichen Vorstellung der absichtsvollen Handlung zu tun haben und mit dem Rückgriff auf den Hort der Erinnerungen des schon einmal Getanen und daher Bekannten oder Gewohnten. Dabei spielen die Hirnrinde des Scheitellappens und des Schläfenlappens eine große Rolle sowie die tiefer gelegenen Basalganglien (G. Roth, ebd.). In den letzteren werden sämtliche automatisierten Handlungsabläufe archiviert und von dort auch permanent abgerufen.

Den geistigen Perspektivwechsel verursacht die Fähigkeit des Kindes zur **Theory of Mind** (D. Bischof-Köhler, 2000, B. Sodian, 2003, H. Förstl, 2007). Von Peter Fornagy und Mary Target (2002) wurde hierfür der Begriff **Mentalisation** eingeführt. Die Begriffe besagen, dass sich das Kind ab etwa vier Jahren vorstellen kann, ein anderer Mensch denke (und fühle!) zu ein und derselben Sache etwas anderes, als es selbst. Der geradezu klassische 2-Schachtel-Test beweist den geistig-kognitiven Anteil. Der Versuchsleiter zeigt dem Kind im Beisein einer weiteren Person, z.B. der Mutter, in welcher von 2 Schachteln sich ein Stück Schokolade oder vergleichsweise auch ein Geldstück befindet. Dann schickt der Versuchsleiter die Mutter hinaus und legt die Schokolade oder das Geldstück zusammen mit dem Kind in die andere Schachtel. Die Mutter wird wieder hineingerufen und der Versuchsleiter fragt das Kind, was es denkt, in welcher Schachtel wohl die Mutter nach dem Geldstück suchen wird.

Das Kind, das den geistigen Perspektivwechsel vollzogen hat, wird antworten, in der ersten Schachtel, nämlich in der, in welcher sich das Geldstück noch im Beisein der Mutter befunden hat und nicht in der zweiten, in der das Geld jetzt tatsächlich liegt. Es hat begriffen, dass die Mutter in diesem Moment noch dasjenige denken muss, was sie soeben gesehen hat und nicht das, was es selbst jetzt schon weiß. Das Kind, das den Perspektivwechsel noch nicht vollzogen hat, meint hingegen, die Mutter suche in der zweiten Schachtel, von der es selbst weiß, dass sich darin jetzt das gesuchte Geldstück tatsächlich befindet.

Anhand von Bilderfolgen ist das Kind nun auch in der Lage, dargestellte Missgeschicke und soziale Konfliktsituationen zu beschreiben und die dazu gehörigen Gefühle den jeweiligen Akteuren richtig zuzuordnen.

Mit dem geistigen Sprung des kognitiven Perspektivwechsels (Theory of Mind, s. Extrakasten) ist das Kind endlich in der Lage zu verstehen, warum die anderen Menschen häufig eine andere Meinung und Auffassung zu den Dingen haben, als es selbst. Mit anderen Worten, der totale Egozentrismus des frühkindlichen Denkens nimmt für immer seinen Abschied. Mit diesem Fortschritt kann sich das Kind, und das ist hier besonders interessant, auch noch einmal durch Überlegung in die Ursprünge der emotionalen Lage des Anderen hineindenken und zum ersten Mal auf dessen Bedürfnisse Rücksicht nehmen. Es kann darüber hinaus begreifen, dass eine geäußerte Meinung über sich keine endgültige oder grundsätzliche Meinung sein muss, sondern nur eine aus Ärger und Stress geborene. Schließlich kann es seine eigenen Gefühle einschätzen und verstehen. Das käme dem Begriff einer Mentalisation von Gefühlen gleich wie ich ihn im Extrakasten eben vertieft vorgestellt habe.

Mit diesen Entwicklungsschritten kann das Kind jetzt auch kompliziertere soziale Zusammenhänge begreifen und sich eine Erwartungshaltung dazu zurechtlegen, wie der andere auf die entstehende Situation reagieren könnte.

Und mit diesen großen Fortschritten im Fühlen und Denken, dem emotionalen und kognitiven Perspektivwechsel als **doppeltem Perspektivwechsel**, kann sich das Kind endlich „überlegen“ und darüber klar werden, gegen die Ansprüche eines Einzelnen, der Gemeinschaft oder sogar gegen die ganze Gesellschaft (was allerdings einen noch höheren Abstrahierungsgrad voraussetzt) in falscher Form gehandelt zu haben. Es versteht jetzt nicht mehr nur seinen Fehler als sachlich falsches Handeln, sondern es bedauert auch zum ersten Mal sein Tun und wird über diesen Weg in die Lage versetzt, **Schuld** für sein Handeln zu empfinden. Mit diesem Ansatz kommen wir nun zu jenem fundamentalen, emotionalen Fortschritt, welcher die Entwicklung zum Gewissen einleitet.

Die eben besprochene Entwicklung zum doppelten Perspektivwechsel ermöglicht es dem Kind, für seinen Fehler, den es begangen hat und den es jetzt als falsches Handeln begreifen kann (weil es das Denken des/der Anderen versteht) über die sachliche Schuld hinaus **Bedauern** und **Reue** zu empfinden (R. Posth, ebd.). Auch falsches Denken und daraus resultierende Folgen können jetzt auf diese Weise verstanden werden. Ohne die Fähigkeit zum Mitleid als der direkten Folge aus der Empathie und zum Mitdenken aus der Theory of Mind wäre dieser Schritt nicht möglich. Es bliebe sonst bei der rein sachlichen Schuldanerkenntnis (Schuld im Sinne von Verursachung), ein Phänomen, das man in der Gerichtsbarkeit bei dissozialen und antisozialen Persönlichkeiten immer wieder erlebt. Was man dort – nebenbei gesagt – vom Straffälligen als einzig akzeptable Entschuldigung erwartet und was sich dann auch strafmindernd auswirkt, ist allein die Reue, echte, tief empfundene Reue, das heißt Schuldanerkennung im Sinne von persönlicher Verantwortung.

Denn nur die echte Reue ist der geistig-emotionale Ansatz zur freiwilligen **Wiedergutmachung**. Diese Wiedergutmachung ist bei Vier- bis Fünfjährigen vorerst immer nur materiell zu verstehen. Der entwendete Gegenstand muss zurückgegeben werden, das zerstörte Spielzeug ersetzt werden usw.

Ein Kind, das schon Zeitfortschritt über eine größere Distanz verstehen kann (ab etwa fünf Jahren), kann neben der sofortigen Wiedergutmachung auch zukünftige **Unterlassung** als Entschuldigung einsetzen. Und gerade die Unterlassung („Das machst du/mache ich nie wieder!“) ist das Konzept zur Befreiung von Schuld, das sich Eltern und Erzieher als ideal vorstellen. Es gelingt aber, wie auch die symbolisch-verbale Entschuldigung im Wortlaut „Ich entschuldige mich!“ eigentlich erst bei Kindern im Grundschulalter. Frühere

Entschuldigungen dieser Art sind nur floskelhaft einstudiert und haben wenig erzieherischen Effekt.

Die theoretische Verinnerlichung all dieser sozialen Vorgänge zwischen den einzelnen Menschen, hier dem Kind, und der Gemeinschaft, letztlich der ganzen Gesellschaft, wird als **Gewissen** bezeichnet. Bei der Entstehung des Gewissens spielen nun die zwei Gefühlsqualitäten höherer Ordnung eine entscheidende Rolle, die weiter oben im Rahmen der Selbstkonstruktion bereits als Stolz und Scham beschrieben worden sind. Genau genommen fällt das Gewissen unter das fortgesetzte Entwicklungsgeschehen dieser beiden Gefühle. Denn die empfundene Reue basiert auf der Fähigkeit des Menschen, Scham zu empfinden und vor allem auch zuzulassen. Stolz hingegen verursacht die erforderliche, gesellschaftskonforme Gewissensregung.

In der weiteren Erklärung muss Folgendes vorweg geschickt werden: Bei starker Minderwertigkeit wie auch bei hoher Grandiosität kann Scham so gut wie nicht mehr zugelassen werden. Sie zuzulassen würde den Zustand des Selbst an die Grenzen der Erträglichkeit führen. Daher sind diese beiden Entwicklungstypen des Selbst in der weiteren Sozialisation so gehemmt und zugleich gefährlich. Überhaupt wird in diesem Zusammenhang klar, wie tiefgreifend Selbstkonstruktion und Gewissen miteinander verzahnt sind.

Die weitere Entwicklung zum Gewissen ist so zu verstehen, dass Schuld im Sinne von Verantwortung zu fühlen ist und bedeutet, das Regelwerk in der Gemeinschaft zu akzeptieren und sich dessen bewusst zu werden, dagegen verstoßen zu haben. Die Schuld ist beigesteuertes Produkt des Geistes, Reue das korrespondierende Produkt des Gefühls.

Auf der Stufe der Reue befindet sich das Gewissen zunächst im Bereich der Scham (s.o.) und wird von mir als „**schlechtes Gewissen**" bezeichnet. Wird die Schuld jetzt anerkannt und die Wiedergutmachung (in welcher Form auch immer) erfolgreich ausgeübt, wandelt sich dieses Schamgefühl in Stolz um. Es entsteht das „**gute Gewissen**". Dieser Stolz ist nichts anderes als das bewusste Erleben, Scham in sich anzuerkennen und daraus soziale Anpassung zu generieren. Aus dem zunächst schlechten Gewissen der Scham (neurobiologisches Bestrafungssystem) wird ein gutes Gewissen des Stolzes (neurobiologisches Belohnungssystem). Dieser individualpsychische Gewinn (auf psychodynamischer Grundlage) wird dann zunehmend zur Grundlage eines jeden prosozialen Handelns, weil das erfolgreiche Korrigieren des vor der Gemeinschaft verursachten Fehlers die gesellschaftliche Anerkennung wiederherstellt.

Es wird Zeit zur **Empathie als Gerechtigkeitsvorstellung** zurückzukommen. In der Entwicklungsphase vor diesen gerade beschriebenen enormen sozialen Gedankenfortschritten, also in der Zeit der ersten vier bis fünf Lebensjahre, bewegt sich das Sozialempfinden des Kindes auf einem relativ niedrigen

Niveau. Entscheidend für den gerechten Ausgleich der Vergünstigungen oder Bestrafungen, denen sich das Kind im Miteinanderagieren ausgesetzt sieht, ist in dieser frühen Entwicklungszeit das **Gleichheitsprinzip**. Das Kind gibt sich erst dann zufrieden, wenn es selbst genau dieselbe Menge an Vorteil oder auch Nachteil erhält wie ein anderes Kind. Von diesem Prinzip weicht es bezogen auf den Vorteil nur ab, wenn ein anderes Kind im Rang höher steht, vor allem wenn es älter ist; es weicht aber auch dann ab, wenn dieses in der Beziehung zum Schenkenden oder Austeilenden näher steht oder wenn dieses in einer engeren Beziehung zu ihm selbst steht wie Geschwister, erste Freundschaft etc.

Was den Nachteil angeht, sind Kinder in diesem Alter noch extrem egozentrisch. Können sie selbst dem Nachteil entgehen, setzen sie den Anderen ohne Bedenken diesem aus. Eigene Verfehlungen werden ohne Hemmung einem anderen Kind in die Schuhe geschoben. Bezeichnenderweise benutzen die Kinder dafür gerne auch ihr Übergangsobjekt, wenn es denn eine Puppe oder ein Stofftier ist. Noch hat das Moralverständnis nicht gegriffen.

An dieser Stelle ist auch auf einen weiteren Punkt einzugehen, welcher in der empirischen Forschung an Kleinkindern derzeit eine große Rolle spielt und in der Frage gipfelt: Ist schon ein junges Kleinkind bereit, einem anderen Kind oder einem Erwachsenen im moralischen Sinne hilfreich zu sein? So werden in Videosequenzen (F. Warneken, F. Chen, M. Tomasello, 2006) gerne Kleinkinder gezeigt, die in der dargestellten Versuchsanordnung einem Erwachsenen dabei helfen, einen Turm aus Schachteln zu bauen oder heruntergefallene Gegenstände wieder nach oben zu befördern – Gegenstände, an die der Erwachsene augenscheinlich nicht mehr heranreicht. Oder es wird demonstriert, dass das Kleinkind dem Erwachsenen zeigt, wie man eine Schranktür mit dem Schlüssel öffnet, nachdem dieser selbst an dem Versuch gescheitert ist, dieselbe Tür ohne Schlüssel zu öffnen. Aber was passiert bei diesen Experimenten tatsächlich, Experimenten, die als Spontanaktion viele aufmerksame Eltern an ihren Kindern zu Hause tatsächlich selbst erleben können?

Was wie helfen aussieht, ist in meinen Augen nichts anderes als das **Konzept der Gegenseitigkeit**, das auch schon bei einem Kleinkind besteht, wenn es sich psychosozial gesund entwickelt. Das hat noch nichts mit Moral zu tun. Gegenseitigkeit bedeutet, dass ein Kleinkind schon sehr früh lernt, dass zwei oder mehr Menschen schneller zu einem **Erfolg** gelangen als einer alleine. Der eine zeigt dabei dem anderen wie es geht, wenn dieser offensichtlich versagt. Das Prinzip eines wahren Helfen-Wollens spielt dabei noch keine Rolle, es geht nur um das Endprodukt des Erfolgs. Und diesen Erfolg heimst am Ende sogar das Kind für sich ein, denn im Zeigen wie es geht wird es selbst zum Handelnden. Das positive Attribut ist ihm dabei sicher.

Das Bedürfnis nach Erfolg kennt bereits der ältere Säugling, der solange an einer Aufgabe tüftelt, bis sie ihm gelingt. Zugrunde liegt dabei die ihm angeborene Motivation, Probleme zu lösen statt sie zu umgehen. Eine beliebte Beschäftigung von älteren Säuglingen ist beispielsweise das Spiel, Ringe auf einen senkrechten Stab zu bugsieren. Dabei muss das leere Innere eines Ringes geschickt über den aufrecht stehenden Stab gelegt werden. Solch ein Stab schaukelt in einigen Versionen, um die Aufgabe noch schwerer aber auch interessanter zu machen. Der Säugling braucht eine kurze Zeit, bis er das Prinzip verstanden hat, dann legt er los. Aber er missversteht noch, dass das Loch im Ring genau über den Stab gehalten werden muss, damit sich der Ring beim Herabfallen verfängt. Und so fällt der Ring zunächst daneben. Einige Säuglinge geben sofort auf und wenden sich einer anderen Beschäftigung zu. Aber die allermeisten versuchen es wieder und wieder, bis sie erfolgreich sind. Dieser Erfolg erfüllt sie mit großer Freude, was man ihren Gesichtern ansieht und zumeist auch in motorischen Äußerungen erkennen kann. Im nächsten Schritt müssen die Säuglinge bzw. die jungen Kleinkinder dann lernen, dass die Ringe der Größe nach geordnet über den Stab gelegt werden müssen.

Die meisten Eltern gehen nun hin und helfen ihre Säuglingen und Kleinkindern, wenn diese zunächst nicht erfolgreich sind. Sie machen ihnen die nötigen Schritte in der Handhaltung des Ringes und Lageposition zum Stab immer wieder vor, bis diese es selbst hinbekommen. Der Erfolg wird dann gemeinsam beklatscht. Diese Hilfe zum Erfolg speichern die Kinder sofort ab, weil ihnen ein positives Empfinden verschafft worden ist. Es entsteht ein positives Attribut und das Belohnungssystem wird aktiviert. Obendrein entsteht noch eine Stärkung der Bindung, was jedem Kind ein Urbedürfnis ist.

Die Kinder speichern dieses Geschehen als Erfahrung ab, um es etwas später umzukehren und ihrerseits der Bezugsperson zuteil werden zu lassen, indem jetzt sie den Erwachsenen zum Erfolg führen. Aber – um das noch einmal zu betonen – nicht das Helfen im moralischen Sinn leitet sie dabei, sondern nur das Helfen um des Erfolgs willen. Es gibt zahlreiche solche Spiele, in denen es um die geschickte Zuordnung von verschiedenartigen Gegenständen geht und immer spielt sich derselbe Vorgang eines um Erfolg bemühten Bestrebens ab.

Helfen im eigentlichen Sinn, und damit ist sein moralischer Aspekt angesprochen, entwickelt sich erst mit Entstehung des Gewissens und der Grundlagen der Moral. Sein tieferer Sinn ist die Selbstlosigkeit und die Aufhebung der Schwäche des Anderen. Dafür ist das soziale Gefühl der Verantwortlichkeit notwendig. Aber ein Kleinkind, das gerade erst sein Selbst zu entdecken beginnt und in den nächsten zwei Jahren geradezu dramatisch um dieses Selbst kämpft, ist noch weit davon entfernt, in dieser Form selbstlos zu handeln. Bei ihm ist Unterstützung noch ganz darauf gerichtet, persönlich zum Erfolg zu gelangen. Das geht soweit, dass es seine Unterstützung des Anderen im Falle dessen augenscheinlicher Unzulänglichkeit als eigenen Erfolg wertet. Und nur darum „hilft" das Kleinkind dem Erwachsenen. Im Umkehrschluss heißt das aber nicht, dass der jetzt ins Spiel gebrachte Aspekt der Selbstgefälligkeit beim Helfen unter moralischen Gesichtspunkten wieder ganz verloren ginge.

Unter Beachtung dieser Interpretationen eines Helfens um des gemeinsamen Erfolges willen und eines Helfens um der Unterstützung des Anderen willen lässt sich die zweite Form der Empathie erklären. Eingangs sprach ich von zwei Formen der Empathie, der des Gefühlsaustausches und der der Gerechtigkeitsvorstellung.

Die **Gerechtigkeitsvorstellung** muss als Reife- oder Entwicklungsprinzip das Gleichheitsprinzip um eines höheren Aspektes willen außer Kraft setzen, denn Gerechtigkeit ist nicht immer Gleichheit. Geben die Eltern ihren beiden Kinder die gleiche Menge zu essen, kann das für das eine Kind zu viel sein und für das andere zu wenig. Kinder, die in dieser Hinsicht noch nicht empathisch denken, beanspruchen für sich und ihre Geschwister immer die gleiche Menge zu essen, oder fühlen sich benachteiligt, wenn sie selbst weniger bekommen. Dabei spielt das tatsächliche Hungergefühl keine Rolle und auch das Alter der Geschwister ist ihnen erst einmal einerlei. Am Tisch gibt es da schon einmal großen Protest, wenn der eigene Teller zu wenig Essen aufweist.

Die Empathie der Gerechtigkeitsvorstellung ergibt sich aus dem Abgleich von Vorteil und Nachteil zwischen dem, was eine Person oder hier das Kind selbst bekommt und dem, was der jeweils andere bekommt. Aber zu dem rein mengenmäßigen Vergleich werden bei der emotionalen und zunehmend geistigen Reifung dann noch weitere Kriterien hinzugezogen. So versteht das Kind jetzt, dass der große Bruder nur deswegen mehr auf seinem Teller hat, weil er als größerer grundsätzlich mehr Nahrung braucht oder weil er nach einer längeren Nahrungspause mehr Hunger hat. Im Gegensatz zum empathischen Gefühlsausgleich, geht es bei der Gerechtigkeitsvorstellung also um Entlohnungsprinzipien und den Abgleich von Anspruchshaltungen unter verschiedenen Menschen. Unterschiedliche Voraussetzungen werden endlich berücksichtigt. Das entscheidende Entwicklungsprinzip ist auch hierbei wieder das Verlassen der rein subjektiv-egozentrischen Position im Selbst und die Ausweitung des kindlichen Denkens in eine zunehmende Objektivierung der Geschehensabläufe.

Bevor ich nun kurz auf die Grundzüge der Vernunft zu sprechen komme, müssen erst noch die **negativen Gefühlsentwicklungen** Erwähnung finden, die sich schon sehr frühzeitig im Kindesalter ausbilden. Sie verstärken sich, wenn die Gesamtentwicklung der Sozialisation nicht in die richtige Richtung geht oder auf einem frühen Niveau stecken bleibt. Ich spreche von den komplexen Sozialgefühlen wie **Neid**, **Missgunst** und **Eifersucht**. Zu ihnen gehören auch das im Denken und Empfinden viel länger überdauernde Gefühl, das nur das Adjektiv kennt und als **nachtragend** bezeichnet wird, sowie das ebenfalls große Zeiträume überdauernde Gefühl der **Rache**. Nachtragend sein kann eine frühe Vorstufe von **Hass** sein, ein Gefühl, das bei kleinen Kindern in der sonst allgemein bekannten Form noch nicht vorkommt.

Die zuvor genannten Gefühle, die oft nicht unerhebliche soziale Probleme in den Beziehungen und der Gemeinschaft hervorrufen, möchte ich summarisch als Gefühle der Unvernunft bezeichnen. Sie entstehen bereits in früher Kindheit als Angst vor dem persönlichen Nachteil im Abgleich mit den anderen Kindern, der Gruppe (s. 2. Kapitel Teil 3) oder mit den Geschwistern. Gerade die **Geschwisterproblematik** spielt in der Entstehung dieser Gefühle eine große Rolle, wenngleich sie nicht die einzige Quelle dafür ist.

Geschwister sind automatisch natürliche Rivalen im Wettbewerb um die Gunst derselben Bezugspersonen. Gelingt es den Eltern nicht, ihre Zuneigung weitgehend ausgewogen an ihre Kinder zu verteilen, ist der Neidkomplex im benachteiligten Kind vorprogrammiert. Aber auch die Natur vergibt ihre Ausstattungsqualitäten nicht gleichmäßig an alle, die einen Anspruch darauf hätten. Da Kinder aber sehr stark von Äußerlichkeiten geprägt sind und körperliche Merkmale als Attribute verwenden, ist der Vergleich zwischen dem, was der oder die eine zu bieten hat und der oder die andere nahezu unabwendbar. Eifersucht auf den Anderen und mit ihr verbundene Missgunst sind in mehr oder weniger starker Form ständiger Begleiter der ersten Sozialregungen in früher Kindheit. Es ist eine hohe Kunst in der Erziehung mehrerer Kinder, diesen Wettbewerb im Erheischen von positiven Attributionen möglichst uninteressant zu halten. Das gilt für die Eltern selbst und die Großeltern wie für die Erzieher/innen in den Kindergärten und Kindertagesstätten.

Der eigentliche Nachteil für das Kind bei Unterlegenheit in diesem Wettbewerb ergibt sich erstens aus einem objektiv messbaren Hintertreffen in der Gunst des anderen und zweitens aus der Beschädigung der frühesten Form einer Glücksvorstellung. Denn Vorteil und persönliche Hervorhebung werden schon von Kleinkindern als beglückend empfunden. Man sieht es ihnen bei richtig gesetztem Lob im Gesicht an. Sehen diese Kinder aber, dass die Gunst einem anderen Kind gewährt wird und nicht ihm selbst, das andere Kind also offenkundig bevorzugt wird, geraten sie in Unruhe und versuchen, diese Gunstbezeugung für das andere Kind zu vereiteln und/oder sich selbst dafür in Szene zu setzen. Gelingt das nicht, entwickelt sich Zorn auf das erfolgreichere Kind, Zorn, der sich schließlich im Gefühl der Eifersucht Bahn bricht und der sich schließlich verallgemeinert und in Missgunst endet. **Ungeliebt-**

sein im Allgemeinen und **mangelnde Liebe** durch Bezugspersonen im Speziellen ergeben die stärkste Form eines Benachteiligungsgefühls.

Der Grad oder die Stärke der negativen Gefühle bemisst sich einmal an der Ausprägung der subjektiven Gefühlswahrnehmung und zum anderen an der objektiven zeitlichen Überdauerung. Gerade die Missgunst und der Hass sind quälende Gefühle, die innerlich schlecht zur „Ausheilung" gelangen und Monate und Jahre fortleben können. Oft hilft nur noch die räumliche Trennung der miteinander verstickten Personen und schafft somit leidlich Abhilfe. Sobald sich die „Kontrahenten" aber wieder begegnen, leben die alten Gefühle neu auf.

Die schwierigste Form der Verbindung im Hass dürfte die **enttäuschte Liebe** sein. Allenfalls die verratene oder „beschmutze" **Ehre** reicht an diese Qualität des Hasses heran. Aber der Ehrbegriff spielt in der modernen Gesellschaft der westlichen Industrienation keine so große Rolle mehr. Andere Völker und Volksgruppen kennen ihn aber noch sehr genau.

Ursächlich liegt sowohl der enttäuschten Liebe als auch der beschmutzten Ehre die **persönliche Kränkung** zugrunde und zwar die schwerste Form der Kränkung, die möglich ist. Denn eine Liebeserklärung von zwei im Selbst gereiften Personen hat die Bedeutung einer völligen Aufdeckung der Innerlichkeit und Preisgabe der Persönlichkeit. Entsprechend hoch ist das Risiko einer Zurückweisung, Missachtung und/oder Schmähung. Vergleichbar wird die Wertigkeit der eigenen Person im Rangabgleich mit anderen Personen, speziell mit konkreten Konkurrenten wahrgenommen. Die Missachtung oder Demütigung der eigenen Person ist dann sofort ein Angriff auch auf die Grundstruktur der Persönlichkeit. Und dabei gilt ganz grundsätzlich: Je unausgewogener die Persönlichkeitsstruktur ist, je mehr minderwertige Anteile sie enthält, desto anfälliger ist sie für jede Form von Kränkung und Missachtung.

Eine schwer nachzuvollziehende Ansicht der Ehre des Menschen ist die „Familienehre" oder die „Ehre einer ganzen Sippe". Hier wird in archaischer Anschauung der persönliche Ehrbegriff auf die Gruppe der Verwandten oder der nahen Angehörigen und Freunde ausgedehnt. Im Rahmen von sportlichen Wettbewerben oder in der um Erfolg bemühten Darstellung von zwei oder mehr in enger Nachbarschaft lebenden Gruppen gibt es einen solchen Ehrbegriff aber auch noch in modernen Gesellschaften. Ob archaisch oder modern, diese Ausweitung des Ehrbegriffs ist problematisch und hat das Potenzial zur Gewalt aufzustacheln, wenn in Gefolge einer entstehenden Ideologie der Kampf um Abgrenzung voneinander ausgerufen wird oder offenkundig ewiger Hass gegeneinander geschworen wird.

Eifersucht entsteht exemplarisch, wenn ein Kind ein Geschwisterkind bekommt und die Eltern es versäumen, ihrem Erstgeborenen weiterhin die Beachtung und die Liebe zu schenken, die er bis dahin gewohnt gewesen war. Die Kränkung, die sich aus dem Gefühl ergibt, bei den Eltern die zweite Wahl geworden zu sein, unterminiert das frühe Selbstbewusstsein und reiht sich ein in die Erfahrungen mit negativer Attribution. Das betroffene Kind zeigt Wut, Trauer und Beschämung. Es zieht sich zurück, spricht nicht mehr offen und frohgemut mit seinen Eltern, zeigt Spielunlust und fängt an, gegen das Baby zu sticheln. Solange es nur bei verbalen Angriffen auf das Geschwisterkind bleibt, solange herrscht noch Ruhe und Ordnung in der Familie.

Aber gekränkte Kinder gehen weiter in ihren Aktionen. Sie behindern die Eltern bei der Pflege des Geschwisterkindes, machen Lärm, wenn das Baby schlafen soll, stören beim Füttern, bewerfen ihren Bruder oder ihre Schwester mit Spielzeug oder gehen gezielt hin und kneifen oder hauen das noch hilflose Bündel. Sie freuen sich dann darüber, dass das Baby zu schreien anfängt und nehmen in Kauf, dafür gescholten zu werden. In der Psychoanalyse sprach man seinerzeit vom **Entthronungstrauma**, das die Kinder dazu anhält.

Mit der Wut, von den Eltern zurückgesetzt worden zu sein, ist der Neid auf das Geschwisterkind verbunden. Was einem selbst entzogen worden ist und man offensichtlich nicht mehr besitzt (Nachteil), aber gleichzeitig einem anderen zuteil wird (Vorteil), löst das Gefühl des Neids aus. Neid zersetzt im Inneren das Gefühl von Empathie und Mitleid und später das Gefühl von Solidarität. Dem größeren Bruder oder der größeren Schwester ist es auf einmal egal, was seinem/ihrem Geschwisterkind passiert, und wenn es nichts Gutes ist, dann ist er/sie darüber sogar noch erfreut. Aus dem Neid entwickelt sich mit der Zeit zwangsläufig die Missgunst.

Das Empfinden des Nachtragens und der Rache sind zwei Gefühle, die wie oben gezeigt aus einer massiven Kränkung erwachsen, die jeder andere Mensch beim Kind verursachen kann. Oder sie sind Folge einer dauerhaft echten Benachteiligung durch wichtige Bezugspersonen. Die ungerechte Bestrafung gehört ebenfalls zu den Verursachern. Tiefgehender Hass entsteht wie gesagt bei Kleinkindern noch nicht. Während Neid und Missgunst vorerst nur im Inneren des Kindes ihre Wirkung entfalten und nach außen allein in Form von Schadenfreude oder weitgehend harmlosen Attacken ausgelebt werden, sinnt die Rache auf körperliche Schädigung des Anderen, dem sie gilt. Kindliche Rache wird nur an dem realen Verursacher verübt, also an den Eltern oder am Geschwisterkind selbst. Rache älterer Kinder oder Erwachsener erstreckt sich hingegen auch auf gezielte Attacken gegen Beziehungspersonen des Racheobjektes. Am furchtbarsten sind die ritualisierten Formen der Blutrache über Generationen hinweg. Völker auf der Welt, bei denen Blutrache noch ausgeübt wird, kennen einen Erziehungsstil, der das Motiv der Rache schon in die Köpfe der Kinder einpflanzt.

Die Rache lebt von der Aggression. Das Motiv der Schädigung des Anderen, sei es körperlich, seelisch oder materiell steht im Mittelpunkt. Diese Schädigung löst Befriedigung aus, wenn es zur Verwirklichung des Racheaktes gekommen ist. Beim Kind steht dabei noch ganz im Vordergrund Gleiches mit Gleichem zu vergelten. Nimmst du mir mein Auto oder Stofftier weg, nehme ich dir deins weg. Später erfährt die Rache immer eine leichte Steigerung des Auslösegrundes. Das führt dann dazu, dass die Rache eskaliert, und zuletzt vor Grausamkeit dem anderen gegenüber nicht mehr Halt macht. Die Rache hält sich im Gefühlshaushalt immer an die Macht, welche wie ich im vierten Teil des Buches ausführen werde als Partner der Aggression die Entwicklung zur Gewalt einleitet.

Gegen die spontanen, emotionalen Reaktionen und nicht zuletzt auch gegen alle diese sozial negativen Gefühle stehen die Grundempfindungen der **Vernunft**, über die ich im Detail aber erst im Teil 4 des Buches sprechen möchte. An dieser Stelle sollen sie nur der Vollständigkeit halber Erwähnung finden. Ich meine mit Vernunft die hochkomplexen, sozial ausgerichteten Empfindungen der **Einsicht**, der **Verantwortung**, der **Verzeihung** (Vergebung) und des **Nachgebens** (Toleranz). Ihnen zugrunde liegt die mit gut vier bis fünf oder erst sechs Jahren entstandene Fähigkeit, ein Gewissen in sich aufzubauen (s.o.). Auf den Unterschied in meiner Darstellung zur allgemein üblichen, dass die Vernunft dem Gewissen folgt und nicht umgekehrt, komme ich also im letzten Teil des Buches noch einmal ausführlich zu sprechen.

Alle diese hoch komplexen Empfindungen von Einsicht, Verantwortung und Verzeihung sind nicht mehr rein emotionale Gefühle, sondern haben sich mehr und mehr mit Gedankenkonstruktionen aus dem Verstand verbunden. Somit sind sie nicht allein fühlbar, es muss für sie auch gedacht werden. Daher ist die Einsicht jetzt etwas anderes als die Unterwerfung des Kleinkindes unter die Entscheidungsmacht der Eltern oder anderer Erwachsener. Einsicht bedeutet unter den Entwicklungsvoraussetzungen zur Vernunft Akzeptanz und Verständnis für die bessere Lösung eines Konfliktes, die vom Erfahreneren und Kenntnisreicheren vorgegeben werden darf. Und Verantwortung ist jetzt nicht mehr nur die brave Erfüllung eines Auftrags von den Eltern oder von Erzieher/inne/n, sondern die Zueigenmachung des inhaltlichen Nutzens der gestellten Aufgabe.

Ein Verzeihen bei Kleinkindern war nur möglich, wenn das benachteiligte Kind für seinen Verzicht einen materiell messbaren oder emotional fühlbaren Ausgleich bekam. Der von ihm empfundene Nachteil war dadurch aufgehoben. Im Rahmen der Vernunft umfasst Verzeihen nun weitgehend rationale Empfindungen, die den eingegangenen eigenen Nachteil nicht mehr als persönliche Zurückstellung und dafür ausgleichswürdig betrachtet. Der Nachteil wird um des Friedens willen hingenommen und öffnet das Verhältnis der entstandenen Kontrahenten für eine Versöhnung. In gleicher Weise verhält es sich mit der Inkaufnahme einer gefühlten Unterlegenheit, dem Nachgeben. Wieder spielt der soziale Frieden die führende Rolle bei der inneren Entscheidung, den für sich nachteiligen Verlauf des Geschehens widerstandslos hinzunehmen.

Hat jedoch die Vernunft noch nicht Einzug in die Köpfe der Kinder gehalten, sind die oben aufgezählten negativen Gefühle gefährliche Risikofaktoren für den sozialen Frieden in der Gruppe. Eltern sind erschrocken, wenn sie bei ihren Kindern diese Unarten feststellen müssen, die sie dann vorschnell auch gleich als ungünstige Charaktereigenschaften ihrer Kinder betrachten. Aber aus diesen Gefühlen sind anfangs noch keine Eigenschaften geworden. Es handelt sich in diesem frühen Stadium der Gefühlsentwicklung einzig um emotionale Strategien, persönlich Vor- und Nachteil einordnen zu können und negative Attribute innerlich auszugleichen.

5. Warum das Erwachsenwerden so schwer ist und wie die Bindung dabei helfen kann

Die Jahre zwischen der Einschulung und der Pubertät wurden in der klassischen Kindheitspsychologie als die **Latenzphase** bezeichnet (S. Freund, E.M. Erikson). Darin sollte zum Ausdruck gebracht werden, dass nach Abschluss der frühen genitalen Phase (auch prägenitalen Phase) bis zur sexuellen Reife eine gewisse Ruhe im Triebgeschehen einsetzt. Diese Vorstellung geht hauptsächlich auf die Lehre der Psychoanalyse von Sigmund Freud zurück. Solche von der Triebentwicklung her betrachteten Entwicklungsschritte im menschlichen Leben haben heutzutage nicht mehr die Bedeutung, die sie einmal hatten. Im Alter zwischen sechs und etwa zwölf Jahren tut sich enorm viel in der Reifung mit und ohne sexuelle Triebhaftigkeit.

Im Hinblick auf die Bindungsprozesse möchte ich eine wichtige Anmerkung machen: Es entsteht leicht der Eindruck, dass mit der Entstehung des Selbst die Bindungsschritte ihren Abschluss gefunden hätten. Ich bin aber der Auffassung, dass man die Beziehungsabläufe im Leben eines Menschen so reduziert nicht betrachten kann. Beide Vorgänge, Bindung wie Loslösung, bleiben in ihrem grundsätzlichen Wirken auf den gesellschaftlichen Umgang des Menschen erhalten, sogar lebenslang. Aber sie machen viele Wandlungen durch und erreichen dabei neue, unterschiedliche Entwicklungsstufen. Der Abgleich zwischen individueller Persönlichkeit und sozialem Auftritt wird immer komplexer, zugleich komplizierter und allein die zunehmende Reife und das größere Gesellschaftsverständnis des Menschen sind imstande, diese komplizierten Sozialstrukturen zu regeln.

Entscheidend dabei sind zwei große Sprünge in der Entwicklung zur gesellschaftlichen Reife: Zum einen ist dies der psychosoziale Fortschritt in der Auseinandersetzung mit der altersgleichen Gruppe. Für ihn tritt der familiäre Einfluss in der Sozialisierung immer weiter in den Hintergrund, jedoch nicht ohne als **stilles Vorbild** bis in die Pubertät hinein erhalten zu bleiben. Die Gruppe wird aber bis zu einem gewissen Grade zum Familienersatz. Und zum anderen ist dies der geistige Fortschritt in der Erkenntnisfähigkeit realer Zusammenhänge, wobei das Verständnis der zeitlichen Abläufe mit dem Begreifen von Vergangenheit, Gegenwart und Zukunft die zentrale Rolle spielt. Das biografische Gedächtnis weitet sich dadurch stark aus, die Kinder fangen an, ihre Lebensgeschichte aufzubauen.

Die frühkindliche Weltsicht, in der das eigene Selbst das Zentrum bildete und sich alles Geschehen im Hier und Jetzt drumherum abspielte, weicht zunehmend einer Relativierung der eigenen Person in der Weltzeit. Das Selbst ist nicht mehr unangefochtener Mittelpunkt allen Geschehens, die eigene Zeit plötzlich ein Ausschnitt aus Zurückliegendem und Zukünftigem. Über solche Betrachtungen kommen Überlegungen zustande, die die persönliche Existenz betreffen und Fragen aufwerfen, welchen Stellenwert die eigene Person eigentlich in der Zeit und in der Masse der Menschen besitzt. Infolgedessen beginnt das Grübeln, das vor allem dann in der Präpubertät als neue Form des Nachdenkens über sich selbst das abendliche Einschlafen zunehmend schwierig macht.

Nicht nur die eigene Existenz, die ganze Welt in der das Kind lebt, wird nun immer komplexer und plötzlich kaum noch verstehbar. Das kann den Eltern nicht entgehen, die dabei die Erfahrung machen müssen, nicht mehr die einzigen zu sein, die ihren Kindern die Welt erklären können. Andere Kinder aus der Gruppe machen ihnen den Platz in der Einflussnahme auf die neue Gedankenwelt streitig wie auch Lehrer/innen und andere pädagogische Kräfte. Das Kind wird dadurch ein Stück gereifter und zugleich selbstständiger, indem es sich Ansichten und Meinungen anderer, nichtfamiliärer Menschen aneignet.

Für die **Schule** ist dieser Reifeschritt unabdingbar, denn keine Lehrerin, kein Lehrer wäre in der Lage, einem Kind tatsächlich etwas beizubringen, stießen sie/er doch sofort auf den Widerspruch des familiär bereits vorinformierten kindlichen Gedankenguts. Es würde dem Kind auch nicht gelingen, in seiner altersgleichen Gruppe Fuß zu fassen, wäre es nicht bereit, bereits in der Familie Gelerntes über Bord zu werfen und Neues aus dem Weltbild der Gruppe aufzunehmen. War die Familie der erste Schritt in *eine* Sozialisation, so ist der Übergang in die Gruppe und in die Schule der endgültig Schritt in *die* Sozialisation. Die Familie ist nur ein Modell für das, was dann ab dem Schulalter in großen Zusammenhängen als soziales Geschehen auf das Kind einstürmt. Spricht man so gerne bei Eintritt in die Schule vom Beginn des „Ernst des Lebens“, richtig ernst wird das Leben eigentlich durch den Schritt aus der Familie in die große soziale Gemeinschaft. Das macht die Schule für Kinder so wichtig, denn hier lernen sie entscheidende Inhalte für dieses Leben und grundlegende soziale Zusammenhänge. War **Bildung** im Kindergarten oder in der Kindertagesstätte noch eine eng umgrenzte Vermittlung von Wissen und Erkenntnis aus dem unmittelbaren lebenspraktischen Bereich, so wird sie jetzt eine Vermittlung von gesellschaftsrelevanten Funktionen, kulturellem Wissen und theoretischen Erkenntnissen über die Weltzusammenhänge.

Kinder zeichnen sich in diesem Alter also durch mehrere Schritte hin zur Selbstständigkeit aus. Im Vordergrund steht dabei die fortgesetzte, außerfamiliäre Erweiterung der Sozialisation. Da sind zum einen die eigenständigen Unternehmungen wie Klassenfahrten und Gemeinschaftsreisen mit Sport- oder Jugendgruppen. Da sind zum anderen dann ganz anders geartete Interessensgruppen wie z.B. kirchliche, soziale oder musikalische Vereinigungen, die jetzt ihre gemeinschaftlichen Freizeittreffen und Gruppenabende veranstalten, wobei mit zunehmendem Alter die Eltern nicht mehr immer eingeladen sind. Die vielen unterschiedlichen Sportgruppen spielen in diesem Zusammenhang eine wichtige Rolle. Daneben entstehen aber auch spontane und freie Gruppen im nachbarschaftlichen Verhältnis oder auf der Straße. Generell sind es der Freundeskreis und die **Gruppe**, die jetzt antreten, der familiären Gemeinschaft ernsthaft Konkurrenz zu machen.

Die nicht institutionalisierten Gruppen der Straße besitzen im Gegensatz zu den zuerst genannten eine lose innere Struktur aus spontaner Absprache und wechselnden Machtverhältnissen. Die organisierten Jugendverbände kennen hingegen regelrechte Gruppenordnungen, die, was die Machtverhältnisse angeht, nach Möglichkeit auf demokratischen Grundlagen beruhen. Das Entscheidende ist, dass die Kinder soviel Verhaltenskenntnisse im sozialen Verband bereits erworben haben, dass sie sich in der erweiterten Gemeinschaft erfolgreich bewegen und an ihr teilnehmen können.

Ein weiterer entscheidender Entwicklungsschritt findet im Weltverständnis statt. Eltern werden jetzt immer häufiger von ihren Kindern mit Fragen überrascht, die kulturelle Streitpunkte wiedergeben oder tiefgehende philosophische Probleme aufwerfen, Fragen, auf die die Eltern so schnell keine Antwort wissen. Auch Fragen aus den Naturzusammenhängen und den physikalischen Gesetzmäßigkeiten entstehen jetzt. Ein Interesse zur Geschichte ihres Landes und ihrer ethnischen Herkunft kommt auf und ebenso an den Künsten und den religiösen Vorstellungen der Menschheit. Dabei bleibt die Frage zur Endlichkeit des Menschen und zum Umgang mit dem Tod nicht aus. Die begrenzte Lebenszeit des Menschen mit seiner Endlichkeit wird zu einem bedrängenden Thema. Die Jugendlichen wähnen sich auf der einen Seite unverletzlich und kosten ihre körperlichen Grenzen maximal aus. Auf der anderen Seite sind sie extrem ängstlich, was ihre Gesundheit anbelangt, und neigen zur Hypochondrie. Daraus ergibt sich ein Wechselbad der Gefühle, das oftmals bis zu depressiven Erscheinungen führt. Besonders die verletzliche Phase der sexuellen Reifung ist davon betroffen.

Denn eine dritte große Entwicklung nimmt jetzt ihren konkreten Verlauf. Die Schritte zu einem „sexuellen Wesen“, womit auch die endgültige **geschlechtliche Identifikation** und die leidenschaftlichen Freundschaftsbeziehungen verbunden sind. Auch erste echte Liebesbeziehungen haben hier ihren Anfang.

In der **Präpubertät**, dem eigentlichen Zeitabschnitt bis zur Geschlechtsreife, verdichten sich noch einmal diese Entwicklungsstränge, behalten aber immer noch eine inhaltliche Form, die stark von der Familie geprägt ist. In der

Konfrontation mit den Außeneinflüssen von Lehrer(inne)n und der altersgleichen Gruppe kommt es dann aber immer häufiger zu Konflikten im Elternhaus. Dabei erscheint zum ersten Mal das später gebetsmühlenartig vorgetragene Argument für die Durchsetzung eigener Anschauungen und Bedürfnisse: „alle Anderen denken so“ und „die Anderen dürfen das schon“.

Dadurch schnellt ein Konfliktgeschehen hoch, das sich aus dem zunehmenden Freiheitsdrang verbunden mit dem gewachsenen Selbstverwirklichungsanspruch und der noch bestehenden familiären Kontrolle zusammensetzt. Dieser Konflikt wird bald darauf in der Pubertät mit Einsetzen der endgültigen Geschlechtsreife zum alles umfassenden Thema.

Die **Pubertät** ist das Alter der endgültigen Autonomie, in dem alle individuellen Persönlichkeitszüge und alle sozialen Fertigkeiten vom Heranwachsenden selbst noch einmal einer Prüfung auf Wirkung, Stabilität und Haltbarkeit unterzogen werden. Dazu spiegelt sich der Jugendliche zunächst einmal permanent selbst, entweder konkret im Spiegel und theoretisch in seinem Sinnen und Grübeln oder praktisch in der Erprobung seiner physischen Belastbarkeit. **Selbstzweifel** wechseln sich ab mit Vorstellungen von **Unverwundbarkeit** bis hin zur Grandiosität.

Zum Austesten der eigenen Unverwundbarkeit zählen neben selbst gewählten körperlichen Aktionen bis an die Belastungsgrenze auch Exzesse mit Rauschmitteln und Drogen, wobei Alkohol und Nikotin immer noch weit größere Bedeutung haben als Marihuana, Amphetamine oder Heroin. Im Sport und im Freizeitverhalten werden Leistungstests am eigenen Körper durchgeführt, die nah an die Grenzen zu gefährlichem Verhalten reichen.

Die Jugendlichen gehen auch an soziale Grenzen heran, prüfen ihre Beziehungen zu den Eltern, wie auch zu den Freunden und den Mitgliedern der Peergroup bzw. altersgleichen Gruppe. Zu Hause entspinnt sich ein ewiger **Machtkampf** zwischen dem Kontrollbedürfnis und der Aufsichtspflicht der Eltern und dem kaum zu bändigenden Freiheitsdrang der Jugendlichen. Ähnlich wie in der früheren Trotzphase werden Anweisungen der Eltern zum gemeinschaftlichen Umgang zu Hause und Appelle an die Vernunft auch außerhalb von zu Hause überhört, zur Gänze in den Wind geschlagen, oder es beginnt ein ständiges Widersprechen und Diskutieren. Die Regeln eines friedlichen gemeinsamen Wohnens müssen noch einmal neu aufgelegt und in diesem Zusammenhang miteinander abgestimmt werden.

Bei diesen Auseinandersetzungen in der Familie verwenden die Jugendlichen aber wieder genau diejenigen Beziehungserfahrungen, die sie in früher Kindheit mit ihren Eltern und der erweiterten Familie erworben haben. Gerade auch jetzt zeigen sich noch einmal die Wirkungen einer frühen sicheren Bindung, einer gelungenen Loslösung sowie eines weitgehend ausgewogenen

Selbst. Insbesondere die Stabilität des Selbst ist jetzt eine wichtige Voraussetzung für den gelösten Umgang mit sich selbst und ausreichende Selbstzufriedenheit. Fortwirkende Bindung und Loslösung schaffen hierzu die notwendigen innerseelischen Rahmenbedingungen.

Klafft jetzt eine große Lücke in der Selbstvorstellung und stehen Selbstbewusstsein und Selbstständigkeit nur auf tönernen Füßen, ist ein Abgleiten in Psychopathologie beinahe unvermeidbar. In Abhängigkeit von der Schwere etwaiger Traumatisierungen in der zurückliegenden Kindheit und gemäß den vorgegebenen charakterlichen Anlagen herrschen Depressivität oder aggressive Durchbrüche vor, oder es kommt zum Auftreten von selbstgefährdendem Verhalten, wozu ich auch die Anorexie und Bulimie zähle. Schließlich gehören in diese Aufzählung auch Suchtprobleme und der Umgang mit Drogen (s. 3. Kapitel Teil 2).

Ergebnisse der Hirnforschung haben ans Tageslicht gebracht, dass das menschliche Gehirn in der Phase der Pubertät einem umfangreichen Umorganisationsprozess unterzogen ist (G. Hüther, 2011). Besonders betroffen davon sind die Zentren im Frontalhirn, die die emotionalen und sozialen Konstruktionen der Persönlichkeit in ihren Netzwerken speichern, und die die Handlungen gemäß diesen Vorstellungen steuern (Handlungsplanungszentrum). Diese Zentren haben wiederum Verknüpfungen mit Hirnfunktionen, die der Selbstvorstellung dienen und das soziale Auftreten des Menschen mit seiner Selbstwahrnehmung verbinden. Während dieser Zeit des Umbruchs im Frontalhirn unterliegt das Verhalten der Jugendlichen wieder ganz der Steuerung durch die tiefer liegenden emotionalen Zentren.

Dadurch ist verständlich, dass die Jugendlichen gezwungen sind, ein neues Selbstbild zu entwerfen und es auch gleich in ihren sozialen Bezugsrahmen einzubringen. Viel Zeit zum Erwachsenwerden bleibt ihnen nun nicht mehr. Entsprechend hoch sind die Forderungen der Jugendlichen an die Gesellschaft, sie darin zu unterstützen, und entsprechend hart sind ihre Reaktionen, wenn die Gesellschaft sich ihnen entgegenstellt.

Wie Jugendliche dabei mit Freundschaften und Beziehungen umgehen, hängt wie gesagt in großem Maße davon ab, was sie in ihrer Familie dazu erlebt haben. Aber diese Vorkenntnisse werden keineswegs gleich eins zu eins abgebildet. Im Gegenteil, zunächst einmal werden viele Gegenentwürfe gemacht und Alternativen herangezogen, um deren Wirkungen auf das Selbst zu prüfen. Diese Alternativen entstammen hauptsächlich den Einflüssen aus der Peergroup sowie aus der Schule und den öffentlichen Medien.

Viel zu verlockend ist die Chance, bei der Neuorientierung der eigenen Persönlichkeit Dinge zu entdecken und zu entwickeln, die bislang nicht zum eigenen Erfahrungsschatz gehört haben. Das Entstehen von Konflikten mit der eigenen Familie ist demnach unvermeidlich und wird zumeist ohne große Bedenken in Kauf genommen. Die eingegangenen Freundschaften werden aber ebenso starken Belastungsproben unterzogen, wie sie Leidenschaften hervorbringen. Das Konkurrenzprinzip und der Leistungsvergleich überschatten zugleich jede unvoreingenommene Beziehung zu einem gleichgeschlechtlichen oder gegengeschlechtlichen Partner. Manchmal ist es nur Kameradschaft, was dabei entsteht, manchmal verlieren sich die Jugendlichen in schwärmerische Liebe. Auf jeden Fall sind alle diesen Neubindungen äußerst brisant und einem schnellen Meinungswechsel unterzogen. Auf diese Weise kommen Beziehungen mit hohem Anspruch zustande, die allzu leicht genau an diesem Anspruch scheitern und schnell wieder aufgelöst werden.

Erst am Ende der Pubertät legt sich dieser innere Aufruhr, und das Fahrwasser wird nun ruhiger. Aber häufig hat die Familie diesem jahrelangen Konfliktgeschehen nicht standgehalten, es haben die früheren Muster von Bindung und Loslösung nicht ausgereicht und die Selbstgrundlagen aus der frühen Kindheit versagt. Am Ende dieser Entwicklung steht dann das von den Eltern gefürchtete Auseinanderbrechen der Familie. Daran Schuld ist in vielen Fällen deren untauglicher Versuch, die Konflikte mit denselben autoritären Anordnungen aus der Welt zu schaffen, mit denen sie schon in der frühen Kindheit gegen die Widerstände ihrer Kinder vorgegangen sind. Was aber schon in der frühen Kindheit letztlich nur zum Hochpeitschen aggressiver Handlungen geführt hat, öffnet in der Pubertät jetzt ein Pulverfass. Die Reaktion des Jugendlichen ist dann das sofortige Verlassen des Elternhauses mit Eintreten der gesetzlich festgeschriebenen Mündigkeit.

Die Aufkündigung der Elternschaft aufgrund einer Kapitulation vor dem mächtigen Auftritt des Jugendlichen ist der häufigste Grund für das endgütige Erlöschen der alten Bindungskräfte. Bindung erhält sich aber über die Pubertät hinaus, wenn es Eltern gelingt, stark in der Argumentation, aber großzügig und nachsichtig in der erzieherischen Konsequenz zu sein. Entscheidend ist, dass sie sich das Vertrauen ihres Kindes erhalten. Es gibt also auch Familien, die dieses turbulente Fahrwasser ohne größeren Schaden überstehen und auf einer ganz neuen, partnerschaftlichen Ebene dann auch zwischen Kind und Eltern eine intensive Beziehung erhalten.

Teil 2
Was geschieht, wenn die Bindung nicht glückt, und die daraus resultierenden Folgen

1. Die Gründe für die frühen Bindungsstörungen und ihre Entstehungsmechanismen, Entwicklungskrisen und Beziehungsstörungen

Der Begriff **frühe Bindungsstörung** ist relativ neu. Er musste erst geschaffen werden, da die Vorstellung über ein Eingehen von **Bindung** beim Menschen unmittelbar nach der Geburt erst mit den Entdeckungen von John Bowlby, René A. Spitz, Mary Ainsworth, Donald Woods Winnicott, Margaret Mahler und anderen in der Mitte des vergangenen Jahrhunderts möglich geworden ist. Schon früher und zum Teil noch parallel zu diesen von der Verhaltensbiologie untermauerten Vorstellungen in der Kinderpsychologie entwickelte sich bereits der **Behaviorismus** mit seinen Vorstellungen vom Reiz-Reaktions-Schema und den verhaltensbeeinflussenden Formen der **Konditionierung** (I.P. Pavlov, B.F. Skinner). Dieser Auffassung zufolge kommt das Kind bezüglich seines Verhaltens als weißes und damit „unbeschriebenes Blatt" zur Welt, eine Vorstellung über den Menschen, die der Philosoph der Aufklärung John Locke in England bereits im 17. Jahrhundert vertreten hat (s. einleitende Erklärungen). Dieser Grundauffassung entspringen die entscheidenden Aspekte der reinen Verhaltenstheorie, die den individuellen Menschen in wesentlichen Aspekten als das Ergebnis seiner Umweltbeeinflussung sieht. Daneben existierte außerdem noch die **klassische Psychoanalyse** mit ihrer Triebtheorie und den sie erweiternden Ideen und Vorstellungen der **Objektbeziehungen** (u.a. A. Freud, M. Klein, H. Kohut, O. Kernberg). D.W. Winnicott spannte den Bogen über die Objektbeziehungen zur frühkindlichen Bindung. Die Bindungstheorie stellt in diesem psychologischen Bestand sozusagen das Bindeglied zwischen den beiden diametral entgegengesetzten Lehrmeinungen dar.

Demzufolge stehen sich heutzutage genau genommen drei Richtungen in der Interpretation von kindlichem und menschlichem Verhalten generell gegenüber, von denen in diesem Buch nur die soziobiologisch ausgerichtete Bindungstheorie ausführlich besprochen wird. Da wir uns jetzt aber schon im Kapitel über die frühen Bindungsstörungen, das heißt also im pathologischen Bereich der Kinderpsychologie befinden, soll an dieser Stelle Erwähnung finden, dass die meisten derzeit gängigen kinder- und jugendpsychiatrischen Verhaltensinterpretationen und Therapien hauptsächlich auf der reinen Verhaltenstheorie begründet sind und nicht auf der Bindungstheorie.

So wird die frühzeitig vom Kind geforderte Anpassungsleistung (s.a. einleitende Erklärungen) an seine soziale Umwelt zwangsläufig beinahe ausschließlich als Konditionierungsprozess verstanden und zugleich als grundsätzliche Entwicklungsaufgabe im Kindesalter angesehen (beispielweise das frühkindliche Regulationsstörungskonzept und das Diagnostik- und Therapiekonzept Zero to Three aus den USA). Im therapeutischen Bereich älterer Kinder tritt der Lehrsatz des **Reiz-Reaktions-Schemas** als Grundlage von Konditionierungen dabei noch deutlicher zutage. Allerdings gibt es immer mehr Bestrebungen, sowohl die triebtheoretischen Ursachen in die Entstehungsfrage von Verhaltensstörungen und psychischen Erkrankungen mit einzubeziehen wie auch, und das interessiert hier ganz besonders, die bindungskonzeptuellen Grundlagen der frühen Kindheit. Letztere heben ganz stark auf das Reifungsprinzip des Kindes ab, welches eine altersgemäß definierte Entwicklungsaufgabe zur individuellen Lösung vorsieht.

Für diese Entwicklungsaufgaben sind zeitliche Fenster in der Normalentwicklung vorgesehen (**Entwicklungsfenster**). Zu einem früheren oder späteren Zeitpunkt wird die zu lösende Entwicklungsaufgabe für das Kind immer schwieriger. Es gibt demzufolge einen optimalen Zeitrahmen für einen bestimmten Entwicklungsschritt. Die Betrachtung der Entwicklungsschritte in dieser Form bringt zum Ausdruck, dass eine erzwungene Anpassung (weil zu früh oder zu spät) die geforderte Reifung eher behindert als fördert. Der Grund hierfür liegt in der Verursachung eines Dauerstresses, der bei der Lösung einer Aufgabe zum falschen Zeitpunkt auftritt.

In diesem Buch soll weitgehend nur die Bindungstheorie zur Sprache kommen. In die damit verbundene Betrachtung emotionaler und psychosozialer Wechselwirkungen zwischen Eltern und Bezugspersonen geht das genaue Reflektieren auf die Gefühlszustände ein, die sich im Kind selbst abspielen. Man nennt diesen – bei Menschen mit ausreichend psychologischen Vorkenntnissen an sich selbst gut bemerkbaren – seelischen Vorgang auch **Psychodynamik**. So kann Wut Frustration abbauen helfen und Trauer Verlustschmerz mindern. Angst kann Bindungsbedürfnisse auslösen und Glück Zufriedenheit mit sich selbst. Ich erwähne das deshalb, weil die Psychodynamik auch die Grundlagen für die Reaktionsweisen des Kindes bildet, die frühe Beziehungsstörungen zu Bindungsstörungen auswachsen lassen.

Aber auch die Gefühlslage der Eltern muss Beachtung finden. Sie steht hier aber nicht so sehr im Fokus wie bei anderen kinderpsychologischen Ansätzen. Sie findet immer dann Beachtung, wenn ihr Stimmungsbild die emotionale Entwicklung des Kindes bedeutsam beeinflusst. Bei den Eltern spielen dabei soziale Faktoren eine große Rolle (Stand, Absicherung, Anerkennung, Armut und Reichtum usw.), wie auch eigenes Alter und ganz besonders persönliche frühe Kindheitserfahrungen. Im Zusammenhang mit den Störungsbildern im kindlichen Verhalten wird immer wieder auf diese das Kind betreffenden Einflussfaktoren einzugehen sein.

a) Entwicklungskrisen und Beziehungsstörungen

Damit wende ich mich jetzt der Entstehung von frühen Bindungsstörungen zu und muss zur Darstellung bringen, dass diese zu einem Großteil aus den **Beziehungsstörungen** zwischen Eltern und Kind oder anderen Bezugspersonen und dem Kind hervorgehen. Der andere kleinere Teil der frühen Bindungsstörungen ergibt sich aus den in ihrer Entstehung sehr viel kürzer anzusetzenden, immer sehr schwerwiegenden **Entwicklungskrisen**, auf die dann vonseiten der Eltern falsch reagiert wird. In der Entwicklung frühkindlicher seelischer Störungsprozesse stehen also die Entwicklungskrisen und die Beziehungsstörungen immer vor der Bindungsstörung. Zusammen bilden diese drei Störungsformen das Gros aller Eltern-Kind-Interaktionsstörungen in den ersten Lebensjahren.

Die beiden genannten, mit einem großen Risiko behafteten Irritationen in der Eltern-Kind-Beziehung unterscheiden sich also im Anlass und in der Dauer des Problems. Häufig geht eine Entwicklungskrise der Beziehungsstörung voraus. Auch der umgekehrte Fall ist möglich. Da die Krise bei solchen Verläufen aber dann von der bestehenden Grundproblematik, das heißt von der bestehenden Beziehungsstörung, nur schwer abzugrenzen ist, ist in diesem Fall eine Unterscheidung schlecht möglich. Im Einzelfall wird es daher immer wieder schwierig sein, die jeweilige Verlaufsform genau von der anderen unterscheiden zu können. Entwicklungskrisen können, und das ist noch ein einigermaßen gut abgrenzbares Kriterium, anders als Beziehungsstörungen, auch bei bis dahin normalen Bindungsverhältnissen eintreten.

Beide Formen frühester Eltern-Kind-Beziehungsproblematiken entwickeln sich, das zeigen Erfahrungswerte, sehr viel leichter aus unsicheren Bindungsstrukturen und aus Verläufen der erschwerten Loslösung (s. 3. Kapitel Teil 1). Der zeitnahe eigentliche Auslöser gipfelt meistens nur noch in der bestehenden Entwicklungsproblematik. Die sichere Bindung minimiert daher ein solches Risiko ebenso wie die gelingende Loslösung. Unbedingt hinzuzufügen ist die Tatsache, dass alle Formen der schweren Missachtung und Misshandlung des Kindes inklusive des sexuellen Missbrauchs aufgrund der starken Verletzung des frühkindlichen Selbst geradewegs in eine massive Beziehungsstörung führen. Und wegen der Schwere der hierbei zugrundeliegenden, innerfamiliären Zerrüttung droht nahezu unausweichlich die schwerste Folge der Beziehungsstörung, die der bleibenden, reaktiven Bindungsstörung (s.u. Kapitel 4). Formen der desorganisierten Bindung finden sich hier ebenfalls wieder.

Entwicklungskrisen als zeitlich genau umschriebene, eher plötzlich einsetzende und oft noch leicht behandelbare Beziehungsstörungen können herrühren aus falschen Erziehungsprinzipien und -praktiken, z.B. hinsichtlich des Schlafverhaltens oder bei der Sauberkeitsentwicklung. Ebenso können sie entstehen durch Überforderungen des Kindes z.B. beim Fütter- und Essverhalten oder bei falsch begonnener Fremdbetreuung. Schließlich sind alle ernsthaften, emotionalen und psychosozialen Probleme in der Familie, vor allem auch die von außen gesellschaftlich einwirken, geeignet, eine Entwicklungskrise auszulösen, insbesondere wenn diese Probleme kombiniert auftreten. Die diversen, manchmal auch unscheinbaren emotionalen Erschütterungen in der frühkindlichen Entwicklung, an die nicht gleich gedacht wird, spielen ebenso eine große Rolle dabei. Daher ist nach ihnen gezielt zu forschen, wenn eine offenkundige Störung des sozialen Umfelds nicht erkennbar ist.

Unter diese unscheinbaren Ursachen fallen insbesondere die Paarprobleme der Eltern, namentlich die Ehekrisen, ebenso dauerhafte Streitereien in der Familie, z.B. auch mit den Großeltern, weil diese andere Erziehungsvorstellungen vertreten, aber auch großer Stress bei wichtigen Veränderungen in der Lebenssituation, wie häufiger Umzug oder Hausbau. Nach solchen Ursachen ist also immer gezielt zu fahnden, weil die Eltern sie oft für zu banal halten, eine Krise beim Kind auslösen zu können, oder weil Eltern gerade dieses Problem zu verbergen suchen. Die Scheidung der Eltern hingegen liegt als Ursache einer Entwicklungskrise geradezu auf der Hand. Bei einer Scheidungsrate von knapp 40 Prozent in Deutschland (Statistisches Bundesamt, 2011) ist sie ein ausgesprochen häufiger Grund.

Beziehungsstörungen ohne vorausgehende Entwicklungskrise sind solche, die sich in den ersten zwei bis drei Lebensjahren einschleichen. Man könnte sie auch als **primäre** Beziehungsstörungen bezeichnen. Da sie hauptsächlich Ausdruck unsicherer Bindungsverhältnisse inklusive einer erschwerten Loslösung sind (s.o.), weisen sie keinen offenkundigen Beginn auf wie die Entwicklungskrise. Es gibt demzufolge keinen eindeutig erkennbaren Anlass, der das Störungsverhalten des Kindes erklären und begründen könnte. Viele Störfaktoren im Eltern-Kind-Verhältnis über längere Zeiträume summieren sich und destabilisieren das Beziehungsgefüge. Irgendwann wird die Störung an einem scheinbaren Endpunkt dann offensichtlich. Falsche Erwartungen an das Kind, Anpassungszwang, Überforderungen und rigide, autoritäre Erziehungsmaßnahmen stehen zumeist am Anfang. Auffällig langes oder geringes Trotzen und klammernde Anhänglichkeit sind die vielleicht offenkundigsten Ausdrucksformen der Beziehungsschieflage. Das zunehmend gestörte Bindungsverhältnis wird von Eltern entweder nicht gesehen oder hartnäckig negiert. Häufig wird es auch von wenig kundigen Fachleuten übersehen.

Und doch sind die Erscheinungsformen im Verhalten des Kindes unzweifelhaft problembelastet und zeigen alle Störungsformen, die den Umgang mit dem Kind in höchstem Maße unerfreulich machen. Die Anzahl der zu den inneren Entwicklungsproblemen hinzutretenden äußeren Belastungen hat irgendwann das Maß der Toleranzfähigkeit beim Kind überschritten. Die inneren Ressourcen reichen nicht mehr aus, das emotionale Gerüst stabil zu halten. Das Störungsverhalten setzt ein und wird so zum alleinigen Indikator für die psychosoziale Überlastung.

Sekundäre Beziehungsstörungen sind dann solche, die wie zuvor besprochen aus einer nicht bewältigten Entwicklungskrise herrühren. Will man die Entwicklung der frühen Bindungsstörung also mit der unbewältigten Entwicklungskrise erklären, muss man immer den Verlauf einer sekundären Beziehungsstörung in Betracht ziehen.

Der Unterschied, ob ein Störungsverhalten immer noch der Beziehungsstörung zuzuordnen ist oder bereits zu der auf sie folgenden **frühen Bindungsstörung** gehört, ist nun daran festzumachen, ob der Konflikt sich überwiegend noch im Inneren der kindlichen Seele abspielt und die familiären Grenzen nicht überschreitet oder ob er schon nach außen, in die Gemeinschaft Eingang gefunden hat und damit die familiären Grenzen verlässt. Konkret gesprochen heißt das, dass in dem einen Fall im Wesentlichen nur die Familie davon betroffen ist, im andere Fall aber schon Kindergarten, Kindertagesstätte und das größere soziale Umfeld. Eltern neigen zu der verständlichen Ansicht, dass es schlimmer für die Einstufung des Störungsverlaufs sei, wenn das Kind zu Hause große Probleme bereite, draußen im Kindergarten oder beim Spiel in der Gruppe aber funktioniere. In Wahrheit ist es aber genau umgekehrt. Solange das Kind zu Hause noch rebelliert und die Gemeinschaft außerhalb der Familie weitgehend unbehelligt lässt, ist das Problem noch nicht so groß.

Worin zeigen sich nun Entwicklungskrisen und Beziehungsstörungen im Einzelnen und wie kann man sie erklären? Dazu möchte ich ein kurzes Fallbeispiel anführen.

Kurze Fallgeschichte einer Entwicklungskrise oder bis dahin noch verdeckten Beziehungsstörung

Ein zweieinhalbjähriges Kind wird von der Mutter zum ersten Mal zu der neuen Tagesmutter gebracht. Bisher kennt das Kind als Betreuungspersonen nur die Großeltern, die ihm quasi von Geburt an vertraut sind. Die Mutter begrüßt die neue Tagesmutter und erwartet, dass auch ihr Sohn der neuen Betreuerin guten Tag sagt. Aber genau das tut ihr Sohn nicht, sondern er verkriecht sich hinter ihren Beinen und klammert sich an ihr fest. Die Tagesmutter weiß nun, wie sie sich verhalten soll und wendet sich in die Hocke gehend dem Jungen zu, um ihm ein freundliches „Guten Tag“ zu sagen. Daraufhin bricht der Junge in herzerweichendes Weinen aus, klammert sich noch fester an seine Mutter und vergräbt sein Gesicht in ihren Kleidern. Mutter und Tagesmutter sind ratlos.

Die Mutter reagiert spontan und ohne groß zu überlegen zieht sie ihren Sohn von hinten hervor und sagt, „Was stellst du dich so an, Frau Schneider ist doch ganz nett zu dir.“ Daraufhin fängt der Junge an zu brüllen, versucht bei der Mutter auf den Arm zu klettern und reißt ihr dabei an den Kleidern. Die Mutter wird ärgerlich, nimmt ihn zwar auf den Arm, weist ihn aber mit strenger Mimik ab. Die Tagesmutter (eine Erzieherin in der Kindertagesstätte oder die nette Nachbarin wären ebenso möglich) nähert sich dem Jungen wieder, der jetzt mit seinem Kopf auf ihrer Höhe ist und lächelte ihn aufmunternd an. Da holt der Junge aus und schlägt ihr ins Gesicht. Die Brille fliegt auf den Boden und die Situation ist vollkommen verpatzt.

Sofort setzt die Mutter ihren Sohn quasi als Strafe auf den Boden und faucht ihn an. Der hat aber nichts Besseres zu tun, als auf der Stelle davon zu laufen, wobei er laut aufheult und alles umstößt, was ihm im Wege steht. Die Mutter rennt ihm hinterher, da sie befürchtet, er könne auf die Straße laufen, denn offensichtlich will er zum Auto zurück. „Hause fahren“ ruft er immer wieder und seine Worte sind von lautem Schluchzen unterbrochen.

Die weiteren Versuche der Eingewöhnung bei der Tagesmutter verlaufen ähnlich schwierig, wobei es aber nicht mehr zu einer solchen Eskalation kommt. Die Tagesmutter hält nun die Mutter an, ihren Sohn bei ihr nur noch abzugeben, und sich dann schnell zu entfernen – auch auf die Gefahr hin, dass ihr Sohn weint. Genau das geschieht, als sich die Mutter daran hält, und Mutter und Kind trennen sich unter Tränen, Tränen, die die Mutter aber zu verbergen sucht. Die Tagesmutter beruhigt sie mit den Worten, ihr Sohn höre sofort auf zu weinen, wenn sie aus dem Blickfeld entschwunden sei. Nach zwei Wochen dieser schmerzhaften Trennungsprozesse bricht die Mutter die Tagesbetreuung wieder ab.

Seit dem geschilderten Vorfall und den nachfolgenden Trennungsprozessen unter emotionalem Stress, denn nichts anderes drückt das Weinen des Kindes aus, verhält sich der Junge zu Hause verändert. Er schläft viel unruhiger, träumt schlecht, weint in der Nacht und besteht darauf, wieder im Bett seiner Mutter zu schlafen. Er hat schon lange im eigenen Zimmer geschlafen, was allerdings auch nur gegen seinen Widerstand durchzusetzen gewesen ist. Er lässt jetzt auch seine Mutter in der Wohnung nicht mehr aus den Augen, wie ein einjähriges Kind am Beginn der Loslösung, und will mitgehen, wenn sie in den Keller gehen muss. Schon stattgefundene Besuche von ihm allein bei den Großeltern verweigert er jetzt konsequent und eine Übernachtung bei ihnen kommt nicht mehr infrage.

Um es vorweg zu sagen, dieser Vorgang zeichnet noch keine frühe Bindungsstörung ab. Was sich aber zeigt, sind die typischen kindlichen Verhaltensweisen bei der Auslösung einer Entwicklungskrise oder bei einer bereits eingetretenen Beziehungsstörung. Da diese sozialen Störungen wie gezeigt jedoch zum Vorläufer einer frühen Bindungsstörung werden können, gehört die Geschichte an den Anfang.

Die letztlich dem Geschehen zugrunde liegende Verwerfung oder Irritation im Eltern-Kind-Verhältnis ist Nichtfachleuten und somit auch den Eltern vorerst weitgehend verborgen. Denn die Mutter hat keine Vorstellung davon, warum ihr Sohn so reagiert. Und wie sie erfahren hat, reagieren nicht alle Kinder so empfindlich auf die Konfrontation mit einer Tagesmutter oder anderen Formen der frühen Fremdbetreuung. Es befällt sie allenfalls eine Ahnung, dass sie ihren Sohn vielleicht zu früh einer ihm fremden Person zur Betreuung ausgesetzt hat.

Setzen wir jetzt voraus, dass die nachfolgenden Überlegungen in richtiger Weise angestellt werden und bei weiteren Versuchen einer Fremdbetreuung geschickter vorgegangen wird, dann wird sich dieses Ereignis auf eine Entwicklungskrise beschränken lassen. Die Chance hierfür ist umso größer, je sicherer die zugrunde liegende Bindung ist und je besser die Loslösung bereits vorangeschritten ist. Im anderen Fall wird jedoch der Übergang in eine Beziehungsstörung unausweichlich sein, falls nicht eine solche bereits vorliegt. In diesem Fall wäre die Reaktion des Jungen nur als ein Signal für die längst bestehende Verwerfung im Eltern-Kind-Verhältnis zu deuten.

Die Ahnung der Mutter, dass sie ihr Kind möglicherweise zu früh der Fremdbetreuung ausgesetzt hat, ist jedenfalls richtig, wie so oft mütterliche Intuitionen die Nöte ihres Kindes ganz gut erkennen. Aber die Mutter kann die diffizilen Zusammenhänge zwischen ihrem elterlichen Anspruch auf schon bestehende Selbstständigkeit des Kindes, seinem wahren Reifealter mit noch unzulänglichem Entwicklungsstand und den offenkundig auftretenden Ängsten nicht ursächlich miteinander verbinden. Eigentlich hat sie ihren Sohn nicht einmal für besonders ängstlich gehalten und den geforderten Entwicklungsschritt zur Ablösung aus dem familiären Bindungsverhältnis sogar für gerechtfertigt, weil andere Kinder in diesem Alter schließlich auch längst in die frühe Fremdbetreuung gehen. An dieser Stelle wird der gesellschaftliche Einfluss deutlich, dem Eltern ausgesetzt sind.

Ohne Kenntnisse des bindungstheoretischen Konzepts lässt sich der Vorgang als Entwicklungskrise oder Beziehungsstörung nicht hinreichend erklären. Daher will ich an dieser Stelle eine Erklärung mit den Vorgaben der Bindungsvorgänge versuchen. Der Junge, nennen wir ihn, um ihm ein Gesicht zu geben, Jens, ist ohne besondere Schwierigkeiten zur Welt gekommen. Die ersten Wochen und Monate waren dann allerdings etwas getrübt durch heftige Anpassungsstörungen seines Darmes an die Umwelt, verbunden mit Dreimonatskoliken. Die Mutter meint später, sie habe alles für ihren Sohn getan, um ihn durch diese Turbulenzen hindurchzuführen. So erinnert sie sich, ihn viel herumgetragen zu haben und ihm entblähende Tropfen gegeben zu haben. Mehr bekam ihr Sohn aber nicht verordnet, weitere ärztliche Hilfe blieb aus, und so musste er immer noch eine etliche Zeit schreien, bis er vor Erschöpfung einschlief.

Ein stark fremdelnder Säugling war ihr Sohn nicht, aber einfach ließ er sich auch nicht einer fremden Person auf den Arm geben. Das quittierte er mit ängstlichem Schreien. Einige Bekannte sagten ihr, Säuglinge müssten „da durch". Sie würden sich später dann leichter an fremde Personen gewöhnen. Der Vater war derselben Auffassung, die Mutter schaffte es nicht, mit ihrer Ansicht immer dagegenzuhalten. So wurde Jens des Öfteren auch gegen seinen unüberhörbaren Protest in fremde Arme gegeben.

Mit einem Jahr war Jens ein recht anhängliches Kind geworden, das seiner Mutter ständig folgte und sie kaum alleine auf die Toilette oder sich duschen gehen ließ. Er übte auch schon früh starken Widerstand gegen das Wickeln, Anziehen und manchmal auch gegen das Füttern. Der Vater fand dieses Verhalten für einen Jungen weitgehend angemessen und unternahm nichts, um die Eskalationen auf dem Wickeltisch oder am Esstisch zu unterbinden. Überhaupt hielt er sich ziemlich fern von Wickelkommode und Kinderzimmer, war ständig im Büro oder unterwegs und hatte nur abends und am Wochenende hin und wieder Zeit, sich mit seinem Sohn zu beschäftigen. Die Mutter trug die ganze Last der ersten Erziehungsschritte.

Dazu hörte sie sich viel um, besprach sich mit anderen Müttern, las Erziehungsratgeber und entsprechende Artikel in Zeitschriften. Der Grundtenor all dieser Besprechungen lautete, einem Kind müsse frühzeitig Grenzen gesetzt werden, damit es später in der Lage ist, die gesellschaftlichen Regeln einzuhalten. Dazu gehört auch die Aufforderung der Eltern, ihr Kind möglichst von Anfang an daran zu gewöhnen, allein in seinem Zimmer zu schlafen. Immer wieder wurde das Schreckensszenario von Kindern gezeichnet, die noch in der Pubertät im Bett ihrer Eltern schliefen. Also quartierte sie ihren Sohn Jens im Einvernehmen mit dem Vater am Ende des Säuglingsalters aus dem Elternschlafzimmer aus und gewährte ihm nur noch bis zu seinem zweiten Geburtstag eine zeitlich begrenzte Einschlafbegleitung. Seitdem aber hatte sie mit ihrem Sohn ein Schlafproblem.

Er wehrte sich am Abend gegen sein Bett und schlief häufig nur mit lang anhaltendem Weinen ein. War er schließlich eingeschlafen, wurde er mehrfach in der Nacht wach und rief laut nach seiner Mutter. Für sie war es mühselig, immer wieder ins Kinderzimmer zu gehen und Jens zu beruhigen, damit er weiter schlief. Zuletzt ließ sie ihn auch schon mal in der Nacht weinen, damit er sich nicht daran gewöhne, dass sie Tag und Nacht für ihn parat steht.

Jens demonstrierte jetzt nachhaltig seinen Willen, und waren die Eltern gehalten, ihm diesen Willen zu versagen, trotzte er heftig und brach schließlich weinend in sich zusammen. Manchmal brauchte er eine halbe Stunde und länger, um sich wieder zu beruhigen.

Als er zweieinhalb Jahre wurde, kam der Tag, an dem die Eltern beschlossen, die Mutter müsse wieder mitarbeiten und Jens in eine Frühbetreuung gebracht werden. Was dann geschah, steht in der kurzen Fallgeschichte. Im Grunde erzähle ich hier eine ganz normale Begebenheit, wie sie mehr oder weniger in jeder Stadt und überall in Europa, vielleicht sogar auf der ganzen Welt in ähnlicher Form vorkommt.

Zu ergänzen ist an dieser Stelle vielleicht, dass das Abgeben der Kinder in die frühe Fremdbetreuung keineswegs immer einem freien Beschluss der Eltern folgt. Vielmehr sind häufig rein wirtschaftlich-finanzielle Gründe für diese Entscheidung maßgebend. Und immer häufiger stehen auch der Wunsch oder die Notwendigkeit nach einem frühen Wiedereinstieg in den Beruf bei der Mutter im Vordergrund.

Worin liegt nun aber die Ursache für eine Entwicklungskrise oder Beziehungsstörung? Vier problematische Schritte in der bisherigen Betreuung und Erziehung von Jens machen die Beziehungsproblematik und damit die Gefahr einer frühen Bindungsstörung aus. Erstens die nicht optimale Behandlung des kleinen Säuglings bei seinen Bauchschmerzen. Zweitens das nicht immer respektierte Fremdeln. Drittens die frühzeitige Ausquartierung von Jens aus dem elterlichen Schlafzimmer. Und viertens und wohl am schwerwiegendsten der fehlende Vater im Kinderzimmer.

Ein kleiner Säugling, der Schmerzen ertragen muss und dabei erlebt, dass ihm seine Hauptbezugsperson nicht helfen kann, entwickelt große Angst und negativen Stress; automatisch reaktiviert er Gefühle von Urangst und Unheimlichkeit. Das Urvertrauen wird dabei erschüttert. Denn Schmerzbeseitigung ist wie Füttern und damit Stillen von Hunger und Durst eine lebensnotwendige Pflicht der Eltern dem Kind gegenüber, die Beruhigung und Sicherheit erzeugt. Für das Kind selbst ist es eine wichtige Bedürfnisbefriedigung, die immer zuverlässig und seinen Lebensumständen angemessen gewährt werden muss. Andernfalls empfindet sich der Säugling sogar trotz Anwesenheit seiner primären Bezugsperson bedroht und schreit auch in ihrem Beisein. Nur effektive Schmerzbeseitigung sowie absolute Nähe in Form von An-sich-Schmiegen, Herumtragen und wenn gewünscht Stillen sind in der Lage, die innere Harmonie des Säuglings wiederherzustellen. In diesen Schritten ist die Mutter intensiv zu unterstützen, sei es durch den Vater, sei es durch die Familie oder sei es durch geschulte Kräfte im Gesundheitssektor. Das Alleinlassen des Säuglings in diesen Zuständen verbietet sich demzufolge ohne weiteres Hinterfragen.

Zeigt der Säugling, dass er eine Bindung zu seiner primären Bezugperson eingegangen ist – die ist fast immer die Mutter – weist er alle anderen Personen vorübergehend ab, weil diese Bindung für ihn exklusiv ist (er fremdelt). Auch der Vater kann davon betroffen sein. Ist er aber engagiert und bemüht sich sehr um Kontakt zu seinem Kind, erhält er den Status der ersten Ersatzbezugsperson, dem die Großmütter und dann andere Familienangehörige in der Hierarchie folgen. Bei all dem bleibt die Mutter die absolute Favoritin und Füttern, Schlafenlegen und Trösten bleiben ihr ungeteiltes Vorrecht. Alle wirklich fremden Personen müssen dann auf Abstand bleiben, wenn es der Säugling durch Abwendung, Fluchtimpulse oder ängstliches Schreien signalisiert. Wird dieses Signal ignoriert, steigert sich im Säugling die Angst ins Unerträgliche, sein Vertrauen in die Mutter leidet und die Bindungssicherheit nimmt Schaden. Unzuverlässige Bedürfnisbefriedigung und Missachtung frühester Bindungsimpulse addieren sich und am Ende des ersten Lebensjahres stehen dann verschiedene Formen einer unsicheren Bindung. Sie sind der erste Baustein zur Entwicklung einer Beziehungsstörung.

Verlust der Geborgenheit in der Nacht ist ein weiteres großes Risiko in Richtung einer späteren Beziehungsstörung und Entwicklungskrise. Säuglinge und Kleinkinder schlafen am besten im Schlafzimmer ihrer Eltern. Ausnahmen davon bestätigen nur die Regel. Zu wenig Platz im Elternschlafzimmer kann nicht als Gegenargument gelten, denn es gibt Möglichkeiten, die Betten so zu stellen, dass zumindest ein Kind (das jüngste) immer noch Platz hat. Die Konstruktionen der Beistellbettchen, der so genannte Babybalkon, und ein Kinderbett über dem Fußende des Elternbetts helfen dabei.

Erst mit drei bis vier Jahren erlebt das Kind seinen persönlichen Freiheitswillen so bewusst, dass es danach strebt, einen eigenen Lebensraum in der gemeinschaftlichen Wohnung zu beanspruchen. Erst jetzt sind ihm auch die Raumvorstellungen in der Wohnung oder im Haus so klar, dass es weiß, wo es sich selbst und wo sich die anderen Räume tatsächlich befinden. Dadurch schwindet seine Angst, verlassen zu sein, wenn die Mutter oder der Vater nicht gleichzeitig mit ihm im Raum sind.

Kinder vorzeitig in ihre eigenen Zimmer zu legen und der berechtigten Beschwerde des Kindes obendrein mit reglementierten Einschlafzeiten zu begegnen, schafft ein neues hohes Risiko für eine Beziehungsstörung wie im Einzelfall auch für eine Entwicklungskrise. Die dazu weit verbreiteten Konditionierungsmethoden haben vor allem das Wohl der Eltern im Auge und ignorieren Bedürfnis und Reifestand des Kindes. Über die Ausbalancierung von Elternanspruch und Kindsbedürfnis wird aber noch im nächsten Teil zu sprechen sein.

Das Problem der **Väterabwesenheit** im frühkindlichen Alltag ist ein wenig beachtetes, aber äußerst hohes Risiko für eine jede Beziehungsstörung. Die Entwicklungskrise kann hingegen auch bei einem engagierten Vater auftreten. Das Bindungskonzept sieht den Vater als Loslösungsvorbild ab dem zweiten Lebensjahr vor. Diese Loslösung (s. 2. Kapitel Teil 1) ist, wie gezeigt, nicht etwa Auftrennen der primären Bindung, sondern deren Ergänzung mit dem innerseelischen Alternativkonzept nach Befreiung. Diese Befreiung gelingt nur über eine zweite Bindung, diesmal an den Vater oder eine ihn ersetzende zuverlässige und konstante Alternativbezugsperson. Das eigentliche Ziel dieses Vorgangs, der sich parallel im tiefsten Inneren der Seele des Kindes abspielt, ist die Entstehung des eigenen, von der primären Bezugsperson (los-)gelösten Selbst.

Das Selbst ist jenes körperlich-seelische Empfinden, das wir Menschen in uns haben, um unsere Person und Persönlichkeit zu erkennen und zu beschreiben. Ohne Selbst wären wir schwache, haltlose Kreaturen, die einfach nur nach rein natürlichen Prinzipien funktionieren und die vollkommen willenlos jedem Anderen folgten, der Nahrung und Existenzsicherheit verspricht. Das Ich ist dabei die „Kehrseite" des Selbst nach innen, wenn man das Bild von einer Münze bemühen will. Sozial betrachtet ist das Selbst der gesellschaftliche Ausdruck des persönlichen Willens (s. 4. Kapitel Teil 1) und des individuellen Ich. Wille und Ich gehen dazu eine im Leben nie mehr auflösbare Verbindung ein, es sei denn im Rahmen einer psychischen Erkrankung. Anhand dieser Darstellung wird klar, wie wichtig die Selbstentstehung für jedes Kind ist, und warum es in seinen frühen Entwicklungsjahren so verbissen darum kämpft.

Steht der Vater als Loslösungsvorbild nun nicht ausreichend zur Verfügung, sind die Voraussetzungen zu Selbstentstehung automatisch schlechter. In solchen Fällen stellt sich das ein, was als erschwerte Loslösung (s. 3. Kapitel Teil 1) zu bezeichnen ist. Man könnte von einem Versagen der triadischen Konstellation sprechen. Folgerichtig wird die Mutter als primäre Bindungsperson wieder verstärkt angesteuert, obwohl das Kind spürt, in seiner Entwicklung inzwischen eine andere Bestimmung zu haben. Auf dieses innere

Dilemma reagiert es mit seinem Störungsverhalten. Entwicklungskrisen und Beziehungsstörungen sind folglich vorprogrammiert.

Kurze Fallgeschichte zur Loslösungsproblematik

Der zweijährige Ben, der Sohn einer jungen, hoch gebildeten Mutter, die man leicht zum Jetset zählen könnte, macht große Probleme in der Entwicklung zur Selbstständigkeit. Der Vater ist ein Großunternehmer in der Werbebranche, der ständig zwischen den Großstädten hin und her fliegt, um seine Geschäfte zu tätigen und deren Ausführung zu überwachen. Die Mutter findet für sich und Ben nirgendwo eine richtige Heimat. Mal fliegt sie mit dem kleinen Jungen dem Vater hinterher, mal bleibt sie mit ihm an ihrem Herkunftsort und lässt sich beim Großziehen von ihren Eltern helfen. So werden die Großeltern mit der Zeit immer mehr zu Ersatzloslösungsvorbildern, da sie viel mehr Zeit mit ihrem Enkel teilen als der Vater mit seinem Kind. Der Vater findet nur wenige Augenblick am Wochenende Zeit für Ben oder dann, wenn er sich einmal wenige Tage Urlaub gönnt.

Ben verhält sich bei seiner Mutter teils anhänglich regressiv, teils übermäßig aggressiv, wobei er diese Aggressionen im Rahmen von Trotzattacken auf maximale Höhen treibt. Nicht dass er sich nur schreiend auf den Boden wirft, wenn er etwas nicht bekommt, was er meint haben zu müssen, nein, er wirft sein Spielzeug auch wild im Raum herum und schlägt auf seine Mutter ein, wenn er sie erwischen kann. Manchmal geht er wütend in sein Zimmer und tritt auf alles, was dort vor ihm herum liegt. Es gibt Momente, da juckt es ihn in den Fingern und er schlägt seine Mutter ohne ersichtlichen Grund.

Abends wenn das Schlafengehen ansteht, wird er dagegen extrem anhänglich, jammert und weint, wenn die Mutter aus dem Zimmer gehen will und zwingt sie so, an seinem Bett zu sitzen, bis er fest eingeschlafen ist. Denn weinen lassen will ihn die Mutter nicht. Außerdem hat sie mehrfach erlebt, dass Ben sofort wieder aufsteht und ihr hinterher läuft, wenn sie vorzeitig das Zimmer verlassen will. Nachts kommt er ohnehin regelmäßig in ihr Bett. Seit sie das toleriert, sind die Nächte aber wieder einigermaßen ruhig.

An ein Abgeben ihres Sohnes in eine Kinderspielgruppe oder gar in die Kindertagesstätte ist nicht zu denken. Alle Versuche diesbezüglich scheitern an seiner strickten Weigerung, dort auch nur kurze Zeit allein zu bleiben. Einzig, wenn die Mutter selbst dabei bleibt, und er sich immer wieder bei ihr rückversichern kann, dass sie auf ihn wartet, traut er sich, mit anderen Kindern zu spielen.

Mit drei Jahren stellt sich trotz guter Sprachbegabung bei Ben keine Bereitschaft ein, Konflikte in der alltäglichen Auseinandersetzung mit der Mutter durch sprachliche Kommunikation zu lösen. Im Gegenteil, Ben trotzt kräftig weiter und zu den jetzt ständig oppositionellen Verhaltensweisen gesellt sich auch noch mehr und mehr gezielte Provokation dazu. So macht es Ben sichtlich Spaß, alles leicht Zerstörbare, das noch im Haus erreichbar herum steht, in die Hand zu nehmen und nach Möglichkeit fallen zu lassen. Die Mutter ist ständig hinter ihm her, um ihn daran zu hindern. Schließlich muss sie alles wegschließen.

Aber auch in den Geschäften beim Einkauf provoziert Ben sie, wo er nur kann, und blamiert sie vor anderen Leuten. So macht es ihm Spaß, die Regale leer zu räumen oder sich die Taschen mit Süßigkeiten vollzustopfen. Es macht ihm sichtlich Spaß, auf der Straße wegzulaufen und sich der Fahrbahn zu nähern, um zu erreichen, dass die Mutter hinter ihm her läuft und ihr dabei alles aus der Hand fällt. Oder Ben fängt an, Kinder, denen er auf der Straße begegnet, etwas wegzunehmen oder sie an den Haaren zu ziehen oder zu kneifen. Immer ist die Mutter gehalten, einzugreifen und ihren Sohn eindringlich zu ermahnen. Bei den Eltern der Kinder muss sie sich für das ungebührliche Verhalten ihres Sohnes entschuldigen.

Wann und wie wird aus einer Entwicklungskrise auch eine (dann sekundäre) Beziehungsstörung? Ich hatte anfangs bereits erwähnt, dass es eine ungelöste Entwicklungskrise ist, die häufig einer Beziehungsstörung vorausgeht. Ungelöste, belastende Tagesereignisse mit Stress verursachendem Charakter sind es dann, die die eigentliche Auslösung der Beziehungsstörung darstellen. Ebenso können hinzukommende soziale Probleme für die Familie aus der Krise eine Dauerstörung machen.

Regelmäßig verstärkend wirkt nun die falsche Einschätzung der Situation durch die Eltern verbunden mit ihrem Unverständnis der kindlichen Reaktionen gegenüber. Die Krise wird weder richtig verstanden und sachlich zugeordnet, noch beseitigt. Das problematische Verhalten des Kindes eskaliert und geht in eine chronische Verhaltensstörung über.

Primäre Beziehungsstörungen schleichen sich, um das noch einmal zu sagen, über längere Zeiträume hinweg ein, wie folgendes Beispiel zeigt:

Kurze Fallgeschichte einer Beziehungsstörung

Martin ist ein Kind, das im ersten Lebensjahr seinen Eltern mannigfaltige Probleme bereitet. Er kommt etwas zu früh auf die Welt und wird per Kaiserschnitt geboren. Die Mutter hatte eine drohende EPH-Gestose („Schwangerschaftsvergiftung"). Nach der Geburt findet keine Bondingsphase statt, obwohl der kleine Martin für seine Verhältnisse ausreichend kräftig und vital ist. So kommt auch das Stillen nicht richtig in Gang und schließlich muss er mit der Flasche großgezogen werden. Darüber ist die Mutter sehr unglücklich, was sie aber nicht zu erkennen gibt. Denn sie weiß, dass sie von ihrem Mann und der Familie keine Unterstützung in ihren Gefühlen bekommen würde.

Martin entwickelt sich zu einem so genannten Schreibaby und schläft auffallend wenig. Kaum dass er ein oder zwei Stunden geschlafen hat, wird er wieder wach und lässt sich nur durch eine erneute Milchflasche beruhigen. Das ist am Anfang noch keine großes Problem, da er mit seiner leichten Frühgeburtlichkeit ohnehin einiges aufzuholen hat. Aber mit der Zeit setzt er kräftig an und wiegt mit vier Monaten bereits knapp acht Kilo. Das viele Schreien und die durchwachten Nächte haben der Mutter zugesetzt und sie an den Rand der Erschöpfung getrieben. Vom Vater erhält sie so gut wie keine Unterstützung. Er meint, dass die Betreuung eines Säuglings reine Frauensache sei.

Da beide Eltern erst Anfang zwanzig sind, sind auch die Großeltern noch verhältnismäßig jung und immer noch beruflich eingespannt. Als einzige stellt sich die Großmutter mütterlicherseits, wie es überwiegend der Fall ist, der jungen Mutter ein wenig intensiver an die Seite. Ohne ihre Hilfe hätte die erste Zeit mit Martin in einem Desaster geendet.

Aber auch mit der großmütterlichen Hilfe ist die weitere Entwicklung von Martin ein Problem. Denn die Großmutter hält sich für wesentlich kompetenter im Großziehen von Kindern, als sie vergleichbare Fähigkeiten ihrer Tochter zugestehen will und macht ihr demzufolge ständig Vorschriften, wie sie mit dem Baby umzugehen habe. Das wiederum entmutigt die junge Mutter und führt schließlich zu einem emotional eher unterkühlten und abweisenden Verhalten ihrem kleinen Sohn gegenüber. Von der behandelnden Kinderärztin kommt keine brauchbare Hilfe, so dass die Mutter letztlich ganz allein mit ihren traurigen Gefühlen bleibt.

Außer einem ständigen Füttern und wegen der Gewichtszunahme immer mühseliger werdendem Herumtragen gibt es keine wesentlichen Beziehungsangebote an Martin seitens seiner Mutter. Der Junge liegt lange Zeit am Tage rücklings in seinem Bettchen und starrt auf ein Mobile oder auf die mit kleinen Rasseln versehene Aktivierungskette für seine Greiffunktion. Dabei scheuert er sich die Haare an seinem immer flacher werdenden Hinterkopf ab. Die Mutter geht derweil vielfach ihren altersgemäßen Interessen nach oder kümmert sich pflichtgemäß um den Haushalt.

Die Fremdelphase von Martin fällt schwach aus, so dass die Eltern keine Scheu haben, ihren kleinen Sohn nicht nur den Eltern zeitweise zur Betreuung zu überlassen, sondern auch Freunden, die sich dazu bereit erklären oder der Nachbarin im Haus. Martin weint zwar bei der Übergabe jedes Mal etwas, aber er beruhigt sich auch wieder auffallend schnell. Seine statomotorischen Entwicklungsschritte verlaufen weitgehend zeitgerecht, und seine Sprachentwicklung wie auch sein Spielverhalten zeigen keine Verzögerungen. Allerdings spielt niemand mit ihm mit größerer Ausdauer. Tagsüber kommt er in sein Kinderställchen und muss sich mit dem recht zahlreichen Spielzeug beschäftigen, das ihm seine Mutter auf die Bodenmatratze ausschüttet.

Mit einem Jahr ist das Fremdeln komplett verschwunden, es setzt jetzt aber eine Phase großer Anhänglichkeit ein. Die junge Mutter ist kaum in der Lage, den Raum zu verlassen, in dem sich Martin gerade aufhält. Sofort bricht er in ängstliches Schreien aus, wenn er sie in der Tür verschwinden sieht. Da er noch nicht läuft und eher langsam krabbelt, kann er ihr schlecht folgen. Sie selbst nimmt darauf wenig Rücksicht und hält die Verhaltensweisen ihres Sohnes für völlig übertreiben und unangemessen. In dieser Haltung wird sie von den Großeltern und ihrem Mann unterstützt. Also muss Martin in seinem Gefühl von Verlassensein immer wieder schreien, bis er mangels einer einfühlsamen Reaktion seiner Mutter aufgibt und sich mit seinem Spiel begnügt.

Martin schläft in seinem Zimmer, und nächtliches Erwachen mit Weinen wird widerwillig von der Mutter mit Tröstungsversuchen beendet. Das klappt das eine Mal besser, das andere Mal schlechter und die Nächte, in den denen Martin lange weinen muss, häufen sich. Schließlich beschweren sich die Nachbarn und zwingen die Eltern dadurch, sich intensiver um die Betreuung von Martin in der Nacht zu bemühen. Zuletzt hilft nur noch das Milchfläschchen, um ihn zu beruhigen, von dem dann ausgiebig Gebrauch gemacht wird. Martin wiegt mit einem Jahr bereits annähernd zwölf Kilo.

Die Loslösungsphase im zweiten Lebensjahr findet ebenso unstrukturiert und lieblos statt wie die Bindungsphase. Die Großeltern werden immer wichtiger für Martin, weil der Vater schlicht so gut wie nie zu Hause ist. Dabei hindert ihn weniger der Beruf daran, ein zuverlässiger Vater zu sein, als vielmehr das Desinteresse an dieser Rolle. Alle anderen Aktivitäten aus dem Freizeitbereich sind ihm wichtiger als der Umgang mit seinem Sohn. In der Ehe der beiden Eltern häufen sich die Krisen. Martin entwickelt sich darunter zu einem regelrechten Rebell. Er fängt an, sich gegen alles zu wehren, was in punkto Pflege mit ihm gemacht wird, er verweigert immer mehr auch das Essen vom Löffel, das die Mutter unter Anleitung der Großmutter mit ersten Tischmanieren durchzusetzen trachtet. Zum Einschlafen bekommt er ein Fläschchen mit Milch ins Bett gelegt, das neben dem Kopf von Martin mit einem Kissen fixiert wird. Danach geht die Mutter zwei- oder dreimal kurz gucken, ob sich Martin noch ruhig verhält, und schließt dann die Tür. Tief in der Nacht wird Martin regelmäßig wach und das Schreikonzert beginnt.

Aus dem kleinen Rebell im zweiten Lebensjahr wird zunehmend ein schwieriger Trotzkopf. Eine Wiederannährungskrise als Zeichen der gereiften Selbstfindung ist so gut wie nicht festzustellen. Es ist auch keine Mutter da, die den Jungen in diesen Empfindungen annehmen würde. So schlittert er ohne jede Begleitung in sein persönliches Selbst hinein und sucht sein Ich im verstärkten Widerstand. Sein längst entdeckter Wille verbleibt ungebührlich intensiv in der Drangphase des Säuglingsalters und lässt einen Trotz entstehen, der völlig unnachgiebig in Erscheinung tritt. Da Martin seine Bedürfnisse und Forderungen immer klarer zum Ausdruck bringt und sich schlecht von seinen Vorhaben abbringen lässt, greifen die Eltern jetzt zu strengeren Erziehungsmaßnahmen. Auch diesmal werden sie von den Großeltern wie auch von den vielen öffentlichen Ratgebern in ihrem energischen Grenzensetzen unterstützt. Die Konflikte nehmen immer härtere Ausmaße an und Martin weiß sich nur noch in aggressiven Reaktionen zu behaupten.

Auf das mütterliche „Nein, das tust du nicht!“ folgen im dritten Lebensjahr fast automatisch ein wütendes Aufheulen und eine Geste des Schlagens; Martin wirft sich auf die Knie, macht ein finsteres Gesicht und lässt sich nicht mehr vom Fleck bewegen. Dann versucht er wieder sein Vorhaben durchzusetzen, scheitert erneut am mütterlichen Verbot, fängt an um sich zu schlagen und zu treten, läuft schreiend davon, um bald zurückzukehren und auf seine Mutter gezielt einzuschlagen. Sie packt ihn an den Armen, schlägt ihm auf den Po, zerrt ihn in sein Zimmer, wirft die Tür zu, und es fehlt nicht viel, dass sie die Tür auch abschließt. Martin kann nun stundenlang in seinem Trotz verharren, bis er sich emotional erschöpft wieder bei seiner Mutter zeigt. Solche Szenen nehmen an Schärfe zu, und abends meint der Vater, er müsse seinem Sohn noch einmal deutlich zeigen, wer zu Hause zu bestimmen hat. Auch bei ihm fehlt nicht mehr viel, dass Gewalt ins Spiel kommt.

Martin zeigt außerhalb solch wütender Ausbrüche immer mehr Spielunlust, Desinteresse an seinem Spielzeug, treibt sich nur noch in der Wohnung herum, um an allem, was er eigentlich nicht anrühren soll, herumzufingern. Damit fordert er Ärger mit seiner Mutter heraus und provoziert neue Konflikte. Er erscheint jetzt unkonzentriert, sogar leicht depressiv und zeigt keinerlei Motivation, sich mit sich selbst zu beschäftigen. Die Mutter beginnt, ihn mit Kindersendungen im Nachmittagsfernsehen zur Ruhe zu zwingen. Darauf springt er gut an.

Die Abende werden zur Tortur, bis Martin endlich einschläft. Immer wieder steht er auf und nervt seine Eltern damit, dass er sie an sein Bett kommen lässt. Kommen sie seinem Wunsch nach, fängt er an, Unsinn zu machen und springt im Bett herum, statt zu versuchen, in den Schlaf zu finden.

Der Versuch, Martin in einem Kindergarten unterzubringen, schlägt völlig fehl. Zwar zeigt er so gut wie keine Trennungsschwierigkeiten, aber in der Gruppe gebärdet er sich massiv störend, greift die anderen Kinder an und zerstört alles, was diese gerade im gemeinsamen Spiel errichtet haben. Vom gemeinschaftlichen Essen am Frühstückstisch und Erzählen im Stuhlkreis schließt er sich aus. Währenddessen sitzt er traurig in der Ecke oder beschäftigt sich in einem wirren Spiel mit Autos, die sich gegenseitig rammen. Die Erzieherinnen halten Martin für noch nicht gruppenfähig und empfehlen der Mutter, ihn einem Kindertherapeuten vorzustellen.

Dieses umfangreich geschilderte Beispiel einer schwierigen frühkindlichen Entwicklung mit schleichender Entstehung einer Beziehungsstörung weist nahezu alle Merkmale auf, die bei solchen Verläufen kennzeichnend sind. Der „Fall" des kleinen Martin steht also beispielhaft für eine allgemein weit verbreitete Beziehungsproblematik in der heutigen Familie. In der Regel fügen sich nur noch individualisierende Ereignisse dieser grundsätzlichen Entwicklung an. Die Schwere solcher Verläufe hat, das soll nicht außer acht bleiben, auch einiges mit den charakterlichen Veranlagungen des Kindes zu tun. Letztlich ist es die Frage der Verträglichkeit zwischen kindlicher Veranlagung, elterlicher Erwartung und Toleranz sowie den sozialen Grundbedingungen der Familie.

Kinder mit „schwierigem Temperament" (wie auch Martin) haben ein deutlich höheres Risiko, in starke Konflikte mit ihren Eltern und der Umwelt zu geraten als „umgängliche, günstig veranlagte". Auf der anderen Seite stehen immer die Eltern mit ihren existenziellen Voraussetzungen und den Bedingungen ihrer Lebensumwelt und bestimmen mit, wie hart kindliche Veranlagung und Elternansprüche aufeinanderprallen. Im nächsten Teil des Buches wird auf diese Fragen weiter eingegangen.

b) Die Reaktionen des Kindes auf Entwicklungskrisen und Beziehungsstörungen

Die folgenden wieder theoretischen Ausführungen gelten den Störungsformen im kindlichen und elterlichen Verhalten, die auf Entwicklungskrisen und Beziehungsstörungen folgen oder deren Ausdruck sie sind.

Das klassische Störungsverhalten aufseiten des Kindes bei derartigen Schwierigkeiten im Bindungsgeschehen, und das gilt für Entwicklungskrisen ebenso wie für Beziehungsstörungen, ist die **Regression**. Die Regression war schon zentraler Bestandteil der seelischen Abwehrmechanismen, wie sie Anna Freud (Tochter von Sigmund Freud) als Begründerin der Kinderpsychoanalyse Mitte des vergangenen Jahrhunderts formuliert hat. Inhaltlich bedeutet Regression, dass das Kind von seinem erreichten Reifestand plötzlich auf eine frühere Stufe zurückfällt und sich emotional als auch häufig geistig wieder wie ein sehr viel jüngeres Kind verhält. Ja nach charakterlichem Typus und Schweregrad der auslösenden Störung wählt das Kind diejenige Entwicklungsstufe, die der inzwischen erreichten gerade vorausgegangen ist, oder es wählt eine noch frühere.

Beispielsweise möchte ein Kind, das schon alleine in seinem Zimmer schlafen kann, wieder bei seinen Eltern schlafen, im schwerwiegenderen Fall sogar im elterlichen Bett. Oder ein Kind, das längst alleine isst, möchte wieder gefüttert werden. Manchmal möchte es sogar wieder ein Milchfläschchen bekommen. Kinder, die schon zu Nachbarn zum Spielen gegangen sind, bleiben nur noch zu Hause bei der Mutter und Kinder, die längst trocken waren, nässen wieder ein. Auch das Nachäffen der frühkindlichen Sprache gehört in diesen Bereich sowie das befremdlich erscheinende Bedürfnis, erneut gewickelt zu werden. Viele Kinder greifen als allererstes wieder zum Schnuller.

In der Regression stockt aber auch die Loslösung, und die Kinder ziehen sich wieder ganz in Verhaltensweisen der Bindungsprozesse zurück, werden also extrem anhänglich und folgen der Mutter auf dem Fuß. Die Bindungs- und Bezugspersonen werden nach schon erfolgter Ausweitung in umgekehrter Hierarchie wieder gemieden. Ändert sich nichts an den Verhältnissen in der Familie kann die Regression sich weiter verfestigen und mit der Zeit einen regelrechten Entwicklungsrückstand beim Kind vortäuschen. Solche Kinder wirken zu ihrem realen Alter nicht mehr passend ausgesprochen kindlich, erscheinen instabil in ihrer emotionalen Grundhaltung, wirken unaufmerksam und in sich versunken, sind an der Umwelt wenig interessiert und zeitweise geradezu depressiv.

Depressionen im frühen Kindesalter sind grundsätzlich schwer zu erkennen, weil sie oft ein für dieses Empfinden noch untypisches Verhaltensmuster zeigen. So findet man anders als erwartet unruhige Getriebenheit neben Aggressivität, Teilnahmeverlust und starke Unkonzentriertheit bei gleichzeitig demonstrativer Ablehnung der Bezugsperson. Aber auch schon echte Traurigkeit und Desinteresse am Spiel (Spielunlust) sind vorhanden und weisen schließlich auf die Diagnose hin.

Neben der Regression verschaffen auch aggressive Durchbrüche der emotionalen Anspannung im Kind Luft. Es trotzt massiver als zu seinen besten Zeiten, reagiert auf Verbote mit wütendem Schreien, zerstört sein Spielzug und fängt an, seine Eltern zu schlagen. Vor allem auch **autoaggressive Verhaltensweisen** kommen vor, besonders wenn sich das die Aggression auslösende „Objekt" der Erreichbarkeit entzieht. Alle Versuche der Eltern, dann doch noch auf vernünftige Art und Weise an ihr sich im Ausnahmezustand befindliches Kind heranzukommen, misslingen, und es dauert oft Stunden, bis sich das Kind wieder innerlich beruhigt.

Wird die Beziehungsstörung auf Seiten der Eltern nun aber richtig verstanden und sie findet angemessene Beachtung im verbesserten Umgang mit dem

Kind, geht das regressive Störungsverhalten langsam zurück und die Beziehung kann über kurz oder lang als geheilt gelten. Das kann allerdings Wochen und sogar Monate dauern. An diesem Ausheilungsprozess hat das Kind selbst ein immens starkes Interesse, denn es kann sich gar nicht leisten, mit seinen Eltern auf Dauer über Kreuz zu liegen. Insofern gilt Regression zunächst als Schutz für das Kind, Selbstschutz, denn das Kind ist zu großen Zugeständnissen bereit, nur um die gute Beziehung zu seinen Eltern zu erhalten. Im Grunde liebt es seine Eltern so sehr, dass es auch die schlimmsten Entgleisungen im erzieherischen Alltag zu ertragen gewillt ist.

Die Erkenntnis der Eltern, dass sich zwischen ihnen und dem eigenen Kind eine Beziehungsstörung anbahnt oder schon eingestellt hat, ist dagegen nicht leicht. Erstens wird frühkindliche Psychologie noch zu wenig verstanden und zweitens bedeutet ein derart gravierendes Eingeständnis, an der eigenen Erziehungsfähigkeit zweifeln zu müssen. Daher sollten Kinder- und Jugendärztinnen und -ärzte ausreichende Vorkenntnisse in dieser Thematik erlangt haben, bevor sie die Eltern darauf ansprechen. Auf jeden Fall sollten sie aber in ihren Sprechstunden, insbesondere bei den Vorsorgen, Augen und Ohren für diese Entwicklungen offenhalten. Denn sie sind die ersten, die frühzeitig solche emotionalen Verwerfungen zwischen ihren Patienten und deren Eltern erkennen können. Die Beseitigung solcher Störungen im Vorfeld wäre das, was als **Sekundärprävention** zu bezeichnen ist.

Es sind nun die uninformierten Eltern selbst oder andere „falsche Erzieher", die die Bereitschaft des Kindes, alles dafür zu tun, die gute Beziehung zu den Eltern wiederherzustellen, unterminieren und schließlich zerstören. Auch die Eltern von Martin im geschilderten Fall waren dahingehend beraten worden, nichts zu unternehmen, was die Nöte ihres Sohnes nachhaltig gelindert hätte. Das Kind dürfe nicht das Gefühl bekommen, Oberhand zu behalten und seine Eltern steuern zu können. Dagegen ließen sie sich gerne einreden, in den – wie ihnen gesagt wurde – berechtigten elterlichen Dominanzansprüchen ihrem Sohn gegenüber hart zu bleiben.

Gerade durch solche Strategien, wie natürlich auch durch überhaupt nichts tun und die Dinge schleifen lassen, wird der Weg geebnet für eine frühe Bindungsstörung. Die frühe Bindungsstörung ist demzufolge die nicht geheilte Beziehungsstörung und/oder die ungelöste Entwicklungskrise.

Kurze Fallgeschichte zur Regression

Die Eltern von Maximilian leben in keiner stabilen, partnerschaftlichen Beziehung. Mit der Geburt ihres Sohnes nimmt die Leidenschaft des Paares für einander endgültig ab. Jeder widmet sich seinem Aufgabenbereich ganz in der klassischen Rollenaufteilung: die Mutter ihrem kleinen Sohn und der Vater seinem beruflichen Fortkommen. In den ersten drei Lebensjahren von Max können die Eltern nach außen noch das Bild einer intakten Ehe aufrecht erhalten und der Junge entwickelt sich augenscheinlich ganz normal. Es fällt nur auf, dass er keinen sehr engen Kontakt zu seinem Vater aufbaut und dieser ihn weder füttern noch ins Bett bringen kann. Das ist der Mutter gar nicht so unrecht, möchte sie doch ihr Kind am liebsten ganz für sich haben.

Als Max mit 3 Jahren in den Kindergarten gehen soll, erlebt er eine heftige Erschütterung in seinem jungen Leben. Die Mutter darf nur wenige Tage in der Einrichtung bei ihm bleiben und ihn in der Auskundschaftung seines neuen Umfelds unterstützen. Dann muss er alleine auskommen und erlebt einen immensen Schrecken. In der Gruppe der anderen Kinder völlig auf sich gestellt und ohne die zuverlässige Verbindung zu einer Erzieherin erlebt er sich orientierungslos, ängstlich und verzagt. Sein Weinen findet nur kurze und vor allem nicht die gewünschte Beachtung. Fortan sitzt er alleine auf der Bank im Gemeinschaftsraum und rührt sich nicht mehr von der Stelle. Auf Spielangebote seitens der Erzieherinnen und der anderen Kinder geht er nicht ein. Beim gemeinsamen Mittagsessen isst er so gut wie nichts und wartet anschließend sehnsüchtig auf die Mutter. Als sie ihn abholt, bricht er in herzerweichendes Schluchzen aus und schnürt ihr mit seiner Umarmung fast die Luft ab. So geht es in den nächsten Tagen unverändert weiter.

Seit diesen Tagen im Kindergarten stellen sich zu Hause Veränderungen ein. Das abendliche Einschlafen gestaltet sich wieder so wie im zweiten Lebensjahr. Die Mutter muss jetzt lange an seinem Bett sitzen bleiben und ihm auch immer wieder durch Handhalten ihre Anwesenheit versichern. Steht sie zu früh auf, um leise herauszugehen, fängt er sofort an zu weinen und setzt sich auf. Dann fängt er unter Tränen in seiner kindlichen Sprache an, die Mutter zum Bleiben zu bewegen. Nachts wird er wach und ruft voller Angst nach der Mutter, die jetzt wieder bei ihm schläft, nachdem sie schon einige Zeit ins Elternschlafzimmer nebenan gezogen war. Abends lässt sich Max wieder füttern und er verlangt auch für die Nacht erneut die Windel, nachdem er einmal ins Bett gemacht hat. Max verweigert es auch auf einmal, alleine seine Großeltern zu besuchen, was er im zurückliegenden Jahr schon ohne Probleme und sogar mit großer Freude gemacht hat. Es hat den Anschein, als entwickelte sich das ganze Kind auf einmal um ein ganzes Jahr zurück.

Auf dem Spielplatz und bei Treffen der Mütter mit ihren Kindern in der Spielgruppe zieht sich Max immer mehr zurück und meidet es, mit den anderen Kindern in Kontakt zu kommen. Kommt eines der Kinder schnell auf ihn zu, um ihm etwas zu zeigen, fängt er an zu weinen und verbirgt sich im Arm seiner Mutter. Auf ihrem Schoß bleibt er die ganze Zeit sitzen und spricht sonst mit niemandem. Soweit geht das Bindungsbedürfnis seiner Mutter nun nicht mehr und sie fängt an, sich Sorgen zu machen. Andere Mütter raten ihr, mit Max zu einer Erziehungsberatungsstelle zu gehen.

Es gibt noch andere Anzeichen für eine Beziehungsstörung als die Regression. Da ist zum einen besonders die **Rückbindung** zu nennen, die nicht vom Kind ausgeht, sondern von einem Elternteil (selten beider Eltern). Rückbindung setzt meistens dann ein, wenn die gemeinsame Elternschaft nicht mehr funktioniert und sich ein Elternteil aus seiner Verantwortung herauszieht. Der verbleibende Elternteil versucht nun auf Gefühlsebene beim Kind zu retten, was zu retten ist. Dabei geht er aber zu weit und fängt an, sein Kind wieder zu „bemuttern" und verwöhnt es jetzt tatsächlich, meist ohne es zu bemerken. Ganz ähnlich wie bei der Regression wird aus einer zunächst Schutz bietenden Reaktion bei falscher Handhabung eine die Entwicklung begrenzende. Folge ist ein **Verlust an Selbstständigkeit** mit Schwächung des Selbstbewusstseins. Auf der anderen Seite entwickeln sich **Aggressionen** gegen die Mutter/den Vater.

In dem geschilderten Fall von Ben, dem die Loslösung über den Vater weitgehend verwehrt bleibt, stellten sich mit der Zeit genau solche Tendenzen bei der Mutter ein. Auch beim gerade geschilderten Fall von Max kann man solche Elemente in der Mutter-Kind-Beziehung entdecken, obwohl es durch die Konfrontation mit dem Kindergarten erst einmal zur Regression gekommen ist.

Ein anderer Grund für Rückbindung ist der zu hohe Bindungswunsch eines Elternteils an sein Kind, weil die Mutter oder (seltener) der Vater selbst unter emotionaler Entbehrung leidet. Auch hier spielt die gestörte eheliche Beziehung oft die ausschlaggebende Rolle. Den Verlauf bestimmend sind allerdings die eigenen elterlichen Verluste an Sicherheit und Geborgenheit in ihrer frühen Kindheit. Des Weiteren kann ein zurückweichendes, schwach erscheinendes Verhalten der Eltern Rückbindungsimpulse auf das Kind ausüben. Wie auch immer erhält das Kind dadurch zu früh und zu viel Entscheidungsmacht, was ihm nicht gut tut und womit es nicht umgehen kann. In diesem Punkt ist der Übergang zur Parentifikation (s.u.) zu sehen.

Schließlich kann auch ein zu geringes Zutrauen der Mutter oder des Vaters dem Kind gegenüber durch ein daraus resultierendes, stark besorgtes und **überbehütendes Verhalten** zu einer Rückbindung führen. Aus der Überbehütung wird automatisch Kontrolle, und zu viel Kontrolle entzieht dem Kind Vertrauen in die Selbstständigkeit sowie Anteile des Selbstbewusstseins. Der Fachausdruck hierfür lautet aus dem Englischen entliehen dominating overprotection.

Kurze Fallgeschichte zur Rückbindung

Leonora, drei Jahre alt, ist das einzige Kind der noch jungen Eltern. Der Vater kommt mit seiner Rolle als väterliches Vorbild und Versorger der Familie nicht zurecht. Neben seinem Beruf pflegt er teure Hobbys, auf die er über Gebühr viel Zeit verwendet. Diese Hobbys lassen sich bald nicht mehr in den familiären Alltag integrieren, so dass die Mutter auch an Feiertagen und an den Wochenenden die meiste Zeit mit Leonora allein verbringt. Zwar gibt es noch weitere Familienangehörige, wobei die Großeltern väterlicherseits am nächsten wohnen und auch am häufigsten eingespannt sind. Aber die Mutter mag ihren Schwiegervater nicht so sehr, weil er den Anspruch entwickelt hat, seinen absenten Sohn in der Rolle als Vater zu vertreten. Demzufolge ist die Mutter bestrebt, Leonora nicht allzu viel Kontakt zum Großvater zu gestatten, und die Bindung hauptsächlich zu ihr selbst aufrecht zu erhalten.

Spielt der Großvater über Gebühr lange mit seiner Enkelin, geht sie mit fadenscheinigen Argumenten dazwischen und stört die traute Zweisamkeit der beiden, um die entstehende Bindung an ihn zu verhindern. Pflegende und versorgende Tätigkeiten erlaubt sie beiden Großeltern nicht. Der Vater nimmt von diesen Maßnahmen seiner Frau keine Notiz.

Leonora bleibt auf diese Weise ein anhängliches und leicht ängstliches Kind, das kein Selbstvertrauen aufbaut und das in Gegenwart von fremden Personen sich nur flüsternd mit ihrer Mutter austauscht. Kommen Freunde zu Besuch, flieht sie auf den Arm ihrer Mutter, die diesen persönlichen Vertrauensbeweis allzu gerne annimmt. Leonora meidet sogar ihren Vater, wenn fremde Personen anwesend sind. Geht die Mutter in einen anderen Raum, um etwas zu holen, folgt Leonora ihr auf dem Fuße. Sie kann es nicht ertragen, in Gegenwart von fremden Personen mit ihrem Vater allein im Zimmer zu bleiben.

Abends kann nur die Mutter ihre Tochter ins Bett bringen und nachts, wenn sie aus Träumen erwacht, ist nur die Mutter geduldet, sie wieder zur Ruhe zu bringen. Daran möchte Leonoras Mutter nichts ändern. Auch das Füttern übernimmt ausschließlich die Mutter und da Leonora auch noch keine Anstalten macht, trocken und sauber zu werden, übernimmt sie auch noch allein das Wickeln. An den Kindergarten ist nicht zu denken, was der Mutter aber sehr gelegen kommt, da sie ihre Tochter ohnehin noch für zu jung hält, sich alleine in der Gruppe zu behaupten.

Eines Tages aber spürt die Mutter, dass Leonora keine Fortschritte mehr in ihrer sozialen Entwicklung macht und den ganzen Tag an ihrem Rockzipfel klebt. Als mit vier Jahren die Aufnahme in den Kindergarten regulär ansteht, verhält sich Leonora beim ersten Abschied wie ein Kleinkind und klebt an ihrem Bein. Als die Erzieherin sie an die Hand nehmen möchte, um sie in den Gruppenraum zu begleiten, entreißt sie ihr die Hand und windet sich schreiend in den Arm ihrer Mutter. Die Mutter hat nun keine Kraft, ihr vierjähriges Mädchen durch Überredung und/oder durch Verheißungen doch noch dazu zu bewegen, den Schritt über die Schwelle in den Kindergarten zu wagen, und nimmt sie erst einmal wieder mit nach Hause.

Neben Regression und Rückbindung als den wahrscheinlich häufigsten Anzeichen für Entwicklungskrisen und Beziehungsstörungen sind noch die Parentifizierung und die Vernachlässigung oder im stärksten Fall Verstoßung zu erwähnen. Beide Störungsformen im Eltern-Kind-Verhältnis bedürfen längerer und schwerwiegenderer Erschütterungen als die zwei zuvor genannten.

Beide haben zu keinem Zeitpunkt eine Schutz bietende Wirkung wie Regression und Rückbindung wenigstens ganz am Anfang. Außerdem weisen sie bereits viel stärker auf das Vorliegen einer frühen Bindungsstörung hin.

Bei der **Parentifizierung** (oder Parentifikation) werden Kinder schon im Vorschulalter in Versorgerrollen gedrängt, die sie nicht ausfüllen können und die von einer Verkehrung der Verantwortlichkeiten zwischen Kind und Erwachsenem charakterisiert sind. Lebensuntüchtige Eltern, Eltern, die durch Existenzschläge ins soziale Elend abgleiten, kranke Eltern, vor allem auch suchtkranke, brauchen plötzlich ihre Kinder in ganz anderer Weise als es normalen Verhältnissen entspricht. Kinder müssen jetzt Einkäufe tätigen, die Wohnung in Ordnung halten, ihre Eltern an Termine erinnern oder ihnen Aufmunterung und Trost zusprechen. Interessanterweise schaffen es schon fünf- oder sechsjährige Kinder, solche Aufgaben einigermaßen befriedigend zu erledigen. Diese seelische Kompensationsleistung wird psychoanalytisch auch als **Progression** bezeichnet. Sie wird ihnen vonseiten der Eltern jedoch nicht gelohnt. Nur äußerst selten wird ihnen für ihren Einsatz Dank gezollt. Oft genug werden ihnen sogar noch Vorwürfe gemacht, wenn die geforderte Leistung nicht in zufriedenstellender Form ausgeführt wird.

In den letzten Jahren geht man dazu über, auch dann schon von Parentifizierung des Kindes zu sprechen, wenn das Kind bereits im Kleinkindesalter dafür Sorge tragen muss, dass das Familienklima erträglich bleibt. Jüngste Kleinkinder mühen sich damit ab, die inneren Spannungszustände und Launen ihrer Eltern durch kompensatorische Reaktionsweisen auszugleichen. Die demonstrative Fröhlichkeit, mimisch wie gestisch, spielt dabei eine große Rolle. Selbst ältere Säuglinge scheinen schon Anstrengungen zu unternehmen, die Gefühlsproblematik ihrer Mütter durch eine besondere Heiterkeit zu lindern, z.B. bei latenter, mütterlicher Depression. Das tun sie natürlich völlig unbewusst und rein aus der Intuition heraus. Reagiert die Mutter jedoch dann nicht wie gewünscht, verkehrt sich das frühkindliche Verhalten ins genaue Gegenteil.

Bei einer dauerhaft psychisch kranken Mutter kann ein solches Bemühen also keinen Erfolg haben. Psychisch kranke Eltern stellen daher immer ein besonders hohes Risiko für eine Beziehungs- oder frühe Bindungsstörung dar.

Kurze Fallgeschichte zur Parentifizierung

Die Mutter, eine Mittdreißigerin, lebt mit einem etwas jüngeren, drogenabhängigen Mann zusammen. Beide zusammen haben Zwillinge im Alter von bald sechs Jahren, die nicht geplant waren. Der Vater unterzog sich, als seine Lebensgefährtin schwanger wurde, einer Entzugstherapie. Inzwischen ist er wieder rückfällig geworden und neben Heroin benötigt er vor allem viel Alkohol, um sich emotional zu stabilisieren. Die Mutter erledigt einen Halbtagsjob und sorgt so für das Auskommen der Familie. Viele Stunden des Tages aber ist sie über den Beruf hinaus nicht zu Hause und die Kinder, Mirco und Melina, sind sich viele Stunden am Tage quasi selbst überlassen. Der Vater hat zwar den Auftrag, sie täglich in den Kindergarten zu bringen und wieder abzuholen, aber diesen Auftrag erfüllt er in höchstem Maße unzuverlässig.

Ist nicht genügend „Stoff“ vorhanden, benötigt er große Mengen Alkohol, um einer Entzugssymptomatik zu entgehen. Zu einer Methadonbehandlung kann er sich nicht aufraffen. Sie ist ihm mit zu vielen Bedingungen verbunden. Die Kinder lässt er weitgehend unbeaufsichtigt in der Wohnung spielen, bringt sie ungewaschen und nachlässig angezogen manchmal in den Kindergarten, aber ebenso oft nicht. Im Kindergarten fällt der große Hunger der Kinder auf, was darauf schließen lässt, dass sie zu Hause nicht genug zu essen bekommen.

Zu Hause wissen die Kinder genau, wie sie sich Essen zubereiten können, voraussetzt, der Kühlschrank gibt überhaupt Nahrungsmittel her. Wenn nichts mehr da ist, gibt ihnen der Vater das nötige Geld, damit sie sich etwas zu essen besorgen können. Damit gehen die beiden dann zu einem Kiosk und kaufen sich Süßigkeiten. Dem Vater ist das egal, er kontrolliert nicht, was sich die Kinder für das Geld kaufen. Hauptsache sie sind satt und jammern nicht weiter.

Anfangs hatte die Mutter noch den Ehrgeiz, ihren Lebenspartner von seinen Drogen los zu bekommen, mit der Zeit hat sie aber begriffen, dass das nicht möglich ist. Seine Persönlichkeitsstruktur lässt einen solchen Umbruch im Leben nicht zu. Als dann die Kinder zur Welt kamen, brach das ganze partnerschaftliche System in sich zusammen, und das Großziehen der Kinder hing an ihr.

An besonders schlechten Tagen schickt der Vater die Kinder los, im Getränkeladen zwei Straßen weiter Nachschub an Bier zu holen. Damit begnügt er sich dann, auch weil ein paar Dosen Bier das einzige sind, was er sich von seinen Kindern besorgen lassen kann. Der Besitzer des Getränkeladens kennt seine Situation. Die Kinder sind in dieser Hinsicht sehr zuverlässig und nehmen ihre Aufgabe als Einkäufer mit Gewissenhaftigkeit wahr. Sie haben keine Kenntnis von der Not ihres Vaters. Auch sind sie zu Hause sehr fürsorglich, was die Absicherung ihres Vaters angeht und verteidigen ihn gegen Angriffe von anderen Menschen, die schlecht über ihn reden. Selbst vor der Mutter nehmen sie ihn in Schutz, wo immer sie können.

In der Wohnung herrscht indes das reinste Chaos. Abends, wenn die Mutter heim kommt, räumt sie das Nötigste auf und entlädt dabei ihre große Wut über die Nachlässigkeit ihres Partners. Auch die Kinder bekommen etwas ab, und wenn sie dann, Mirco stärker als seine Schwester Melina, selbst wütend anfangen zu schreien und Verwünschungen gegenüber ihren Eltern auszusprechen, setzt es auch die eine oder andere Ohrfeige. Der Vater schlägt seine Kinder fast nie, denn er braucht ihre Unterstützung. Die Mutter, der die Situation über den Kopf wächst und die keine Chance auf eine Normalisierung der Familiensituation sieht, verliert immer häufiger die Nerven.

Die **Verstoßung** von Kindern ist die schwerwiegendste Form der elterlichen Ablehnung. Ihr voraus geht die **Vernachlässigung**. Vernachlässigung setzt ein, wenn Eltern damit überfordert sind, ihre Kinder in der notwendigen Weise körperlich zu versorgen und seelisch abzusichern. Ein Versagen in der Erziehung begleitet diesen verhängnisvollen Prozess unvermeidlich. Die Eltern machen nun ihr Kind bzw. ihre Kinder für diese fatale Entwicklung verantwortlich und verkennen, dass sie selbst die Verursacher der Beziehungsproblematik sind. Weil sie aber das Kind bzw. die Kinder für diese Entwicklung verantwortlich machen und sich selbst von Schuld weitgehend freisprechen, entwickeln sie großen Zorn auf sie und begegnen ihnen mit zunehmender Ablehnung. Kind oder Kinder werden so zum Sündenbock gemacht, und die innere Abkehr von ihnen soll unbewusst die gebührende Bestrafung für ihr Fehlverhalten sein. Damit rechtfertigen die Eltern dann den Rückzug von ihren Pflichten, für das Wohl der Kinder weiter zu sorgen.

Die Zeichen der Vernachlässigung sind vielfältig und reichen von unzureichender Ernährung über den Mangel an körperlicher Pflege bis zur Aufkündigung der Aufsichtspflicht. Massive Fehlernährung sowohl mit Über- als auch mit Untergewicht kommt vor. Formen von körperlicher Gewalt begleiten solche Entwicklungen in den meisten Fällen.

Häufig fällt den Erzieherinnen im Kindergarten auf, dass die Kinder tageoft sogar wochenlang mit denselben Kleidungsstücken angezogen gebracht werden. Die Kleidung wirkt entsprechend ungepflegt und beginnt unangenehm zu riechen. Andere Kinder verweigern das Spiel mit diesen Kindern, weil sie deren Geruch nicht mehr ertragen können. Die Kinder sind schlecht ernährt oder auf Essen fixiert und gehen überall, wo sie sich aufhalten, sofort an die erreichbaren Nahrungsmittel. Da diese Kinder mit der Zeit gravierende Bindungsstörungen aufweisen und aus Not vielfach ihre Hemmungen vor dem Fremden aufgegeben haben, sprechen sie jeden Menschen direkt an und fangen an zu betteln. Eher schüchtern und ängstlich veranlagte Kinder ziehen sich ganz gegenteilig komplett von allen Fremden zurück und zeigen ein Bild großer Kontaktscheu und sozialer Gehemmtheit.

Solche Kinder sind infolge eines geschwächten Immunsystems weitaus häufiger krank als andere Kinder und zeigen durch die mangelhafte Körperpflege oft diverse Hauterkrankungen. Zumeist sind auch ihre Zähne schlecht gepflegt, da niemand darauf achtet, ob sie auch geputzt werden. Da sie häufig unter Hunger leiden oder ihren Leidenszustand mit Süßigkeiten zu mindern gelernt haben, suchen sie sich automatisch süße und kalorienreiche Nahrungsmittel. Gelingt es ihnen, an genügend Nahrung dieser Art heranzukommen (Naschen), nehmen sie natürlich unverhältnismäßig zu.

Kurze Fallgeschichte zur Vernachlässigung

Yvonne ist eine sehr junge Mutter, noch unter zwanzig, die aus reiner Nachlässigkeit bei der Verhütung von ihrem Freund ein Kind bekommen hat. Dieser Freund hat sie darauf hin verlassen und ihr erklärt, dass er mit der Vaterschaft des Kindes nichts zu tun haben möchte. Seitdem ist er für seine Familie unerreichbar. Der kleine Junge heißt Emanuel und steht kurz vor seinem dritten Geburtstag. Seit einem Jahr gibt die Mutter Emanuel in der Kinderkrippe ab und holt ihn erst am Nachmittag wieder zu sich nach Hause. Aber dann kümmert sie sich nicht weiter um ihn, sondern bringt ihn fast immer zu einer Freundin oder, wenn diese keine Zeit hat, in eine Wohngruppe anderer Jugendlicher, die sie als ihre Freunde bezeichnet. Sie selbst hat offiziell eine Lehre als Reisekauffrau angefangen, unternimmt aber viel zu wenig, um auf diesen Beruf wirklich hinzuarbeiten. Vielfach treibt sie sich in der Stadt herum und geht unbekannten Beschäftigungen nach.

Emanuel war von Anfang an ein höchst unruhiges Kind, das viel geschrien hat, ohne dass sich die Mutter um seine Bedürfnisse kümmerte. Sie hat den Jungen auch schon als Baby immer wieder anderen Personen anvertraut, ganz gleich, ob dieser dabei geschrien hat oder nicht. Sie war froh, wenn sie ihn los war und nicht mehr selbst beruhigen musste. Das galt auch für die Nächte, in denen sie ihn allein in seinem Zimmer schreien ließ, bis er vor Erschöpfung einschlief. Über sein seelisches Befinden machte sie sich keine Gedanken. Manchmal beschwerten sich die Nachbarn über das laute Geschrei des Kindes. Man einigte sich aber im Treppenhaus stehend darauf – zu mehr Kontakt reichte es nicht – dass Schreien einem Säugling nicht schaden könnte.

Als Emanuel ein Jahr alt war, zeigte er offenkundiges Vertrauen zu allen Menschen, die sich ihm einigermaßen freundlich näherten. Yvonne hielt das für einen Entwicklungsfortschritt und war froh, ihren Sohn so leicht bei anderen Menschen abgeben zu können. Ihre eigenen Eltern zeigten wenig Bereitschaft, sich mit dem Kind eines fremden Mannes abzugeben, der sich überdies am Unterhalt des Kindes nicht beteiligte. Offenbar waren sie der Ansicht, dass Ihre Tochter dieses Kind als Strafe verdient hätte.

Emanuel übte früh viel Widerstand, entwickelte aggressive Tendenzen und lebte diese an sich selbst und an verfügbaren Bezugspersonen aus. Geriet er zu sehr in Wut, schlug er mit dem Kopf auf den Boden und schrie lauthals, bis seine Mutter ihn entnervt in ein Zimmer sperrte und ihm eine Trinkflasche in den Mund stopfte, damit er Ruhe gab. Gegen die jetzt immer schlimmer werdenden Trotzanfälle wusste die Mutter wieder nur das eine Mittel: ihn solange in sein Zimmer zu sperren, bis er sich beruhigte. Meistens fand sie ihn dann nass geschwitzt und erschöpft eingeschlafen auf dem Fußboden in der Zimmerecke liegen.

Gegen Emanuels Beißwut ließ sie sich auf Anraten von Freundinnen dazu verleiten zurückzubeißen und geriet der Junge dann außer sich, schlug sie ihm auf den Mund und auf die Hände. Es dauerte nicht lange, bis sie ihn auf den Po und in die Seite schlug und zerrte ihn solange an den Armen, bis sie ihn dahin gebracht hatte, wo sie ihn haben wollte. Abends lag Emanuel oft lange Zeit mit offenen Augen in seinem Bettchen und regte sich nicht.

Mit gut zwei Jahren gelingt es Yvonne, ihren Sohn in der Kinderfrühbetreuung unterzubringen. Emanuel leistet keinen Widerstand und lässt sich schnell auf das Beziehungsangebot der Erzieherinnen ein. Das macht ihn in der Gruppe zunächst beliebt, bis sich herausstellt, wie schwierig der Junge doch im Umgang ist und wie heftig seine Wutanfälle werden können. Den Umgang mit ihm trüben auch seine aggressiven Angriffe auf andere Kinder, sein lästiges Störverhalten in der Gruppe und seine immer nachlässige, schmutzige Kleidung. Das ganze Kind riecht unangenehm, weil es selten gewaschen wird und seine Zähne zeigen eine erste Braunverfärbung am Zahnansatz. Neben seinem Ungepflegtsein fällt seine deutlich rückständige Sprachentwicklung auf.

In den von Wohlstand gekennzeichneten, sozial durchorganisierten Industrienationen, wo Jugendämter damit beauftragt sind, über das Kindeswohl zu wachen, und soziale Einrichtungen parallel Kontrolle über die Intaktheit der Familien ausüben, kommen schwere Formen der Vernachlässigung oder regelrechte Verstoßungen von Kleinkindern insgesamt immer seltener vor. Allerdings sind offizielle Zahlen alljährlich von einer mehr oder weniger großen Dunkelziffer begleitet. Exakte Zahlen sind also schwer zu ermitteln.

Eine echte, äußere Verstoßung des Kindes, das heißt ein auf der Straße streunendes und damit obdachlos gewordenes Kind würde in der Regel alsbald aufgegriffen und in die Familie zurückgebracht oder notfallmäßig vom Jugendamt in Obhut genommen. Gleichzeitig würde die Familie auf ihr Funktionieren geprüft und das betroffene Kind und gegebenenfalls auch die Geschwister in einer Pflegefamilie untergebracht. Auch Heimunterbringung ist für solche Kinder vorgesehen oder (freie) Wohngruppen für bereits Adoleszente.

Die stille Form der inneren Verstoßung existiert von all dem unberührt, wie das Beispiel von Emanuel zeigt, und ist sehr viel häufiger zu finden. Sie ist das eigentliche Merkmal der schweren häuslichen Vernachlässigung. Es gibt Familien, deren sozialer Verband praktisch nicht mehr existiert und in denen Kinder nur noch in **Verwahrlosung** aufwachsen. Sie fallen nach außen nicht immer gleich auf. Auch hier ist es Aufgabe der sozialen Einrichtungen, rechtzeitig die emotionale und soziale Not des Kindes zu erkennen und die Kinder, wenn es keine anderen Möglichkeiten mehr gibt, aus der Familie herauszunehmen und in Pflegefamilien unterzubringen. Nachbarschaft, Ärzte, Kindergärten wie Kindertagesstätten und Vereine sind aufgerufen, einen Verdacht auf familiäre Verwahrlosung dem Jugendamt zu melden. Zu dieser Kontrolle ist seit einiger Zeit explizit das Gesundheitswesen aufgerufen, insbesondere die Kinder- und Jugendärztinnen und -ärzte, die sich durch die jetzt enger gestaffelten Vorsorgeuntersuchungen an der frühzeitigen Aufdeckung einer Kindeswohlgefährdung beteiligen sollen. Die Aufgabe der Vorsorgeuntersuchungen sollte in Zukunft also immer stärker darauf zugeschnitten werden, die Not der Kinder frühzeitig zu entdecken.

Seelische Vernachlässigung und körperliche Gewalt gehen oft Hand in Hand. Alle diese Fälle, wie auch offenkundige Misshandlung, müssen unbedingt dazu führen, soziale Hilfsmaßnahmen rechtzeitig zu aktivieren. Familien, in denen **Gewalt** an der Tagesordnung ist, lassen sich jedoch nicht immer leicht herausfiltern. Wie schon erwähnt treten innere Verstoßung und seelische Misshandlung (Missachtung) oft nur verdeckt zu Tage. Missachtende und misshandelnde Eltern sind geschickt darauf eingestellt, sich der Entdeckung durch das Gesundheitssystem und die Behörden zu entziehen. Das Unrechtmäßige ihrer Handlungen ist ihnen in der Regel bewusst. Sie können aber daraus nicht die notwendigen Konsequenzen ziehen.

Noch stärker tritt das Unrechtsbewusstsein bei denjenigen Eltern zutage, bei denen die Gewalt als Affekthandlung entstanden ist. Diese Eltern kommen häufig sogar reumütig in die Klinikambulanzen und wünschen sich nichts sehnlicher, als dass ihr gewaltsamer Ausbruch beim Kind keine Schäden verursacht hat. Drogen und Alkohol oder einfach nur völlige Überforderung spielen hierbei verursachend mit. Aber die gezeigte Reue ist keine Garantie vor erneuten Übergriffen. Auch bei diesen Eltern muss unbedingt diskutiert werden, ob die Kinder aus der Familie herauszunehmen sind. Auf jeden Fall muss pädagogische Hilfe installiert werden.

Jede Form von stärkerer Gewaltanwendung am Kind offenbart einen emotionalen Graben zwischen Eltern und Kind, der dem Täter irgendwann keine Schranken mehr auferlegt. Das Opfer fühlt sich als in höchstem Maße ungeliebt, ungeachtet und von seinen Eltern abgelehnt. Somit wird Gewalt am Kind, gerade auch sexuelle Gewalt, immer zu einer massiven Beziehungsstörung, der massivsten, die möglich ist. Wird dem nicht Einhalt geboten, ist immer von einer reaktiven Bindungsstörung auszugehen. Die dauerhafte Zerrüttung der Eltern-Kind-Beziehung ist ohne fremde Hilfe nicht mehr behebbar oder heilbar. Erfahrungen der Erwachsenenpsychiatrie belegen, dass solche Beziehungs- und Bindungsstörungen lebenslange psychische Auswirkungen haben.

Eine kleine Tabelle soll an dieser Stelle helfen, Klarheit in die Zusammenhänge zwischen früher Bindungsstörung und der geforderten Behandlung zu bringen:

Beziehungsstruktur	**erforderliche Maßnahme**
– Normalbeziehung	– Primärprävention (u.U. begleitete Erziehung)
– Entwicklungskrise/ Beziehungsstörung	– Sekundärprävention mit Eltern- und Erziehungsberatung
– Regression/Aggression	– Eltern- und Erziehungsberatung,
– Parentifizierung/Vernachlässigung/ Misshandlung oder Verstoßung	– Eltern-/Erziehungsberatung/ Einschaltung früher Hilfen/ Jugendamt
– Frühe Bindungsstörung mit Trennungsangst/aggressiv-oppositioneller Verhaltensstörung/ reaktiver Bindungsstörung	– Psychoedukation/Eltern- und Kinderpsychotherapie, Familientherapie – Kinder- und Jugendpsychiatrie

Bisher wenig beachtet und daher kaum untersucht sind die **Wechselwirkungen**, die die Ausdrucksformen der Beziehungsstörungen untereinander eingehen. Allerdings produzieren sie keine spezifisch andere Symptomatik als die bislang geschilderte. Nur für das Vorgehen in der Beratung und Therapie sind sie wichtig. Vermutlich am häufigsten findet sich die **Kombination zwischen Regression** des Kindes durch Brüche in der ehelichen Beziehung oder Scheidung der Eltern **und Rückbindung** des betroffenen Kindes an einen Elternteil, verständlicherweise den, der noch am besten „funktioniert". Da am häufigsten die Mütter die Bindung zum Kind in schweren Familienkrisen halten, sind es auch sie, die unbewusst und sicher auch ungewollt Rückbindung ausüben. So wird ein Kind, das nachts mit Albträumen erwacht und weinend nach seinen Eltern ruft, am wahrscheinlichsten von der Mutter getröstet und zu sich ins Bett geholt. Dieses Rückholen des Kindes ist zunächst noch ein natürlicher und damit richtiger Vorgang, welcher die Seele des Kindes stabilisieren hilft. Wenn aber aufgrund der Entzweiung der Eltern dieses Kind nun dauerhaft im Ehebett der Eltern Einzug hält und das weit über das übliche Alter von 4 Jahren hinaus, damit also das väterliche Bett belegt und daraus auch nicht mehr weicht, dann geht das Geschehen der emotionalen Absicherung über das notwendige Maß hinaus und gerät in ein falsches Fahrwasser.

Aber auch die **gegenseitige Beeinflussung von Parentifizierung und Vernachlässigung** ist häufig zu beobachten. So weiß man von Kindern, die kaum dass sie das Schulalter erreicht haben, ihren Eltern die Bierflaschen ins Wohnzimmer tragen, wo sich die Mutter oder der Vater annähernd volltrunken kaum noch auf den Beinen halten kann. Der Haushalt ist unaufgeräumt und schmutzig bis zur Verkommenheit und die ungewaschenen und ungepflegten Kinder sind gezwungen, für sich selbst zu sorgen. Häufig versuchen diese Kinder von sich aus, etwas Ordnung in das Chaos zu bringen. Sie haben gelernt, sich selbst Essen zuzubereiten. Ihr Schulbesuch ist nicht mehr grundsätzlich gesichert, weil morgens niemand aufsteht, sie weckt und ihnen Frühstück zubereitet. Und wenn die Kinder doch einmal außer Haus sind, wächst die Wut der Eltern auf ihre Nichtverfügbarkeit. Kehren sie dann nach Hause zurück, hagelt es Vorwürfe und es drohen Schläge.

Eine dritte, nicht ganz seltene Kombination ist die **Verquickung von Rückbindung und Parentifizierung.** Verlässt ein Elternteil die Familie und verbleibt ein schon älteres Kind bei dem verlassenen Ehepartner zurück, dann kann es geschehen, dass dieses Kind den freigewordenen Platz an der Seite der zurückgelassenen Mutter oder des Vaters einnimmt. Das Kind übernimmt die Rolle des fehlenden Partners. Aufgrund der eigenen emotionalen Bedürftigkeit, oft verbunden mit erzieherischer Schwäche, kommt es durch den verbleibenden Elternteil leicht zu einer übermäßigen Hofierung des Kindes, das auf diese Weise einen ungesunden Schub an Selbstaufwertung erfährt.

Eine ähnliche Konstellation ergibt sich, wenn in der noch bestehenden Familie ein Elternteil durch seine Erziehungsschwäche Parentifizierung beim Kind auslöst, währenddessen der andere Elternteil aufgrund der Enttäuschung über das Versagen seines Ehepartners selbst Rückbindung einsetzt. Es entsteht praktisch ein Gerangel der Eltern um die Gunst des Kindes.

Von einem derart seelisch gefährlichen, weil völlig asymmetrischen Beziehungsgefüge zwischen Erwachsenem und Kind wie im gerade skizzierten Fall, ist dem Kind nichts bewusst, und der in diesem Fall stark rückbindende Elternteil wird die ungünstige Auswirkung auf das Kind weit von sich weisen. Ihm ist zwar die seelisch ungesunde möglicherweise sogar amoralische Komponente der entstehenden Verbindung intuitiv klar, trotzdem kann er sich dieser Konstellation aufgrund seiner eigenen Bedürftigkeit nicht entziehen. So ist auch der Erwachsene hierbei zu einem gewissen Teil Opfer.

Eine Kombination aus Regression und Parentifizierung schließt sich aufgrund von sich widersprechenden emotionalen Empfindungssträngen beider Beziehungsproblematiken aus.

Aber die **Regression** kann in Form ihrer zum Teil starken aggressiven Durchbrüche schließlich zu einer **Vernachlässigung und Verstoßung** des Kindes beitragen. Damit hätte sich das Kind, das eigentlich an Heilung der Beziehung interessiert ist, unglücklicherweise ins völlige Abseits manövriert. Regression und Vernachlässigung sind demzufolge gelegentlich aufeinander bezogene Formen der Beziehungsstörung. Das über das normale Alter hinaus „klettende", extrem unselbstständige Kind, das zudem zu Hause, wo es sich einigermaßen sicher fühlt, heftige Wutausbrüche bekommt und aggressive Verhaltensweisen an den Tag legt, ist über kurz oder lang kein geliebtes Kind mehr. Ein so über die Maßen anhängliches, unselbstständiges und ängstlich erscheinendes Kind, ganz gleich, wodurch auch immer hervorgerufen, löst bei seinen Eltern starken inneren Widerstand aus. Dieser Widerstand löst einen Impuls bei den Eltern aus, dieses Kind immer stärker abzulehnen, meist bei einem Elternteil stärker als bei dem anderen (was die Problematik noch weiter anheizt). Die Ablehnung und den damit verbundenen Liebesverlust spürt das Kind geradezu existenziell, da es ohnehin verletzlicher geworden ist, als es vorher war, und reagiert demzufolge noch regressiver. Aber je gehemmter es sich selbst dabei fühlt, desto leichter brechen bei ihm nun aggressive Gefühle gegen seine Eltern durch. Beim Grad dieser Aggressionsschübe spielen sicherlich Veranlagungsfaktoren eine mitgestaltende Rolle.

Der Teufelskreis schließt sich endgültig, wenn die Eltern jetzt neben rein ablehnenden Botschaften auch auf demütigende Verbalexzesse und körperlich gewaltsame Übergriffe gegen das Kind zurückgreifen. Das führt dann dazu, dass diese Kinder bei kleinsten Vergehen massiv beschimpft werden und sich mit drastischen Strafen konfrontiert sehen. Selbst in der Öffentlichkeit machen die Eltern vor solchen Zornesausbrüchen gegen ihre Kinder keinen Halt und verwünschen sie vor Publikum. Die Beziehung bricht daran schließlich endgültig auseinander und die Entwicklung läuft auf eine nachhaltige Bindungsstörung zu. Die Vernachlässigung des Kindes ist dann aus der Sicht der Eltern wieder die gerechte Strafe für ihr boshaftes Kind (s.o.).

Neben der Vernachlässigung kommt bei besonders lieblosen Eltern auch das plötzliche Verlassen der Kinder vor. Das fällt natürlich in der Öffentlichkeit auf und führt zum Einschalten der Polizei und der Jugendämter. Solche Fälle erfährt man dann in der Gesellschaft durch die Presse.

Gerade an solch drastischen Beispielen wird klar, wie schwierig es oft ist, eine Trennlinie zwischen „nur" einer Beziehungsstörung und einer „schon" eingesetzten schweren Bindungsstörung (s. 4. Kapitel) zu ziehen. Das gilt genau genommen für alle Formen beziehungsdynamischer Fehlentwicklungen. Erschwerend kommt hinzu, dass sich die Verhaltensproblematiken des Kindes in der Bindungsstörung nicht mehr grundlegend von denen in der Beziehungsstörung unterscheiden; nur dass diese noch sehr viel prägnanter werden, an Schärfe gewinnen und immer deutlicher den Charakter zu einer psychischen Auffälligkeit annehmen.

In der einfachen Elternberatung zur Erziehung wie auch in der gezielten Psychoedukation (s. Teil 3 des Buches) ist es allerdings geboten, noch einen solchen Unterschied zu machen. Denn nichts verunsichert die Eltern mehr, als eine niederschmetternde Aussage über ihre Beziehung zum eigenen Kind, ganz gleich ob sie von einem Kinder- und Jugendlichenpsychotherapeuten kommt oder von einer behördlichen Kraft. Man wird sich als Therapeut/in also hüten müssen, die Verhältnisse als zutiefst zerrüttet darzustellen, um die Heilung nicht von vornherein aussichtslos erscheinen zu lassen.

2. Trennungsangst als Zeichen der frühen Bindungsstörung

a) Allgemeines zur Angst und frühen Bindungsstörung

Mit der Besprechung der Trennungsangst und der aggressiv-oppositionellen Verhaltensstörung gelangen wir endgültig in das Kapitel der frühen Bindungsstörung. Um der Vollständigkeit dieser Aufzählung willen möchte ich auch gleich die reaktiven Bindungsstörungen mit einbeziehen, die meiner Auffassung nach ebenfalls zu den frühen Bindungsstörungen zählen. Letztere Form der Verhaltensauffälligkeiten betrifft die Kinder, die ein völlig unverständliches, zumeist sehr wechselhaftes und widersprüchliches Bindungsmuster aufweisen (s. Teil 2 bei desorganisierter Bindung).

In der gebräuchlichen Klassifikation der psychischen Störungen im Kindesalter (ICD 10-Code) findet sich dieses Erscheinungsbild jedoch unter Störungen des Sozialverhaltens bei den schweren Bindungsstörungen ohne und mit Enthemmung. Es ist von der Sache her schwierig, gerade bei dieser Verlaufsform der Bindungsstörung eine genaue Abgrenzung zwischen „früher" und „schwerer" Form vorzunehmen, da die frühe Bindungsstörung als definiertes Störungsbild bislang noch kein eigenes Kapitel in der internationalen Klassifikation der Krankheiten besitzt.

Die Einrichtung eines solchen Kapitels im Diagnosekatalog, und zwar mit einem differenzierten Ziffernschlüssel, erscheint mir demzufolge wichtiger als die vielfach geforderte Aufnahme der so genannten Regulationsstörungen. Denn Anpassungsschwierigkeiten, allgemeine Unruhe und Hyperaktivität wie auch Schlaf- und Fütterstörungen sind meines Erachtens größtenteils nur Folgeerscheinungen regressiver und/oder aggressiver kindlicher Reaktionen bei Beziehungsstörungen und kein eigenständiges, angeborenes Störungsbild. Regulationsstörungen schieben somit die Beziehungsstörungen weg vom anlage-umweltbedingten Austauschmodell mit Fehlern in der Eltern-Kind-Interaktion hin zu einem überwiegend individuellen, anlagebedingten Krankheitsmodell (M. Papousek, M. Schiecke, H. Wurmser, 2004).

Die bleibenden, schweren Bindungsstörungen zeigen sich genau genommen überhaupt erst richtig im Schulalter und sind höchstwahrscheinlich der Anfang von späteren Persönlichkeitsstörungen (R. Posth, 2010/2012). Sie therapeutisch noch in den Griff zu bekommen ist allein Aufgabe der Psychotherapie. Psychoedukation und Erziehungsberatung reichen hierfür nicht mehr aus, wenngleich sie weiterhin stattfinden müssen.

Von den drei Formen der frühen Bindungsstörung sollen die Angsterscheinungen, insbesondere die Entwicklungsängste und die Trennungsangst, als Erstes besprochen werden. Trennungsangst nimmt in den letzten Jahren offenbar dramatisch zu (S. Schneider, 2004). Waren Anfang 2000 noch etwa 3 bis 5 Prozent aller Kinder betroffen, bewegt sich die Zahl jetzt auf 10 Prozent zu. Ob die Probleme bei der Aufnahme der Kinder in die frühe Fremdbetreuung dazu beitragen, muss vorerst offen bleiben. Die praktische Tätigkeit in der Behandlung von Kindern lässt diesen Schluss aber jetzt schon zu.

b) Die Entwicklungsangst und die Phobien

Abzugrenzen von der Trennungsangst sind die in den ersten Lebensjahren auftretenden „natürlichen" **Entwicklungsängste**. Als Entwicklungsängste bezeichnet man jene Angsterscheinungen bei Kleinkindern, die einerseits auf einem noch mangelhaften physikalischen Verständnis von den Phänomenen der Wirklichkeit beruhen und andererseits auf den noch unzureichenden Kenntnissen im sozialen Umgang miteinander. Die Angst vor Dunkelheit ist eine solche typische Entwicklungsangst, die ihre eigentliche Quelle aus der urzeitlichen, aus der Evolution herrührenden Erfahrung der Menschen mit der feindlichen Umwelt bezieht. Auch der plötzliche Knall bringt den Aspekt von Gefahr zum Ausdruck und wird daher von vielen Kleinkindern gefürchtet. Frühkindliche Ängste bestehen weiter vor frei umherlaufenden Tieren und ganz bestimmten Tierarten, z.B. Insekten, die eine unkalkulierbare Flugbahn haben und die Kinder treffen könnten. Weitere klassische Ängste entstehen vor Unwettern, vor lauten Geräuschen, die nicht zugeordnet werden können, vor undefinierbaren Lichterscheinungen samt dem eigenen Schatten oder vor herumspringenden Gegenständen wie Bällen.

Im dritten Lebensjahr dominieren dann Ängste vor Gespenstern, die nachts am Bett erscheinen und vor nachtaktiven Tieren wie Eulen. Überhaupt wird die Nacht mit ihrer Dunkelheit immer mehr zu einem Furcht einflößenden natürlichen Phänomen. Im vierten Lebensjahr werden die Angstinhalte dann schon konkreter und beziehen sich auf in die Wohnung eindringende Räuber oder Diebe. Hereinkommende Monster werden ängstlich fantasiert. Die Kinder fürchten sich weiter vor Abstürzen von hohen Klettergeräten oder vor einem Verkehrsunfall. Typische entwicklungsbedingte Ängste von Grundschulkindern sind Katastrophenfurcht, Furcht vor Verletzungen und schlimmen Krankheiten und auch schon die Angst vor dem Tod.

In übersteigerter und/oder lebenslang bleibender Form gelten diese Ängste als Objektängste bzw. **Phobien** und werden in der Psychopathologie per definitionem von den Allgemein- oder Generalängsten unterschieden. Zur genauen Unterscheidung benutzt man bei ihnen eher den Begriff der Furcht. Die Furcht entspricht also allen auf Objekte gerichteten Ängsten. Objektängste haben die Tendenz, sich im Menschen einzunisten, und sich von diesem Ort aus mit der Zeit schleichend in andere Bereiche auszuweiten. Anders als die generalisierten Ängste sind sie aber durch geschicktes Verhalten der Bezugspersonen, später dann des Psychotherapeuten mittels Verhaltenstherapie, gut in den Griff zu bekommen.

Aber auch die frühen Sozialängste gehören in dieses Spektrum der potenziellen Bedrohungen, wobei die Fremdenangst als Fortsetzung des Fremdelns im ersten Lebensjahr obenan steht. Der fremde Mensch, vor allem der fremde Mann, wenn er auch noch Angst einflößend aussieht, steht für die Gefahr entführt zu werden oder im weitesten Sinne missbraucht. Aber nicht nur bedrohlich erscheinende Erwachsene trüben bei Kleinkindern den Umgang mit den anderen Menschen, auch wild herumtobende Altersgenossen ängstigen manche Kinder und zu forsche Gruppenmitglieder, die offensiv und direkt auf sie zu stürmen.

Alle Entwicklungsängste verlieren sich bei richtigem, familiärem Umgang mit ihnen im Zuge zunehmender Reife, allerdings kommen auch neue dazu, weil sich mit der Reife ein erhöhtes Bewusstsein von Gefahrenquellen einstellt.

Im Zusammenhang mit den Angsterscheinungen des Kindes müssen Eltern als Vorbild einen gelassenen Umgang mit dem Angst auslösenden Objekt oder Geschehnis zeigen. Das Kind richtet sich in seinem Angstverhalten stark nach dem Vorbild seiner Bindungs- oder Bezugspersonen. Völlig falsch ist es, solche Ängste zu Erziehungszwecken zu missbrauchen. Die Zeiten, in denen man erschreckende Märcheninhalte brauchte, um die Kinder auf die nötige Vorsicht im Alltag einzuschwören, sind vorbei. Früher hatten diese Märchen hingegen ihren Sinn. Sie dienten dazu, gezielt erzieherisch auf die Kinder einzuwirken, da es an einer grundlegenden Erziehungstheorie noch mangelte.

Das Kernmerkmal aller Phobien ist das extreme Vermeidungsverhalten. Die Kinder und auch noch die Erwachsenen sind nicht in der Lage, die Nähe von mit Angst besetzten Tieren auszuhalten oder sich in Situationen zu begeben, die solche Angstzustände hervorzurufen in der Lage sind. Die Vernunft ist nicht in der Lage, die potenzielle Harmlosigkeit der Phänomene vor Augen zu führen. Sehen sich die Angstpatienten dennoch in eine solche Situation gezwungen oder konfrontiert mit dem Angst auslösenden Objekt, können sie nur noch durch Flüchten ihrer Panik entgehen.

Zu solchen Überlegungen passt die Tatsache, dass auch eine soziale Konfrontation mit freiem Sprechen vor einer Versammlung anderer Menschen oder auch nur mit Ansprechen einer fremden Person solche Panikzustände auslösen kann. Auch hier hilft dem betroffenen Kind oder späteren Jugendlichen nur die Vermeidung oder die Flucht aus der Situation.

Typische körperliche Empfindungen im Rahmen von Panikanfällen jeglicher Ursache sind Schwitzen, Beklemmung, Herzklopfen und Atemnot sowie Ausscheidungsdrang auf körperlicher Seite sowie Benommenheit und **Deper-**

sonalisation resp. **Derealisation** auf psychischer Seite. Die beiden letzteren Gefühle entstehen durch ein scheinbares Auseinanderbrechen von Selbstwahrnehmung und Wirklichkeit, wobei entweder das Selbst als fremd und unwirklich wahrgenommen wird oder die Umgebung. Depersonalisation und Derealisation entstehen auch im Kontext mit schwerer Psychotraumatisierung, wobei hier die Erinnerung an das Geschehen durch Dissoziation verschüttet wird, während sie im Panikanfall sogar gesteigert ist.

c) Die Trennungsangst

Die **Trennungsangst** ist weniger eine plötzlich auftretende Verhaltensstörung als vielmehr das Ergebnis einer Aufsummierung verschiedener Fehlverläufe in der frühkindlichen Erziehung. Es gibt jedoch immer ein Schlüsselerlebnis, das die Angst schließlich zum Ausbruch bringt. Ganz am Anfang steht aber auch hier die generelle Angstbereitschaft auf Seiten des Kindes, die einerseits angeboren ist (inklusive durchgemachter Geburtstraumata), aber auch das Ergebnis schwerwiegender Vertrauensbrüche durch die Hauptbezugspersonen in der Säuglingszeit, in der Regel durch die leiblichen Eltern. Solche Vertrauensbrüche (im Urvertrauen) können zustande kommen, wenn die Eltern ihren Säugling stundenlang schreien lassen oder dessen Fremdeln völlig missachten und das ängstlich weinende oder schreiende Kind achtlos an fremde Personen übergeben. Im zweiten Lebensjahr ist es hauptsächlich das unabgesicherte Verlassen des Kindes – auch abends beim Einschlafen, das eine solche Angst auslöst. Unter diesem Gesichtspunkt lässt sich spätere Trennungsangst als reaktivierte Urangst verstehen. Ambivalent unsicherer Bindungsstil scheint das Risiko zu einer Trennungsangst zu erhöhen.

Sehr viel seltener, aber im Einzelfall möglich, steht die Trennungsangst in Zusammenhang mit einem einzelnen Trennungstrauma. Dieses muss allerdings schwerwiegend sein. Ein klassisches Beispiel ist das Wachwerden des Kindes in Obhut eines kurzfristig anberaumten Babysitters, wenn die Eltern ausgegangen sind und jetzt, da sie gebraucht werden, nicht erreichbar sind.

Mit solchen Angst auslösenden Ereignissen, insbesondere wenn sie mehrfach auftreten, ist dann aber der Keim zur fortgesetzten Ängstlichkeit gelegt, weil sich im Gehirn des Kindes Angstzentren wie vor allem die Mandelkerne (Amygdala) verstärkt mit negativen Stressrezeptoren (Glucocorticoid-Rezeptoren) ausstatten (s.o.). Diese Stressrezeptoren verstellen das gewöhnliche Schema von Angstbereitschaft dahingehend, dass sie die Fremd- oder Selbstberuhigungsfähigkeit in dieser Situation herunterregulieren und damit vermindern. Die genetische Vorveranlagung zur Angst wird im Gegenzug automatisch verstärkt und erzeugt im Gehirn das Gefühl einer Dauerbedrohung. In Zukunft genügen zur Auslösung von Angstgefühlen bereits einfache Alltagssituationen, die in Wirklichkeit nicht bedrohlich sind, die jedoch für das verstärkt angstbereite Kind aber zur – scheinbaren – Bedrohung werden. Die Kinder werden also übermäßig „angstsensibel" (S. Schneider, 2004).

Eine solche übermäßige Angstempfindlichkeit gibt es, um das noch einmal herauszustellen, tatsächlich auch angeboren. Jeder Säugling besitzt aufgrund menschheitsgeschichtlich eingravierter Bedrohungszustände in seinem Stammhirn (zentrales Höhlengrau, Locus coeruleus, s. Allgemein einleitende Erklärungen) schon normalerweise eine niedrige Angstschwelle. Diese von mir als „Urangst" bezeichnete Empfindung bricht aus ihm manchmal für die Eltern unverständlich hervor und lässt ihn schreien oder auch nur ängstlich dreinblicken, obwohl definitiv keine Bedrohung erkennbar ist. Die einzige Ausnahme macht ein Schmerzempfinden, das von außen nicht gleich erkennbar ist, aber Angst auslöst. In der Regel ist der Säugling in verlässlicher Beziehung mit seinen Bindungspersonen durch sein Urvertrauen jedoch angstfrei und der Welt neugierig und interessiert zugewandt.

Infolge der Urangst existiert in jedem Kind grundsätzlich eine Bereitschaft zur Furcht vor ganz neuen, fremden Eindrücken und Einflüssen. Diese ganz natürliche Furcht hat die Natur dafür vorgesehen, die Kinder vor unbedachten und zu riskanten Handlungen zu schützen. Damit dieser Selbstschutz aber nicht zum Hindernis in der Weiterentwicklung wird, ist die Furcht gepaart mit der Neugier. Infolgedessen rufen Furcht auslösende Begebenheiten und Erlebnisse gleichzeitig auch immer die Neugier hervor.

Diese Paarung von an sich gegensätzlicher, emotionaler Empfindung als ein Schwanken zwischen Angst und Neugier erhält sich lebenslang. Auf ihr basieren im Kindesalter die zahllosen Gruselgeschichten über Gespenster und böse Menschen, die sich die Kleinen gegenseitig erzählen. Später füllen diese Gruselgeschichten dann zahllose Erwachsenenfilme mit Inhalt auf höherem Niveau. Auch die anfangs erwähnten Entwicklungsängste sind beredtes Zeugnis dieser Ambivalenz zwischen Faszination vor dem Fremden, Unheimlichen und der Sorge um sich selbst. Die Kinder starren, wenn sie nicht fliehen können, wie gebannt auf die Quelle, aus der die Angst entspringt.

Aber diese auf ein Objekt gerichteten Ängste haben nur bedingt etwas mit Trennungsangst und der Angst vor dem Verlust einer lebenswichtigen Bezugsperson zu tun. Die Trennungsangst entspringt dem Erleben von Verlust und Verlassensein. Das was beide Angstformen noch gemein haben, ist allein die Sorge des Menschen um die eigene Sicherheit und Unversehrtheit. In dieser Hinsicht findet sich in beiden Formen die Urangst wieder.

Die ersten Momente im Leben eines Menschen, in denen die Trennungsangst zum Vorschein kommt, sind die Angsterscheinungen der Säuglinge, wenn sie allein gelassen und ohne ihre Bezugsperson von Stimmungen der

Unheimlichkeit und Bedrohung heimgesucht werden. Ihr klägliches Weinen und angstvolles Schreien nach der Mutter oder einer anderen Bezugsperson ist unüberhörbarer Ausdruck dieser Sorge. Es sind wie schon mehrfach betont diese Gefühle, die die häufige Unergründlichkeit von Säuglingsschreien ausmacht.

Die einfühlsame Mutter versteht dieses Angstschreien, das sich bis zur Panik steigern kann, sofort als Hilfeschrei ihres Kindes. Es gibt keinerlei erzieherische Rechtfertigung dafür, nicht auch sofort dem Kind zu Hilfe zu eilen.

Wenn im frühen Säuglingsalter das zugrundeliegende Trennungserlebnis noch nicht verstanden wird, so erkennt spätestens das einjährige Kind schon sehr genau, dass die Trennung von der Bindungsperson und ihr Verlust der eigentliche Grund für seine Angst ist. Demzufolge folgt es zunächst ständig seiner Mutter, sobald es krabbeln kann, um in ihrer sicheren Nähe zu bleiben und um den Angstgefühlen zu entgehen.

Davon ist jedes Kind aufgrund eines unterschiedlichen Temperaments nicht gleich stark betroffen, aber in der Fremdesituation (s. 2. Kapitel Teil 1) kann man sogar auch bei sicher gebundenen Kinder das Unbehagen erkennen, das sie befällt, wenn die Mutter den Raum verlässt und nur die fremde Person bleibt.

Das abendliche Einschlafen entspricht vom Erlebnischarakter her allen Beobachtungen und Erfahrungen zufolge einem Trennungsempfinden. Schon der ältere Säugling muss eine urinstinkthafte Wahrnehmung davon haben, dass wenn er einschläft, seine Mutter ihn verlassen könnte. Geschieht dies auch wirklich, und wacht der Säugling alleine in seinem Bettchen auf, dann sieht er sich in all seiner Sorge bestätigt und verlangt sofort nach Rückkehr seiner Mutter. Dafür schreit er lauthals und steigert sich in panisches Reagieren, wenn dieser Schrei keine Wirkung zeigt. Auf die Suche nach seiner Bezugsperson kann er sich erst dann begeben, wenn er laufen kann und die Räumlichkeiten seiner Lebensumgebung verstanden hat. Aus dieser Erkenntnis rührt die Empfehlung her, dass Säuglinge und Kleinkinder immer im Zimmer ihrer Eltern schlafen sollen, bis sie soweit selbstständig sind, dass sie sich auch alleine helfen können. Ein Elternteil hält „Wache“ für die Zeiten der nicht gleichzeitigen Anwesenheit im Schlafraum.

Die nächste große Angst bereitende Trennung zwischen Kind und Bezugsperson entsteht in der **frühen Fremdbetreuung**. Diese Trennung erscheint immer dann noch fundamentaler, wenn die Fremdbetreuung erstens von einer Person durchgeführt wird, die dem Kind völlig fremd ist, und zweitens in einer Institution stattfindet, deren Räumlichkeiten dem Kind noch völlig unbekannt sind. Demzufolge wäre die Abschwächung des Trennungserlebnisses in umgekehrter Reihenfolge zu sehen. Ist die Betreuungsperson noch fremd, sollten wenigstens die Räume vertraut sein. Damit ist dem Tagesmutterprinzip in der Lebensumgebung des Kleinkindes das Wort gesprochen.

Kinderkrippen, Kindertagesstätten und Kindergärten sind im Umkehrschluss in diesem frühen Alter hoch risikoreiche Formen der Unterbringung von Kindern, sofern diese von Anfang an ohne ihre Bindungspersonen stattfinden. Wie vorzugehen ist, um das Trennungserlebnis des Kindes grundsätzlich zu vermindern oder ganz aufzuheben, darüber wird genauer im 2. Kapitel des 3. Teiles des Buches gesprochen. An dieser Stelle sei aber schon erwähnt, dass der Übergang in die Fremdbetreuung bei Kindern unter vier Jahren grundsätzlich nur nach dem Prinzip der **sanften Ablösung** erfolgen sollte (R. Posth, 2010). Es sind erst einmal nur wenige Kinder, die eine problemlose und schnelle Trennung von ihrer Bezugsperson gleich nach dem dritten Geburtstag schaffen.

Untersuchungen an Kleinkindern (Unterdreijährige), die in die Kinderkrippen oder Kindertagesstätten aufgenommen wurden, zeigten, dass in der Mehrzahl ihr Stress-Level beim morgendlichen Abgeben den üblichen morgendlichen Stress, den jeder Mensch erlebt, um ein Vielfaches übersteigt. Dafür wurden Speichelproben der Kinder auf ihren aktuellen Cortisolgehalt untersucht. Es wurde eine zehn- bis hundertfache Erhöhung festgestellt, je nachdem, wie angstvoll das Kind den Trennungsmoment erlebt (L. Ahnert, 2010, M. Fürstaller, A. Funder, W. Datler, 2011). Was aber bald noch mehr zu bedenken gibt, ist die Erfahrung, dass der erhöhte Cortisolspiegel bei ängstlich verbleibenden Kindern im Laufe des Tages nicht wie sonst üblich wieder auf das Normalniveau abfällt. Daran hat das äußere Erscheinungsbild des Kindesverhaltens keinen wesentlichen Anteil. Das heißt auch Kinder, die angepasst erscheinen und mit den anderen Kindern spielen und sich sogar an den sozialen Angeboten beteiligen, haben anhaltend hohe Stresspegel.

Nun weiß man aus der Stressforschung, dass gerade dieser Dauerstress im Organismus gravierende Folgen hat und die Stresstoleranz Schritt für Schritt ins Ungünstige verstellt (s. Allgemein einleitende Erklärungen). Die Kinder entwickelten also keine höhere Widerstandsfähigkeit gegen Angst- und Stresserlebnisse, wie vielfach behauptet wird, sondern eine geringere. Das gilt sowohl für sicher wie für unsicher gebundene Kinder gleichermaßen.

Trennungsempfinden und Verlustgefühl gehen wie schon angemerkt Hand in Hand. Der Verlust erzeugt beim Kleinkind Angstgefühle, weil ihm nicht klar ist, dass dieser rückgängig zu machen ist. Zwar beinhaltet anders als der echte Verlust die Trennung erklärtermaßen die Wiederkehr der fortgehenden Person, aber der Säugling und das Kleinkind verstehen solche Zusammenhänge noch nicht. Ihnen fehlen dazu sowohl die Vorstellungskraft von parallelen Räumen, wo sich die Bezugsperson vorübergehend aufhalten kann, als auch die Fähigkeit des Zeitempfindens mit Vergangenheitswissen und Zukunftsbewusstsein. Jedes

Mal, wenn die Mutter – oder in der Phase der Loslösung auch der Vater – fortgeht, glaubt das Kind, dieses Fortgehen wäre für immer. Erst mit vielen anderslautenden Erfahrungen baut sich das Kind eine neue Sicht der Dinge auf, die dann der Wahrheit entspricht: Mutter und Vater kommen wieder.

Im eigentlichen Kindergartenalter ab etwa vier Jahren kann sich das Kind in solchen Trennungsmomenten dann einer neuen Gefühlsform, der **Trauer** oder auch **Traurigkeit** bedienen. Die Trauer setzt geistige Bewältigungsstrategien voraus, die erst jetzt vom kindlichen Gehirn geleistet werden können. Sie vermag den Trennungsschmerz zu mindern, aber aufheben kann sie ihn auch nicht. Jedoch ist das Kind mit dem Erleben der Trauer in der Lage, sich unabhängig von der Auslösesituation immer wieder in die Gefühle der Trennung hineinzuversetzen, um auf diese Weise innere Gefühlslast abzubauen.

Zusammenfassend lässt sich sagen: Trennung bedeutet für den Säugling und das Kleinkind in erster Linie immer Verlust, und der Verlust betrifft seine unverzichtbaren Bezugspersonen. Da es im Empfinden des Kindes hier um sein körperliches und seelisches Wohl geht und damit grundsätzliche Existenzgefühle auf den Plan ruft, bedeutet dieser Verlust extreme Gefahr, ja Lebensgefahr. Damit führt er unvermeidlich zur Angst. Trauern zur Bewältigung dieser unliebsamen Erfahrung kann ein Kind erst im Alter von drei bis vier Jahren.

Das junge Kind in der Trennungssituation, das noch keine reifen seelischen Strukturen besitzt, diese Trennung in seiner Gefühls- oder Verstandeswelt zu verarbeiten, reagiert also zwangsläufig mit Angst. Zwingt man es jetzt zur Trennung, gerät es in einen Panikzustand. Flucht oder Kampf erscheinen völlig aussichtslos. Allein die Verdrängung oder Abspaltung verschafft ihm auf Dauer innerlich etwas Luft. Das Kind gerät dadurch in eine frühe Depersonalisation und zeigt förmlich inneres „Erstarren“ (sog. Freezing). Manchmal stundenlang sitzt es dann in der Betreuungseinrichtung in der Ecke und beteiligt sich an keinen sozialen Angeboten. Fordert man es dazu auf, verweigert es sich total, selbst wenn diese Aufforderung einfühlsam geschieht. Nur durch ihre verlässliche und zuversichtliche Reaktion kann die Mutter oder eine andere sichere Bezugsperson das Kind auf Dauer vor solchen ungünstigen Verdrängungen und Abspaltungen bewahren.

Die Zeichen der Trennungsangst lassen sich wie folgt zusammenfassen:

1. Weinen/Schreien und Anklammern bei der Bindungs- oder Bezugsperson in höchster Erregung oder merkwürdiges, scheinbar emotionsloses Erstarren.
2. Verweigerung des Kindergarten- oder Schulbesuchs, um in der Nähe der Bindungs- oder Bezugsperson zu bleiben. Äußerung von Angst vor dem Besuch der Einrichtung.

3. Neue Angst, alleine zu schlafen und auch über den 4. Geburtstag hinaus bestehendes ständiges Aufsuchen der Eltern in der Nacht.
4. Unangemessene Angst, am Tage allein zu Hause zu bleiben, wenn klar ist, wann die Mutter/der Vater wiederkommt.
5. Albträume in der Nacht mit Trennungsinhalten.
6. Bei älteren Kindern irrationale Sorgen, der Bindungs- und/oder Bezugsperson könne etwas zustoßen und das Kind wäre auf sich alleine gestellt.
7. Körperliche Symptome wie Bauchschmerzen, Übelkeit, spontanes Erbrechen, Kopfschmerzen u.a. in Erwartung von Trennungen oder in zeitlichem Zusammenhang mit einer Trennung.

(modifiziert nach B. Blanz, 2003).

Wird nun das Trennungserleben nicht gestoppt und setzt immer stärkere Verdrängung ein, setzt sich im Gehirn des Kindes ein Bodensatz von Angstempfinden fest, das in späteren vergleichbaren Situationen immer wieder panische Angstzustände hervorrufen kann. Als erste neue Klippe ist das Trennungserlebnis in der Schule zu nennen. Da es sich bei der Schule ebenfalls um eine dem Kind noch fremde Institution handelt, ist die Parallele zur Kindertagesstätte gegeben. Entsprechend ängstlich reagieren Kinder beim Schulbeginn, wenn sie unter Trennungsangst leiden. Was sich einstellt, ist die **Schulphobie**.

Schulphobische Kinder schlafen schlecht und haben Albträume. Morgens früh klagen sie schon über Bauchschmerzen, wenn sie in die Schule gebracht werden sollen, fangen auf dem Schulhof an zu weinen und benötigen die Begleitung ihrer Eltern bis vor die Tür des Klassenraumes, wo sie die Lehrkraft in Empfang nehmen muss. Aber selbst dann brechen noch einige Kinder emotional zusammen und müssen von ihren Eltern wieder mit nach Hause genommen werden. Schließlich brauchen sie eine Sonderbeschulung in einer kinder- und jugendpsychiatrischen Einrichtung, wenn die Regelschule es nicht gestattet, dass einer der Eltern sich eine Zeit lang vor den Klassenraum auf den Schulflur setzen darf.

Im weiteren Verlauf unbehandelter Trennungsangst stellt sich beim Kind großes **Heimweh** ein, wenn es auf Klassenfahrt gehen soll oder wenn es z.B. von den Großeltern oder anderen Verwandten mit auf Reisen genommen wird. Trennungsangst hat wie jede Angst die Tendenz, im weiteren Verlauf auch andere Funktionen zwischenmenschlicher Bereiche zu erfassen. Sicherlich wieder auf dem Boden charakterlicher Veranlagung und/oder früher Beziehungsstörungen kann sich eine Angstkomponente im Sozialverhalten einstellen, die dann Auftritte vor der Klasse vereitelt oder das Mitspielen in der Gruppe verhindert. Diese Kinder stehen auf dem Pausenhof einsam in der Ecke und sehnen sich danach mit den anderen Kindern in Kontakt zu kommen, trauen sich aber nicht sie anzusprechen. An dieser Stelle ist die Verbindung zur **Sozialangst** zu suchen, wobei die Sozialangst genau genommen den Phobien zuzurechnen ist (s.o.). Es ist aber ein großes Problem der Angsterkrankung, dass sie einmal im Gehirn entstanden – die Tendenz hat sich auszuweiten und schließlich alle Bereiche zu erfassen, die mit der eigenen existenziellen Situation und der Darstellung des Selbst in der Gesellschaft zu tun haben. Bei der Sozialangst spielen noch Veranlagungsfaktoren im Temperament eine Rolle, die mit der Ausbildung von großer Schüchternheit und Defensivität in der Charakterstruktur einhergehen.

In der Schulzeit steht eine weitere Angststörung im Zentrum der Selbstwahrnehmung, die eigentliche **Schulangst**. Schulangst ist ein Mischphänomen aus sozialer Angst, Angst vor Leistungsversagen und Blamage mit dem unüberwindlichen Vermeidungsbedürfnis, sich überhaupt noch in der Schule aufzuhalten. Immer häufiger steht „Mobbing" als Auslöser hinter diesem Angstverhalten, wobei solche Kinder leichter und schneller gemobbt werden, die ihre Angstbereitschaft schon erkennbar vor sich her tragen.

Mobbing als Phänomen gruppenförmig initiierter sozialer Ächtung einzelner, zumeist aus der Norm fallender Jugendlicher ist durch die Zurschaustellung von demütigenden Situationen in öffentlichen Verbreitungsmedien wie dem Internet (Cyber-Mobbing) ein beliebtes Machtinstrument gewaltbereiter Cliquen geworden. Noch viel zu häufig werden solche Machenschaften unter Jugendlichen als harmlos abgetan.

Fortgang und Folgen der Trennungsangst

In Anbetracht des eben Gesagten stellt sich im Jugendlichenalter und Erwachsenenleben langsam eine generalisierte Angststörung ein, die keinen objektiv fassbaren Inhalt mehr braucht und am Anfang allein durch bestimmte Situationen ausgelöst wird. Daher fordert man für ihre Definition die Entstehung im frühen Kindesalter, die die ursprüngliche Situation verbunden mit dem ersten Auftreten in einer Trennungssituation von Kind und Hauptbezugperson offenbart (B. Blanz, 2003). Im späteren Leben sind diese Kriterien aber (nicht zuletzt durch massive Verdrängung und Abspaltung) oft nicht mehr erkennbar, und das Angstgeschehen engt sich auf bestimmte Situationen und Erlebnisse mit potenzieller Bedrohung ein. Am bekanntesten sind das Überqueren großer, weiter Plätze (Agoraphobie) oder das Verharrenmüssen in ganz engen Räumen, aus denen – vorübergehend – keine Flucht möglich ist (Klaustrophobie). Aber auch unbestimmte Höhenangst (der mögliche Todessturz), oder das Auftreten in einer großen Gesellschaft (die Angst vor der Blamage) gehören in das Spektrum dieser Angststörungen.

Auslösend für die Angstreaktion ist immer das Gefühl der eigenen Schutzlosigkeit, des Ausgeliefertseins mit der Unmöglichkeit, zu obsiegen, auszuweichen oder fliehen zu können. Wegen der Unausweichlichkeit der Situationen kommt es zu einer massiven Steigerung der Angstreaktion.

Solche sich schnell in unerträgliche Zustände hochschraubenden Angstgefühle bezeichnet man als **Panikstörungen**. Panikstörungen können sich wiederum im Inneren des Menschen ursächlich verselbstständigen und dann ganz unerwartet und tatsächlich ohne jede erkennbar auslösende Situation auftreten. Erst bei differenzierter Innenschau wird dem Patienten klar, warum es ihm gerade jetzt passiert und nicht anlässlich einer ganz anderen Begebenheit. Das ausgedehnte Kapitel der generalisierten Angststörungen und der Panikzustände im Erwachsenenalter kann nun nicht mehr das Thema dieses Buches sein. Es muss aber darauf hingewiesen werden, dass alle diese die persönliche emotionale Stabilität wie auch die sozialen Kontakte störenden Krankheitszustände ihren Anfang in der frühen Kindheit nehmen.

Die einzige Ausnahme hierzu bilden schwerwiegende, psychisch traumatisierende Ereignisse im späteren Leben wie z.B. schwere Unfälle, Kriegsereignisse, Naturkatastrophen, schwere Misshandlung oder lebensbedrohliche Krankheit wie auch der Tod von geliebten Familienmitgliedern. Deren Folgen mit wiederkehrenden Angstsymptomen werden als Posttraumatische Belastungsstörung zusammengefasst. Auch schon Kinder und Jugendliche können infolge einer frühen schweren Traumatisierung eine posttraumatische Belastungsstörung erleiden.

Angststörungen, Panikattacken und **Depression** stehen in einem engen Zusammenhang. Das hat einerseits lebensgeschichtliche Gründe des Patienten, andererseits aber auch neurophysiologische Ursachen im menschlichen Gehirn. Denn das entstehende Ungleichgewicht der zugehörigen Botenstoffe im Gehirn (insbesondere Serotonin) in Verbindung mit einer Unter- oder Übererregung der angeschlossenen Rezeptoren an den Synapsen als Nervenzellverbindungen weist Überschneidungen zwischen beiden Störungsbildern auf. Auch die Zwangsstörungen gehören in diesen Bereich der Hirnfunktionen, schon allein deshalb, weil sie genetisch mit Angst und Depression gekoppelt sind. Zwischen der Angststörung und der Depression bildet sich im Laufe des Lebens ein stark belastender Teufelskreis aus, der irgendwann nicht mehr genau erkennen lässt, was wem zugrunde liegt, die Angst der Depression oder die Depression der Angst. Nur eines kann den Menschen wirklich vor einer solchen Entwicklung einigermaßen bewahren, die Verhinderung der Angstvermehrung im Kindesalter.

3. Aggressiv-oppositionelles Verhalten als Zeichen der frühen Bindungsstörung und das Kapitel AD(H)S

a) Aggressiv-oppositionelle Verhaltensstörungen

Die **aggressiv-oppositionellen Verhaltensstörungen** sind mit Abstand die häufigste Verlaufsform früher Bindungsstörung. Epidemiologische Zahlen sprechen von bis zu 10 Prozent der Kinder und Jugendlichen mit diesen Auffälligkeiten. Mädchen sind definitiv seltener von aggressiven Verhaltensstörungen betroffen. Das Verhältnis der Geschlechteraufteilung gerechnet auf 10 Prozent Gesamtbetroffenheit dürfte bei etwa 7 zu 3 Prozent liegen (F. Petermann, M. Döpfner, M. Schmidt, 2001). Es ist davon auszugehen, dass das Störungsbild weiter zunimmt. Ein möglicher Grund ist die derzeitig viel beklagte Erziehungsunsicherheit bei den Eltern. Ein anderer wäre in der Zuspitzung sozialer Probleme in den Familien zu suchen, wobei das Scheidungsproblem und die Situation der allein erziehenden Mutter (sehr viel seltener des Vaters) eine große Rolle spielen dürfte (KIGGS-Studie, 2007, BELLA-Studie, 2012). Die Zukunft wird beweisen, ob die aktuell forciert eingeführte frühe Fremdbetreuung zur Vermehrung der aggressiven Verhaltensstörungen mit beiträgt.

Den aggressiven Verhaltensauffälligkeiten geht eine permanente Opposition gegen die Anordnungen der Eltern und Erzieherinnen und Erzieher voraus. Das Opponieren stellt sich dar als ein ständiges Sich-Widersetzen gegenüber allen Anordnungen und erzieherischen Maßnahmen, ob sie nun für das Kind tatsächlich eine negative Maßnahme bedeuten oder nicht. Der Widerstand wird prinzipiell geübt, was ihn so schwer erträglich macht. Dem Widerstand folgt die beharrliche Provokation, wenn bei den Eltern das Opponieren allein keine ausreichende Wirkung mehr zeigt. Die Provokation wird auch gerne mit Worten geübt, wobei sich das Vokabular des Kindes schnell mit allerlei Schimpfwörtern und bösen Ausdrücken füllt. Letztere werden dann der Mutter oder dem Vater mit einem spöttischen Lächeln an den Kopf geworfen. Empörung bei den Eltern und gezielte Verbote heizen den Reiz, solche Wörter zu benutzen, nur weiter an. Das Kind erlebt, dass es dadurch Macht ausüben kann. Schließlich reichen alle verbalen Attacken dem Kind nicht mehr aus, seine Wut auf die Eltern oder andere Erzieher auf diese Weise loszuwerden. Vor allem im Rahmen von Trotzanfällen, die sich bei aggressiv-oppositionellen Kindern über den dritten Geburtstag hinaus unvermindert fortsetzen, wird zu körperlich aggressiven Mitteln gegriffen. Das fängt an beim Zerren an der Kleidung der Eltern, geht über gezieltes Schlagen der Eltern bis hin zum Treten und endet beim Beißen und wilden Drauflosshauen. Solch wütende Exzesse sind meist von martialischem Geschrei begleitet. Es gilt als erwiesen, dass sich spätere Dissozialität bei Jugendlichen grundsätzlich aus aggressiven Verhaltensstörungen entwickelt.

Normale Formen der Aggressivität, spielerisch wie z.B. in den Ausführungen zur Entwicklung der Empathie beschrieben, oder eifersüchtige Aggressivität unter Geschwistern als übliche Geschwisterrivalität gelten hingegen nicht als Vorläufer für spätere gesellschaftsfeindliche, innere Haltungen. Sie sind Teil des normalen Sozialisationsprozesses und erreichen nur im permanenten Zank und Streit das Ausmaß eines Störungsverhaltens. Ein pädagogisch geschickter Umgang der Eltern mit diesen Verhaltensweisen ist gleichwohl notwendig. Die Entstehung einer antisozialen Persönlichkeitsstörung lasse ich an dieser Stelle bewusst aus und ziehe es vor, sie im Zusammenhang mit den reaktiven Bindungsstörungen zu besprechen. Ich bin zu der Auffassung gelangt, dass zu ihrer Entstehung ein ungleich höheres Maß an Zerrüttung der Bindung vorhanden sein muss, als es bei den dissozialen Entwicklungen der Fall ist.

Der Unterschied zwischen den dissozialen Einstellungen und den antisozialen Überzeugungen besteht meines Erachtens in der Vorformulierung der geplanten Aktionen im Gehirn des betroffenen Jugendlichen. Dissozial bedeutet dabei, dass einfache soziale Regeln nicht eingehalten und Sitten, Normen, Werte und Gesetze bewusst missachtet und übertreten werden. Aber dieses Verhalten wird noch vom Jugendlichen als falsch erkannt und nach ausreichender Belehrung oft sogar bereut. Die Reue hat nur keinen anhaltenden Bestand im vom Gewissen beeinflussten Bewusstsein und führt daher selten oder gar nicht zu einer Besserung durch bereitwillige Wiedergutmachung der Tat und ein Bekenntnis zu ihrer zukünftigen Unterlassung.

Bei den antisozialen Charakteren ist die Persönlichkeit schon so stark deformiert, dass überhaupt kein Unrechtsbewusstsein mehr entwickelt wird. Im Gegenteil: Der Jugendliche wähnt sich in seinem zum **pathologischen Narzissmus** wieder aufblühenden Egozentrismus (der ganz frühen Kindheit) grundsätzlich im Recht. Dieses vermeintliche Recht benutzt er dazu, seine völlig subjektiv ausgerichteten Absichten und Interessen gegen jedes Wohlverhalten der Mitmenschen, gegen jegliche sozialen Normen und Werte und sogar gegen das Gesetz durchzuboxen.

Unabhängig von dieser formalen Trennung zwischen dissozialen Entwicklungen und antisozialen Haltungen muss betont werden, dass jede aggressive Fehlentwicklung in der frühen Kindheit beginnt. Im 4. Teil des Buches, in dem es um die Entwicklung zur Moral und Vernunft geht, versuche ich zu zeigen, wie die einzelnen Schritte zu einer aggressiven Fehlentwicklung vor sich gehen und warum aus der natürlichen Veranlagung von Aggression zum Zwecke der Selbstverteidigung ein gewalttätiges Instrument zur unrechtmäßigen Erhöhung des Selbst und zur Unterdrückung der Anderen entsteht. An dieser Stelle soll daher nur ein erster Überblick gegeben werden über die Entwicklung der Aggressivität im Kindesalter.

Das Kind entdeckt seine aggressive Veranlagung im zweiten Lebensjahr. Zwar erlebt man auch schon bei Säuglingen wütende Reaktionen und ersten Widerstand gegen die notwendigen Behandlungsmaßnahmen der Eltern, aber das hat mit Aggressivität noch nicht viel zu tun. Es wäre daher ein großer Fehler, dem Säugling gleich mit Einhalt gebietenden, erzieherischen Mitteln entgegentreten zu wollen. Dennoch wird das unter Eltern oft gefordert. Der Säugling steht in seiner Entwicklung in diesem Punkt jedoch an einer ganz anderen Stelle. Er entdeckt gerade seinen Willen und muss ihn unter Beweis stellen, muss ihn in der Gemeinschaft mit seinen Bezugspersonen ausprobieren. Da der Säugling aber noch kaum Handlungsplanung entwickeln kann, muss er da Widerstand üben, wo etwas mit ihm gemacht wird. Und er *muss* auch diesen Widerstand üben, um seinen Willen zu spüren und um zu erfahren, was er mit diesem Willen ausrichten kann. Wenn also Eltern hierauf eingrenzenden Einfluss nehmen wollen, dann ist ihnen anzuraten, mit Mitteln der Ablenkung und Beschwichtigung dem möglichen Übermaß an Willensbekundung entgegenzutreten.

Im zweiten Lebensjahr verfestigt sich wie hinlänglich besprochen beim Kleinkind die Vorstellung, ein eigenständiges von seiner Hauptbezugsperson vollkommen getrenntes Menschenwesen zu sein. Diese Entdeckung – oder sagen wir besser Erkenntnis – verleiht dem Kind erste völlig subjektiv empfundene Gefühle. Sie verhilft ihm dazu, seinen Willen auf seine Bedürfnisse abzustellen. Von diesem Zeitpunkt an ergibt sich für das Kleinkind automatisch eine Aufteilung der bestimmenden Positionen: Da ist auf der einen Seite der selbstgesteuerte Wille, etwas zu erreichen, und da ist auf der anderen Seite der „fremd"gesteuerte Wille der Bezugsperson, der etwas Anderes, Gegenteiliges zum Ziel hat. Das Kind muss jetzt lernen zu entscheiden, ob es den eigenen Willen durchsetzen möchte oder ob es einen Grund gibt, dem Willen des Anderen zu folgen. Das Kind gerät in einen Konflikt, denn häufig gefallen ihm beide Seiten der zur Disposition stehenden Handlungsmöglichkeiten. Gelangt das Kind nicht zu einer Entscheidung, verbleibt es in der Ambivalenz und fängt an, daran zu leiden (**Ambivalenzkonflikt**). Beides gleichzeitig zu haben oder zu machen ist nicht möglich.

Die Ambivalenzen sind der eine Teil der aufkommenden Konflikthaftigkeit im weiteren Aufziehen der Kinder, der andere Teil sind deren oft laut zu Gehör gebrachten Selbstbestimmungsbedürfnisse. Der Wille will Macht über seinen Erzeuger bekommen, sprich der Wille will über sich selbst entscheiden dürfen. Dieses Bedürfnis bezeichne ich als **Bestimmungsmacht**. Aber diese Form von

Selbstbestimmung lässt sich vorläufig nicht immer umsetzen und kollidiert mit den Ansprüchen und Vorhaben der Umwelt. Das Kind übt daher heftigen Widerstand und fängt an, gezielt zu trotzen.

Weiter oben habe ich den **Trotz** als Selbstbehauptungsinstrument dargestellt. An dieser Stelle soll das noch einmal unterstrichen werden. Selbstbehauptung heißt auch Selbstverteidigung üben gegen eine zu eindringliche Macht anderer. Da sind neben den Eltern auch Verwandte, Tagesmütter und Erzieherinnen und Erzieher zu nennen. Denn in der frühen Fremdbetreuung wird auch die Pädagogik auf einmal mit diesem frühen Kindheitsphänomen konfrontiert und muss lernen damit umzugehen.

Je stärker sich das Kind in dieser frühen Entwicklungsphase schon unterdrückt fühlt, je unsicherer seine Bindung ist und je schlechter sich seine Loslösungsbedingungen abzeichnen, desto mehr bedient sich das Kind beim Trotzen der verstärkenden Aggression (s.a. 2. Kapitel Teil 1). Gehören zum temperamentvoll impulsiven Trotzen noch reine Reflexreaktionen wie Wegschleudern von Gegenständen oder gelegentliches Hauen der Bezugsperson dazu, werden beim aggressiven Trotz Gegenstände gezielt und mit Zornesröte im Gesicht zerstört oder die Eltern und andere Bezugspersonen beinahe hemmungslos angegriffen und geschlagen. Einige Kinder neigen dazu, ihre Eltern vor Wut zu beißen. Die stärkste Form der Affektreaktion sind das Umsichschlagen und die Raserei mit Kollaps durch den Zusammenbruch der vegetativen Funktionen.

Der Gipfel der Trotzphase endet in der Regel mit etwa drei Jahren und geht über in die Phase der sprachlichen Auseinandersetzung. Dazu muss natürlich die Sprache weit genug entwickelt sein, was an der Grenze zum vierten Lebensjahr mit dem Erwerb der Grammatik gewöhnlich zum Zuge kommt. Aus hartnäckigen Trotzern werden dann häufig ebenso hartnäckige Diskutierer. Diese Kinder wollen immer das letzte Wort behalten und stellen ihre Forderungen an die Eltern in manchmal penetranter Art und Weise.

Aggressiv verstärktes Trotzen und das Ausbleiben der „**sprachlichen Wendung**“ sind immer wichtige Signale für einen Fortgang in Richtung einer oppositionellen Fehlhaltung. Aggression und permanente Opposition werden zum Gesamtprodukt einer in der weiteren Sozialentwicklung schwierigen Konstellation. Ständiges Provozieren ergänzt die entstandene Gegnerschaft zwischen dem Kind und seinen Eltern, wobei die Provokationen dazu dienen, dem unweigerlich nachfolgenden Verbot und/oder der insistenten Aufforderung zur Unterlassung wieder durch Opposition die Stirn bieten zu können. Das Kind hat gelernt, sich durch kämpferisches Auftreten einen Rest an Selbstaufwertung zu bewahren. Bei diesem Entwicklungsverlauf sind Entwicklungskrisen geradezu vorprogrammiert und Beziehungsstörungen die logische Folge. Jede zusätzliche Belastung für das Kind, Belastung in Hinblick auf seine Anpassungsfähigkeit, ruft dann eine solche Krise hervor und mündet, wenn die Eltern jetzt nicht richtig reagieren, in eine Beziehungsstörung.

Im Vordergrund für solche Entwicklungen stehen wieder schwerwiegende familiäre Veränderungen, insbesondere die Scheidung der Eltern, aber ebenso die falsche Aufnahme früher Fremdbetreuung, der Verlust einer wichtigen Bezugsperson oder die zunehmende Zurückweisung durch denjenigen Elternteil, der sich von den Ansprüchen seines Kindes überfordert fühlt. Allem voran öffnet jede Form von harter, demütigender und strafender Erziehung, jede Form der Vernachlässigung, körperlicher Gewalt und Missbrauch das große Spektrum aggressiver Reaktionen beim Kind.

Aus den unbehandelten Entwicklungskrisen und Beziehungsstörungen werden frühe Bindungsstörungen, weil das Element Bindung als emotional sicherndes Band zwischen Eltern und Kind in solchen Zusammenhängen immer weiter ausdünnt und schließlich zerreißt. In der Bindungsstörung geht dann das anfängliche Urvertrauen beim Kind endgültig zugrunde und weicht einer zunehmend kämpferischen Verteidigungshaltung, um das auf sich selbst gestellte Ich vor dem Untergang in der Vielheit der Anderen zu retten. Man kann es so formulieren: Im entstehenden Dauerwiderstand beginnt ein **Kampf ums** überlebensfähige **Selbst**.

Auf psychodynamischer Ebene hat dieser Kampf ums Selbst Folgen. Sie bestehen darin, dass der entwicklungsgemäß anstehende emotionale und kognitive Perspektivwechsel zunehmend auf der Strecke bleibt. Dadurch erhalten sich die „falschen Annahmen" über den Beziehungsaustausch zwischen einem anderen Erwachsenen und dem Ich und bekommen die Bedeutung einer feststehenden Größe in der Betrachtung der Gesellschaft. Der frühkindliche Egozentrismus weicht dabei kaum der ersten Verständigkeit auf Vernunftbasis. In diese Denkweise vermengt sich dann die fälschlich empfundene Feindseligkeit der Eltern und Erzieherinnen und Erzieher gegen sich selbst und wird im erzieherischen Druck gemutmaßt. Das Kind ist dabei emotional auf sich allein gestellt und driftet mit seinem schwachen und unausgewogenen Selbst in den pathologischen Narzissmus ab (s.o.). Die Bestätigung des Ich unterliegt ab jetzt einem einfach aufgebauten Freund-Feind-Schema. Aus dem Kampf ums Selbst wird Zug um Zug ein Bekämpfen der anderen.

Alle Schritte der fortgesetzten Sozialentwicklungen werden plötzlich vom Kind auf den Prüfstand gestellt und auf ihre Möglichkeit einer effektiven Widerstandhaltung und/oder Provokationsgelegenheit hin überprüft. Denn das Kind kehrt prosoziale Haltung in Schwäche vor dem Gegner um und persönlichen Widerstand in Stärke. Selbst die einfachsten familiären Abläufe werden jetzt zu einer Kampfeshaltung umfunktioniert. Damit strauchelt das Kind immer weiter in der Bewältigung seiner Lebensfragen, angefangen bei alltäglichen Aufgaben und Verpflichtungen und endend in der Weigerung, sich körperlichen Notwendigkeiten unterzuordnen.

Haben die Kinder bis dahin noch einigermaßen gut geschlafen und sind schon recht zuverlässig zu Bett gegangen, wird jetzt aus dem Abendprogramm ein Dauerstreit mit den Eltern. Nachfolgende **Schlafstörungen** unterschiedlicher Art bestimmen die Nächte. Auch das Essen am Tisch mit Einhalten erster Regeln und Manieren wird torpediert und zur Kampfeszone erklärt. **Essstörungen** sind die logische Folge. Die **Sauberkeitsentwicklung** wird gestoppt und als Instrument zum Aufstand umformiert. **Habituelle Obstipation** bei der Stuhlausscheidung und so genannter **Miktionsaufschub** mit explosiver Entleerung bei der Urinausscheidung führen zum Einnässen am Tage oder zum fortgesetzten Kotschmieren durch einen durch die verhärteten Stuhlmassen im Enddarm hindurchfließenden weicheren Stuhl. Die eigentliche Ausscheidung oft erst nach Tagen kann zu einem Drama werden, da der Stuhl vor dem Darmausgang vollkommen verhärtet ist und den Analring schmerzhaft spreizt.

Miktionsaufschub und habituelle Obstipation sind dem Kind unbewusste Provokationsmethoden, die aber die Eltern zum Handeln herausfordern. Spätestens wenn die Kinder ohne innere Hemmung **Einnässen** (Enuresis diurna) oder gezielt **Einkoten** (Enkopresis) sind die Eltern gezwungen zu handeln. Aber dieses Handeln kann nur ein Erkennen der kindlichen Notlage bedeuten und ein Einbringen von entlastenden Maßnahmen für das Kind. Die sekundärpräventiven und zum Teil auch schon therapeutischen Schritte sollen dem nächsten Teil des Buches vorbehalten bleiben. Organische Ursachen von Störungen der Blasen- und Mastdarmfunktion müssen allerdings vor jeder seelischen Erklärung durch geeignete Untersuchungen ausgeschlossen werden.

Die Karriere der aggressiv-oppositionellen Kinder mit Herausforderung ihrer Umwelt setzt sich fort, wenn nicht durch günstigen erzieherischen Einfluss Entspannung einsetzt. Jede Anweisung der Eltern im Erziehungsgeschehen und jedes Bemühen um einsichtsvolles Kooperieren des Kindes im familiären Alltag eskaliert zu gegenseitigen Vorwürfen und heftigen Wutausbrüchen und fördert eine sich stetig verweigernde Haltung zutage. Der Ungehorsam wird zum Ausdrucksmittel des Kindes, auf seine innere Notlage aufmerksam zu machen. Die elterliche Geduld schwindet dabei immer mehr und aggressive Übergriffe von Seiten der Eltern drohen. Findet ein solcher Übergriff zunächst noch rein verbal durch Anschreien und Verwünschungen statt, wird daraus über kurz oder lang eine erste Form körperlicher Züchtigung. Die Ohrfeige und die weitverbreiteten Schläge auf den Po sind dann oft nur der Einstieg in schlimmere Formen körperliche Gewaltanwendung. Die Liste von seelischen Grausamkeiten, die Eltern ihren widerständigen und ungehorsamen Kindern zufügen, ist lang und gekennzeichnet von oft erschreckender Hemmungslosigkeit.

Finden die Streitereien anfangs noch zu Hause statt, weitet sich die Kampfzone mit der Zeit auf allen sozialen Bereiche aus, in denen sich das Kind aufhält. An dem Grad der sozialen Ausweitung oppositionell-aggressiver Ausfälle lässt sich ganz gut der Schweregrad der Entwicklung ablesen. Solange die kindlichen Angriffe noch zu Hause stattfinden und fast ausschließlich die Eltern betreffen, ist die Prognose für einen Heilungsprozess gut. Trägt das Kind aber seinen Kampf in die größeren sozialen Zusammenhänge, also z.B. in den Kindergarten oder erweiterte familiäre Strukturen, dann ist die Rückkehr zum Normalen bereits deutlich erschwert.

Die Ursache für das Hinaustragen der aggressiv-oppositionellen Handlungen in die Gesellschaft liegt häufig in der zu harten Reaktion der Eltern zu Hause. Wird hier im Rahmen der Eskalation der Kämpfe zwischen Kind und Eltern zu härteren Erziehungsmaßnahmen mit üblen Strafen gegriffen, unterwirft sich das Kind zu Hause aus Angst vor der Macht der Eltern, trägt aber sein Störungsverhalten nach draußen in die soziale Umgebung. Dort meint es, sich Macht erhalten zu können. Kindergärten, Kindertagesstätten und Schulen stehen in der Reihenfolge der außerhäusigen Orte für den Machtkampf oben an. Aber auch im ungeordneten sozialen Umfeld auf der Straße zeigen diese Kinder immer stärkere aggressive Entladungen.

Diese treffen dann kleinere und schwächere Kinder oder schwache Lebewesen wie Kleintiere oder Hunde und Katzen. **Tierquälerei** ist immer ein sicheres Indiz für eine aggressiv-oppositionelle Haltung bei einem zu Hause massiv unterdrückten Kind, das auch schon Gewalterfahrungen an sich selbst oder anderen Familienmitgliedern erlebt hat. An dieser Stelle bewahrheitet sich das Prinzip „Lernen am Modell“ auf besonders unheilvolle Weise.

Im Schulalter erweitert sich das Spektrum der aggressiven Handlungsweisen auf ein Stören des Klassenverbands und paart sich mit einer konstanten Verweigerungshaltung allen geforderten Leistungen gegenüber. Da Lernen Anstrengung, Selbstkontrolle und Disziplin bedeutet und die Schule auf einem recht strengen Regelkonzept basiert, sind sowohl die Leistungsansprüche als auch die Forderungen nach Regelkonformität ein beliebter Anlass für ständiges Aufbegehren und Verweigern. Alle Lehrkräfte und leistungsbereite sowie prosoziale Kinder werden bald als Feinde betrachtet. Wenn sich dann noch eine kleine Gruppe von Außergesetzlichen gebildet hat, werden diese „guten Kinder“ gezielt gemobbt und/oder diffamiert. Deren Schulsachen werden beschädigt oder gestohlen, auf dem Heimweg wird ihnen aufgelauert und Prügel angedroht. Lehrerinnen und Lehrer werden geschmäht und in der Klasse vor allen anderen Kindern mit abwertenden Bemerkungen provoziert oder auf ungehörige Weise beschimpft.

Schon im Grundschulalter, aber viel stärker noch bei den weiterführenden Schulen stellt sich das **Schulschwänzen** ein. Die Kinder und dann Jugendlichen haben keinerlei Interesse mehr, sich durch Aneignen von Wissen und durch Erwerb von sozialen Fähigkeiten auf ihre Rolle in der Gesellschaft vorzubereiten. Sie fühlen sich schon jetzt als für die Gesellschaft verloren und bereiten sich auf ein Leben im permanenten Widerstand vor. Alle Formen von Ordnung und Regelhaftigkeit lehnen sie für sich ab und sehen sie als Schwäche und Unterwürfigkeit an. Der Kampf wird schließlich aus den Klassenzimmern auf die Straße getragen.

Die mittlerweile Jugendlichen entwickeln ein Sozialverhalten, das als Dissozialität (s.o.) aus der Aggressivität hervorgegangen ist. In Einzelfällen werden diese Jugendlichen schon früh kriminell und fangen an, sich durch Stehlen und Betrügen finanzielle Vorteile zu verschaffen. Neben Diebstahl und Sachbeschädigung treten Brandstiftung und körperliche Angriffe auf Unschuldige in Erscheinung. Dieses Verhalten wird als **Delinquenz** bezeichnet und bringt die Kinder zum ersten Mal mit den Ordnungsorganen des Staates zusammen.

Dissozialität stellt den Gegensatz im Sozialverhalten zum verantwortungsbewussten, prosozialen Menschen dar. Der Jugendliche spricht sich innerlich frei von jeder moralischen Verpflichtung. Zu schwache oder fehlende Empathie mit den Geschädigten und den Opfern (s.o.) lässt ihn leicht zum Täter werden. In der Täterschaft wähnt dieser Jugendliche sich stark und mächtig. Opfer sein ist für ihn Ausdruck von Schwäche. Mangelnde Empathie lässt auch die Gewissensfunktionen nicht genügend ausreifen. Sitten, Normen und Gesetze können so auf leichte Weise missachtet werden und vernunftmäßiges Handeln kann sich nicht gegen die **eigene Willkür** durchsetzen. Drangvolle Impulse und mangelhafte Selbstbeherrschung machen diese Jugendlichen teilweise richtig gefährlich. Vor allem in der Gruppe treten sie hemmungslos und zerstörerisch auf.

Ihr Respekt vor dem anderen Menschen basiert einzig auf dessen Überlegenheit, Menschlichkeit an sich zählt für sie nicht als Motiv zum Mitleid. Besitz und Eigentum des Anderen werden ebenso wenig respektiert und sind ihrem Gutdünken ausgesetzt. Was nicht für einen Diebstahl taugt wird einfach zerstört.

Ausdruck aggressiv-oppositioneller Verhaltensweisen sind:

1. Prinzipieller Widerstand gegen alle Anweisungen und Aufträge der Eltern und Erzieherinnen und Erzieher. Beibehaltung des Trotzverhaltens über die klassische Trotzphase hinaus.
2. Eskalierende Wut mit heftigen Ausbrüchen, begleitet von zerstörerischem und angriffslustigem Verhalten.
3. Gezielte Provokationen und ständige Regelverletzungen. Ewige Streitsuche.
4. Unterstellung von Feindlichkeit der sozialen Umgebung. Simples Freund-Feind-Schema.
5. Eigenes Minderwertigkeitsgefühl mit dem Bedürfnis, es durch aggressive Handlungen anderen gegenüber aufzubessern. Übernahme falscher Vorbilder.
6. Dissoziale Verhaltensweisen wie echtes Lügen, Stehlen, Feuer legen, Ausleben sadistischer Gewaltfantasien (v.a. auch an kleinen Tieren).
7. Gezielter Waffengebrauch und deren ungehemmter Einsatz im Konflikt oder als Provokation.

b) ADHS und ADS

Das Verhaltensbild der Aufmerksamkeits-Defizit-Hyperkinetischen Störung, **ADHS,** gehört prinzipiell in das Kapitel der aggressiv-oppositionellen Verhaltensweisen, verlangt aber längst eine gesonderte Besprechung. Denn die Zahl der unruhigen, zappeligen, hypermotorischen Kinder, die gleichzeitig nicht mehr aufpassen, sich schlecht konzentrieren können und überdies impulsiv und aggressiv verhalten, nimmt offenbar stetig zu. In den Grundschulen wird von den Lehrerinnen und Lehrern übereinstimmend über regelmäßig mehrere Kinder mit solchen Auffälligkeiten in jedem Klassenverband geklagt. Inoffizielle Zahlen sprechen von über 10 Prozent der von diesem Störungsbild betroffenen Kinder in der Bundesrepublik Deutschland. Aber häufig werden ADHS und aggressiv-oppositionelles Verhaltens miteinander gleichgesetzt. Bei kritischer Diagnostik der ADHS dürfte die wahre Zahl der betroffenen Kinder bei etwa 3 Prozent liegen (G. Lehmkuhl und M. Döpfner, 2003) allerdings mit steigender Tendenz.

In der letzten Zeit gehen die Tendenzen dahin, bereits im Kindergartenalter diese Kinder herauszufischen, sie mit dieser Diagnose zu belegen und frühzeitig geeigneten Therapien zuzuführen (Eltern- und Psychotherapie, Ergotherapie und neuerdings sogar medikamentöse Therapie). Trotzdem gilt bislang immer noch die Regel, dass vor dem sechsten Geburtstag die Diagnose ADHS nicht sicher zu stellen ist. Außerdem muss für die Diagnosestellung das Störungsbild mindestens sechs Monaten lang bestanden haben, und in mindestens zwei der drei entscheidenden Lebensbereiche wie Zuhause, Schule und Freizeit deutlich auftreten.

Wie bei den aggressiv-oppositionellen Verhaltensstörungen festzustellen, sind von der ADHS auch wieder sehr viel mehr Jungen betroffen als Mädchen. Das Zahlenverhältnis der Geschlechter bezogen auf die Gesamtzahl ADHS-auffälliger Kinder liegt vorsichtigen Schätzungen zufolge bei etwa 4:1 für Jungen. Diese so genannte Knabenwendigkeit bringt das Störungsbild noch einmal deutlich in die Nähe der aggressiv-oppositionellen Verhaltensstörung. Eine weitere Tatsache ist die hohe Vergesellschaftung von ADHS mit zusätzlichen Verhaltensproblemen, die so genannte Komorbidität. Gut 60 Prozent aller ADHS-Patienten zeigt gleichzeitig wie bereits erwähnt aggressive Auffälligkeiten, etwa 30 Prozent dagegen aber auch depressive Erscheinungen. Bis 50 Prozent der betroffenen Kinder zeigen Störungen des Sozialverhaltens und 20 bis 25 Prozent Angststörungen. Außerdem kommen gehäuft Lernstörungen vor und Tic-Neurosen (M. Döpfner, J. Frölich, G. Lehmkuhl, 2002).

Bis heute ist nicht genau geklärt, ob die ADHS auf eine genetische Störung im Botenstoff-System des Gehirns zurückzuführen ist, oder Folge eines Aufwachsens in einem schwierigen sozialen Umfeld (G. Hüther und H. Bonney, 2002/2009). Angenommen wird eine Störung in der Funktion des Dopamin-Transporter-Systems und/oder bestimmter Dopaminrezeptoren im Frontalhirn sowie in den zugehörigen Anteilen des Belohnungssystems in den Basalganglien. Andererseits werden auch pränatale Faktoren wie Rauchen in der Schwangerschaft und hohe Stressbelastung der werdenden Mutter als zumindest ursächlich mitbeteiligt diskutiert.

Als sicher belegt gilt in der Entwicklung des Störungsbildes, dass spätere ADHS-Kinder im Säuglingsalter auffallend unruhig waren, viel geschrien haben, schlecht schliefen und leichter Fütterprobleme entwickelten (so genannte Regulationsstörungen, s.o.). Sicher ist auch, dass diese Kinder als Kleinkinder stark trotzig waren und sich sozial wenig anpassungsbereit verhielten.

Neben diesen individuellen Entwicklungsproblemen fällt aber auf, dass auch die Lebensumgebung dieser Kinder in den allermeisten Fällen schwierig war. Das ergeben immer wieder genaue Nachforschungen in den frühkindlichen Biographien von ADHS-Patienten. Diese Erfahrung lenkt die Möglichkeit für die Entstehungsursache noch einmal auf das schwierige Umfeld.

Die Tatsache, dass viele begleitende Störungen aus dem neurologischen und neuropsychologischen Bereich zusammen mit der ADHS auftreten, wirft dagegen ein weiteres Schlaglicht auf die genetische Hypothese. Diese wird noch unterstrichen durch die häufig gemachte Feststellung, dass auch einer der Eltern von ADHS betroffenen Kindern, meist der Vater, eine hyperkinetische Störung in seiner Kindheit aufgewiesen hat. Über 40 Prozent aller Patienten haben in der Familie gleichfalls Erkrankte und eineiige Zwillinge zeigen eine Konkordanz über 90 Prozent (G. Lemkuhl und M. Döpfner, 2003).

Dennoch sprechen viele Beobachtungen nach wie vor auch für die Milieu-Hypothese, die hinsichtlich der potenziellen Erblichkeit ins Feld führt, dass bestimmte Faktoren der Lebensumgebung sowie das innerfamiliäre Erziehungskonzept sich in einzelnen Familien von Generation zu Generation traditionieren und somit gleich bleiben. So ist es mehr als wahrscheinlich, dass ADHS, aggressives Verhalten und Störungen des Sozialverhaltens bei Vater und Sohn oder auch bei anderen engen Familienmitgliedern gleichzeitig auftreten. Es darf heute angenommen werden, dass sich als wahre Ursache des Störungsbildes ungünstige Anlagefaktoren und ungünstige Umweltbedingungen gegenseitig hochschaukeln und zu den Verhaltensauffälligkeiten führen, die dann als ADHS in Erscheinung treten (bio-psycho-soziales Entstehungsmodell) (G. Lehmkuhl und M. Döpfner, 2003).

Das Problem in der endgültigen Entscheidung, ob es sich um eine organische Störung im Gehirn handelt oder um eine entwicklungsbedingt soziale Fehlanpassung, liegt einerseits darin, dass man Tests an kleinen Säuglingen nicht durchführen kann, um die angeborene Ursache zu beweisen. Ebenso wenig kann man aus ethischen Gründen zwei Gruppen von Säuglingen und Kleinkindern bilden, deren eine in psychosozial krankmachender Umgebung und deren andere als Kontrollgruppe in psychosozial gesunder Umgebung großgezogen wird. Zwillinge kann man aus denselben Gründen erst recht nicht als Versuchgruppe heranziehen. Damit ist ein einwandfreies Studiendesign ausgeschlossen, und allein prospektive Studien an großen Kinderzahlen können einigermaßen Licht in das Dunkel bringen.

Die Differenzierung ist grundsätzlich noch schwieriger geworden, seit man herausgefunden hat, dass nicht die Gene von sich aus allein das Verhalten eines Menschen beeinflussen, sondern dass die soziale Umgebung des Menschen direkt auf die Funktion und Ausprägung der vorhandenen Gene Einfluss nimmt. Solche Steuerungsvorgänge des Erbguts durch die vorgefundene Umwelt fasst man unter dem Begriff **Epigenetik** zusammen (J. Bauer; G. Hüther, s. Allgemein einleitende Erklärungen). Demzufolge gelangt man inzwischen zu dem Schluss, dass bei der ADHS die mutmaßlich genetisch bedingte Störfunktion im Frontalhirn in Verbindung mit Schwächen im Belohnungssystem (fronto-striatales System) keinesfalls die alleinige Ursache der ADHS sein kann.

Vielmehr muss man in Zukunft wohl davon ausgehen, dass die für die ADHS typischen Verhaltensauffälligkeiten Folge einer falschen Umgangsweise mit angeborenen schwierigen und seelisch „anfälligen" Säuglingen und Kleinkindern ist. Eine ungünstige Umweltsituation trifft also auf problematisches, seelisch leicht verletzliches (vulnerables) Neugeborenes. Die Folgewirkungen der ADHS ließen sich so erklären, dass das angeborene Stresssystem der Kinder durch frühe negative Erfahrungen überlastet worden ist und dadurch eine Schwächung des Dopamin-Botenstoff-Systems auf epigenetischer Basis verursacht hat. Der negative Stressmechanismus kann sogar schon pränatal in einer hoch negativ belasteten Schwangerschaft Auswirkungen im Gehirn hervorgerufen haben. Das Rauchen der gestressten schwangeren Mutter ist dann nur ein zusätzliches Zeichen ihrer Belastung.

Ebenso kann, das sei an dieser Stelle kurz eingeflochten, die problematische Funktion der Amygdala (s.o.) bei der Angststörung ebenfalls Folge einer Schwächung des Organs durch überstrapazierte Stresstoleranz sein. Die erhöhte Angstbereitschaft ist dann das Ergebnis einer epigenetisch verstellten Rezeptorenfunktion in den Mandelkernen (Amygdala) und nicht Ausdruck einer angeborenen, stärkeren Veranlagung zu Angst. Seit längerem weiß man aus Tierversuchen, die auf den Menschen übertragbar sind, dass enormer Stress in der frühesten Entwicklungsphase von sozial lebenden Säugetieren die Angstverarbeitung in der Amygdala sowie die Gedächtnisfunktionen im Hippocampus negativ beeinflusst (Th. Beblo und F.G. Woermann, 1997/2005). Alle diese neueren Erkenntnisse tragen dazu bei, dass die Debatte um die Entstehung von ADHS weiterhin heftig geführt werden wird.

ADHS-gestörte Kinder zeigen wie schon angedeutet drei besondere Verhaltenmerkmale: erstens die schlechte Konzentrationsfähigkeit und Aufmerksamkeitsleistung, zweitens die nervöse Unruhe und Zappeligkeit und drittens die impulsiven Handlungen mit deutlichem sozialen Störpotenzial. Forscht man bei diesen Kindern in ihre früheste Kindheit zurück, und das muss man, um zu einer einigermaßen gesicherten Diagnose zu gelangen, dann stellt sich fast immer heraus, dass sie bereits als Säugling durch ein schwieriges Temperament aufgefallen waren. Gleichzeitig waren aber wie gezeigt die familiären Voraussetzungen offenbar so ungünstig, dass ihr vieles Schreien, ihr schlechtes Schlafverhalten und später auch ihr massives Trotzen von den Eltern viel zu wenig aufgefangen und verarbeitet werden konnte.

Die Säuglinge blieben sich also in ihrer allgemeinen Unruhe, ihrer Enttäuschung und Wut gegenüber der Bindungsperson und damit in ihrem Angst-Stress-Level weitgehend selbst überlassen. Sie mussten oft lange ohne elterliche Begleitung schreien, erfuhren widersprüchliche und unzuverlässige Botschaften ihrer Bindungspersonen und wurden frühzeitig mit einem erzieherischen Konzept konfrontiert, das auf Vermeidung von Gefühlen ausgerichtet war oder in emotionalen Ambivalenzen endete. Was diesen Kindern dabei dann vorenthalten blieb, waren einfühlsame, zuverlässige und verständnisvolle Reaktionen ihrer Eltern verbunden mit berechenbaren Verhaltensweisen, die kindliche Neigung zu ausufernden Reaktionen sinnvoll zu begrenzen.

In der Kleinkindzeit kam zu den entstandenen unsicheren Bindungsstilen fast immer eine erschwerte Loslösung dazu, denn am erzieherischen Konzept der Eltern änderte sich zumeist nichts, und die Väter zogen sich eher zurück, als dass sie problemorientiert auf ihre Kinder zugingen. Das hielt diese Kinder in trotziger Opposition und hinderte sie an prosozialen Entwicklungsschritten wie Empathieentwicklung und geistiger Perspektivwechsel.

Die Hauptfolge dieser Fehlentwicklungen in den Bindungsstrukturen ist die Ausbildung eines unausgewogenen Selbst mit allen Risiken hinsichtlich der weiteren Sozialentwicklung. Pathologischer Narzissmus, fehlendes Mitleid mit anderen Kindern sowie Rücksichtslosigkeit den Mitmenschen ganz allgemein gegenüber nehmen zum Teil ausgeprägte Konturen im Verhalten an. Diese Entstehungsverläufe sind nun weitgehend deckungsgleich mit denen der Entwicklung zur aggressiv-oppositionellen Verhaltenstörung, was die Unterscheidung dieser beiden Verhaltensauffälligkeiten, auch das sei noch einmal betont, so besonders schwierig macht.

Mit dem so zustande gekommenen, unausgewogenen Selbst ist es schwieriger, die Empathie in sich zu festigen und Mitleid mit dem anderen Menschen zu entwickeln, als mit einem gut strukturierten Selbst. Schon als Kind ist man dadurch zu sehr mit seinem Eigen- oder besser Selbstmitleid beschäftigt als mit den Empfindungen und Gefühlen der anderen. Der geistige Perspektivwechsel gelingt dagegen meist besser, weil es für solche wichtig Kinder ist, die Reaktionen ihres Gegenübers richtig einschätzen zu können und deren Vorgehensweise im Vorhinein zu deuten. Nur stellt sich dabei eine auf negativen Emotionen begründete Verschiebung sozialer Schlussfolgerungen ein, die nahezu alle Reaktionen des Anderen dem **Verdacht von Feindseligkeit** aussetzt. Insbesondere wenn sich Minderwertigkeit in der Selbstbewertung eingestellt hat, scheint diese Feindseligkeit überall zum Vorschein zu kommen.

Folglich setzt sich im Kind der Gedanke fest, immer auf der Hut sein zu müssen und immer zu allererst darüber nachdenken zu müssen, wie es selbst einigermaßen unbeschadet aus der als bedrohlich empfundenen Situation heraus kommt. Dieses Feindseligkeitsdenken ist uns auch schon bei der Entwicklung zur aggressiv-oppositionellen Verhaltenstörung und Dissozialität begegnet.

In dieser Form geistig ausgestattet werden die Kinder schon in der Vorschulzeit im sozialen Umgang zu schwierigen Zeitgenossen. Gegen jede Anweisung wird sich erst einmal gewehrt, jeder Auftrag wird als unerträgliche Belastung erlebt, jeder Vorschlag torpediert, wenn er nicht ganz offensichtlich dem eigenen Vorteil dient. Aber diese Kinder sind nicht nur mit der Umwelt, sondern auch mit sich selbst unzufrieden. In dem falschen Glauben, in der Vorwärtsverteidigung die eigene Haut retten zu können, beschimpfen sie ihre Eltern und attackieren sie, wenn diese Erziehungsmaßnahmen durchsetzen wollen. Das Gehorchen gerät für sie zu einem Fremdwort.

In der Schule fallen diese Kinder durch Unkonzentriertheit, Unaufmerksamkeit und Störungen des Unterrichts auf. Sie sind leicht ablenkbar, stehen einfach von ihrem Platz auf, laufen umher und zeigen das Bestreben, jeden Unsinn mitzumachen, der angestiftet wird, also auch den, den sie nicht selbst erzeugen. Auf diese Weise stellen sich schnell Lernprobleme ein und die Kinder bleiben schließlich unter ihrer Leistungsfähigkeit. Da Hausaufgaben mit einer gewissen Anstrengung und Disziplin verbunden sind, werden diese nicht gemacht und zu Hause verschwiegen oder geleugnet. Schulranzen, Schreibpult und eigenes Zimmer werden nicht in Ordnung gehalten und verlieren sich im **Chaos**. Aber Aufräumen kommt nicht infrage. Wo es geht, wird gegen die soziale Ordnung verstoßen und rebelliert. Gegen die jegliche Ordnung wird bar jeder Vernunft aufbegehrt, so dass schließlich ein Chaos entsteht, wo das Kind seinen Fuß hinsetzt.

Die Pubertät ist bekanntermaßen noch einmal eine Hoch-Zeit des sich selbst Bespiegelns. Egozentrisches Denken schiebt sich wieder stark in das bereits erworbene soziale Gedankengut hinein. Im Falle der klassischen ADHS-Störung erreicht dieser Egozentrismus einen neuen regelrechten Höhenflug. Mitfühlsamkeit, Sorge für den Anderen und moralisches Empfinden werden nahezu vollständig missachtet. Den eigenen schlecht kontrollierten Impulsen folgend entwickeln sich diese Jugendlichen zu jähzornigen, angriffslustigen Mitmenschen. Dadurch geraten sie ins soziale Abseits, wo sie sich dann in Gruppen der Ausgestoßenen zusammenfinden, miteinander vereinen und Rachefeldzüge gegen die Gesellschaft aushecken. Viele Jugendliche **schwänzen** ständig **die Schule** oder brechen sie ganz ab, fangen an sich herumzutreiben. Dabei geraten sie schnell in Kontakt mit **Drogen**, Nikotin und Alkohol und suchen ihre Identifikation mit den Gleichgesinnten in den gesellschaftlichen Randzonen. Ihre schwachen Selbstvorstellungen machen sie nicht nur zu willfährigen Opfern für Drogen, sondern auch für ein radikales, antisozial ausgerichtetes Gedankengut. Noch leichter als die aggressiv-oppositionellen Kinder und Jugendlichen landen die Jugendlichen mit ADHS im Fahrwasser der **Delinquenz**.

Auch als junge Erwachsene hören die Probleme der ADHS nicht auf. Während die Hypermotorik sich weitgehend legt, wirken die Konzentrations- und Aufmerksamkeitsstörungen fort und erschweren die Aufnahme einer sozial akzeptablen Arbeit. Die persönliche Umgebung erweckt weiterhin einen chaotischen Eindruck und entsprechend unbeherrscht und unstrukturiert sind die Verhaltensweisen und Selbstorganisationsschritte dieser Menschen. Tiefgehende und andauernde Beziehungen zu anderen Menschen und echte Partnerschaften sind meistens nicht haltbar und werden demzufolge von Vornherein gemieden. Statistisch deutlich häufiger sind bei den Menschen mit ADHS Unfälle, Scheidungen, Abbrüche von Freundschaften, Wechsel der Arbeitsstelle und Kriminalität verzeichnet. Ihre Kinder haben, wie familiäre Erhebungen zeigen, ein deutlich höheres Risiko, selbst eine ADHS zu entwickeln (s.o.).

Neben den „hyperkinetischen" ADHS-Kindern gibt es die „Träumer"-Typen, denen im symptomatischen Erscheinungsbild nur die Hyperaktivität fehlt. Daher gibt es in dem zugehörigen Akronym das „H" für Hyperkinesie/Hyperaktivität nicht; es lautet demnach **ADS**. Diese Kinder erscheinen eher initiativlos und desinteressiert und nehmen an ihrer Umgebung auffallend wenig teil. Sie sind in hohem Maße unaufmerksam und scheinbar unberührt von dem, was um sie herum geschieht. Ihr schwacher Ordnungssinn und ihre schlechte Selbstorganisationsfähigkeit sind denen der ADHS-Patienten annähernd gleich.

Durch ihre Träumerei und ihr Unbeteiligtsein an dem, was um sie herum passiert, sind sie im Alltag und in der Schule zwar umgänglicher und fallen seltener auf, aber auch sie leiden erheblich unter ihrer Problematik und benötigen Hilfe. Nur weil sie so wenig provozierend auftreten, schenkt man ihnen nicht die gleiche Beachtung wie den ADHS-Patienten.

Im Sozialverhalten nicht so problematisch, treten sie hauptsächlich durch schlechte Leistungen in Erscheinung. Infolgedessen ist es wichtig, sie diagnostisch exakt von Kindern mit so genannten Teilleistungsstörungen und mangelndem Intelligenzquotienten abzugrenzen. Manches Kind, das als Träumertyp bezeichnet wurde und medikamentöse Behandlung erhielt, entpuppte sich später, nachdem die Behandlung keine Verbesserung erzielte, als unterbegabt oder lernbehindert.

In der Behandlung der ADHS und ADS gestörten Kinder konkurrieren verschiedene Angebote. Mit fast missionarischem Eifer werden die medikamentöse Behandlung und die Psychotherapie gegeneinander ins Feld geführt. Dabei haben sich die Fachgesellschaften im deutschsprachigen Raum in den letzten Jahren einhellig darauf geeinigt, dass nur die Kombination der beiden Therapieformen inklusive eine effektiven Elternberatung mit Verbesserung des sozialen Umfelds den Schlüssel zum Erfolg bereithalten kann (G. Lemkuhl und M. Döpfner, 2003). Das Multimodale Behandlungskonzept ist Ergebnis der Empfehlungen des Beirats der Bundesärztekammer vom 26.8.2005.

Es kann im Rahmen dieses Buches nicht die Aufgabe sein, die therapeutischen Schritte bei der ADHS oder nur ADS genauer auszuführen. Nur soviel soll gesagt sein: An Medikamenten stehen Methylphenidat (1. Handelsname Ritalin) und Atomoxetin zur Verfügung. Letztere Substanz lässt sich aus den Selektiven Serotonin-Wiederaufnahme-Hemmern (SSRI) ableiten, mit denen man sonst Depression und Zwangsstörungen behandelt; teils gute Wirksamkeit mischt sich mit nicht unerheblichen Nebenwirkungen und Risiken. Aber ohne eine parallel durchgeführte Psychotherapie mit Psychoedukation des Patienten und eine Korrektur seines sozialen und erzieherischen Umfelds bleibt die medikamentöse Therapie ohnehin eine nur zeitbegrenzt verbessernde Behandlung. Die Hoffnung, dass sich durch das günstigere Sozialverhalten und die besseren schulischen Leistungen via höherer Anerkennung durch die Lebensgemeinschaft das Selbstbewusstsein der Heranwachsenden so steigert, dass diese auch nach Absetzen der Medikamente in ihrem sozialen Umfeld stabil und verträglich bleiben, erfüllt sich eher selten. Hyperkinetische und sozial problematische Kinder und Jugendliche lassen sich mit Medikamenten nicht disziplinieren. Lediglich die – in der Regel als Verhaltenstherapie – durchgeführte Psychotherapie sichert die erhoffte Nachhaltigkeit einer zeitbegrenzten medikamentösen Therapie. Dennoch bleibt die Gesamtprognose der ADHS wenig zufriedenstellend.

Eine Erhebung der Techniker Krankenkasse zu den Verkaufszahlen von Methylphenidat hat ergeben, dass in den Jahren 2006 bis 2010 die Verordnung dieser Medikamente um 30 Prozent gestiegen ist. Es ist kaum vorstellbar, dass diese Zahl allein der Zunahme der ADHS zuzuschreiben ist. Und auch die Argumentation, inzwischen würde die Diagnose häufiger gestellt und damit die Verordnungshäufigkeit erhöht, erklärt diesen enormen Anstieg nicht. Es ist zu befürchten, dass ganz einfach zu schnell und zu häufig auf Medikamente zurückgegriffen wird, wenn soziale, disziplinarische und aufs Lernen bezogene Schwierigkeiten bei Schulkindern auftreten.

4. Die reaktiven Bindungsstörungen mit Ausblick auf die schweren Bindungsstörungen und die Folgestörungen aggressiver und autoaggressiver Verhaltensweisen

a) Die Zeichen und Auswirkungen der reaktiven Bindungsstörung

Beziehungsstörungen entwickeln dann ihre besondere Gefährlichkeit für die Entwicklung des Kindes, wenn körperliche und/oder seelische Gewalt sowie sexueller Missbrauch mit ins Spiel kommen. Die Erfahrung einer vollständigen Ablehnung der eigenen Person oder ihre Ausnutzung zu selbstgefälligen Zwecken durch die (verinnerlichten) Bindungspersonen zerstört jegliches Urvertrauen und verkehrt das Gefühl von Geborgenheit und Sicherheit in eines der Verlorenheit und des Ausgeliefertseins. Damit geht aber die Basis der Eltern-Kind-Beziehung zu Bruch und die Bindung verliert ihre natürliche Schutzfunktion. In der Internationalen Klassifikation der Krankheiten (ICD 10) wird diese Form der gestörten Bindung als **reaktive Bindungsstörung** geführt. Ihre Merkmale sind:

1. Beginn vor dem 5. Lebensjahr.
2. Stark widersprüchliche soziale Reaktionen in Situationen, in denen Beziehung gefragt ist.
3. Erhebliche emotionale Störungen mit Rückzug, Aggressivität, Unglücklichsein und Überempfindlichkeit.
4. Noch soziale Ansprechbarkeit in der Interaktion mit zugewandten Erwachsenen. Dabei Übertreibung und Dramatisierung des Geschehens aufseiten des Kindes.
5. Fehlen einer umfassenden emotionalen und sozialen Entwicklungsstörung wie bei Autismus.

In das Fahrwasser eines totalen Vertrauensverlustes in die Bindungspersonen geraten auch diejenigen Kinder, die bereits aus der primären Bindung stark beschädigt hervorgehen. Gemeint sind damit die Kinder, die einen desorganisierten Bindungsstil entwickelt haben (s.o.). Nur selten kommt es vor, dass desorganisiert gebundene Kinder durch eine glückende Loslösung in Gestalt der sekundären Bezugsperson wenigstens zum Teil aus ihrer desaströsen Lage befreit werden. Meistens schließt sich an die massiv gestörte primäre Bindung auch eine misslungene Loslösung an und die Bindungsstörung nimmt ihren Fortgang. In solchen Familien kommt es also zu einem erzieherischen Totalausfall von Mutter und Vater. In den wissenschaftlichen Untersuchungen und Studien werden diese Familien neben denen, die aus anderen Gründen aus dem sozialen Netz fallen, als **dysfunktional** (s.u.) bezeichnet. Die Beziehungsstörung ist jetzt so schwerwiegend, dass keine Basis mehr für einen soliden Persönlichkeitsaufbau existiert.

An dieser Stelle wird noch einmal deutlich, wie eng die Beziehung zwischen sicherer Bindung, gelungener Loslösung und erfolgreichem Aufbau der Persönlichkeitsstruktur ist. Das lässt sich meines Erachtens nur über die Konstitution des Selbst beschreiben. Bindung und Loslösung sind entscheidende Voraussagefaktoren für den Aufbau eines ausgewogenen Selbst (s. 4. Kapitel Teil 1). Was zur Ausgewogenheit unbedingt dazu kommen muss, ist die Versorgung des Kindes mit ausreichend positiven Attributionen. Daher werben die Kinder geradezu darum, vorzugsweise bei ihren Eltern und anderen wichtigen Bezugspersonen.

Vernachlässigten, misshandelten und missbrauchten Kindern werden positive Attributionen dagegen nahezu vollständig entzogen, so dass zusammen mit dem Verlust des Urvertrauens und den zerrütteten Bindungsverhältnissen nur ein schwer beschädigtes Selbst daraus erwachsen kann. Dieses unausgewogene, das heißt sozial unzulängliche Selbst ist fast immer gekennzeichnet von starker Minderwertigkeit. Das hat zur Folge, dass das Kind in dieser Situation bei jedem Menschen, der sich ihm dazu anbietet, um Gunstbezeugungen zu betteln beginnt. Dieses Verhalten kann man als geradezu prototypisch für schwerwiegende Bindungsstörungen ansehen.

Aber diese Bettelei macht das Kind nur noch anfälliger für Verachtung, Misshandlung und Missbrauch, als es dem ohnehin schon ausgesetzt ist, denn um Liebe und Gunst bettelende Kinder werden den Erwachsenen alsbald lästig und von ihnen leichthin als wertlos abgetan. Eben diese Einschätzung setzt jedoch die Hemmschwelle bei den Erwachsenen herab, das Kind weiter zu entwürdigen, es zu demütigen und in den bereits begonnenen Misshandlungs- oder Missbrauchsprozess mit einzusteigen. Besteht zu dem Kind zugleich kein enges verwandtschaftliches Verhältnis, welches dem Erwachsenen von Natur aus eine Schranke im Beziehungsverhältnis auferlegt, kommt es bisweilen zu grausamen Quälereien und Folterungen. Hinsichtlich eines sexuellen Missbrauchs werden solche Kinder willfährige Opfer.

Desorganisiert gebundene und misslungen losgelöste Kinder zeigen ein hochgradig auffälliges Verhalten, dass sie auf den ersten Blick in die Nähe von autistisch kranken Kindern rückt. Daran ist ihre merkwürdige Selbstbezogenheit schuld, die ein gewisse Ähnlichkeit zur schizoiden Persönlichkeitsstörung aufweist. Als **schizoid** bezeichnet man Menschen, deren Wirklichkeitsbezug im kommunikativen Verhältnis mit anderen Menschen aus den Fugen geraten zu sein scheint und deren Verhalten so wirkt, als sei es von der realen Umwelt nur noch wenig betroffen.

So erscheinen diese Kinder in ihrem Wunsch nach Kontaktaufnahme mit den Mitmenschen und der Umwelt förmlich blockiert, agieren oft fern der Realität und schwanken zwischen demonstrativer Distanz und plötzlich aufkommendem Nähebedürfnis (das Betteln um Zuwendung und Gunst, s.o.). Sie sind insgesamt einzelgängerisch und ziehen sich schnell in eine innere Scheinwelt zurück. Wie sie Nähe und Distanz in der Beziehungsgestaltung nicht angemessen regeln können, können sie auch ihr Inneres nicht sicher zwischen Intro- und Extravertiertheit ausbalancieren. So wirkt ihr Affektausdruck von Freude wie von Trauer vielfach unangemessen und irgendwie fehl am Platze. Überhaupt erscheint ihr Temperament einmal eingefroren, um dann an unvorhersehbarer Stelle plötzlich massiv aus sich herauszubrechen. Die weitere Ausbildung ihrer Persönlichkeit leidet schon unter einer **Spaltung**.

Bereits in der Fremdesituation am Ende des ersten Lebensjahres wird dieses Hinundherspringen der Affekte recht deutlich und erzeugt immer wieder völlig widersprüchliche Verhaltensmuster gegenüber der primären Bezugsperson (M. Zulauf-Logoz, in L. Ahnert, 2008). Es hat den Anschein, als verfestigten sich in der weiteren Entwicklung genau diese Imbalancen im affektiven Ausdruck und würden zunehmend vereinnahmt von stereotypen und starren Ausdruckformen, wenngleich mit unterschiedlichem emotionalen Vorzeichen. Dem zugrunde liegt die Verkehrung von ursprünglichem Vertrauen in die Bindungspersonen in Misstrauen denselben Personen gegenüber und sogar Furcht vor ihnen (B. Strauss, 1997). Anfangs sieht man zwar noch das Bedürfnis des Kindes nach Schutz bei seinen Bezugsperson, später geht auch dieses versteckte Signal verloren, und man sieht dem Kind gar nicht mehr an, was es tatsächlich empfindet (sog. erfrorene Wachsamkeit).

In dieser Weise auffällige Kinder erfüllen in der ICD 10 die Kriterien der **Bindungsstörung mit Enthemmung**. Ursächlich wird hierbei eine Verbindung zum Hospitalismus hergestellt. Die vergleichbare angloamerikanische Version, die DSM IV, benennt solche Auffälligkeiten aber in einer Einheit mit den reaktiven Bindungsstörungen (E. Pfeiffer und U. Lehmkuhl, 2003). Man wird in Zukunft zu klären haben, ob nicht die reaktive und die enthemmte Bindungsstörung letztlich ein und derselben schweren Sozialstörung entsprechen und nur in unterschiedlicher Schwere der Ausprägung auftreten. Ohne auf die Einzelheiten der Vernachlässigungsformen, der Misshandlungen und des sexuellen Missbrauchs eingehen zu wollen, denn sie erforderten ein eigenes Kapitel in der Besprechung, muss ich doch noch einen Ausblick auf die weitere Entwicklung solcher traumatisierten Kinder geben.

Über 80 Prozent der misshandelten Kindern, so schreibt Bernhard Strauss (1997), haben eine desorganisierte Bindungsstruktur entwickelt (wobei ich die misslungene Loslösung dazu rechnen muss) und geraten mit ihrem Selbsttyp in ein Fahrwasser aus Unausgewogenheit und Minderwertigkeit. In dieser Ausprägungsform der Selbstentwicklung treffen sich dann all jene Kinder wieder, die Deprivation erfahren haben und schwere Psychotraumatisierung durch Misshandlung sowie im Einzelfall auch sexuellen Missbrauch. Der Missbrauch kann aber durch starke Verdrängungs- und Abspaltungsvorgänge (Dissoziation) auch noch andere Verläufe nehmen.

Die Schwere der Bindungsstörung macht alle diese Kinder anfällig für weitere soziale Entwicklungsprobleme, allen voran die mangelhafte Ausbildung und unzureichende Verfestigung von Empathie. Damit schwindet bei ihnen das Mitleid für andere Lebewesen oder es entsteht erst gar nicht. Die Kinder erscheinen weiter stark selbstsüchtig im Sinne eines ins **Pathologische verkehrten Narzissmus** und geben ihren Aggressionen je nach Veranlagung mehr oder weniger freien Lauf. So entsteht leicht die Neigung, sich an anderen schwächeren Kreaturen, Tier wie Mensch, zu vergreifen. Gemeint ist hier aber nicht mehr die gemäßigte Aggressivität rangelnder Konkurrenten in der Gruppe oder rivalisierender Geschwister. Die Aggressivität dieser Kinder erscheint viel härter und mitleidsloser und ist schon von einer gewissen emotionalen Kälte gekennzeichnet. In nicht seltenen Einzelfällen quälen ältere Kinder Kleinkinder. Vor allem aber ist **Tierquälerei** ein häufig anzutreffendes Phänomen.

Diese Täter-Kinder bauen die von mir beschriebene, soziale Schrittfolge von Schuldanerkenntnis, Reue, Gewissen und Wiedergutmachungsbedürfnis nicht oder nur geschwächt auf und fallen so aus den Bezügen zur Moralentwicklung heraus. Es ist ein heranreifendes Persönlichkeitsmerkmal dieser Kinder, antisoziale Haltungen aufzubauen und in sich zu verfestigen (R. Posth, 2010).

b) Die Folgen aggressiver und autoaggressiver Verhaltensweisen

Antisozialität und **Dissozialität** zeigen eine gewisse Deckungsgleichheit und werden auch manchmal synonym verwendet (P. Fiedler, 1994/2007; B. Herpertz-Dahlman und S.C. Herpertz, 2003). Beide zeichnen sich durch große Ähnlichkeiten in den Folgen der reaktiven Bindungsstörung aus; daher ihre gemeinsame konkrete Besprechung an dieser Stelle. Während Antisozialität eine definierte und weitgehend abgeschlossene Persönlichkeitsstörung beschreibt, gilt Dissozialität genau genommen „nur" als eine schwerwiegende Verhaltensstörung. Der eigentliche Unterschied lässt sich meines Erachtens folgendermaßen beschreiben: Die dissozial verhaltensgestörten Kinder haben grundsätzlich noch ein Unrechtsbewusstsein, was ihre Angriffshandlungen gegen die Gesellschaft angeht. Das hält sie zwar nicht von ihrem schädlichen Treiben ab, dazu sind sie zu schwach in der Selbstbeherrschung ihrer aggressiven Neigungen, aber sie können in einer therapeutischen Aufarbeitung ein gewisses Bedauern für das aufbringen, was sie angerichtet haben.

Bei der antisozialen Persönlichkeitsstörung hingegen ist jedes Unrechtsbewusstsein erloschen und die Folgen der gesellschaftsschädlichen Taten werden gleichmütig hingenommen und lösen auch im Nachhinein kein Bedauern aus. Der Mensch mit antisozialer Persönlichkeitsstruktur ist charakterisiert von emotionaler Verflachung und kaltblütigem Kalkül.

Trotz solcher Unterschiede in den subjektiven Begleitumständen der sozial schädlichen Handlungen sind die Wege der Entwicklung dorthin nicht unähnlich. Empathie, Mitleid, Gewissen und Moral werden zu schwach ausgebildet und machen keine ausreichende Handlungskontrolle möglich. Die Entwicklung zu einer moralisch gestützten Vernunft bleibt weitgehend aus. Der entscheidende Unterschied in der Entstehung beider Sozialstörungen muss meiner Auffassung nach in der Ausbildung zum Selbst liegen. Dissozialität entwickelt sich aus einem als unsicher beschriebenen Bindungsstil in Verbindung mit einer erschwerten oder misslungenen Loslösung. Das dadurch unausgewogen bis minderwertige Selbst führt weiter zu einer frühen Bindungsstörung mit anwachsend aggressiven Elementen.

Antisozialität hingegen entwickelt sich aus desorganisierten Bindungsstrukturen und misslungener Loslösung sowie einem stark minderwertigen Selbst. Auch hier entsteht eine frühe Bindungsstörung, die aber schnell in ihre problematischste Form, die reaktive Bindungsstörung, übergeht. In beiden Fällen liegt in der psychischen Struktur des Kindes, das heißt in seinem Seelenleben, ein Empfinden vor, dass einem Gefühl totaler Minderwertigkeit gleicht und dass eine soziale Verträglichkeit sowie eine bereitwillige Einordnung in die Gesellschaft nicht mehr zulässt. Unterschiede entstehen dann nur noch durch das Ausmaß der Minderwertigkeit und den Restbestand von intakter Beziehung zur Gemeinschaft.

Erklärungsmodelle und mittlerweile eine Vielzahl von Studien (B. Herpertz-Dahlmann und S.C. Herpertz, 2003) legen nahe, dass sich neben den aggressiv-dissozialen Verhaltensstörungen auch Depressionen, chronische Angststörungen und Persönlichkeitsstörungen, allen voran die Borderline-Störung, aus den frühen Bindungsstörungen herleiten. Nicht auf alle Entwicklungen der Psychopathologie im frühen Kindesalter kann hier genauer eingegangen werden. Der Fokus soll demnach weiter auf die ängstlichen und aggressiven Verlaufsformen und ihre Folge- und Begleitphänomene gerichtet sein.

Hält sich die frühe Bindungsstörung mit ihren problematischen Verhaltensweisen in der Grundschulzeit aufgrund von altersbedingten, persönlichen Unsicherheiten noch einigermaßen in Grenzen, bricht die ganze Wut aus dem Kind dann in der Pubertät und Adoleszenz heraus. Elternhaus und etablierte

Gesellschaft werden jetzt mit klaren Feindbildern belegt. Dabei fügt sich beim Jugendlichen das unausgesprochene Ziel endgültig zusammen, gefühlte Ohnmacht in Macht verwandeln zu wollen und das vollständig beschädigte Selbst (-bewusstsein) vor dem Untergang zu retten. Dazu erlebt der Heranwachsende jetzt gleich drei feindliche Mächte, die aus seiner Sicht als Projektionen zu bezeichnen sind:

1. die eigenen Bezugspersonen,
2. die anderen Mitmenschen,
3. die eigene Person selbst.

Es mag verwirren, dass die eigenen Bindungspersonen auf einmal zu Feinden erklärt werden, waren sie doch die ganze Kindheit hindurch trotz ihrer oft gewalttätigen Übergriffe oder trotz ihrer vernachlässigenden Haltung immer noch einigermaßen geliebte Bezugspersonen. Diesen Bonus verlieren die Eltern mit Einsetzen der Pubertät endgültig. Da die Pubertät wie gezeigt (5. Kapitel Teil 1) eine Entwicklungsphase des Heraustretens aus den familiären Bezügen darstellt, zeigt sich jetzt, was die Bindung an Beziehungsgarantie noch zu leisten imstande ist. Im Falle früher Bindungsstörungen schlägt das Pendel definitiv zu Ungunsten der Bindung aus und so geraten die Eltern oder andere wichtige Bezugspersonen in das Fadenkreuz der permanent anwachsenden Aggression.

Was die Mitmenschen angeht, wird jetzt fein säuberlich unterschieden in die, die sich als nützlich erweisen, das eigene beschädigte oder annähernd wertlose Selbst noch aufzupolieren und die, die dazu völlig unnütz sind oder sogar als neue Aggressoren gelten müssen. Gegen letztere wird ein regelrechter Feldzug gestartet. Dazu werden andere „Leidensgenossen“ funktionalisiert und als Verbündete gewonnen. Aus diesen unheilvollen Verbindungen entstehen regelrechte Banden, die darauf aus sind, sozialen Unfrieden zu stiften.

In besonderen Fällen kommt es zum tragischen Verlauf einer Aggression gegen das eigene unzulängliche Selbst, die **Autoaggression.** Das Selbst wird in einer Mischung aus maximaler Enttäuschung über die persönliche Schwäche und Wut über die noch erhalten gebliebene Abhängigkeit von den Peinigern zum Feindbild erklärt. Diese emotional hoch gepeitschte Selbstsicht führt direkt in eine nur mehr schwer umkehrbare Sackgasse. Misshandlungs- oder Missbrauchserfahrung heizt diese Einstellung zum Selbst zusätzlich an. Die Aggression wird zielstrebig gegen sich selbst gerichtet und in paradoxem Machtverhalten an den eigenen Lebenstrieben abreagiert. Aus solchen Entwicklungen autoaggressiver Einstellung dem Selbst gegenüber speist sich am Ende die Gefahr jugendlicher Suizide.

Aber vor dem Suizid stehen erst einmal psychopathologische Verhaltensweisen, die sich zusammensetzen aus **selbstverletzenden Handlungen, Anorexie und/oder Bulimie** und verschiedenen Formen des **Suchtverhaltens**. Der paradoxe Machtgewinn all dieser seelisch kranken Entwicklungen ergibt sich aus dem Trugschluss, durch Selbstzufügung von Schmerz oder Absperren des Selbst von lebensnotwendigen Bedürfnissen innere Stärke und Aufwertung beziehen zu können. Paradoxe Macht ist auch diejenige Form der Selbstbefriedigung, die durch Drogen mit Stimulation des Belohnungssystems zustande kommt.

Es gibt aber auch einen Unterschied zwischen selbstschädigendem Verhalten und Sucht. Dieser besteht darin, dass im ersten Fall das Belohnungssystem durch eigene innere Motivation in Gang gesetzt wird, wofür jedoch innere Freiheit und Lebenslust Zug um Zug aufgegeben werden. Im zweiten Fall, dem der Sucht, wird dagegen das Belohnungssystem durch von außen zugeführte Substanzen in Gang gesetzt (Substanzmissbrauch). Dafür wird jetzt jede äußere Freiheit aufgegeben und die Persönlichkeit einer Deformation und Dekonstruktion unterworfen (Beschaffungsmentalität). Welche Form der langsamen Selbstzerstörung gewählt wird, hängt wohl wieder, wie in anderen Zusammenhängen schon gesehen, zum einen von der veranlagten Charakterstruktur ab und zum anderen von äußeren Einflüssen und Zufällen. In der Psychodynamik lässt sich die Autoaggression den externalisierenden Verlaufsformen zuordnen und die Sucht den internalisierenden. Über das selbstverletzende Verhalten wird noch einmal genauer im 3. Teil gesprochen.

Zur Sucht sind aber auch an dieser Stelle noch einige wenige Bemerkungen angebracht: Heranwachsende und Pubertierende, die in Suchtproblemen stecken, sind nicht nur durch ihre Selbstschwäche, sondern auch durch den von ihnen zumeist selbst herbeigeführten Ausschluss aus der sozialen Gemeinschaft stark gefährdet. Unter diesem Aspekt ist das Suchtproblem bei Jugendlichen vor allem eine Folge gestörter Bindungsverhältnisse mit nachfolgenden Problemen in der sozialen Integration. Sozialphobische Komponenten wie das Gefühl ständigen Abgelehntseins, wie auch selbst gewählte Isolation und Einsamkeit, spielen dabei eine entscheidende Rolle. Die Droge verleiht dem Jugendlichen die Illusion, eine Quelle zur Befriedigung seiner Bedürfnisse permanent verfügbar zu haben, ohne dass er dafür Bedingungen einzugehen hätte. Die Droge avanciert zu dem, was ihm in seinem Bindungsbedürfnis als Säugling und Kleinkind vorenthalten geblieben ist (A. Schindler, 2013).

Interviews mit erwachsenen Suchtpatienten bestätigen zugleich auch die hohen Prozentzahlen für körperliche Misshandlung und sexuellen Missbrauch. Neben diesen innerfamiliären, traumatischen Auslösern von Suchtverhalten stehen die Einflüsse aus der sozialen Umwelt, bedingt durch schlechte Vorbilder und Medieneinfluss oder durch direkte Verführung in der altersgleichen Gruppe.

Der „Suchtgegenstand" – ob Alkohol, Rauschgift, Glücksspiel oder nur Nahrung im Sinne der „Fresssucht" – ist aus tiefenpsychologischer Sicht also ein Ersatz für die in diesem Alter endgültig zerrissene Bindung und Loslösung. Der Jugendliche befindet sich emotional im freien Fall und sucht Halt in Substanzen, die ihm jederzeit verfügbar sind, so verfügbar, wie einst in der Säuglings- und Kleinkindzeit die Bindungsperson hätte verfügbar sein müssen (M. Krausz et al., 1997/2005). Die Droge fördert sein Belohnungssystem (neben Dopamin v.a. Opiate über Stimulation der Endorphinrezeptoren, Schindler, 2013) und gaukelt ihm Anerkennung, Leistungsfähigkeit und Stärke vor, wo tatsächlich nur Ablehnung, Versagen und Schwäche als Resultat seiner frühen Selbstentstehung stehen. Diese direkte Beziehung von Bindungsstörung und Sucht konnte ursächlich noch einmal neu durch die Bindungsforschung bestätigt werden.

Die Besprechung der psychopathologischen Entwicklungen im Einzelnen soll nicht Aufgabe dieses Buches sein. Aber auf eine weitere zentrale Verbindung zwischen früher Bindungsstörung und Auswirkungen im späteren Leben soll noch kurz eingegangen werden: das Verhältnis zwischen erlebter Bindungsstörung in der Kindheit und späterem Bindungsverhalten im Erwachsenenalter. Das zu untersuchen entspricht dem Sachverhalt, der inzwischen als **transgenerationale Übertragung von Bindungsverhalten** bezeichnet wird.

Zu den inzwischen als klassisch geltenden vier Bindungstypen (s.o.) im Kindesalter hat man vier parallele Formen von Beziehungsgestaltung im Erwachsenenalter ermittelt. Um diese voneinander abzugrenzen, verwendet man ein standardisiertes Fragebogensystem, das als das Erwachsenen-Bindungs-Interview (engl. adult attachment interview, AAI) bezeichnet wird. Anhand der Schilderung der eigenen frühen Bindungserfahrungen wird die reife Bindungsform derjenigen im Kindesalter zugeordnet. Daraus ergeben sich wiederum vier Bindungsformen im Erwachsenenalter, die sich dann als „autonom" (zu „sicher"), „distanziert" (zu „vermeidend"), „verstrickt" (zu „ambivalent") und „unverarbeitet traumatisiert" (zu „desorganisiert") bezeichnen lassen (B. Strauss, 1997/2005).

Diese Formen der Bindungserfahrung machen sich im Sozialverhalten des erwachsenen Menschen in dreierlei Hinsicht bemerkbar: Erstens in den Formen von Ehe und Partnerschaft, zweitens im Umgang mit Freundschaften und Beziehungen allgemein und drittens – und das interessiert hier besonders – im Umgang mit den eigenen Kindern.

Ohne irgendeine psychologische Aufarbeitung seiner frühen Bindungserfahrungen ist der Mensch allen empirischen Studien zufolge geartet, den Bindungsstil oder die Bindungsform zu wiederholen, die er selbst als Kind erlebt hat. Mit einiger Vorsicht ist darauf zu schließen, dass sicher gebundene Kinder später auch wieder sichere Bindungen zu ihren Kindern aufbauen, unsichere gebundene Kinder als Erwachsene unsichere Bindungen zu ihren Kindern und desorganisiert gebundene Kinder ebensolche zu ihren späteren Kindern. Feste Bindungsstrukturen oder im Gegensatz dazu traumatische Bindungserfahrungen in der Kindheit werden also häufig an die eigenen Kinder spontan weiter gegeben. Das erklärt, warum es Familien gibt, in denen Vernachlässigung, Gewalt oder Misshandlung sowie Missbrauch regelrecht tradiert werden. Allerdings darf man dabei nicht übersehen, dass bei der generationsübergreifenden Übertragung des guten oder schlechten Umgangs mit Kindern und der zugehörigen Bindungsgestaltung auch die passenden Lebensumstände selten fehlen.

Es ist demzufolge schwierig für ein Elternpaar, das schlechte Bindungserfahrungen aus der Kindheit mitbringt, selbst gute Bindungsverhältnisse zu ihren Kindern aufzubauen, insbesondere dann, wenn es gleichzeitig auch schwierigen Lebensbedingungen ausgesetzt ist. Hingegen schaffen es in der eigenen Kindheit gut gebundene Eltern, diese guten Bindungsverhältnisse an ihre Kinder weiterzugeben, selbst wenn sie mit schlechten Lebensumständen auskommen müssen. Das bedeutet aber in der Grundaussage, dass die eigenen Bindungserfahrungen für das Bindungsverhältnis zu den Kindern noch wichtiger sind, als die aktuellen Lebensumstände.

Es sind aber allen weitergehenden Überlegungen zufolge nicht nur die eigenen Bindungserfahrungen und die angetroffenen Lebensumstände, welche die Bindungsgestaltung zu den eigenen Kindern gestalten, es sind auch die geistigen Möglichkeiten der jeweiligen Eltern (Mentalisation psychischer Wechselwirkungen, Fornagy et al., 1998), über sich und ihre Vergangenheit kritisch nachzudenken. Kraft ihres kritischen Nachdenkens, ihrer Empathie und Einfühlsamkeit sind sie in der Lage, in ihrer Erziehungshaltung nicht von dem Gebrauch zu machen, was ihnen durch die Familie vorgelebt und mit auf den Weg gegeben worden ist.

Das führt zu der Überzeugung, dass Bindungsstörungen, Vernachlässigung und Gewalt keinesfalls zwangsläufige Ergebnis der in der eigenen Kindheit psychotraumatisierten Eltern sein müssen. Die in der frühen Kindheit erworbenen „inneren Arbeitsmodelle“ (s.o), also der Erhalt und die Wiederholung des bei den Eltern selbst Erlebten, müssen nicht starr und ein für allemal festgezurrt im Gehirn existent bleiben. Psychische Arbeit an sich selbst wie auch geeignete Psychotherapie zur Aufarbeitung der traumatischen Erfahrungen kann dazu beitragen, den Kreislauf von Gewalt zu durchbrechen (K. Grossmann und K.E. Grossmann, 2003).

Teil 3
Was Eltern mit Erziehung zur sicheren Bindung beitragen können und wie man die gestörte Bindung wieder verbessern kann

1. Die normale Entwicklung zum ausgewogenen Selbst, die Schwierigkeiten der modernen Familien und der soziale Wandel

a) Erziehung unter allgemeinen Gesichtspunkten

Überspitzt ließe sich sagen: Erziehung fängt mit „B“ an, B wie Bindung. An dieses B schließen sich „L“ für Loslösung und „S“ für Selbstentstehung nahtlos an. Im dritten Kapitel dieses Buches will ich nun den überwiegend pädagogischen Teil des Bindungsphänomens beim Menschen besprechen ohne die Psychologie dabei wieder aus den Augen zu verlieren. Dabei möchte ich Erziehung verstehen als den individuell und sozial formenden Einfluss von erwachsenen Menschen auf Kinder (vgl. Tenorth, 1988/2010).

Es gehört zu den Grundfesten einer zivilisierten Gesellschaft, dass Erziehung notwendig ist. Ihre Notwendigkeit ergibt sich aber auch aus der Erfahrung mit ausgesetzten, elternlosen Kindern, den so genannten Wolfskindern, die keine oder auch nur keine ausreichende Erziehung genossen haben. Einige solcher Wolfskinder kennt die Menschheitsgeschichte aus Erzählungen und Überlieferungen. Bei ihnen mischen sich Legende und nur teilweise glaubhafte Beschreibung. Real dagegen sind die vielen traumatisierten Kriegswaisen nach den großen Weltkriegen, die in Europa auf der Suche nach ihren Eltern in den zerstörten Städten und auf dem Land herumirrten. Hatten sie durch einigermaßen glückliche Umstände die Chance, ihre Verlassenheit und ihren Vagabundismus zu überleben, dann waren die stärker Gezeichneten unter ihnen wie auch die noch ganz jungen Kinder für eine Resozialisierung praktisch nicht mehr zugänglich. Es gelang diesen verwilderten, jungen Menschen nicht mehr, geordnete menschliche Lebensformen zu übernehmen und soziale Fertigkeiten zu entwickeln. Allein schon ein jahrelanges Dahinvegetieren in schlecht unterhaltenen Waisenhäusern war dazu geeignet, einen solchen asozialen Zustand in der Entwicklung hervorzurufen (Chugani et al., 2001).

Jedes Kind benötigt zum gesunden psychosozialen Erwachsenwerden **Bindungen**, **Erziehung** und **Bildung**. Damit erteile ich der Laissez-faire-Methode in der Erziehung, die auch als Nichterziehen gilt, eine klare Absage. Die Bindungen entstehen auf natürliche Weise zu den Eltern, den Geschwistern und engen Familienangehörigen, vor allem auch zu den Großeltern. Erziehung ist in erster Linie ein Auftrag an eben diese Bindungspersonen, in zweiter Linie aber auch an die Erzieherinnen und Erzieher in den vorschulischen Betreuungseinrichtungen und den Schulen. Darüber hinaus ist sie Auftrag an die gesamte Gesellschaft, die zur Kontrolle, Beaufsichtigung und Verteidigung der von ihr vermittelten Sitten, Normen und Gesetze Ordnungskräfte zur Verfügung stellt. Bildung schließlich erfährt das Kind außer über das Elternhaus durch die Bildungseinrichtungen wie Kindergärten, Kindertagesstätten und Schulen sowie durch die Kulturangebote und die Medien.

Die Frage, ab wann ein Kind eigentlich bildungsfähig ist, hat durch die frühe Betreuung von Kleinkindern außerhalb der Familie in entsprechenden Einrichtungen eine besondere Tragweite erhalten. An diese Frage knüpft sich ein zweite, ob es denn notwendig ist, Kinder bereits ab dem zweiten Lebensjahr in professionelle Erziehungseinrichtungen zu geben, damit sie optimal in ihrer geistigen Entwicklung gefördert werden. Die Fragen werden in der Gesellschaft äußerst kontrovers diskutiert. Verfechter der frühen Fremdbetreuung sehen in der gemeinschaftlichen Erziehung bereits ab dem zweiten Lebensjahr die beste Form der Bildungsverwirklichung. Dagegen steht nach wie vor das althergebrachte Wissen, dass es für das Kind unabdingbar ist, erst einmal zu Hause sichere Bindungserfahrungen machen zu müssen (wozu bei mir die Loslösung obligatorisch dazu zählt), bevor es außerhalb von zu Hause kindverträglich betreut und auch gebildet, sprich unterrichtet werden kann. Kurz gesagt: Das Kind muss erst einmal sein individuelles Selbst entwickeln, bevor es sich in der Gemeinschaft entfalten und dem Bildungseinfluss öffnen kann.

Es gibt eine aktuelle Wissenschaftsrichtung in der Entwicklungspsychologie, die eine frühe Bildungsfähigkeit der Kinder schon ab der späteren Säuglingszeit postuliert (A. Gopnik, P. Kuhl, A. Meltzoff, 2000; S. Pauen, 2006). Das ist sachlich korrekt, es muss aber eingewendet werden, dass alle Untersuchungen und Studien dazu mit sicher gebundenen, zu Hause großgezogenen Kindern durchgeführt wurden. Das heißt, diese Form von Bildung, die hier angesprochen wird, geschieht einstweilen am besten offenbar in der häuslichen Umgebung und von engagierten Eltern angeregt. Dazu müssen diese Eltern allerdings auch die nötige Schulung erhalten, denn es ist kein allgemein gebräuchliches Wissen, Säuglingen gezielt etwas beizubringen. Es stellt sich auch die Frage, ob ein Säugling durch eine solche gezielte Wissensvermittlung überhaupt im Leben einen Vorteil hat und nicht einfaches Spiel mit ihm ausreicht. Spielen ist bekanntermaßen für einen kleinen Menschen die natürliche Art zu lernen und ein Säugling lernt am liebsten das, was die Eltern, Geschwister und andere Bezugspersonen mit ihm im ungezwungenen Spiel vorgeben. Die gezielte Bildung eines Säuglings und jungen Kleinkindes muss also erst einmal auf ihre Effektivität untersucht werden. Überdies sollte geprüft werden, ob Lebensglück und Bildung in den ersten Lebensjahren überhaupt miteinander verträglich sind.

Sicher gibt es Haushalte und Familien, in denen ein solches wünschenswertes Bildungsangebot im gemeinsamen Spiel an die Kinder nicht stattfindet, weder im Säuglingsalter noch im frühen Kindesalter. Dagegen muss etwas unternommen werden. Aber ist diese Unternehmung schon dadurch getan, dass die Kinder ganz früh in eine institutionalisierte Betreuung geschickt werden, wo ihnen zwar geeignete Bildungsangebote unterbreitet werden, aber das Bindungsangebot allzu leicht auf der Strecke bleibt?

Das Wissen um die Entwicklungsprozesse von Kleinkindern und viele Beobachtungen an ihnen in der Betreuung außerhalb von zu Hause sprechen dafür, dass Kinder mit zwei Jahren in der Gruppe mit den sozialen Vorgängen hinsichtlich der Kontaktaufnahme und der Einordnung in der **Gruppenstruktur** noch so beschäftigt sind, dass sie vor lauter **Sorge um ihr eigenes Wohl** gar nicht in der Lage sind, geistige Angebote im Sinne einer Bildung aufzunehmen. Dazu kommt, dass ein Sich-Entfernen ihrer Bindungsperson aus dem Gruppenraum erst einmal Angst auslöst, **Stress** verursacht und ein intensives Bedürfnis hervorruft, die Bindungsperson wiederzufinden. Auch dadurch sind Lernprozesse erheblich eingeschränkt, bei aufkommender Panik sogar völlig abgebrochen.

Lediglich in ganz kleinen Kinderkrippengruppen und bei einer **Tagesmutter**, die als feste Ersatzbezugsperson fungiert, lässt sich dieser soziale Wunschtraum nach Bildung in einer Art Einrichtung in so frühen Jahren erfüllen.

Aber gerade die Familien, die eine solche Form der frühen Bildung für ihre Kinder benötigen, sind nicht in der Lage, sich eine derart ausgefeilte Frühbetreuung zu leisten, denn sie kostet Beiträge. Sie werden eine solche Form der Betreuung auch für nicht unbedingt notwendig halten. Der Bildungsgedanke in so frühen Jahren liegt ihnen fern, und von der Notwendigkeit zur Bindung sind sie oft nicht überzeugt. Ich spreche hier, um das noch einmal in Erinnerung zu rufen, vor allem von der Altersklasse der Unterdreijährigen.

Aus diesem Grunde ist es meiner Auffassung nach besser, im Falle eines nachgewiesen schlechten familiären Bildungsangebotes im frühen Kindesalter, die ganze Familie zu betreuen und ihr alle erdenklichen finanziellen und sozialen Hilfeleistungen zukommen zu lassen, damit auch deren Kinder letztendlich bessere Chancen für ihre Entwicklung erhalten. Diese Chancen sollen dann gleichermaßen die emotionale und psychosoziale wie auch die geistige Entwicklung erhalten. Insbesondere ist die Sprachentwicklung darin eingeschlossen. Über die richtige Verwendung der finanziellen Offerten an diese Familien muss gewacht werden. Im Kapitel 4 dieses Teils des Buches wird der hier angesprochene Aspekt im Rahmen der erziehungsschwachen oder erziehungsunfähigen Familie noch einmal aufgegriffen.

Jede Erziehung hat die Aufgabe, die guten Anlagen im Kind zu fördern und die schlechten Anlagen sich nicht durch falschen Umgang verfestigen zu lassen.

Daher ist es wichtig, noch einmal darauf hinzuweisen, dass es nur die sichere Bindung an die Hauptbezugspersonen sein kann, die eine Garantie dafür abgibt, Kinder in einem seelisch wie geistig gesunden Klima aufwachsen zu lassen. Denn die Bindungspersonen sind nach wie vor die entscheidenden Vorbilder für ihre Kinder, weil sie nicht nur durch ihre offenkundig zu imitierenden Verhaltensweisen (explizit), sondern auch noch durch ihre kaum messbaren Einflüsse (implizit) auf ihre Kinder einwirken (so genanntes **Lernen am Modell**). Die Kinder ahmen, ohne dass sie sich anzustrengen hätten und ohne es selbst zu spüren, die Verhaltensweisen ihrer Eltern nach. Aber noch wichtiger als das Vorbild allein ist die **Identifikation** des Kindes mit seinen Eltern, das heißt die innere Übereinstimmung zwischen elterlichen Erziehungsgeboten und kindlichen Vorstellungen über sich selbst. Erzeugt wird diese Übereinstimmung durch die Verinnerlichung elterlicher Vorbildhaftigkeit im Gehirn des Kindes als so genanntes Eltern-Imago (H. Kohut, 1981). Sichere Bindung, gelingende Loslösung und ausgewogenes Selbst sorgen dafür, dass diese Identifikation stabil ist. Die Identifikation mit seinen Eltern ist u.a. die Ausgangsbasis für die Bereitschaft des Kindes, die Regeln, die die Eltern im gemeinschaftlichen Leben vorgeben, einzuhalten und dabei bereitwillig zu gehorchen.

Dass das elterliche Vorbild keineswegs immer nur gut ist, und die Identifikation auch mit der falschen Bindungsperson erfolgen kann, ist allgemeines Erfahrungswissen. Kinder mit Bindungsproblemen und unausgewogenen Selbststrukturen werden in ihrem Leben für solche falschen Identifikationen besonders anfällig. Gerade diese Tatsache unterstreicht noch einmal, wie wichtig es ist, auf die ganze Familie in der Frage der Bildung und Betreuung einzugehen und nicht auf das Kind allein, denn letztlich sind es immer noch die Eltern, die das Kind die längste Zeit am Tage bei sich haben.

Die Besprechung der Erziehung im Zusammenhang mit der Bindungstheorie kann nur eine sein, die den Hauptaspekt auf einen psychologisch optimierten Umgang mit dem Kind legt und Primär- und Sekundärprävention in den Mittelpunkt rückt. Die von mir der konventionellen elternorientierten autoritären Erziehung (KEAE) gegenübergestellte bindungsbasierte frühkindliche Entwicklung und Erziehung (BBFEE) will ein auf Vorsorge und Verhinderung ausgerichtetes pädagogisches Einwirken auf das kindliche Verhalten entwerfen und ausarbeiten, durch das Störungsformen im Verhalten soweit möglich von Vornherein ausgeschaltet werden.

Insofern unterscheidet sich diese Methodik weitgehend von allen bisherigen erzieherischen Vorgehensweisen, weil sie nicht nur ein pädagogisches Programm ist, sondern auch eine Erziehungsphilosophie. Außerdem haben sich die bisherigen Programme immer so verstanden, dass erst auf das problemproduzierende und fehlerhafte Verhalten des Kindes zu warten ist, damit dann der erzieherische Impuls ausgelöst wird. Für den Zeitraum vor einem Störungsverhalten wurden dabei nur wenige, den jeweiligen Entwicklungsstand des Kindes einschließende Empfehlungen in der Erziehung gegeben. Ein konstruktives Zurückblicken auf die gesamte bis zum Problemalter stattgefundene Entwicklung gab es nicht.

Demzufolge steht im hier vorgestellten Erziehungskonzept nicht mehr nur eine gezielte (reaktive) Einflussnahme der Erwachsenenwelt auf ein sozial unangemessenes oder sachlich fehlgeleitetes Verhalten des Kindes im Vordergrund, sondern die gezielte (aktive) Akzeptanz einer eigenen frühkindlichen Daseinsform und Weltbetrachtung. Diese ist nun verbunden mit den jeweils dem Reife- und Erkenntnisstand unterworfenen, kindstypischen Verhaltensweisen. Diese dürfen folglich erst einmal unangemessen und sachlich falsch sein. Lediglich eine verständliche Belehrung und ein Ermahnen sorgen für den notwendigen erzieherischen Aspekt.

Das Fehlverhalten des Kindes wird auch nicht mehr allein aus dem Blickwinkel des einmal fertigen Menschen im Rückspiegel als unzulänglich erachtet und somit äußerst kritisch bewertet. Ebenso wenig wird es durch Sanktionen zu korrigieren versucht. Vielmehr wird es vom altersgemäßen Stand her als eine entwicklungsnotwendige Aufgabe gesehen. Ihr liegt eine Abfolge von Reifungsschritten zugrunde, die dem individuellen Persönlichkeitsaufbau dient.

Wenn ich bislang immer von einer konventionell elternorientierten **autoritären Erziehung** gesprochen habe, dann habe ich damit alle Erziehungsstile gemeint, die ohne Einbeziehung von Bindungsaspekten und ohne einer am frühkindlichen Entwicklungsprozess orientierten Pädagogik ausgerichtet sind. Ihre grundsätzlichen Strategien basieren auf der Unterordnung des Kindes unter die erzieherische Macht des Erwachsenen mit dem Ziel von **Gehorsam** und **Gelehrsamkeit**. Dieses Ziel wird konkret erreicht durch drei Maßnahmen des Erwachsenen gegenüber dem Fehler begehenden, sich widersetzenden und/oder ungehorsamen Kind: erstens das **Schmähen** und **Kränken**, zweitens das **Strafen** und drittens das **Ausschließen aus der Gemeinschaft**. Prinzipien wie eigene elterliche Vorbildhaftigkeit und Identifikation der Kinder mit sich selbst werden der autoritären Machtdemonstration geopfert. Damit dieses Eltern-Kind-Machtgefälle von Anfang an gesichert ist, lautet das erzieherische Prinzip schon in der Säuglings- und Kleinkindzeit betont nicht intensive, fürsorgliche Zuwendung und prompte Bedürfnisbefriedigung, sondern vielmehr Bestimmung des gemeinsamen Lebensrhythmus durch die Vorgabe der Eltern und dabei Vermeidung von allem, was die kindlichen Forderungen bedient (sog. Verwöhnen). Bald noch entscheidender ist die frühzeitige Gewöhnung an den **Bedürfnisaufschub**. Die Erziehung im Nationalsozialismus war der Gipfelpunkt einer solchen elternfreundlichen und kinderfeindlichen Erziehung (S. Chamberlain, 2010, über J. Haarer, 1934).

Anders gesagt, mit konventionell autoritärer Erziehung gemeint ist die grundsätzlich konservative Haltung im Erziehungsgeschehen, frühzeitig ein Machtgefälle zwischen Erziehern und Kindern aufzubauen und mithilfe dieses Machtgefälles die Ansprüche und Forderungen der Eltern gegen die des Kindes durchzusetzen. Die pädagogischen Hauptmittel dafür, das verbale Schmähen und körperliche Strafen, beruhen auf der Wirkung der Angst, mit der als höchst unbehaglichem Grundgefühl des Menschen die notwendig strenge Erziehung möglich ist. Angst bringt das Kind von Natur aus mit auf die Welt, es lässt sich also bei praktisch jedem Kind damit erziehen. Obwohl körperliche Gewalt, wobei das Strafen mit Machtmitteln bereits als Gewalt gilt, seit dem Jahr 2000 im BGB §1631 (s.u.) für die Erziehung offiziell ausgeschlossen wird, werden in noch mehr als der Hälfte der deutschen Familien (56,8 %) körperliche Bestrafungsmethoden angewandt (K. Bussmann, 2010). Diese körperlichen Züchtigungen verteilen sich hauptsächlich auf den „Klaps auf den Po", „leichte Ohrfeigen" und den „Po versohlen". Dabei rangieren die Jungen mit fast 40 Prozent vor den Mädchen mit ungefähr 18 Prozent.

Diese autoritären Erziehungsmaßnahmen sind nun der absolute Gegensatz zu den auf Partnerschaft und gemeinsame Verständigung ausgerichteten, demokratischen pädagogischen Ansätzen. Letztere sollen am Ende dieses Unterkapitels noch einmal in einem notwendigerweise beschränkten Blick auf die Geschichte der Erziehung zusammengefasst Erwähnung finden. Dabei sollen auch die antiautoritäre und autoritative Erziehung genannt werden.

Es gibt in den Sozialwissenschaften eine Unterscheidung zwischen dem Begriff der Erziehung und dem der Pädagogik. Ich erwähne das hier der Vollständigkeit halber und möchte betonen, dass ich die beiden Begriffe weitgehend deckungsgleich verwende, außer der Sachverhalt trifft selbst eine Unterscheidung.

Bindung und Loslösung sind allem Gesagten zufolge so etwas wie der Nährboden oder das Klima für alle erzieherischen Maßnahmen, die von den Eltern auf das Kind ausgeübt werden. Und je besser und störungsfreier dieses letztendlich häusliche Umfeld gerät, desto einfacher gestalten sich auch die später notwendigen erzieherischen Eingriffe, ob durch die Eltern selbst oder durch die Erzieher/innen und Lehrer/innen. Die **Familie** ist gewissermaßen der **Biotop** für die Kinder, in dem sie gesund aufwachsen können. Dieser Biotop sichert den Kindern Schutz vor Anfeindungen aus der Gruppe und der Gemeinschaft und gewährleistet die notwendige Identifikation des Kindes mit seinen Eltern. Die von mir vorgestellte bindungsbasierte Entwicklung und Erziehung setzt ganz auf die familiäre Erziehung in den ersten Lebensjahren.

Dabei ist jedoch vor Idealisierungen zu warnen. Auch Biotope können „gekippt“ sein und mit Giften verdorben. Diese – im übertragenen Sinne – Gifte können im Inneren der Familie entstehen, z.B. durch eine viel zu junge Elternschaft, durch berufliche Überbelastung beider Eltern, durch psychische Erkrankung(en) der Eltern, durch drogenabhängige Eltern wie auch schwerwiegende Konflikte in der Partnerschaft oder Verwerfungen in der transgenerationalen Großeltern-Eltern-Beziehung. Aber auch von außen einwirkende „Gifte“ sind zu erwähnen: soziale Isolation der Familie, nicht tolerierter Migrationshintergrund, Armut, Arbeitslosigkeit, Trennung der Eltern und Scheidung, zu häufiger Wohnungswechsel, falsch begonnene frühe Fremdbetreuung. In den Kapiteln über die Bindung und die Bindungsstörungen war häufig von solchen familiären Problemen die Rede.

Sichere Bindung und gelingende Loslösung erhalten das **Urvertrauen**, mit dem jedes Kind in der Beziehung zu seinen Eltern in einer Art Erwartungshaltung auf die Welt kommt und das ebenfalls angeborene – rein emotionale – Misstrauen, die Urangst, nach Möglichkeit unschädlich macht (E.H. Erikson, 1982/1995, R. Posth, 2007/2009). Es ist die Art des Umgangs der Eltern mit dem Säugling, welches Daseinsempfinden von beidem überwiegen wird. Im Urvertrauen entwickelt sich ein Empfinden von Sicherheit, Geborgenheit und Anerkennung, das notwendig ist, **Selbstvertrauen** zu entwickeln und Korrekturen im Verhalten durch die Anweisungen der Eltern im weiter vorangeschrittenen Lebensalter anzunehmen. Erhaltenes Misstrauen widersteht dieser Entwicklung. Die positive Entwicklung geschieht in einem ausgewogenen sozialen Miteinander ohne all zu großen inneren Widerstand beim Kind. Auf einem solchen Boden gedeiht dann die kindliche Bereitschaft, all jene Aufgaben zu akzeptieren, die dem Erlernen von verträglichem Sozialverhalten dienlich sind.

Gleichzeitig sind Bindung und Loslösung die Fundamente des individuellen Selbst. Die gerade herausgestellte Bereitschaft zum sozialen Handeln auf der Basis des erhaltenen Urvertrauens und das in den ersten zwei bis drei Lebensjahren erwachende Selbst gehen bei positivem Verlauf über diesen naturgegebenen Weg eine solide Verbindung ein. Diese Verbindung kann aber nur dann lebenslang halten, wenn sie bereits so früh zum festen Bestandteil der Selbsterfahrung geworden ist. Kurz gesagt, über diesen Weg werden das bereitwillige **Gehorchen**, das Gewissen und die Vernunft sowie der respektvolle soziale Umgang miteinander zu einem konstruktiven Stück der Selbstauffassung. Damit rückt das von mir in diesem Buch vorgestellte Erziehungskonzept BBFEE stark in die Nähe einer demokratischen oder – pädagogischer ausgedrückt – autoritativen Methodik.

Trotzdem kollidiert das Gehorchen zunächst einmal mit den frühkindlichen Bestrebungen zur Selbstbestimmung und führt zu einer oft schwierigen sozialen Abstimmung über die Machtverhältnisse zwischen Eltern, Erzieher/inne/n und Kind.

b) Familie und familiäre Erziehung

Mit der Frage der Machtverhältnisse zwischen Eltern und Kindern befinden wir uns mitten im Kräftefeld der Familie. Familiäre Erziehung und das Ausbalancieren der Macht zwischen Erwachsenen und Kindern sind untrennbar miteinander verbunden. Ohne einen kurzen Blick auf die Funktionsweise der Familie kommen wir der Lösung der Machtfrage nicht näher und ebenso wenig dem Verständnis von Erziehung. Diesen Einblick in die Familienstrukturen samt ihrer in der Menschheitsgeschichte erprobten Alternativen dazu müssen wir hier zunächst einmal vornehmen. Er kann kurz ausfallen, muss aber durchgeführt werden. Erst danach können wir uns der eigentlichen Frage nach der Macht im Eltern-Kind-Verhältnis zuwenden.

Die Familie ist das erste soziale System, in das ein Kind überall auf der Welt mit seiner Geburt hineingerät. Selbst wenn man die Familie negiert und von Anfang an auflöst, bleibt sie als biologische Funktion erhalten. Denn in die Rolle der Eltern treten dann nur sie vertretende Ersatzbezugspersonen, die vom Kind mit Rollenzuweisung in eine den Eltern vergleichbare Funktion verwiesen werden. Diese Ersatzbezugspersonen sind aber unter Umständen vom Kind nicht wirklich geliebt, weil sie nicht die nötige menschliche Wärme für es aufbringen oder weil sie keine Beständigkeit mit sich bringen. So werden sie oft nicht auf die gleiche Weise angenommen, wie die eigenen Eltern. Das will heißen, dass es ein Kind spürt, wer seinen leiblichen Eltern sind und wer nicht. Nur durch Verschweigen der wahren Eltern lässt sich die natürliche Elternschaft aushebeln. Eine Ausnahme hierzu bildet die frühe Adoption, die nun wieder eine geschlossene Familie herstellt. Von versagender Elternschaft am Anfang des Lebens, die nicht zu verschweigen ist, ist schon die Rede gewesen.

Alle Versuche in der Menschheitsgeschichte, Kinder kollektiv ohne direkte elterliche Bezüge aufwachsen zu lassen, aber mit einem die Elternschaft vertretendem Erziehungspersonal, sind an den psychosozialen Folgen für diese Kinder gescheitert (s. weiter unten). Kinder völlig bindungslos aufwachsen zu lassen, was soviel heißt wie ihnen über die Nahrung und nötige Körperpflege hinaus gar keine menschliche Versorgung angedeihen zu lassen, führt wie schon beschrieben zur frühen Deprivation bzw. zum Hospitalismus und zu einer hohen Sterblichkeitsrate der Kinder.

Die Familie entsteht dann, wenn zur partnerschaftlichen Zweierbeziehung ein Mitglied der nächsten Generation hinzukommt, das Kind. Das besondere dieser sozialen Konstellation ist die genetische Verwandtschaft beider in der Regel nicht genetisch verwandten Eltern mit diesem Kind. Durch den oder die Nachkommen verstärkt sich die Bindung aller drei Beteiligten, denn auch die Eltern werden durch ihr gemeinsames Kind stärker aneinander gebunden.

Dieser Ursprung einer **Triade** (Dreiheit) hat eine Bedeutung für das ganze Leben des Kindes, bleibt es doch als Person immer ein Abkömmling dieser beiden Eltern. Die Triade findet sich wieder bei der Loslösung, wenn der Vater das Kind aus der primären Bindung zur Mutter (Dyade, s.o.) herausführen muss. Sie bildet sich figürlich im Bewusstsein eines jeden aufwachsenden Kindes und schließlich erwachsenen Menschen (sog. Eltern-Imago s.o.) ab, wobei das Selbst mit seinem Ich-Kern lebenslang zwischen Bindung und Loslösung entscheiden muss.

Es gibt andere Modelle für die Familie z.B. mit adoptierten Kindern und stellvertretenden Eltern, so genannten Stiefmüttern und Stiefvätern. Sozial haben sie alle dieselbe Bedeutung, biologisch hingegen nicht. In der deutschen Gesetzgebung bildet sich dieses Phänomen dahingehend ab, dass jedem Kind das Recht zugestanden wird, sich auf die Suche nach seinen leiblichen Eltern zu begeben, wenn es in früher Kindheit adoptiert worden ist. Keinem Kind darf vorenthalten werden, wer seine biologischen Eltern sind. Außerdem sind adoptierte wie leibliche Kinder hinsichtlich des Erbes gleichgestellt.

In der zeitlichen Moderne wandelt sich das ursprüngliche Bild der Familie und unterwirft sich den Anforderungen der Gesellschaft an eine **Ökonomisierung der Eltern-Kind-Beziehung**. Das heißt, nicht das emotionale und psychosoziale Gefüge zwischen Eltern und Kind gibt mehr den alleinigen Ausschlag für die Familienstruktur und Organisation der Familie, sondern wirtschaftliche Vorteile und berufliche Strategien bestimmen immer stärker mit, wie es in der Familie zugeht. Dabei spielt der frühe Wiedereintritt der Frauen in das Erwerbsleben, zumeist noch in der Kleinkindphase, eine entscheidende Rolle.

Drei große Veränderungen in der Gesellschaftsform haben dazu beigetragen, dass die Familie als erster Sozialisationsort der Familie so wie bisher nicht mehr funktioniert. Verantwortlich dafür ist zum einen die Auflösung der Sippe oder Großfamilie, ursprünglich ein wichtiger, die Betreuung und Erziehung der Kinder unterstützender Gemeinschaftsfaktor. Zum anderen ist es die nahezu strikte Trennung von Arbeit und Familie als ökonomischer Faktor zur Steigerung der Produktivität. Ohne diese Trennung wären weder eine effektive Verwaltung der Arbeit noch eine Massenproduktion in Betrieben denkbar. Etwa seit den 1970er Jahren ist dann der Einstieg der jungen Frauen in das Berufsleben noch während der Phase des „Kinderkriegens" als dritter Faktor dazu gekommen.

Damit sind die organisatorischen Grundlagen der Gesellschaft für eine behütete Kindheit weitgehend aufgehoben. An ihre Stelle sind die verschiedenen Formen der institutionellen Fremdbetreuung der Kinder getreten, für deren Rechtfertigung derzeit neue Argumente gesucht werden. Bestanden an der Sinnhaftigkeit und den positiven Auswirkungen gemeinschaftlicher Betreuung von Kindern im Alter über vier Jahre und in begrenzter Stundenzahl am Tage seit zweihundert Jahren keine Zweifel, so ist das Frühbetreuungskonzept von Kindern ab dem Alter von einem Jahr psychologisch und pädagogisch umstritten. Derzeit bemüht sich die Gesellschaft um Richtlinien zur Optimierung solcher Frühbetreuungseinrichtungen hinsichtlich der psychologisch-pädagogischen wie der ausstattungstechnischen Formgebung (D. Baake, 1999, F. Becker-Stoll, 2007, L. Ahnert, 2010).

Wie an verschiedenen Stellen aus argumentativ notwendigen Gründen von mir immer wieder eingestreut, erlebt die Familie auch auf rein gesellschaftspolitischer Ebene eine gewaltige Umstrukturierung. So werden in den letzten Jahrzehnten Ehen immer häufiger noch in der Kinderphase geschieden, und es entstehen durch Neuverheiratung so genannte **Patchwork-Familien**. Außerdem entstehen viele nichteheliche Lebensgemeinschaften mit Kindern, was zumindest rechtliche Schritte zu ihrer Gleichstellung gegenüber ehelichen Gemeinschaften verlangt. Daneben gibt es immer mehr **alleinerziehende Mütter**. Aber es gibt auch gleichgeschlechtliche Lebensgemeinschaften und eingetragenen Lebenspartnerschaften, die den Anspruch erheben, wie ein heterosexuelles Paar Kinder großziehen zu dürfen. Für alle diese Konstellationen müssen rechtliche Grundlagen geschaffen werden. Das Erziehungsprinzip bleibt jedoch von all dem unbenommen, bis auf die Frage, ob denn eine alleinerziehende Mutter in der Doppelrolle für Bindung und Loslösung ausreicht oder ein homosexuelles Paar wirklich ein sinnvolles und gutes Eltern-Imago (s.o) abgibt. Untersuchungen dazu stehen noch aus.

c) Kollektiverziehung

Sobald die klassische Familienstruktur aufgelöst wird, entstehen psychosoziale wie im Übrigen auch rechtliche Probleme. Uns interessieren hier nur die psychosozialen. Bei einer Erziehung im Kollektiv werden dem Kind zwar zunächst noch elternähnliche Bezugspersonen zugeordnet; sobald aber die Säuglings- und Kleinkindzeit vorüber ist, müssen die Kinder die Gemeinschaft als die höhere sozial bindende Struktur im Vergleich zur Familie anerkennen.

Kollektiverziehung gilt als bewusst eingesetztes Gegenmodell zur Individualerziehung (L. Liegle, 2006). Insbesondere in den sozialistischen Staaten des ausklingenden 20. Jahrhunderts und z.B. auch in den frühen Jahren der Staatsgründung Israels (als Kibbuzim) wurden Kinder im Kollektiv großgezogen. Hintergrund waren dabei sowohl grundlegende sozial-philosophische Ansätze, aber ebenso auch klar definierte sozialpolitische Ziele. Beide Zielsetzungen fanden ihre gemeinsame Basis und ihre politischen Ausformulierungen im Sozialistischen Gesellschaftsprogramm der Sozialökonomen und Gesellschaftsphilosophen Karl Marx, Friedrich Engels und Wladimir Lenin. Es ist hier nicht der Ort, dezidiert auf die sozialistische Erziehung in Gegenüberstellung zur bürgerlichen Erziehung einzugehen. Aber ein paar kurze Anmerkungen seien erlaubt.

Im sozialistischen System wird die individuelle Erziehung als Keimzelle der Bürgerlichen Gesellschaft klein geschrieben und offiziell einem Gedankenansatz geopfert, der die Gesellschaft und mit ihr das politisch erarbeitete, soziale Wertesystem in den Mittelpunkt rückt (A.S. Makarenko, 1974). Jeder Mensch hat darin von Anfang an der Gemeinschaft zu dienen, seine Arbeitskraft dem System zur Verfügung zu stellen und seine ideelle Entwicklung dem gesamtgesellschaftlichen Anspruch unterzuordnen. Auf diese Weise ergibt sich ein öffentlicher Einfluss auf das erzieherische Programm, der zugleich auch ein systempolitischer ist. Nicht mehr jedes Elternhaus mit seinen oft ganz eigenen, den privaten psychosozialen und der Familientradition unterworfenen Einflüssen soll den Maßstab für die pädagogischen Schritte in der Kindheit zum sozialen Wesen abgeben, sondern ein festgelegtes Erziehungsprogramm, welches gesamtgesellschaftlich und im besten Fall volksdemokratisch erarbeitet worden ist. Diesem Programm wird jeder individuelle erzieherische Gedanke geopfert, damit die Erziehung zum sozialistischen Denken gesichert ist. Entwicklungspsychologie und persönliche Bindungsstrukturen besitzen keine grundlegende Funktion mehr.

Individualpsychologische Überlegungen und Maßgaben zu einem auf das einzelne Kind bezogene Vorgehen z.B. bei der Geburt (Bonding), oder bei den Umgangsformen mit dem Säugling, bei den frühkindlichen Lebensgewohnheiten und beim Übergang in die Fremdbetreuung bzw. den Kindergarten haben praktisch keinen Stellenwert mehr. Sie werden einem Normierungsschema unterworfen, dem jedes Kind zu unterziehen ist. Passt dieses vom Verhalten nicht hinein, werden erzieherische Maßnahmen angewandt, die im Wesentlichen auf negativer Konditionierung beruhen, um es gefügig zu machen. Das heißt es wird mit Angst, Beschämung und Strafe am Kind gearbeitet, um Erziehung auszuüben. Den Müttern und Vätern wird persönliche Erziehungskompetenz abgesprochen, wenn sie dabei die parteipolitische Linie in Frage stellen und den Idealen der familienbezogenen und bindungsorientierten Umgangsweise mit ihrem Kind nachhängen.

Die Erziehung wird einheitlich und öffentlich. Nicht das Kind ist der Maßstab für die einzelnen erzieherischen Vorgaben, sondern der im politischen System verankerte gesellschaftliche Wille. Die professionellen Erzieherinnen und Erzieher vertreten die gesellschaftlichen Normen und Werte. Sie stellen diese regelmäßig über den individuellen Willen des Kindes und Jugendlichen. Die Gesellschaft ist die Autorität, der sich unterzuordnen ist. Die Kinder und Jugendlichen werden zu diesem Zweck frühzeitig in nach Alter geordneten Erziehungsgruppen zusammengefasst. Jede Gruppe bildet ein Grundkollektiv, das sich dem gesamtgesellschaftlichen Kollektiv unterwirft.

Die Kinder sollen grundsätzlich unabhängig von Herkunft, sozialer Schicht, Religionszugehörigkeit und Geschlecht gleichermaßen gefördert werden. Die Schule übernimmt dabei eine zentrale Aufgabe. Überhaupt wird der Verbindung von Erziehung und Bildung ein breiter Raum zugewiesen. Das Thema Bildung beherrscht schon die Kinderkrippe, in der die Vorschulkinder zusammengefasst werden. Zur Bildung gehört auch die handwerkliche Tätigkeit, da die Trennung zwischen geistiger, also Kopfarbeit und Handarbeit aus ideologischen Gründen aufgehoben werden soll.

Gemeinschaftliches Ziel dieser Bildung ist die sozialistische Gesellschaft. Ihr dienen die Organisationsstrukturen des Bildungssystems, das sich einheitliches Handeln in gemeinsamer Verantwortung für die Entwicklung eines Kollektivbewusstseins auf die Fahnen geschrieben hat.

Das Prinzip einer Kollektivierung in der Erziehung macht sich in den letzten Jahren aus ökonomischen Gründen immer stärker auch in kapitalistischen Ländern breit.

d) Geschichte der Individualerziehung

Weit vor den Theoretikern der Kollektiverziehung im 19. und 20. Jahrhundert haben sich bereits Philosophen auf den Weg gemacht, die Entwicklung des Menschen zum Sozialwesen auf den pädagogischen Grundlagen der Kindheit zu erforschen. Wenn auch noch nicht explizit über die frühe Kindheit gesprochen wurde, war es den „Entdeckern der Kindheit“ schon bewusst, dass die gesamte Lebenspanne von der Pubertät herunter bis zur Geburt gemeint sein musste. Der erste, der sich systematisch mit den erzieherischen Einflüssen der Erwachsenen auf das Kind beschäftigt hatte und dabei erkannte, dass das spätere Verhalten des erwachsenen Menschen etwas mit seiner Kindheitsbiographie zu tun hat, war der Schweizer Bürger **Jean-Jaques Rousseau** (1712–1778). Noch vor der Zeit der französischen Revolution bekannte sich Rousseau selbst als „Bürger“ und erklärte demokratische Lebensprinzipien für die richtige und gerechte Grundlage menschlicher Gesellschaft. In seinem „Contract Social" (Der Gesellschaftsvertrag, 1762) formulierte er ein Art Grundgesetz für ein sozial gerechtes Zusammenleben der Menschen. Darin setzt er das Gemeinwohl oder den Gemeinsinn, wie er ihn nennt, über das Wohl des Einzelnen oder den Eigensinn und setzt die freiwillige Unterordnung unter dieses Gerechtigkeitsprinzip voraus. Im Anspruch auf Eigentum sieht er den Beginn aller Ungerechtigkeit unter den Menschen und erkennt darin den Anfang der Unterdrückung. Maßstab für ihn ist der Naturzustand des Menschen, bei dem es keine Vorstellung von Eigentum gegeben hat.

Die pädagogische Seite, die der Menschenbildung dafür zugrunde liegt, schreibt Rousseau in seinen Erziehungsroman „Emile oder über die Erziehung" (1762/Nachdruck 1998). Darin beschwört er wiederum den Naturzustand des Menschen als eine Wesensform, bei der die (erblichen) Anlagen als „gut" zu gelten haben. Erst die Vergesellschaftung des Menschen, so folgert er, hat das Böse in den Menschen hineingetragen. Folglich müsse man das Übel des Gesellschaftlichen in der Erziehung vom Menschen fern halten, um ihn wieder zum Guten gelangen zu lassen. Er nennt diesen Schritt die **negative Erziehung**.

Damit wandte sich Rousseau gegen die christliche Auffassung des angeborenen Bösen im Menschen – die Erbsünde. Er befand, dass man die Erziehung so einzusetzen habe, dass die natürlichen Reifungsschritte im Kind zum Jugendlichen nicht verdreht werden. Das natürliche und gute Selbstsein (der Selbstsinn oder auch die „Selbstliebe") würde sonst in widernatürliches und gemeinschaftsschädliches Eigensein (oder Eigensinn bzw. „Eigenliebe") gewandelt. Das Kind müsse vom Gefühlsmenschen schrittweise zum Verstandesmenschen herangeführt werden. Anders gesagt, erst müsse im Respekt vor dem Kind die sinnliche Welt des Kindesalters gestaltet werden und erst danach könne die geistige Welt durch Bildung zum gewissen- und verstandesorientierten Menschen entwickelt werden. Rousseau kommt damit das große Verdienst zu, zum ersten Mal in der Geschichte den Menschen in seiner Gesamtheit als soziales Wesen unter erzieherischen Gesichtspunkten zu betrachten. Sein Einfluss bis hin zur modernen Pädagogik ist unbestritten groß (vgl. W. Fischer und D.-J. Löwisch, 1998, G. Nissen, 2005, B.H.F. Taureck, 2009, E. Cassierer, 2012).

Johann Heinrich Pestalozzi (1746–1827), ebenfalls Schweizer Bürger, bemühte sich darum, sich der Erziehung des Menschen von der praktischen Seite zu nähern. Dazu wandelte er einen Gutshof in eine Erziehungsanstalt für arme Kinder um und verband die Grundbildung des Menschen mit handwerklichen und landwirtschaftlichen Kenntnissen (Th. Ballauf, 1998). Nachdem dieses Projekt gescheitert war, übernahm er in einer Schweizer Kleinstadt ein

Waisenhaus, das viele Kinder aufgenommen hatte, die ihre Eltern in den Anfängen der Französischen Revolution verloren hatten. Pestalozzi konnte also mit Fug und Recht von sich sagen, große Kenntnisse über die Entwicklung von Kindern in praktischer Anschauung erworben zu haben. Seine theoretischen Grundlagen basierten auf den Schriften von J.-J. Rousseau.

Aber im Gegensatz zu Rousseau näherte sich Pestalozzi dem Erziehungsproblem von der sozialen oder sogar sozialpolitischen Seite. Zunächst ging es ihm darum, den von Armut und Bildungslosigkeit bedrohten Kindern neue Beziehungsstrukturen in der Gesellschaft zu geben und sie, wie er sich ausdrückte, zu „veredeln". Diese sehr lebenspraktisch gemeinte Verbesserung der Selbsteinschätzung und sozialen Wertigkeit war aber hauptsächlich auf eine Hilfe zur Selbsthilfe gerichtet. Der Mensch sollte seine eigene Lage erkennen und seine wahren Bedürfnisse durch Wissen um diese Bedürfnisse durchsetzen lernen. Das Volk sollte bestrebt sein, sein Elend zu überwinden.

Über diese allgemeine Forderung an das Volk gelangte Pestalozzi dann durch weitere Überlegungen zu dem einzelnen Menschen. Von ihm forderte er Verständnis für seine natürlichen Ursprünge – ganz im Sinne von Rousseau – und das Streben nach Sittlichkeit. Für ihre Fundamentierung erkannte er den im Menschen angelegten religiösen Glauben und die Liebe. In der Auseinandersetzung des Menschen zwischen dem Anspruch auf Selbstgenuss und Ausleben der ureigenen Natürlichkeit („Animalität" oder das Tierische im Menschen) einerseits und dem Bestreben nach sozialgesetzlichen Geboten und einem Leben in friedlichem Miteinander andererseits müssen die Erziehung und Bildung dafür sorgen, dass Letzteres zum Ausschlag gelangt. Schließlich entwickelte Pestalozzi die Erkenntnis, dass eine sozial gerechte Gesellschaftsordnung nur dann Bestand haben wird, wenn der einzelne sich selbst in dieser Gesellschaft neu entdeckt als „das zur Menschlichkeit veranlagte Wesen". Glaube und Liebe stehen ihm dafür zur Überwindung seiner animalischen Herkunft zur Verfügung.

Es gibt noch einen weiteren Pädagogen des 19. Jahrhunderts, dessen Name hier nicht fehlen darf. Ich spreche von **Friedrich Wilhelm August Fröbel** (1782–1852). Fröbel begann seine pädagogische Karriere als Hauslehrer, erkannte aber bald, dass er seine pädagogischen Vorstellungen zur Verbesserung der Gesellschaft mit der Erziehung einzelner Kinder von begüterten Bürgern nicht umsetzen konnte. Nach verschiedenen privaten Stationen außerhalb der Pädagogik und einem Besuch bei Pestalozzi in der Schweiz gründete er in Griesheim in Thüringen die „Allgemein Deutsche Erziehungsanstalt". Wie sein Vorbild Pestalozzi verfolgte auch Fröbel die Idee, Erziehung von der praktischen Seite her aufzubauen und den allgemeinen gesellschaftlichen Aspekt in den Mittelpunkt zu stellen.

Der Haupteinfluss von Fröbel wirkt bis heute fort in der Erarbeitung eines Konzepts zur gemeinschaftlichen Vorschulerziehung. 1840 war er Mitbegründer der Stiftung des „Allgemeinen Deutschen Kindergartens". Im Jahre 1826 erschien sein Hauptwerk mit dem Titel „Menscherziehung". Darin verstand Fröbel Erziehung als eine Vereinigung des Menschen mit der Natur in einem göttlichen Prinzip, das jedem Menschen von Geburt an innewohnte. Dieses Prinzip in sich zu entdecken und zu entwickeln schien ihm Bestimmung im Dasein des Menschen zu sein und Grund für nötige Erziehung. Da aber ein göttliches Prinzip, das im Menschen zu entwickeln sei, nur „gut" sein könne, hielt Fröbel wie sein anderes Vorbild Rousseau den Menschen an sich für gut.

Fröbel verstand demzufolge den Kindergarten wie einen „Garten Eden" für Kinder und damit wie ein kleines Paradies. Dieses Paradies stünde seiner Meinung nach unter Gottes Schutz und erzeugte die edelsten Menschen.

Fröbel erfand für das kindliche Spiel, das er als Vorläufer für die spätere Arbeit ansah, gesondertes Spielmaterial, das auf einfachsten geometrischen Formvorgaben beruhte. Er vertrat damit die Ansicht, dass das Kind sich die Grundlagen der Natur aneignen müsse, um sich in Freiheit und Selbstbestimmung als Mensch zu entdecken. Natürliches und göttliches Prinzip im Menschsein sah er vereinigt in der Fürsorge und Liebe zum sich entwickelnden Kind. Harmonie erhob er zum Grundprinzip in der Erziehung.

Aus dem kleinen Schlösschen Marienthal bei Bad Liebenstein machte Fröbel in seine letzten Lebensjahren eine „Ausbildungsstätte für Kindergärtner und Kindergärtnerinnen" und gründete damit ein seinerzeit viel besuchtes und beachtetes geistig-pädagogisches Zentrum (G. Nissen, 2005).

Friedrich Daniel Ernst Schleiermacher (1768–1834) kann insofern als einer der Pioniere der modernen Pädagogik gelten, als er zum ersten Mal die Persönlichkeit des Menschen als einen gemeinsamen Trieb aus zwei Wurzelanteilen sah. Er unterschied in die eigentliche Wurzel als das „innere Entwicklungsprinzip" und die erdige Umgebung der Wurzel als die „äußeren Einwirkungen". Heute würden wir sagen, die Persönlichkeit eines jeden Menschen entspringt den genetisch vorgegebenen, individuellen Anlagen und der angetroffenen Umwelt und den epigenetische Faktoren aus der Umwelt, die die Aktivität und Ausgestaltung der Gene von außen beeinflusst. Folglich unterschied Schleiermacher in eine individuelle Seite des Menschen und eine universelle. Und wie heute die Wissenschaftler beschäftigte auch ihn schon die Frage, in welchem Verhältnis individuelle Veranlagung und äußere Gestaltung auf die endgültige Persönlichkeit stehen (W. Böhm, E. Schiefelbein, S. Seichter, 2008/2010).

Einen exakten, wissenschaftlichen Zugang zur Pädagogik suchte auch **Johann Friedrich Herbart** (1767–1841) etwa zur selben Zeit. Dabei bemühte er sich um die notwendige Unterscheidung zwischen einer allgemeinen erzieherischen Theorie, die er mit dem Begriff Pädagogik belegte, und der erzieherischen Kunst, mit der er die dazugehörige Praxis bezeichnete. Gleichzeitig stellte er sich die Frage, ob denn eine wissenschaftlich orientierte Pädagogik im Verbund mit der Philosophie den wichtigeren Anteil an der Erziehung im Allgemeinen hätte oder die konkrete Praxis, die auf den großen Vorteil ihrer Beobachtungen und Erfahrungen verweisen könnte. Dass diese Betrachtungsweise keine Kunst um der Kunst willen ist, fasste er in den folgenden zwei Sätzen zusammen: „Daher, wer ohne Philosophie an die Erziehung herangeht, sich so leicht einbildet, weitgreifende Reformen gemacht zu haben, indem er ein wenig an der Manier verbesserte. Nirgends ist philosophische Umsicht durch allgemeine Ideen so nötig als hier, wo das tägliche Treiben und die sich so vielfach einprägende individuelle Erfahrung so mächtig den Gesichtskreis in die Enge zieht". Ein größeres Bekenntnis zur pädagogischen Theorie lässt sich kaum abgeben. Aber Herbart war sich durchaus bewusst, dass ohne eine fundierte Praxis die Erziehung auch immer nur ein halbe Sache sein kann (W. Böhm, E. Schiefelbein, E. Seichter, 2008).

Als eine Art geistiges Gegengewicht in der Anschauung über theoretische und praktische Erziehung ist **Émile Durkheim** (1858–1917) zu erwähnen. Durkheim gilt als der Begründer der französischen Pädagogik und wirkt in der französischen Erziehungshaltung bis heute fort. In seiner Vorstellung ist Erziehung eine Form der „planmäßigen Sozialisation", in der die Gesellschaft mit ihren Bedürfnissen klaren Vorrang vor den Ansprüchen des Individuums hat. Somit lehnte er philosophische Ausschweifungen über Pädagogik ab und bezeichnete Erziehung als eine unhinterfragbare „gesellschaftliche Tatsache", die als solche anzuerkennen ist. Bei dieser Art Überlegungen gelangte er zu einer Auffassung vom Menschen, dieser sei von Natur aus egoistisch und antisozial und müsse durch die Erziehung zur Sozialität geführt werden. Prosozialität und Moral waren für ihn so betrachtet Ergebnis eines anerzogenen Kollektivbewusstseins und nicht einer individuellen auf Gewissen und Vernunft ausgerichteten Entwicklung. Er sah die Gesellschaft mit jeder neuen Generation vor der Aufgabe, „der einfachen Natur des Kindes möglichst schnell sittliches und soziales Leben hinzuzufügen" (W. Böhm, E. Schiefelbein, E. Seichter, 2008).

Die Brücke zu pädagogischen Moderne bildet eine veränderte Einstellung zur Erziehung, die sich mit dem Begriff **Reformpädagogik** verbindet. Der Reformpädagogik liegt kein einheitliches und gemeinsames Konzept zugrunde. Ihr Ansatz verknüpft vielmehr verschiedene Erkenntnisse zur Gestaltung von Bildung und Erziehung, die die äußeren Einflüsse aus den sich verändernden sozialpolitischen Verhältnissen im 19. und 20. Jahrhundert mit den inneren konzeptionellen Veränderungen im Erzieher-Kind/Schüler-Status zusammenbringt. Das Schwergewicht der Änderungen lag und liegt auch weiterhin auf der Schule. Insbesondere wurden autoritäre Lehrformen mit einem klar definierten Lehrer-Schüler-Gefälle abgeschafft zugunsten weitgehend selbstständiger und kreativer Schülerarbeit. Wissen sollte nicht mehr „von oben herab" in Gelehrtenmanier verkündet, sondern „von unten heraus" in praktischer Anschauung und selbsterarbeiteter Form erworben werden. Reformpädagogik bezog sich demzufolge in der Hauptsache auf die erzieherische Bildung. So war die Schule das Hauptarbeitsfeld der Reformpädagogen, die mit ihren Veränderungen die Lehranstalten demokratisierten.

Im Zusammenhang mit der frühkindlichen Bildung und Erziehung steht neben den vielen hier nicht genannten Namen aus der Schulpädagogik einer beispielhaft und in herausragender Weise: **Maria Montessori** (1870–1952).

Maria Montessori war italienische Staatsbürgerin. Sie setzte Ende des 19. Jahrhunderts durch, Medizin studieren zu dürfen in einer Zeit, in der Studieren für eine Frau noch so gut wie unmöglich war. Ihr Blick auf Kinder entwickelte sich demzufolge aus der Anschauung des Umgangs mit kranken Kindern, insbesondere mit psychiatrisch kranken, deren medizinische wie menschliche Versorgung in der damaligen Zeit noch als unwürdig zu bezeichnen war. Über diesen Weg wurde ihr bewusst, dass die Behandlung von seelisch Kranken, besonders wenn es das Kindesalter betraf, ohne Pädagogik wenig Erfolg haben würde. Damit bestätigte sie die Grundauffassung der **Heilpädagogik**. Außerdem studierte Montessori Anthropologie und hielt lange Zeit Vorlesungen über die Wissenschaft des Menschen an der Universität in Rom.

Ihr grundsätzliches Credo war die Herausstellung des Kindes als Individuum und selbstständiges Wesen, dem neben aller zu gewährenden Fürsorge auch Achtung und Respekt im erzieherischen Umgang zu zollen ist. Das bezog sie explizit auf die Vermittlung von lebenspraktischen Fähigkeiten in der menschlichen Gemeinschaft und auf theoretisches Wissen über die physikalischen Weltzusammenhänge. Ihre Erziehungsvorstellungen begründeten sich demzufolge auf einem einfachen und direkten Zugang zum Kind, der über ein Ablauschen dessen, was es benötigt und braucht, dem Pädagogen die Sinne öffnet für das, was dem Kind beigebracht werden soll: Nicht der Erzieher und sein Konzept stehen im Mittelpunkt der Praxis, sondern allein das Kind, das ein Recht darauf hat, richtig, also in geeigneter Weise erzogen zu werden.

Dem Kind soll vor allem geholfen werden, selbst zu handeln, dies war einer ihrer Grundsätze. Niemals soll ihm etwas vorweg genommen werden, wenn es selbst zu der Leistung schon imstande ist. Die Persönlichkeit des Kindes soll so zur Entfaltung gelangen können und dabei möglichst wenig durch den erzieherischen Einfluss verändert werden. Es ist nicht der Erzieher, der den gesellschaftstauglichen Menschen erschafft, sondern der Mensch erschafft sich selbst zur Gesellschaftstauglichkeit – mit der behutsamen Unterstützung durch den Erzieher.

Nur die Natur und Gott haben ihrer Auffassung nach die Macht, etwas im Menschen zu erschaffen. Die Hindernisse, die der Entwicklung des Kindes im Wege stehen, müssen durch geschickte Anleitung beseitigt werden, damit es leben kann.

Anfang des 20. Jahrhunderts gründete Maria Montessori die Casa dei bambini, die Kinderhäuser, in denen zunächst den ärmsten Kindern aus den sozialen Unterschichten Lebenspraxis und Bildung vermittelt werden sollten. Die Kinderhäuser wurden im Laufe der Jahre zu einem Länder übergreifenden Großprojekt, um die Prinzipien der Montessori-Pädagogik in der gesamten Vorschulerziehung zu etablieren. Die Montessori-Pädagogik weitete sich darüber hinaus immer stärker auch auf die Schulpädagogik aus, in der sie bis heute weltweit einen hoch geachteten Stellenwert besitzt. Einer ihrer wichtigsten Grundsätze dabei war die Einrichtung der „vorbereitenden Umgebung". Reale Ausstattung der Lehreinrichtung und alle didaktischen Materialien sollten kindgemäß angepasst werden und den Kindern als motivierendes Angebot zu Spiel- und Unterrichtszwecken angeboten werden. Nicht das Kind solle der Umgebung angepasst werden, lautete ihr entscheidendes Credo, sondern die Umgebung dem Kind (M. Montessori 1971/1972 und 1980/1985).

e) Antiautoritäre und autoritative Erziehung

Es wird Zeit, auch von anderen modernen Erziehungskonzepten zu sprechen, insoweit sie sich von der konventionell autoritären Erziehung unterscheiden oder direkt gegen sie wenden. Bei der Besprechung der **antiautoritären Erziehung**, die von der „68er-Generation" vereinnahmt wurde und die in den 1970er Jahren viel von sich reden machte, ist zu unterschieden zwischen dem in den einleitenden Erklärungen bereits erwähnten **Laissez-faire-Erziehungsstil**, also das, was auch als Nichterziehen bezeichnet wird, und der eigentlichen antiautoritären Erziehung. Es wäre ein voreiliges Urteil, diese beiden pädagogischen Grundanschauungen in einen Topf zu werfen und gemeinsam zu verurteilen.

Die Laissez-faire-Methode und ihre gemäßigtere Form, die **permissive Erziehung**, haben sich zum Ziel gesetzt, möglichst gar nicht bzw. nur wenig erzieherisch in die charakterliche Entwicklung des Kindes einzugreifen und der Ausbildung der Persönlichkeit möglichst freien Lauf zu lassen. Diese Umgangsweise mit dem Kind wird gerechtfertigt mit der Akzeptanz eines Rechts auf freie Selbstentfaltung und der Anerkennung der Unrechtmäßigkeit einer jeden Fremdbestimmung. Diesen Ideen ist zuzustimmen, soweit es sich um theoretische Grundsatzerklärungen handelt. Es wird bei dieser Konzeption meiner Auffassung nach aber übersehen, dass das Kind zur Selbstentfaltung Erziehung benötigt, sei es durch ein gemeinschaftskonformes Regelwerk, sei es durch das stille Vorbild der Erwachsenen, mit denen sich das Kind identifizieren kann. Das Kind muss seine Anlagen auf die gesellschaftlichen Voraussetzungen, auf die es in seiner Umwelt trifft, durch einen Anpassungsprozess abstimmen lernen.

Gelingt dieser Abgleichungsprozess nicht, und verliert sich das Kind in unkorrigierter Selbstüberschätzung, droht es in der Gesellschaft mit seinem praktischen Leben zu scheitern. Insofern besitzt jedes Kind ein Interesse an Erziehung, deren erfolgreiche Anwendung es bei sich selbst positiv attributiert.

Die antiautoritäre Erziehung verfolgt ein anderes Ziel. Ausgehend von den aufklärerischen Wurzeln eines J.-J. Rousseau und den Ideen zur Erziehung der Reformpädagogik (beides s.o.) sieht sie im Kind zunächst den „guten Menschen", der, wenn er seinen Anlagen gemäß frei erzogen wird, diese Güte in Prosozialität umsetzt. Die schlechten Eigenschaften des Menschen führt sie demzufolge auf Fehler in der Erziehung und in der Sozialisation zurück. Diese Fehler wiederum werden hauptsächlich in den autoritären Strukturen der Erziehung gesehen, die durch Freiheitseinschränkung und Unterdrückung der Selbstbestimmung den Willen des Kindes gefügig machen wollen. Antiautoritär bedeutet demzufolge, Erzieher und Zögling müssen als einigermaßen gleichberechtigte Partner diesen Unterdrückungsmechanismus in der Erziehung aufheben.

Man kann grob unterteilt zwei Wege in der antiautoritären Erziehung unterscheiden. Da ist einmal der politisierte und sozial kritische Weg, wie er in den 1970er Jahren in der Bundesrepublik Deutschland praktiziert wurde, und da ist zum anderen der eher freigeistige, auf Reformpädagogik basierende Weg von A.S. Neill, wie er in der Internatsschule „Summerhill" im englischen Leiston in Suffolk entwickelt und verwirklicht worden ist. Die politisch stark links orientierte deutsche Version berief sich auf die sozialkritischen Ideen **Ekkehard von Braunmühls** (geb. 1940) und anderer ähnlich denkender Pädagoginnen und Pädagogen und führte zum Konzept der **„Kinderladenbewegung"**. In diesen von den revoltierenden Studenten unterstützten Einrichtungen zur Vorschulbetreuung der Kinder wurde diesen ein maximal mögliches Maß an Selbstbestimmung gewährt, eine Form der inneren Befreiung, die sich auf der anderen Seite ausdrücklich gegen jede Form eines autoritären Eingreifens in die Erziehung wandte. Gleichzeitig propagierten die Verfechter des Konzepts die Enttabuisierung der Sexualität, weil sie in ihr ein repressives Element autoritärer Erziehungspraxis sahen. Die revoltierenden Studenten der

„68er-Generation" erlebten in der Kinderladenbewegung die kindgemäße Verkörperung ihrer Ideen.

Alexander Sutherland Neill (1883–1973) verfolgte einen völlig anderen Ansatz und hatte zur Politisierung der Erziehung keinerlei Verbindung. Die Gründung seiner Erziehungsschule „**Summerhill**" fand 1921 in der Nachkriegszeit nach dem Ersten Weltkrieg statt und wohl auch unter dessen Eindruck. Trotz des großen zeitlichen Abstands zu den 1970er Jahren wurde Neills Erziehungskonzept dann von der antiautoritären Bewegung in der Bundesrepublik Deutschland über lange Zeit vereinnahmt. Ihrem Programm kam entgegen, dass die Neill'sche Version der Pädagogik sich so ziemlich gegen alles stellte, was bis dahin als Erziehungsgrundlage diente. Das nahezu ungehemmte Ausleben freiheitlicher Bedürfnisse und Bestrebungen von Kindern und Schülern lieferte diejenige pädagogische Grundsubstanz, die die Studentenrevolte brauchte, um die autoritäre Erziehung aus dem Sattel zu heben. Freiwilligkeit des Unterrichts, Selbstverwaltung und Werkstätten zur Verbindung von Lernen und Arbeit passten gut in das sozialpolitische Konzept politisch linker Bestrebungen. Aber „Summerhill" war keine Schule ganz ohne Regeln. Der Unterschied zur autoritär geführten Schule bestand darin, dass Regelverstöße durch eine demokratisch eingerichtete Rechtssprechung geahndet wurden und nicht durch Sanktionen, die die Lehrerschaft verhängte (A.S. Neill, H. Schroeder, P. Horstrup, 1969).

Neill war zeitweise Schüler und später langjähriger Freund des Psychoanalytikers **Wilhelm Reich** (1887–1957), der eine nach heutigen Maßstäben abwegige Sexualtheorie entwickelte. In dieser Theorie spricht der Analytiker Reich der Sexualität eine universelle, regulatorische Kraft im menschlichen Organismus zu. Würde man diese Kraft durch erzieherische Maßnahmen nicht permanent unterdrücken, käme ihre ganze bioenergetische Stärke zum Vorschein. Sie versetze den heranwachsenden Menschen automatisch in die Fähigkeit zur Selbstregulation. Ziel jeder Kindererziehung müsse es deshalb sein, diese Selbstregulation zuzulassen, und zwar durch Befreiung des Kindes von reglementierenden Erziehungsmaßnahmen in der Bedürfnisbefriedigung sowie durch Erlaubnis zur spontanen sexuellen Lustentfaltung.

Offensichtlich angetrieben durch diesen ideellen Einfluss, bediente sich Neill neben seiner freiheitlichen Lehr- und Lernauffassungen im Erziehungsstil in seiner Internatsschule auch einer freiheitlichen Sexualerziehung. Gerade letztere brachte ihm viel Kritik der konservativen Pädagogik ein, war aber auch willkommener Anlass für die studentische Bewegung im Nachkriegsdeutschland, seine Lehren zum Programm in den Kinderläden zu erklären.

Abzutrennen von der antiautoritären wie auch von der autoritären Erziehung ist die autoritative Erziehungsform. Mit diesen Unterscheidungen bewegt man sich tief im Bereich der Erziehungsstile, das heißt in praktischer Anwendung von pädagogischen Grundideen und Grundkonzepten. Viele zeitgenössische Pädagoginnen und Pädagogen berufen sich auf dieses Erziehungsprinzip (z.B. J.-U. Rogge, 2008 oder z.B. in Dänemark J. Juul, 2003/2004). Ihr liegt ein partnerschaftliches Konzept zwischen Erzieher/in und Kind zugrunde. Da sie sich mit vielem deckt, was ich im nächsten Kapitel beschreiben werde, nehme ich an dieser Stelle keine genauere Beschreibung vor.

Pädagogische Grundkonzepte gibt es genau genommen nur drei: zum einen die autoritäre Erziehung, zum anderen die demokratische Erziehung und zuletzt die antiautoritäre Erziehung. Das Nichterziehen, sieht man es als Vernachlässigung des Kindes, ist dabei grundsätzlich ausgeschlossen. Die autoritäre Erziehung kennt eine abgemilderte Form als „strenge Erziehung". Die autoritative Erziehung zählt zu den demokratischen Formen der Erziehung, die ihren Gegenpol in etwa in der permissiven Erziehungshaltung sieht. Die von mir als bindungsbasierte frühkindliche Erziehung bezeichnete Form gehört ebenfalls in den Bereich demokratischer Erziehung und bewegt sich zwischen autoritativ und permissiv. Diese Unterscheidungen und Zuordnungen sind meines Erachtens wichtig, um eine konzeptuelle Klarheit in der Unüberschaubarkeit des Erziehungsgeschehens zu erhalten.

2. Kindliche Verhaltensweisen in der normalen Erziehung und die elterliche Kompetenz (Primärprävention) – die kurze Geschichte der frühkindlichen bindungsbasierten Erziehung

a) Praktische Erwägungen für das Erziehen

Um zu einer Definition zu gelangen, was als normales frühkindliches Verhalten gewertet werden kann, ist es noch einmal notwendig auf das Störungsspektrum zu sprechen zu kommen. Denn wo Normalität so schwer zu definieren ist, wie im Verhalten von Kindern (außer man wählt einfach das Erscheinungsbild eines sich wohl und glücklich fühlenden Kindes als Normbegriff), lässt sich am besten auf die Formulierung der Abwesenheit von Störung ausweichen. Das Spektrum des kindlichen Störungsverhaltens auf eine zu hohe emotionale Belastung und auf zu große soziale Verwerfungen in der Beziehungs- und Bindungsgestaltung zwischen Eltern und Kind ist jedoch groß. Je nach Alter, nach Belastungsform, nach erworbenem **Reifestand** und nach emotionalen **Ressourcen**, aber selbstverständlich auch nach veranlagter **Resilienz,** kommt es zu unterschiedlichen Reaktionen beim Kind, die gut voneinander abgegrenzt werden sollten. Es kann also nicht einfach nur das ‚psychosozial auffällige Kind' geben, das gerade einmal im Altersunterschied einigermaßen differenziert wird, wie es eben auch nicht einfach ‚das psychisch gesunde Kind' gibt.

Vielmehr muss in jedem Einzelfall sehr genau hingeschaut werden, welches Störungsmuster beim Kind im Einzelnen vorliegt, welche sozialen Verhältnisse dem zugrunde liegen, wie weit das Kind bis zum Störungszeitpunkt in seiner psychosozialen Entwicklung gekommen ist und welche Ressourcen es besitzt, der Störung selbst zu begegnen.

In der Kinder- und Jugendpsychiatrie ist demzufolge, das sei hier zur Vertiefung des Problems angeführt, ein sehr komplex ausgerichtetes Diagnoseschema entwickelt worden, das als Multiaxiales Klassifikationsschema (MAK) bezeichnet wird (H. Remschmidt, M.H. Schmidt, F. Poustka, 1977/2006). Normalität und Gesundheit in der Psyche des Kindes ist unter diesem Gesichtspunkt der störungsfreie Ausfall einzelner diagnostischer Ebenen.

Erziehen ist immer eine Auseinandersetzung der Eltern und anderer erziehender Erwachsener mit den momentanen Beschränkungen des jeweiligen Entwicklungsschritts des Kindes wie auch mit seinem nahezu unvermeidlichen Anecken an den sozialen Vorgaben. In diesem Kapitel geht es aber nicht ein weiteres Mal um die Beschreibung des kindlichen Störungsverhaltens (wie im Teil 2) und auch nicht mehr um die Erklärung theoretischer Grundlagen der

Gesamtentwicklung (wie im Teil 1), sondern um das praktische Konzept einer Erziehung, das von Anfang an auf die seelische Gesundheit in der Entwicklung des Kindes bis zum pubertierenden Jugendlichen abzielt. Insoweit ist auch kein größerer Exkurs auf therapeutische Maßnahmen vorgesehen, die ohnehin erst dann zum Zuge kommen, wenn alle Möglichkeiten des normalen Erziehens missglückt sind.

Bis etwa zur Hälfte des zweiten Lebensjahres, also bis zu dem Zeitpunkt, an dem das Kleinkind seine geistige Abhängigkeit von der primären Bezugsperson (in der Regel die Mutter) aufgibt und ein eigenständiges Selbst wird, kann man alles, was man den Eltern erzieherisch ans Herz legt, als **Primärprävention** oder Verhütung von Anfang an bezeichnen. Es gibt inzwischen mehrere psycho-sozio-pädagogische Programme, die mit konkreter Schulung junger Eltern auch über das Säuglingsjahr hinaus versuchen, eine solche Primärprävention zu realisieren. Auf das Thema „Elternschule" und deren Programme werde ich im 4. Kapitel dieses Teils des Buches noch einmal im Einzelnen zurückkommen.

An dieser Stelle geht es mir darum zu zeigen, welche Schritte Eltern auch ganz spontan unternehmen können, um schon selbstständig und ganz im Vertrauen auf ihre natürlichen Fähigkeiten zu einer guten Elternschaft und zu dem gewünschten erzieherischen Ziel beim Kind zu gelangen. Dieses Ziel kann nur heißen: weitgehend ungestörte, den Anlagen gemäße Entwicklung des Kindes zum Erwachsenen bei erhaltener seelischer Gesundheit. Dafür wurde der Begriff der **Salutogenese** gefunden. Die dementsprechende Vokabel in der Amtssprache lautet dazu „**Kindeswohl**".

Das erzieherische Ziel der Salutogenese begründet sich auf den mehr oder weniger guten Anlagen des Kindes mit günstigem Temperament, offenem Kontaktverhalten und Talenten als den wichtigsten Ressourcen und der damit verbundenen so genannten Resilienz. Des Weiteren begründet es sich auf dem elterlichen Bedürfnis nach Aufopferung für das eigene Kind, das freilich seine Grenzen hat, und dem Vertrauen in die Hilfen der erweiterten Familie sowie der Sozialleistungen, die die Gesellschaft bereit hält. Auch in diesem letzteren Punkt gibt es eine nicht zu übersehende Grenze. Passen die Voraussetzungen gut zusammen, ergeben sich soziale „**Fits**" (Passung), passen sie nicht zusammen dementsprechend „**Misfits**" (Fehlpassung) (D. Bürgin, 2008).

Vieles von dem, was im Folgenden zur Sprache kommt, wurde bereits in den vorigen Abschnitten des Buches im Rahmen der Erklärung der frühkindlichen seelischen Entwicklungsschritte angesprochen. Überschneidungen und Wiederholungen sind demzufolge unvermeidbar. Aber jetzt kommt es darauf an, das pädagogische Gesamtprogramm zu schildern und den erzieherischen Aspekt der Empfehlungen genauer zu beleuchten.

Bevor ich dazu aber nun übergehe, müssen noch drei Dinge zur Sprache kommen, die jedem erzieherischen Konzept eine gewisse Beschränkung auferlegen. Ich spreche von den angeborenen **Charaktereigenschaften** des Kindes sowie seinem schon öfter erwähnten **Temperament** (2. Kapitel Teil 1). Will man sich einigermaßen erschöpfend mit dem Thema Erziehung in der frühen Kindheit auseinandersetzen, kommt man nicht umhin, sich auch die genetischen Veranlagungen des Kindes anzusehen. Denn Eltern richten sich mit ihren Reaktionen automatisch auch stark nach dem Beziehungsangebot, das vom Kind ausgeht. Und dieses Angebot wird von zwei persönlichkeitsbildenden Anlagefaktoren bestimmt, dem Charakter und seinem sich zunächst in den Affekten äußernden Temperament.

Außerdem gibt es noch zwei weitere, rein auf den Emotionen basierende Mitgaben bei der Geburt. Das sind einmal die **Urgefühle**, die sich in einem Spektrum zwischen spontaner Glückseligkeit (Hedonie) und ebenso spontaner großer Angst (Urangst) bewegen. Von der Urangst ist in den vorigen Kapiteln schon häufig die Rede gewesen.

Darüber hinaus gibt es noch die **spontanen Neigungen**, über die im Folgenden ebenfalls zu reden ist. Auch bei diesen gibt es das Spektrum von positiv, das sich in Lust auf etwas und Sympathie für etwas äußert, und negativ, das das Gegenteil bewirkt und Unlust und Antipathie (später auch Ekel) hervorruft.

b) Die Temperamentsfaktoren und Grundgefühle

Zusammen mit den Grundlagen für Charaktereigenschaften (s.u.) gibt die Natur den Menschen die Temperamentsformen mit auf den Weg. Das, was die Eltern und Erwachsenen am Säugling und Kleinkind als dem Verhaltensprofil bereits ganz früh wahrnehmen, ist genau genommen das **Temperament** und noch nicht der Charakter. Trotzdem wird gerne schon von den Charakteranlagen gesprochen. Es ist aber das Temperament, das den unmittelbaren Affekt im menschlichen Verhalten ausmacht, der Charakter strukturiert mehr seine sozial angepassten, langfristigen Verhaltensstrategien. Die schnelle Reaktion, der direkte Verhaltensmodus geht demzufolge also vom Temperament aus, das damit die Ausdrucksform und -stärke eines Säuglings und Kleinkindes bestimmt. Vor allem legt es fest, wie das Kind auf einen emotionalen Reiz aus seiner Umwelt reagiert und welchen Stimmungen es ausgesetzt ist.

Noch eines sei vorausgeschickt: Die folgende Anordnung der Temperamentsfaktoren folgt nur dem jeweils hervorstechenden Merkmal und nicht der von der Gesellschaft vorgenommenen positiven und negativen Bewertung.

ba) In der emotionalen Antwort des Säuglings auf einen Umweltreiz spielt als erstes die Reaktionszeit eine Rolle wie auch die Anstiegssteilheit der zustande kommenden Reaktion selbst. Schnelle Reaktionszeiten und heftige Reaktionsformen entsprechen der **Impulsivität**. Langsame Reaktionszeiten und gemäßigte Reaktionsformen stehen im Zusammenhang mit der **Gelassenheit**. Beim Säugling zeigt sich impulsives Reagieren in schnellem, aufgeregtem und lautem Schreien. Der Säugling erscheint unduldsam und reizbar und fordert viel von seinen Bezugspersonen. Viele Eltern fühlen sich dadurch an die Grenzen ihrer persönlichen Ertragensfähigkeit geführt. Eltern, die selbst weniger impulsiv sind und größere Gelassenheit in sich verspüren, ertragen solche Säuglinge definitiv besser.

bb) Ein anderer Temperamentsfaktor ist das **Nähebedürfnis** nach engem Kontakt und Zärtlichkeit, das bei erwachsenen Menschen auch als „Herzenswärme" bezeichnet wird. Dem entgegen steht auch schon im Säuglingsalter feststellbar eine gewisse **Distanziertheit** und emotionale Genügsamkeit. Auch hier spielt bei der Akzeptanz durch die Eltern die persönliche Veranlagung eine Rolle. Eltern, die sich selbst viel Körperkontakt in ihrer Kindheit gewünscht und auch erhalten haben, können ihren eigenen Kindern mehr davon weitergeben. Andere Eltern fühlen sich hingegen leicht überfordert.

bc) Nervosität und Aufgeregtheit auf der einen Seite der Skala reicht auf der anderen Seite bis zu **Ausgeglichenheit**, Ruhe und Beständigkeit. Die leichte Erregbarkeit, verbunden mit allgemeiner Unruhe und rasch wütendem Schreien, wenn das Bedürfnis nicht gleich befriedigt wird, ist ein häufiger Grund von Klagen junger Eltern über ihr Kind. Unduldsamkeit und hohe Erregbarkeit sind das offenkundige Kennzeichen dieser schwierigen Veranlagung, Ausgeglichenheit auf der anderen Seite der Skala erweist sich in Selbstgenügsamkeit und gilt als positives Merkmal von Säuglingen und Kleinkindern, Nervosität hingegen als ein eindeutig negatives. Das ist insofern bemerkenswert, als Nervosität und Unduldsamkeit nachweislich ein höheres Risiko für spätere Beziehungsstörungen darstellen und Ausgeglichenheit und Selbstgenügsamkeit ein niedrigeres.

bd) Lebhaftigkeit bzw. Aktivität ist ein weiteres Merkmal aus dem Bereich des angeborenen Temperaments. Sie deckt sich zum Teil mit der Wachsamkeit. Ihr gegenüber stehen das **Phlegma** (Langsamkeit) und die Initiativlosigkeit. Verträumtheit ist vielleicht ein besseres Wort dafür. Lebhafte, aktive Säuglinge strampeln und zappeln beinahe unablässig auf ihren Wickelkommoden und sind später, wenn sie laufen können, diejenigen Kinder, die den ganzen Tag wie aufgezogen herumrennen. Eher phlegmatische Kinder liegen genüsslich alles betrachtend und mit spärlicher Bewegung im Bettchen, erscheinen mit sich zufrieden und beschweren sich nicht oder erst spät. Später sitzen sie lange auf demselben Fleck zwischen ihrem Spielzeug und wirken, wenn sie laufen können leicht ein bisschen träge.

be) Bleibt noch der Faktor aus dem Temperamentsspektrum zu betrachten, der körperliche Funktionen und seelische Reaktionen verbindet. Das ist die sensorische Reizbarkeit oder **Empfindsamkeit**. Einige Säuglinge empfinden Berührungen, Lichterscheinungen, Geräusche und vermutlich auch Gerüche als sehr belastend und beschweren sich schnell, wenn diese Reize zu intensiv werden. Anderen scheinen solche Eindrücke von außen ziemlich egal zu sein oder lieben sie geradezu. Säuglinge und Kinder, die auf solche Außenreize wenig reagieren oder sie ablehnen, wirken eher empfindungsarm und unterkühlt. Dieses **Unterkühltsein** ist ein gleichermaßen beständiges Merkmal wie die starke Empfindsamkeit und erhält sich bis ins Erwachsenenalter.

Es gibt verschiedene Einteilungen der Temperamente mit jeweils etwas unterschiedlichem Schema. In meiner Darstellung nehme ich hauptsächlich Bezug auf die Ausführungen von Peter Fiedler in seinem Buch „Persönlichkeitsstörungen" (1994/2007).

bf) Temperamentsfaktoren und Charakteranlagen liegen nun wiederum zwei noch grundlegendere, das Verhalten steuernde Triebstrukturen zugrunde, die als **Appetenz** und **Aversion** bezeichnet werden. Diese oben von mir als spontane Neigungen bezeichneten Steuerungselemente im Gehirn sind quasi die einfachsten Antriebsmodule, die in der Verhaltenskonstruktion des Menschen möglich sind. Appetenz spiegelt dabei immer ein positives Bedürfnis wieder, wirkt Antrieb steigernd und löst Begehren und Vorliebe aus. Sie stellt sich dar als die „Lust etwas zu tun". Ganz zu Anfang ist es die innere Motivation, die schon den Säugling zur Handlung antreibt. In der Abgrenzung zum Willen habe ich diese anfängliche innere Motivation auch als Drang bezeichnet. Im Laufe des Lebens gesellen sich dann immer mehr äußere motivierende Faktoren dazu. Dabei spielen die Anregungen durch die Bindungspersonen eine zentrale Rolle. Aber auch andere Bezugspersonen sind an dieser positiven Animation beteiligt. Das, was als spontane Sympathie beim Kind in Erscheinung tritt und viele Eltern an ihren Kindern gelegentlich irritiert, gehört auch dazu. Alle diese Regungen zusammen bewirken beim Kind eine Hinwendung zur Welt, die sich im Interesse an den Dingen, Vorgängen und Personen äußert.

Aversion dagegen ist das passgenaue negative Empfinden mit Verminderung des Antriebs, dem Gefühl der Unlust und Abneigung sowie einem Streben nach Vermeidung oder Beendigung. Der hierzu vergleichbare innere Einfluss ist der der Demotivation. Als Pendant zur Sympathie herrscht hier die Antipathie. Im rein sensorisch-körperlichen Bereich ist es mit zunehmendem Alter der **Ekel**, der die Aversion charakterisiert und zum Ausdruck bringt.

Appetenz und Aversion begründen meiner Ansicht nach auch das, was sich der Psychoanalyse zufolge im Kleinkindalter dann mit den Begriffen „gut" und „böse" verbindet (D. Stern, 1992, H. Kohut, 1981). Die dadurch einsetzende moralische Wertung der beiden ursprünglich an sich neutralen Gefühlskategorien ergibt sich aus den Objektbeziehungen, die das Kind im Laufe seines Lebens mit den Bezugspersonen eingeht. Objektbeziehungen beschreiben das mentale Verhältnis zwischen dem eigenen Selbst des Kindes und seinen Bindungs- und Bezugspersonen. Empirische Analysen sprechen dafür, dass aber erst im Begreifen des emotionalen Perspektivwechsels Gutes und Böses in der Beurteilung des eigenen und des Handelns der anderen unterschieden wird. Zunächst dreht es sich nur um Lust und Unlust.

Diese beiden Grundbedingungen des Verhaltens in Verbindung mit den Temperamentsfaktoren bringt der Säugling schon fertig mit auf die Welt und er verhält sich danach, sobald er die noch verschlafenen Anfangswochen der Nachgeburtsphase überwunden hat. Sympathie und Antipathie beeinflussen dabei schon sehr früh beziehungsrelevante Lebensereignisse. Die Charakteranlagen bilden sich hingegen erst langsam in der frühen Kindheit aus unter dem Einfluss der angetroffenen Umwelt und ihrer Einwirkungen. An der differenzierten Charaktergestaltung eines Kindes sind die Eltern und Erzieherinnen und Erzieher demnach maßgeblich mit beteiligt. An dem, was ein Kind grundsätzlich mag oder ablehnt, haben die Eltern hingegen so gut wie keinen Anteil, und auch an dem angeborenen Temperament ihres Kindes sind sie völlig „unschuldig".

c) Die Charakteranlagen

In der Charakterforschung hat sich die Persönlichkeitspsychologie in den letzten Jahren nach zähem Ringen und vielen Auseinandersetzungen auf fünf gut unterscheidbare Komponenten geeinigt. Sie lauten: Offenheit (für Neues), Gewissenhaftigkeit (im Handeln), Extraversion (der Person), Verträglichkeit (im Umgang) und Neurotizismus (als Empfindlichkeit). Diese „**big five**" in einer individuellen Mixtur bilden sozusagen das Grundgerüst einer jeden menschlichen Persönlichkeit. Aber in der Festlegung auf diese Faktoren hat man sein Augenmerk auf Erwachsene gerichtet. Im Zusammenhang hier kommt es jedoch darauf an, sie auf die frühen Jahre der Kindheit umzuformulieren. Oder anders gesagt, beim Säugling und Kleinkind muss es zwar dieselben Faktoren geben, aber noch viel undifferenzierter und grober als eine Art Ausgangform. Ihr Feinschliff kommt erst im Zusammenhang mit den Einflüssen aus der Umwelt zustande. Denn ein Säugling und ein Kleinkind besitzen noch keine Persönlichkeit im eigentlichen Sinn. Die Reife ihres Ichs und ihres Selbst ist noch nicht so weit, als dass man sie schon als persönlich ausgeprägt bezeichnen könnte.

Wie wären nun solche Grundformen der Persönlichkeitsfaktoren bei kleinen Kindern zu definieren?

ca) **Offenheit** für Neues gibt es im Grundsatz auch schon beim älteren Säugling und Kleinkind. In der Bindungstheorie wird viel vom Begriff der Exploration, also der Erforschung, Gebrauch gemacht. Zwar wurde diese vorzugsweise als Gegengewicht zur Bindung verstanden, aber das Neugierige und Offene im Wesen der Kinder, die **Offensivität**, war auch schon als Eigenschaft aufgefallen. Bereits Säuglinge zeigen ein unterschiedlich starkes Interesse an ihrer Umgebung. Man sieht es ihren beobachtenden Augen an und erkennt die Offenheit in ihrer Wachheit und Aufmerksamkeit für jedes Geschehen. Das bezieht sich sowohl auf die Gegenstände um sie herum und die physikalischen Erscheinungen wie Licht und Schatten, Schall und Musik, als auch auf Mensch und Tier. Als Kleinkinder nehmen diese Charaktere leicht Kontakt auf, gehen auf andere Kinder zu und sprechen Menschen mit ihren Wünschen und Bedürfnissen an. Auf ihre Mitmenschen wirken sie mutig, mitunter sogar wagemutig.

Auch das Gegenteil, die **Defensivität**, ist schon von früh an erkennbar. Diese Kinder lassen lieber Vorsicht walten, beobachten in bedächtiger Form erst das Geschehen, bevor sie sich einschalten, meiden Fremdkontakte, wenn es geht, und zeigen Schüchternheit und Scheu im Umgang mit ihnen unvertrauten Personen oder in ungewohnter Umgebung und Situation.

cb) **Gewissenhaftigkeit** gibt es im eigentlichen Begriffsinhalt beim Säugling und Kleinkind nicht. Hier muss auf eine vergleichbare Basiseigenschaft zurückgegriffen werden. Es könnte sich dabei im Säuglingsalter um ein Bedürfnis nach **Beständigkeit** in der Bindung handeln, um einen höheren Angstfaktor bei Irritationen im Gewohnten, um ein Bestreben nach gesicherter Umgebung und gewohnten Handlungen oder auch um ein Ersuchen nach Vollständigkeit und Genauigkeit bei gewohnten Vorgängen. Alles muss dann in gleicher Form wiederholt werden, bevor das Kind zufrieden ist. Ansonsten äußert es sofort Gefühle des Unmuts.

Das Gegenteil dazu ist die Nachlässigkeit oder **Gleichgültigkeit**. Solche Kinder lassen Dinge mit sich geschehen, ohne jedes Mal daran Anstoß zu nehmen, auch wenn sie nicht dem Gewohnten entsprechen. Diese Kinder erscheinen aber auch nicht so aufmerksam und interessiert und gehen später mit ihren Spielsachen und ihren Kleidungsstücken wenig sorgfältig um.

cc) **Extraversion** meint beim Säugling freudige **Zugewandheit** zur Bezugs- und vor allem Bindungsperson mit lebhafter Mimik und Gestik und dem Bemühen, Kontakt und Nähe herzustellen. Dabei spielen auch stimmhafte Äußerungen eine große Rolle. Sobald der Säugling greifen kann und sich am Körper der Bindungsperson festhalten kann, möchte er auf den Arm genommen und getragen werden. Später sucht das Kleinkind beständig Kontakte zu ihm sympathischen Personen, die ihm gleich als potenzielle Bezugspersonen dienen. Es spielt gerne mit Gleichaltrigen oder auch älteren Personen, die sich auf sein Spiel einlassen. Diese Kinder gelten als umgänglich und freundlich.

Introversion bedeutet das Gegenteil. Solche Kinder wirken leicht abweisend, verschlossen und desinteressiert an sozialen Kontakten. Sie tun sich schwer damit, von sich aus Kontakte zu knüpfen und spielen lieber mit sich alleine. Introvertierte Kinder wirken sozial unbeholfen und schüchtern, was sie aber nicht unbedingt sind. Sie sind einfach nur viel stärker auf sich selbst bezogen und leben sehr in ihrer eigenen Welt.

cd) **Verträglichkeit** als Eigenschaft ist beim stark egozentrischen Säugling und Kleinkind schwer als spezielle Verhaltensform auszumachen. Es gibt als vergleichbares Kriterium im Verhalten noch die **Geduld**, die Genügsamkeit und Ertragensfähigkeit. Im Säuglingsalter ist das Ertragenkönnen von etwas Unliebsamen, und darum geht es bei dieser Eigenschaft, aber generell sehr begrenzt. Bekommt der Säugling nicht rechtzeitig seine Nahrung oder eilt nicht rechtzeitig die Bindungsperson herbei und schafft Abhilfe bei Leidenszuständen und Unbeschäftigsein, ist sein Beklagen unweigerliche Folge. Und es gibt passend dazu die Kleinkinder, die immer etwas gegen den Strich gebürstet sind und den Widerspruch sowohl im Handeln als auch im Sprechen ohne große Rücksicht herauskehren. Geduld ist also kaum je eine Eigenschaft kleiner Kinder.

Als verträglich und genügsam gelten folgerichtig die Säuglinge und Kleinkinder, die sich nicht gleich beschweren, wenn etwas nicht nach ihren Vorstellungen geht, und die auch Unannehmlichkeiten in Kauf nehmen, ohne gleich lautstark zu protestieren und ihre **Unzufriedenheit** herauszubrüllen. Es liegt nahe, solche Kinder in der Erziehung als einfach zu bewerten und die gegenteiligen als besonders schwierig herauszustellen.

ce) als **Neurotizismus** bezeichnet man in der reifen Persönlichkeit die besondere **Empfindlichkeit** eines Menschen, auf nervenaufreibende Ereignisse und soziale Prozesse mit Unruhe zu reagieren. Das gibt es auch schon bei Säuglingen und Kleinkindern, wenn auch noch nicht so gut abgrenzbar. Negative Emotionen und (Dis-)Stress halten die einen Kinder deutlich besser aus als andere, aber alle Säuglinge und Kleinkinder zusammen eher schlecht. Die emotional Instabilen würde man als wenig belastbar, gefühlslabil und besonders stressempfindlich ansehen. Diese Kinder vertragen Herausforderungen für Neues und Ungewohntes schlecht, sind abhängig von der Gefühlsregulation durch ihre Bezugspersonen (Koregulation) und tragen von kommunikativen und zwischenmenschlichen Misserfolgen größere Folgen davon. Sie sind, um es mit einem neuen Begriff aus der Verhaltensforschung auszudrücken, wenig resilient.

Emotional stabil und damit weit weniger gefährdet für alle psychosozialen Belastungen sind die Kinder, die einen niedrigen Neurotizismus-Faktor besitzen und dadurch einigermaßen stressresistent sind. Ihr Resilienzfaktor kann als hoch bezeichnet werden und ihre **Robustheit** liefert die Erklärungen dafür, dass manche Kinder trotz schwerwiegender Belastungen in der Kindheit doch sozial umgängliche Menschen geworden sind und ein erfolgreiches Leben führen.

Im Reigen der möglichen Quellen für das Verhalten eines Kindes fehlt noch der Begriff der **Persönlichkeit**. Die Persönlichkeit ist aber in diesem frühen Entwicklungsstadium des Menschen noch nicht fertig ausgebildet und vorerst nur so etwas wie ein Torso. Genau genommen ist sie erst das Endergebnis der gesamten Kindheit und somit ein Sozialisierungsprodukt. Von einer „fertigen Persönlichkeit“ spricht man erst am Ende der Pubertät und in der Adoleszenz.

Der Charakter dagegen ist Ergebnis der Individualisierung und zeigt sich schon in früher Kindheit. Das erlaubt es, den Charakter dem Ich zuzurechnen, wohingegen die Persönlichkeit mehr der Ausdruck des fertig ausgebildeten Selbst ist. Das Temperament im späteren Leben ist dabei meiner Vorstellung nach das Bindeglied zwischen Charakter und Persönlichkeit, wie das Bewusstsein das Bindeglied zwischen Ich und Selbst darstellt. Diese Betrachtung soll nur kennzeichnen, dass der Ausdruck, wie ein Kind ist und wie es in der Gemeinschaft vor allen anderen erscheint, nicht auf einem einzigen Faktor beruht. Vielmehr muss man das ganze Geflecht seiner Anlagen auf dem Wege zur sich ausbildenden Persönlichkeit sehen und immer genau den Abschnitt beschreiben, an dem sich das Kind in seiner Entwicklung gerade befindet.

d) Methodik der zugrundeliegenden Betrachtungsweise

Nun liefert die individuelle Vielgestaltigkeit der angeborenen Anlagefaktoren, ausgehend von dem grundsätzlichen Begehren und Vermeiden und weiter über die verschiedenen Temperamentsfaktoren bis letztlich hin zu den Charakteranlagen des Kindes, soviel Variation im Beziehungsgefüge zwischen Kind und Eltern, dass eine Generalisierung im kindlichen Verhalten, also etwas das für das Kind im Allgemeinen typisch ist, nur schwer zu formulieren ist. Aber ebenso wenig glückt eine Verallgemeinerung der Zuordnung in der Elternreaktion und der Umwelt auf solche Anlagen. Denn hier sind die unterschiedlichen Faktoren bald noch größer.

Das gesamte Beziehungsgeschehen zwischen Kind und Eltern ist demzufolge eine mehr oder weniger gelingende Passung zwischen zwei Erwartungshaltungen. Die Eltern haben Erwartungen an ihr Kind und das Kind entwickelt mit der Zeit Erwartungen an seine Eltern. Mal passen die Erwartungen gut überein, so genannte Fits, und mal kommen sie gar nicht übereinander, so genannte Misfits (s.o.). Gerade die Letzteren sind mehr noch als die spezifisch partnerschaftlichen und sozialen Probleme der Familie die Ursache für die Entstehung von Beziehungsstörungen.

Da nun die Eltern im reifen Alter ihre Persönlichkeit längst ausgebildet haben und nicht mehr in der Lage sind, sich auf ihre Kinder besonders flexibel einzustellen (außer sie gehen kritisch in sich oder sie werden gezielt dazu angeleitet), kann für einen Katalog von Empfehlungen zur Erziehung zunächst einmal immer nur von einem Durchschnittselternpaar ausgegangen werden. Und wenn dabei dann auf relevante Erziehungsschwierigkeiten eingegangen wird, geht das wiederum nur unter der Maßgabe, dass entweder das Kind eine durchschnittlich schwierige Veranlagung mit auf die Welt gebracht hat oder die Eltern aufgrund von persönlichen Unzulänglichkeiten nicht stabil genug für das Großziehen von Kindern sind. Jegliche weitere Differenzierung muss immer im Einzellfall vorgenommen werden und ist Thema einer gezielten Eltern- und Erziehungsberatung.

Die vielen äußeren, sozialen Einflüsse müssen an dieser Stelle also erst einmal außen vorgelassen werden. Das heißt nicht, dass sie nicht doch den großen Rahmen für das jeweilige Beziehungsgefüge abgeben, das zwischen Kind und Eltern tatsächlich entsteht. Aber sie stecken voller Details und haben kaum allgemeine Gültigkeit. Grundsätzlich gilt immer eines: Günstige Voraussetzungen sowohl beim Kind als auch bei den Eltern erzeugen keine besonderen Erziehungsprobleme und dienen daher als Maßstab für das, was unter Normalität zu verstehen ist.

In der Ordnung und Aufzählung der konkreten Erziehungsempfehlungen, wie sie im Folgenden zur Ausführung kommen, muss außer dem gerade Gesagten auch noch eine Beschränkung auf die wesentlichen Entwicklungsschritte erfolgen. Die Individualität eines jeden Entwicklungsverlaufs beim Kind und die zahllosen Einzelschritte der Entwicklung lassen es nicht zu, auf jede Einzelheit einzugehen. Das heißt, es werden aus jeder Altersgruppe und aus jedem Thema der vielen Erziehungsaufgaben nur die prototypischen herausgenommen, um an ihnen zu zeigen, wie das gesamte Erziehungsgeschehen auf bindungsbasierten Grundlagen auszusehen hat. Nur unter diesen Vorgaben sind die folgenden Ausführungen zur Erziehung zu verstehen.

Auch dem Problem der **geschlechtsspezifischen Erziehung** erteile ich an dieser Stelle eine Absage. Erstens sollte es sie – zumindest in der althergebrachten Form – gar nicht mehr geben, und zweitens sind die Aspekte hierzu im Verhalten des Kindes so individuell, dass sich generelle Aussagen grundsätzlich verbieten. Ein Kind ist nämlich nicht nur entweder Mädchen oder Junge, sondern jedes Mädchen besitzt jungentypische Eigenschaften und jeder Junge auch mädchentypische. Es wäre aber ein großer Fehler, weibliche und männliche Eigenschaften im Kindesalter grundsätzlich zu leugnen und zu behaupten, dass jedes geschlechtstypische Verhalten anerzogen sei. Konstitutionelle, hormonelle und sicher auch der Evolution geschuldete hirnkonstruktive Unterschiede zwischen Jungen und Mädchen sind nicht zu leugnen, aber nicht das Geschlecht sollte einen bestimmten Erziehungsstil vorgeben, sondern einzig und allein das Kind selbst.

Neben den individuellen Voraussetzungen in der Eltern-Kind-Beziehung und den existenziellen Rahmenbedingungen müssen bei der Besprechung der erzieherischen Schritte auch die Krisen- und Stressbewältigungsmechanismen des Kindes Berücksichtigung finden, die so genannten **Coping-Mechanismen**. Da gibt es zum einen die natürlichen Fähigkeiten, die sich in den Resilienzfaktoren widerspiegeln (s.o.). Dazu zählen vor allem stabile Emotionalität und ein In-sich-Ruhen, das es auch schon beim Säugling gibt. Weiterhin zählen dazu ein günstiges Kontaktverhalten zu den Bezugspersonen („das Sonnenscheinchen") und die Fähigkeit, sich selbst abzulenken. Bei älteren Kindern gehört dazu, sich auf die Belehrung oder Forderung einlassen (bewusstes Akzeptieren) und vorausschauendes Denken, soweit das im Kindesalter schon gelingt.

Auf der anderen Seite gibt es die erworbenen Strategien, die hauptsächlich auf Erfahrung basieren. Dazu zählen Vermeidung und Verleugnung in einem selbstverträglichen Maße, geschicktes Ausweichen oder wirkungsvolle Flucht, bereitwilliges Aufgeben, Humor als Wendung im Konflikt bzw. beim Kind auch Albernheit und Späße machen. Dazu gehören des Weiteren auch so komplexe Geschehensabläufe, wie ich sie im vorigen Kapitel über die Bindungsgefährdung besprochen habe. Auf Seiten des Kindes wären das Regression und Parentifikation.

Außerdem unterscheidet man in der Psychologie in adaptive und damit wirkungsvolle und dauerhafte Copings und maladaptive, wenig wirkungsvolle und kurzfristige. Erstere genügen dafür, im Moment über die Krise und den mit ihr verbundenen Stress hinwegzukommen, lösen aber auf Dauer das Problem nicht. Letztere führen zur Stabilisation der emotionalen Position, beeinflussen aber den Charakter und die entstehende Persönlichkeit.

Jegliche Krisen- und Stressbewältigung lässt sich unter Bindungsbedingungen betrachten, wie es sich für die bindungsbasierte frühkindliche Entwicklung und Erziehung (BBFEE) inhaltlich gehört. In der gewöhnlichen Vorgehensweise aber verzichtet man auf bindungstechnische Aspekte und reflektiert allein auf die rein emotionalen und sozialen Gesichtspunkte, die sich aus der Spannungssituation zwischen Eltern und Kindern ergeben. Das entspricht der derzeitigen praktizierten Kinderpsychologie. Im Folgenden sollte aber immer der Bindungsaspekt im Vordergrund stehen. Denn aus ihm leiten sich die Empfehlungen für den erzieherischen Umgang mit dem Kind ab.

e) Die Säuglingszeit

Wieder fängt es mit dem Schreien an. Das **Schreien** ist ein gesteigerter Affekt des Weinens und im Säuglingsalter die erste ‚fordernde' Äußerung des Kindes und wie alle Eltern leidvoll wissen auch die größte Herausforderung an die eigene Geduld. Aber das Schreien ist wie gezeigt ein von der Natur gezielt eingesetztes, möglichst weit hörbares Signal an die Eltern, auf die Bedürfnisse ihres Säuglings zu achten und diese möglichst prompt und zuverlässig zu befriedigen. Auch wenn es in der heutigen modernen Zeit nicht mehr unmittelbar einsichtig ist, warum die Säuglinge so laut schreien müssen, in den Urzeiten der Menschheit, in der Evolution war diese Lautstärke lebensnotwendig, um in den vielen Umgebungsgeräuschen der Natur bei den Eltern rechtzeitig Gehör zu finden (H. Renz-Polster, 2009). Und auch der Nachdruck in diesem Schreien, der es fordernd und ärgerlich-aufgebracht wirken lässt, ist reines Naturprodukt, um die Eltern zu großer Wachsamkeit und hoher Einsatzbereitschaft zu veranlassen. Für den Säugling hing in den Urzeiten tatsächlich das Leben von diesen Reaktionen ab, und diese Tatsache ist im menschlichen Erbgut heute noch fest eingebrannt. Frauen wissen, dass dieser Schrei ausreicht durch seinen besonderen Lautcharakter das Einschießen der Milch anzuregen und Bemutterungsgefühle auszulösen.

Die prompte Bedürfnisbefriedigung, die sich über das Stillen oder Füttern bis hin zur Schmerzbekämpfung, Angstlinderung und Herstellung von körperlichem Kontakt bewegt, sichert dem Säugling das **Urvertrauen** in seine Bezugspersonen und verschafft ihm die notwendigen angenehmen inneren Reize, die er braucht, um eine sichere **Bindung** aufzubauen. Lediglich die rein temperamentsabhängig auftretenden, häufigen Unmutäußerungen des Säuglings, das so genannte Meckern, dulden einen gewissen Aufschub in der Befriedigung. Aktuelle Erklärungen aus der neurophysiologischen Forschung mit der Wirkung des „Bindungshormons" Oxytocin (alles s.o.) weisen parallel dazu im organischen Bereich den richtigen Weg.

In diesem Zusammenhang sei noch einmal an den funktionellen Aufbau des Belohnungssystems erinnert, das – einmal verlässlich angelegt – die ganze Kindheit hindurch und später auch im Erwachsenenleben für eine gesunde Selbsteinstellung und für prosoziales Verhalten sorgt. Parallel dazu muss das Bestrafungssystem in verträglichen Grenzen gehalten werden, denn aus ihm erwachsen wie gezeigt aggressiv wehrhaftes Verhalten und Depression.

Das Phänomen der sicheren Bindung ist nach heutigen Interpretationen in der Menschheitsforschung und -wissenschaft die Grundlage einer sozial gut funktionierenden und weitgehend friedlich koexistierenden, humanen Gesellschaft. Man könnte diese Formulierung steigern und auf die Gemeinschaft der Völker ausdehnen. So betrachtet formuliert die Bindungstheorie tatsächlich die Grundlagen zum Frieden unter den Menschen.

Es gehört zu den dringenden Empfehlungen im Umgang mit Säuglingen, dass alle seine Schmerzen wie bei einem erwachsenen Menschen Beachtung finden und einer adäquaten Behandlung unterzogen werden. Das, was hier selbstverständlich klingt, ist es noch vor gut hundert Jahren nicht gewesen. Die Schmerzäußerungen eines Säuglings wurden seinerzeit ignoriert und dem allgemeinen Zornesschreien zugeordnet (G. Nissen, 2005). Erst das Aufblühen der Kinderheilkunde im vergangenen Jahrhundert hat mit dieser Barbarei Schluss gemacht. Trotzdem muss man der Kindermedizin vorhalten, dass sie heute bei der Akzeptanz der **Dreimonatskoliken** oder Trimenonkoliken wieder zum Teil wegschaut und sich hinter abstrusen Formeln einer angeblich normalen Schreidauer versteckt (Wessel et al., 1954). Diese so genannten Wessel-Kriterien als die „Dreier-Regel“ (3 Stunden pro Tag an 3 Tagen in der Woche und 3 Wochen hintereinander gelten als normales Schreipensum, erst dann ist von einem Schreibaby zu sprechen) wird immer noch häufig zitiert und ohne zu hinterfragen angewandt. Diese Regel auf ein älteres Kind oder eine erwachsene Person angewandt, müsste die Diagnose eines chronischen Schmerz-Syndroms nahe legen. Schmerzstillende Maßnahmen würden ohne wenn und aber zur Anwendung gelangen. Der behandelnde Arzt hätte ein ethisches Problem, würde er eine solche Behandlung ablehnen.

Die vier Kriterien der Dreimonatskoliken lauten (neben der Dreimonatsfrist):

1. Aufschrei aus der Ruhe, vor allem nachts bzw. im Schlaf.
2. Schreiattacken während der Nahrungsaufnahme.
3. Anziehen der Beine und Pressgeräusche (Stöhnen).
4. Lauter Abgang von Winden („Pupsen“) mit Beruhigung.

Es gehört also zu den erzieherischen Pflichten junger Eltern, darauf zu achten, dass ihrem Kind alle Rechte zugebilligt werden, die einem vollgültigen

Mitglied der Gesellschaft per Gesetz zustehen. Der Säugling und das Kleinkind sind keine halben Menschen im rechtlichen Sinne. Im Gegenteil, ihnen gebührt ein ganz besonderer Schutz, wie es auch im Sozialgesetzbuch VIII mit der Elternpflicht zur Sorge und seit dem Jahr 2000 im Bürgerlichen Gesetzbuch in Deutschland mit dem Recht des Kindes auf gewaltfreie Erziehung verankert worden ist. Erkennbare Schmerzen nicht zu behandeln grenzt an Gewalt. Säuglinge und Kleinkinder sind gerade bei solchen Beschwerden in hohem Maße abhängig von der Sorge und dem Wohlwollen der Erwachsenen.

Die Nichtbehandlung der Schmerzzustände im frühen Säuglingsalter führt durch das unstillbare Schreien auch zu einer nervlichen Überlastung der Eltern. Es entsteht eine erste Beziehungsstörung mit hohem Risikopotenzial für die weitere Entwicklung. Aus dem schreienden Säugling wird ein „Schreibaby". Das **Schreibaby** zeichnet sich dadurch aus, dass es trotz aller gewöhnlich wirksamen Beruhigungsmaßnahmen untröstlich weiter schreit. In Abgrenzung zum Kolikschreien (Dreimonatskoliken) geht dieses Schreien weit über den dritten bis vierten Lebensmonat hinaus. Die Bindung steht unter einem schlechten Zeichen oder misslingt gleich zu Anfang. Die Eltern, die sich ohnmächtig und hilflos fühlen, wenden sich enttäuscht von ihrem Kind ab und entwickeln statt bedingungsloser Liebe erste Hassgefühle. In der Eskalation ihrer Wut über die Nutzlosigkeit aller Beruhigungsmaßnahmen kommt es nicht selten zum gewalttätigen Übergriff mit heftigem **Schütteln** des Säuglings. Es droht das Schütteltrauma: Der Säugling erstarrt einen Moment vor Schreck, um in seiner Angst nur noch heftiger zu schreien als zuvor. Die Eltern verlieren die Kontrolle über sich selbst und schütteln ihr Baby dann so stark, dass es zum Zerreißen kleiner Blutgefäße im Schädelinneren kommt. Die Blutungen können das Gehirn beschädigen und führen im Einzelfall zum Tode.

An solchen Verläufen sind die Eltern nicht immer alleine schuldig. Die Bagatellisierung der schmerzhaften Koliken durch die Kindermedizin, sowie die in der Gesellschaft vertretene volksnahe, psychologische Auffassung, einen Säugling nicht verwöhnen zu dürfen, tragen ihren Gutteil zu diesen Familiendramen bei. Es kann nicht oft genug betont werden, dass es zu den Grundbedingungen der Säuglingspflege und des Umgang mit dem Säugling gehört, alle seine Bedürfnisse richtig zu erkennen und zeitnah zu befriedigen. Denn nur so erhält sich das Urvertrauen und nur so entsteht eine sichere Bindung.

Befriedigung von Bedürfnissen heißt auch, dem Säugling jeden möglichen sozialen Kontakt zu bieten, den er sich wünscht, und ihm damit die Angst nehmen, allein in dieser Welt zu sein. Dieses Alleinsein hat für den Säugling eine elementare Bedeutung, denn er besitzt noch keinerlei Kenntnis über Räumlichkeit und Zeitlichkeit, die ihm helfen könnten, seine Umgebung zu strukturieren und die ihn trösten würden, wenn seine Bezugspersonen im Augenblick nicht verfügbar sind. Anders gesagt, ohne die unmittelbare Nähe seiner Mutter oder einer Ersatzbezugsperson, zu der er Vertrauen besitzt, endet die Welt für den Säugling an der Stelle, an der sein Blick aufhört und sein Ohr nicht mehr wahrnimmt. Sind aber Leere und Stille um ihn herum und ist er nicht gerade mit sich selbst beschäftigt und dadurch vom Dasein abgelenkt, zerfällt die Welt um ihn herum in ein wahres Nichts (primäre Unintegriertheit, D. Winnicott, s. 3. Kapitel Teil 1).

Dieses Nichts, das er in seinem eigenen Gehirn und Körper elementar spürt, macht ihm Angst, erweckt seine Urangst. So schreit er nach seiner Mutter über kurz oder lang wie ein Mensch, der in Panik gerät. Wenn die Mutter kommt, beruhigt er sich sofort; wenn nicht, häufen sich in ihm die Stresshormone an, die diese Panik schüren und rufen unangenehme Sensationen in seinem Körper hervor. In diesem Punkt verhält sich der Säugling nicht anders als jeder andere Mensch auch. Ist es soweit gekommen, dauert es ziemlich lange, bis der Säugling wieder zu seiner Ruhe zurück findet. Der negative Stress in seinem Körper muss erst abgebaut werden, und das gelingt nur über die konkrete Befreiung aus dem Gefühlschaos durch seine Bindungsperson. In der Bindungstheorie wird das als Koregulation bezeichnet.

So ist allen Eltern dringend dazu zu raten, von Anfang an den intensiven Augenkontakt zu ihrem Säugling zu suchen, insbesondere beim Wickeln und Füttern, und ihm mit viel positiver Mimik stimmlich hoch angesetzte und liebkosende Worte zuzuflüstern (Augengruß, Ammensprache s.o.). Der Säugling muss spüren, dass er gemeint ist, um seine Identität langsam aufbauen zu können. Mütter und Väter, die ihre Säuglinge wenig beachten und das Füttern, Pflegen und Wickeln als eine eher lästige Pflicht betrachten, es demzufolge auch gerne an andere abgeben, leisten damit schon einer gewissen Vernachlässigung Vorschub. Der Säugling spürt das, versucht zunächst von seiner Seite auch den Kontakt zu seinen Eltern herauszufordern, und gibt schließlich auf, wenn er über längere Zeit erfolglos bleibt. Es droht eine vermeidende bis sogar desorganisierte Bindung.

Im Experiment hat der Versuch, der als die „still-face-Prozedur“ in die Geschichte der Entwicklungspsychologie eingegangen ist, erwiesen, dass der Säugling sich aktiv am Kontaktgeschehen zwischen der Bindungsperson und ihm selbst beteiligt. Bleibt die Mimik der Mutter starr (wie z.B. auch bei der postpartalen Depression) oder wendet sich die Mutter ab, versucht der Säugling durch höhere Lebhaftigkeit, Produktion von Lauten (Juchz- und Quietschlaute) und Meckern wieder mit seiner Mutter in Kontakt zu kommen. Gelingt ihm das über längere Zeit nicht, wendet er sich von ihr ab und gibt auf.

Unter diesem Aspekt gibt es also **kein Verwöhnen** des Säuglings. Weder durch zu häufigen Kontakt, noch durch Liebkosen, noch durch Stillen und ebenso wenig durch Herumtragen. Solche Ängste werden bei Eltern von falschen Erziehern geschürt oder sie machen sich diese Ängste selbst, getragen von der Befürchtung, dass das Kind sie gängeln oder emotional erpressen könnte, wenn das Kind einmal seines Verstandes mächtig ist. Mit diesen Vokabeln operiert die elternorientierte konventionelle Erziehung, die den Umgang zwischen Eltern und Kindern an vielen Stellen auf einen einfachen Machtpoker herunterschraubt. Aber dem Säugling geht es in keiner Weise um Macht, die er auch gar nicht gebrauchen kann. Ihm geht es schlicht darum, Bedürfnisse zu befriedigen und dabei menschlich warm und einfühlsam behandelt zu werden. Wenn es dem Säugling zu viel wird, fängt er an zu nörgeln oder zu meckern und wendet sich ab, was die Eltern dann auch zu tolerieren haben.

Neben dem Schreien ist es das **Fremdeln**, das als eine anstrengende Verhaltensweise des Säuglings gilt. Auch hier gilt es zu erkennen, dass Sicherungsmaßnahmen aus der frühen menschlichen Gesellschaft in die Bindungsanfänge eingebaut sind, damit der Säugling nicht in falsche Hände gerät. Das Bindungsgesetz am Anfang des Lebens bestimmt die Hauptbindungsperson als einen exklusiven Partner für den Säugling, der durch die Mutter oder eine ihr vergleichbare Ersatzbezugsperson repräsentiert wird. Diese Exklusivität scheint sich neuesten Forschungsergebnissen zufolge wieder mit dem so genannten Bindungshormon Oxytocin erklären zu lassen. Komplizierte Versuchsanordnungen zu einer Art Kartenspiel um Geld mit mehreren Personen, die entweder Oxytocin oder ein Scheinmittel als Nasenspray erhalten haben, haben ergeben, dass dieses Hormon nicht nur das Zugehörigkeitsgefühl zu einer anderen Person oder Gruppe als Bindungswirkung unterstützt, sondern ebenso auch den Vorbehalt in Form einer Ausgrenzung gegen jeden anderen, der nicht zur eigenen Gruppe gehört (M. Spitzer, 2012). Aus evolutionsbiologischer Sicht macht das Sinn, da die Menschen vor tausenden von Jahren in ihren familiären Kleingruppen eng zusammenhalten mussten und sich vor fremden Menschen aus anderen Gruppen erst einmal abgrenzten, was bis zur Feindschaft führte. Dieses Verhaltensmuster scheint der kleine Säugling in seinem ersten Lebensjahr in Abhängigkeit von seiner Veranlagung zur Angst zu wiederholen.

Die primäre Bezugsperson, an die sich der Säugling anfangs so ausschließlich bindet, bildet in seinem Gehirn die ersten Beziehungserfahrungen überhaupt ab. Das geschieht in Form einer Verinnerlichung ihres Auftretens, Handelns und ihres Erscheinungsbildes, die zusammen das eigene, noch unverstandene Selbst stabilisieren. Gefahrlos für die Psyche des Säuglings geht das tatsächlich nur mit einer einzigen, emotional fest verbundenen Bezugsperson.

Erst mit der Loslösung im zweiten Lebensjahr verliert diese Bindung ihren Ausschließlichkeitscharakter und öffnet das Spektrum für weitere Personen. Dabei spielt der Vater als Loslösungsvorbild in meinem Entwicklungskonzept diejenige Rolle, die die Mutter im ersten Lebensjahr als primäre Bezugsperson inne hatte. Insofern repräsentiert der Vater generell den Beziehungscharakter eines Kindes zu jeder Person außerhalb der primären Bindung.

Aber das eigentliche Ziel dieser Abfolge der Bindungspersonen ist nicht allein die geistige Vereinnahmung von Mutter und Vater, das Ziel ist die Entdeckung des eigenen, von allen anderen Menschen getrennten Selbst. Dieses jetzt selbstbewusste oder subjektive Selbst ist der Kern der Persönlichkeit, der das Kind wie den Erwachsenen durch das ganze Leben trägt.

Dem Fremdeln ist also Rechnung zu tragen im Sinne von den Bedürfnissen eines Säuglings Respekt zollen. Wird das Fremdeln missachtet, erlebt sich der Säugling entgegen seinem Sicherheitsbedürfnis fremden Personen ausgesetzt, zu denen auch selten anwesende Familienmitglieder zählen. Durch diese Erfahrung entwickelt der Säugling mit der Zeit eine Form der unsicheren Bindung. Bleibt die Bindungsperson selbst widersprüchlich in ihrem Verhalten, nimmt also den weinenden Säugling nur zurück, um ihn bald darauf wieder abzugeben, wird auch der Säugling widersprüchlich, indem er eine ambivalente Haltung zur Bindung ausbildet. Bleibt die Bindungsperson konstant kalt und abweisend, nimmt der Säugling mit der Zeit eine vermeidende Position ein.

Ebenso wenig wie das Fremdeln eine Übellaunigkeit anderen Menschen gegenüber ist, ist die **Anhänglichkeit** an die Mutter, der das Kind zu Beginn der Loslösung erliegt, keine gewollte Einschränkung ihres Spielraumes. Vielmehr ist sie eine vorläufige Selbstabsicherung bei der Erforschung neuer Räume und unsicherer Sozialbezüge. Die Anhänglichkeit signalisiert klar und deutlich das noch bestehende Unbehagen des Kindes bei den ersten Schritten der Loslösung (s. weiter unten). Nicht einmal ein sicher gebundenes Kind geht ganz ohne Besorgtheit und Skepsis den notwendigen Schritt aus seiner bestehenden Bindung heraus, um sich frei für eine zusätzliche Bindung zu machen. Es bemüht sich, in der noch als zuverlässig erfahrenen ersten Bindung die sichere Basis für den Aufbruch in das Neue zu erhalten.

Dagegen sind Kinder mit unsicheren Bindungsstilen jetzt schon benachteiligt. Sie entwickeln bei dem Aufbruch, den natürlich auch sie aus Reifungsgründen vornehmen müssen, verstärkte Angst. Die sichere Basis hat einen wortwörtlichen Riss. So lässt sie diese neue Angst anklammernd oder angespannt still erscheinen. Die ersteren sind diejenigen Kinder, die auch auf dem Arm ihrer Bezugsperson ihre Angst nicht loswerden (ambivalent unsicher gebunden), die letzteren die, die bekümmert herumstehen und sich nicht zu ihrer Bezugsperson zurück trauen (vermeidend unsicher gebunden). Beide Kindertypen benötigen jetzt unbedingt geduldige und liebevolle Zuwendung, um sie aus ihren Angstgefühlen herauszuholen.

Neben dem Schreien, dem Fremdeln und der Anhänglichkeit als anfängliche Zeichen der eingehenden Bindung füllen drei weitere Themen die Gesprächsrunden junger Eltern. Ich spreche vom **Stillen** und Füttern, vom „**Tragen**" und vom **Schlafen**. Das Thema Stillen ist, wie alle Eltern schnell erkennen, stark weltanschaulich geprägt und von vielen gut gemeinten Ratschläge wie auch bösen Warnungen gespickt. Es lässt der vorgegebene Raum dieses Buches nicht zu, auf alle diese Aspekte genauer einzugehen. Aber ein paar wenige Worte sind doch auch in diesem Zusammenhang wichtig.

Die Muttermilch ist ernährungsphysiologisch definitiv unter allen Möglichkeiten der Ernährung das beste Nahrungsangebot an den Säugling. Die industriell hergestellte adaptierte Kuhmilch, die mit der Flasche gegeben wird, ist aber eine absolut zuverlässige Alternative, wenn das Stillen – aus welchen Gründen auch immer – nicht gelingt. Die innige Mutter-Kind-Beziehung, die Dyade, kommt ebenso mit Flaschenernährung zustande wie an der Brust. Der entscheidende Faktor ist das liebevolle zugewandte Füttern durch die Mutter oder bei der Flaschenernährung auch durch den Vater (Augenkontakt, Zuraunen ermunternder Worte usw.). Wie lange die Mutter stillt, ist ihre eigene Entscheidung. Es besteht kein Zweifel daran, dass ein Säugling ein Jahr lang ausschließlich gestillt werden kann, ohne einen Mangel zu erleiden (WHO-Stillkriterien). Allerdings sind diese Säuglinge am Ende des ersten Lebensjahres oft nicht so schwer wie ihre Altersgenossen und sie schlafen definitiv seltener durch. Das sollte eine Mutter wissen, die nicht vor dem zweiten Lebensjahr ihres Kindes zufüttern möchte.

Rein physiologisch sprechen aber verschiedene Daten in der Entwicklung des Säuglings dafür, dass in der Menschheit schon zu Urzeiten am Anfang des zweiten Lebenshalbjahrs zugefüttert worden ist. Nicht zuletzt das Durchbrechen der ersten Zähne ist ein deutliches Zeichen. Allerdings lässt sich mit den Schneidezähen allein noch nicht richtig kauen. Die erste Nahrung muss also noch weich sein wie ein Brei, aber so fest, dass sie nicht dauernd vom Löffel fällt.

Gestillt wird in den ersten Lebenswochen und -monaten nach Bedarf, also wenn der Säugling danach verlangt („on demand"), wobei es aber sinnvoll sein kann, nach Beendigung der Neugeborenenzeit einen Fütter-Rhythmus von ungefähr drei Stunden einzuhalten, damit der Magen sich entleeren kann und das Verdauungssystem nicht überlastet wird. Diese Überlastung passiert jedoch leicht, weil der Saugreflex bei einem gesunden Säugling immer funktioniert und **Unruhe** und **Quengeligkeit** leicht durch das Anlegen an die Brust zu beenden sind. Die Folge eines solchen Handelns sind übergewichtige Säuglinge mit starker **Kolikneigung** und oft heftigem **Speien**. Gerade die Beschwerden im Bauchraum verursachen aber wieder verstärkte Unruhe und verleiten dann die Mütter zu noch häufigerem „Anlegen". Schließlich hängen die Säuglinge beinahe Tag und Nacht an der Brust, wenn sie nicht gerade schlafen, und sind doch nicht zufriedener. Das hohe Gewicht stellt das normale Funktionieren des Magen-Darm-Traktes unter Beweis.

Hingegen unterliegt das **Herumtragen** eines Säuglings keinen zeitlichen Beschränkungen. Im Gegenteil, das Tragen des Säuglings ist Naturprinzip und sinnvolle Alternative zum Stillen (phasenweise die einzige). Der satte, nicht schlafende Säugling wird am liebsten von seiner Bindungsperson getragen und macht in seiner Tragevorrichtung sogar immer wieder kurze Schläfchen. Eine Überlastung seiner Muskeln, Sehnen, Bänder und Knochen ist bei richtiger Tragetechnik nicht zu befürchten. Im Gegenteil, die aufrechte Haltung in Unterstützung ist ein guter Reiz für die Ausbildung von Muskelspannung und Körperhaltung. Auch ein Verwöhnen des Säuglings ist nicht zu befürchten, da das große statomotorische Ziel des Menschen die Bewegung auf dem Boden ist, zunächst als Krabbeln und dann als Laufen. Jeder Säugling verlässt also seine Tragehilfe zum richtigen Zeitpunkt. Wie bei der Ernährung gibt es auch in dieser Entwicklung einen entscheidenden Fortschritt im zweiten Lebenshalbjahr.

Die Halbjahresregel macht sich sogar in der Ausbildung des Schlafes bemerkbar. Im zweiten Lebenshalbjahr können Eltern damit rechnen, dass ihr Säugling plötzlich nachts durchschläft, was bedeutet, dass er seine Nachtmahlzeit überschläft. Die Gesamtschlafdauer pro Nacht beträgt dann also sieben bis acht Stunden. Durch Aufbau seiner Energiereserven (z.B. Zuckerspeichersystem in der Leber, Verwertung von Speicherfett usw.), aber auch durch Reifung seiner „Schlafarchitektur" im Gehirn (v.a. Reaktion des Nucleus suprachiasmaticus auf Helligkeit und Dunkelheit mit Anstoßung der Melatoninproduktion in der Zirbeldrüse, Hypokretinproduktion im Hypothalamus) werden die Tiefschlafphasen immer länger und nähern sich dem Zeitmaß des Erwachsenen, das Überschlafen der Unruhephasen wird immer zuverlässiger. Diese Reifungsschritte sind aber unabdingbar. Sie treten bei manchen Säuglingen schon im ersten Lebenshalbjahr auf und erzeugen glückliche Eltern. Sie können aber auch erst im zweiten Lebensjahr richtig in Gang kommen.

Ganz entscheidend sind in jedem Fall ein entspanntes Einschlafen, ein sicheres Schlafen bei den Eltern („**Gemeinsames Schlafen**") mit prompter Beruhigung beim Wachwerden und ein ausreichendes Sattsein. Für das entspannte Einschlafen sorgt ein auf das einzelne Kind zugeschnittenes, liebevolles **Einschlafritual** (Abnahme der Reize am Abend, Wickeln und Baden, Füttern, Herumtragen, Wiegen, Schlaflieder singen usw.). Jede Form von Erzwingung des Einschlafens bei einem Säugling oder Kleinkind durch negative Konditionierungsmaßnahmen, das so genannte **Schreienlassen** (auch in Alibi-Funktion zeitlich dosiert) verbietet sich aus ethischer Grundauffassung wie auch aus beziehungsdynamischen Gründen. Einerseits geht Urvertrauen dramatisch verloren, andererseits sind Angst und Verzweiflung, ausgedrückt im Gefühl von Verlassensein, Auslöser von schwersten Negativ-Stressreaktionen mit allen weiter oben beschriebenen Folgen für das spätere Verhalten des Kindes. Das gemeinsame Schlafen bis zum 4. Lebensjahr kann dagegen als Bindungsverstärker gelten.

f) Die Kleinkindzeit

Mit der Erforschung seiner Umwelt des jetzt einjährigen Kindes fängt seine Selbstständigkeit an. Diese geforderte Selbstständigkeit oder Autonomie entspricht einem ersten entscheidenden Reifeschritt, der auf vier Grundlagen beruht:

1. Auf der statomotorischen Reife mit Hinstellen und ersten Schritten ohne Festhalten.
2. Auf der Erkenntnis, dass die Umgebung sich aus dem Raum erschließt. Dieser ist zu durchschreiten, um von hier nach dort zu gelangen. Der Raum und die Dinge in ihm bleiben erhalten, ohne dass sie ständig wahrgenommen werden müssen (inklusive der **Objektpermanenz**, die sich auch auf Personen bezieht).
3. Auf dem geistigen Fortschritt, welcher sich im sprachlichen Dialog und in der geteilten Aufmerksamkeit zu erkennen gibt. Die andere Person nimmt dasselbe wahr, das auch das Kind sieht.
4. Auf dem emotionalen Fortschritt der Bündelung des einfachen Handlungsdrangs zu einem von ersten Selbstgefühlen begleiteten Willensbestreben, etwas Gezieltes zu tun (**Authentizität**).

Alle vier Errungenschaften in der motorischen wie geistig-emotionalen Entwicklung werden durch den sozialen Reifungsfortschritt der Loslösung miteinander verbunden (s. 3. Kapitel Teil 1).

Geteilte Aufmerksamkeit heißt konkret, dass das Kind versucht, seine Bezugsperson darüber zu informieren, was es selbst gerade wahrnimmt und zu verstehen versucht. Es geht dabei davon aus, dass die Bezugsperson weiß, was es denkt. Der gemeinsame Gestus des Zeigens und Hinblickens sowie der noch rudimentäre sprachliche Austausch werden jetzt zunehmend ergänzt durch erste ganz einfache Spielhandlungen wie Geben und Nehmen eines Gegenstandes, Fallenlassen, Werfen und Aufhebenlassen, Aufbauen und Einstürzen, Vormachen und Nachmachen. Das sind wichtige gemeinsame Handlungen, durch die das Kind erfasst, dass es ein Handlungen verursachendes Wesen in dieser Welt ist. Der Begriff der **Selbstwirksamkeit** gehört an diese Stelle.

Aber Selbstwirksamkeit wird auch durch den mittlerweile vom Kind immer klarer verstandenen, eigenen Willen erzeugt. Dabei ist wichtig, dass der **Wille** auch oft genug zum Erfolg führt und nicht immer durch zu frühe erzieherische Maßnahmen abgebrochen wird, selbst wenn die damit verbundene Handlung im Moment gerade nicht wünschenswert ist. Denn der erfolgreich umgesetzte Wille führt zur inneren Wahrnehmung des **Ich**, woraus abzuleiten ist, dass durch ständige Verbote gleich zu Anfang des Lebens die Ich-Funktion des Menschen beeinträchtigt werden kann.

Natürlich wird es Einschränkungen geben müssen, nicht alles kann das Kleinkind umsetzen, was es zu tun gedenkt, aber das Verhältnis zwischen den ersten unabänderlichen Verboten und den erlaubten Handlungen muss ausgewogen sein bzw. zugunsten der Erlaubnisse ausschlagen. Entsprechend ist der Alltag zu gestalten und passend dazu muss die Wohnung umgestaltet werden.

Der erfolgreich umgesetzte Wille führt auch zur Verstärkung des Belohnungssystems, das seine erste Ausformung in der sicheren Bindung erhalten hat. Sichere Bindung, erfolgreicher Wille und gelingende Loslösung sind Garanten für ein stabiles Belohnungssystem. Das Gegenteil dessen, also unsichere Bindungsmuster, unterdrückter und damit im Drang verhafteter Wille und schleppende, erschwerte sowie misslingende Loslösung fördern indirekt das Bestrafungssystem. Daraus ist abzuleiten, wie sich Eltern und Erwachsene in günstiger Form einem Kleinkind gegenüber einzustellen haben.

Aber das Kind ist selbst schon stark an der positiven Ausformung seines Persönlichkeitskernes interessiert und fängt an, in ersten Widerstandshandlungen sein Selbst auf Wirksamkeit zu prüfen. Eltern sind gehalten, diesen **Widerstand** liebevoll zu akzeptieren und sich unterdrückender Maßnahmen zu enthalten. Das heißt wiederum nicht, dass alles hingenommen werden muss. Aber das Kleinkind kann seine Aktionen und Reaktionen vorerst noch schwer einschätzen. Da, wo es zu weit geht oder sich vielleicht sogar selbst gefährdet, ist maßvolles elterliches Eingreifen unbedingt erforderlich. Das hat in dieser Form nichts mit elternorientierter autoritärer Erziehung zu tun, wohl aber fängt in diesen kleinen Auseinandersetzungen das Erziehen des Kindes an.

So muss auch das Verbot, ob durch eindringliche Gestik oder das Wort „nein" ausgesprochen, mehr die noch bestehende Unkenntnis des Kindes im angemessenen und Zweck gerichteten Handeln im Auge haben, als das eigene elterliche Bedürfnis, jetzt schon Regeln und Ordnung beim Kind durchzusetzen. Regeln in diesem Alter sind vorläufig ein noch ritualisiertes Aushandeln vom dem, was noch zugelassen und was schon nicht mehr tolerierbar ist.

Das Kind muss auch erst den symbolischen Gehalt des Wortes „nein" verstehen lernen. So wiederholt es zunächst immer wieder die untersagten Handlungen, um an der beständigen Reaktion des Erwachsenen sein Wissen und seine Erkenntnisse zu verbessern. Ein Ungehorsam im Sinne von Widerstand gegen die Anordnung ist das nicht. Dazu besitzt das Kind noch nicht die sozialen Grundvoraussetzungen. Diese Wiederholungen sind für das Kind einzig Spiel und Spiel ist die früheste Form des Lernens.

War am Anfang des zweiten Lebensjahres der Widerstand also noch reine Reaktion auf ein Geschehen an und mit sich selbst, ist der Widerstand am Ende desselben Jahres schon ein Vorgehen, das von im Kopf vorgefertigten Handlungsabläufen gekennzeichnet ist. Dieses handlungsplanende Vorgehen nennt man **Trotz**. Wille, Vorstellung und Absicht bilden jetzt im Gehirn des Kindes ein funktionierendes Netzwerk. Der Trotz dient nun, das wurde bereits hinlänglich besprochen, generell der Selbstbehauptung und als gezielter Widerstand auch der Selbstverteidigung.

Als Verteidigung nimmt der Trotz folgerichtig auch die Aggression zur Hilfe, wenn einfaches Trotzgebaren nicht mehr auszureichen scheint. Die Eltern haben es dadurch bis zu einem gewissen Grade selbst in der Hand, zu welchen Trotzverhaltensweisen ein Kind greift. Denn je autoritärer sie mit ihren Einschränkungen dem Kind entgegentreten, desto aggressiver reagiert auch das Kind mit seiner Wehrhaftigkeit. Temperamentsfaktoren spielen dabei allerdings eine direkt beeinflussende Rolle. Lebhaft impulsive und empfindsame Kinder neigen naturgemäß zu größerer Aggression beim Trotz.

Auf den Trotz gibt es abgesehen von geschickten Methoden zur Ablenkung und Überredung zu Alternativen, um ihn von Vornherein zu verhindern, drei Möglichkeiten für die Eltern zu reagieren: Am Anfang steht die Drohgebärde oder die kurze und scharfe Anrede, um die Handlung, deren Untersagung zum Trotz führt, gar nicht erst nicht zur Ausführung kommen zu lassen. Diese Methode wird schon vor tausenden von Jahren intuitiv in der Erziehung der Kinder angewandt worden sein. Diese Erkenntnis ergibt sich aus der Handlungslogik des Menschen. Das gleiche gilt auch für die nächste Stufe der gezielten Ansprache, das Schimpfen. Das Schimpfen darf aber nicht ausarten in Beschimpfen und Verwünschen. Das ist vielleicht das Besondere in der Konzeption. Beschimpfung wäre der Sache äußerst abträglich, da sie das in Entwicklung befindliche **Selbstbewusstsein** des Kindes in seiner empfindlichsten Phase, der Frühphase, beschädigt. Es genügt, wenn die Stimmlage eine andere, ausdrucksvollere ist und die Wortwahl klar und verständlich gewählt wird.

Als letzte Maßnahme, wenn sich das Kind nicht beugen will und/oder außer Kontrolle gerät, gilt das vorübergehende soziale Trennen oder die so genannte Auszeit, bei der das Kind und der Erwachsene in zwei getrennte Räume gehen, um sich zu beruhigen. Das Kind muss zu diesem Zweck in sein Zimmer geschickt werden, aber ohne dass es eingesperrt wird. Die Tür muss offenbleiben und die vom Kind gewünschte Versöhnung jederzeit wieder zugelassen werden, auch wenn der Erwachsene selbst noch voller Zorn steckt. Das Kind lebt so stark in seiner subjektiven Befangenheit, dass es die eigenen Gefühle eins zu eins beim Erwachsenen voraussetzt. Auf keinen Fall darf das Kind an einen speziellen, negativ besetzten Ort in der Wohnung gezwungen werden, wo es an den Pranger gestellt der Ächtung der Erwachsenen oder anderer Kinder ausgesetzt ist. Das alte Prinzip des Sich-in-die-Ecke-Stellen-Müssens hat endgültig ausgedient. Die Taktik, dass ungehorsame Kind ins Bett zu schicken, stammt wohl aus einer Zeit, als die Kinder noch keinen eigenen Raum in der Wohnung zugestanden bekamen als ihr Bett. Diese Taktik ist falsch, nicht zuletzt, weil sie auch noch die Lust am abendlichen Zubettgehen untergräbt.

In der Ausübung von Widerstand und im Trotzgeschehen offenbart sich im Familiengefüge ein Geschehen, das die Eigenschaft von **Macht** oder Machtausübung beschreibt. Dieser in der Regulation eines gesunden Familienlebens unvermeidliche Faktor wurde kurz in der Beschreibung der normalen frühkindlichen Entwicklung angesprochen (s.o., Kapitel 1) und erhält noch einmal besonderes Gewicht in der Verbindung mit dem Aggressionstrieb (1. Kapitel Teil 4).

Das Machtbedürfnis des Menschen hat, wie später zu zeigen ist, alle Anzeichen als Trieb eingestuft werden zu müssen. Im frühen Kindesalter kommt als erstes das Verlangen von Bestimmungsmacht auf die Tagesordnung. Da aber das Kind in diesem Alter längst noch nicht alles für sich und schon gar nicht für andere bestimmen kann, muss sich häufig die elterliche Entscheidungsmacht dagegen stellen. Der Konflikt zwischen Eltern und Kind ist damit unausweichlich. Als erzieherische Konsequenz ergibt sich daraus die Empfehlung, dem Kind Bestimmungsmacht zu überlassen, wo es möglich erscheint, und wo es unmöglich ist, elterliche Entscheidungsmacht durchzusetzen.

Über das erfolgreich ausgelebte Selbstbestimmungsbedürfnis erhält das Kind wie weiter oben aufgezählt positive Attribute. Sein Selbstwertgefühl wird gestärkt, das Belohnungssystem aktiviert. Im gleichen Maße fördert erfolglose Bestimmungsmacht negative Attribute und schwächt das Selbstbewusstsein; das Bestrafungssystem springt an.

Bekommt das Kind aber erklärt, warum die Entscheidungsmacht der Eltern jetzt höherwertig ist, als das Selbstbestimmungsrecht, unterwirft es sich nicht einmal ungern und akzeptiert das Vorgehen seiner Eltern recht bereitwillig. Dafür sind allerdings positive Bindungs- und Loslösungsverhältnisse Voraussetzung. Denn gerade von diesen positiven Entwicklungselementen leitet sich die Identifikation des Kindes mit seinen Eltern ab. Identifikation mit den Eltern ist aber die Voraussetzung für die Akzeptanz von Geboten. Darüber hinaus ist auch ein bestimmter geistiger Reifestand erforderlich, der dann in Abhängigkeit von der Sprachentwicklung auf den Beginn des dritten Lebensjahres festgelegt werden kann.

Dergestalt erwünschte Bindungs- und Loslösungsverhältnisse kommen in der **unvollständigen Familie** mit einem alleinerziehenden Elternteil meistens nur sehr eingeschränkt zustande. Ist die Dyade zwischen Mutter und Kind noch einigermaßen stabil verlaufen, so ist das triadische Prinzip weitgehend aufgehoben, es sei denn, Ersatzbezugspersonen gleichen das Fehlen des Loslösungsvorbilds aus. Andernfalls kommt es zur erschwerten Loslösung. Am besten eignen sich andere zuverlässige und einfühlsame Personen aus dem Familienkreis für die Aufgabe des Ersatzloslösungsvorbildes. Sie bringen das nötige Engagement und die Verantwortungsbereitschaft mit, die ein Mensch für diese Aufgabe braucht. Aber auch neue Partner des vereinzelten Elternteils können sich förderlich einbringen. Psychisches Gespür für die Empfindung und das Erleben eines Kindes müssen sie mitbringen.

In der Menschheitsgeschichte war durch den oft frühen Tod eines Elternteils das Mitwirken eines Stiefvaters oder einer Stiefmutter an dem Erhalt der Familie unabkömmlich. Zum Beispiel starben viele Mütter am Kindbettfieber, Väter fielen zahlreich im Krieg. Heutzutage trifft das Geschehen der allein erziehenden Mutter (ca. 87%) oder viel seltener des allein erziehenden Vater (ca. 13%) durch die zunehmende Scheidungsrate viele junge Ehen. Annähernd 20 Prozent der Familien in Deutschland sind Einelternfamilien. Annähernd die Hälfte aller Ehen wird wieder geschieden, davon ein hoher Prozentsatz noch in der Elternphase mit kleinen Kindern (Zahlen: Statistisches Bundesamt, 2010).

Beobachtungen zur Entwicklung von Kindern eines alleinerziehenden Elternteils bei fehlender familiärer oder institutionalisierter Unterstützung zeigen, dass die psychosoziale Reifung ohne den ehelichen Partner nicht unerheblich erschwert ist (L. Ahnert, 2010). Das Kind bleibt auf der Stufe der Bindung gleichsam stehen, erwirbt auch bindungstechnisch gesehen wenig Explorationsbedürfnis und zeigt überdurchschnittlich häufig fortgesetztes ängstlich anklammerndes Verhalten. Zum Teil mag die Mutter, sehr viel seltener der Vater, mit rückbindenden Tendenzen (s. 1. Kapitel Teil 2) an diesem Verlauf beteiligt sein. Aber unvermeidbar ist die erschwerte oder misslingende Loslösung durch den fehlenden anderen Elternteil, wodurch das Kind zu wenige Impulse zur gesunden Selbstentstehung erhält. Die „äußere Motivation“ (4. Kapitel Teil 1) zur Überwindung der engen primären Bindung fehlt, und das Festhaften an spezifischen Bindungsinhalten erschwert den Weg zur Selbstständigkeit.

Drei Vorgänge im alltäglichen Zusammenleben trüben in der Kleinkindzeit, zum Teil auch noch später das Beziehungsverhältnis zwischen Eltern und Kind, ganz besonders. Ich spreche von den Themen Schlafen, Essen und Trocken- und Sauberwerden. Füttern und Schlaf waren schon wichtige Diskussionsthemen in der Säuglingszeit (s.o.). Probleme im Machtverhältnis zwischen Eltern und Kind spielen aber erst jetzt die herausragende Rolle. Die ganze Tragweite dieser Thematik hier auszubreiten, führte zu weit. Aber einige wenige Erklärungen sind unvermeidlich.

Das Wichtigste vorweg: Schlaf, Essen und Ausscheidung sind drei absolut natürliche Prozesse im Menschen, auf die es grundsätzlich schwer ist, erzieherisch Einfluss nehmen zu wollen. Es besteht dabei immer die Gefahr, über diese Einflussnahme das natürliche Geschehen erst einmal aus dem Lot zu bringen.

Die Bedürfnisse von Eltern nach einem **geregelten Schlaf** des Kindes sind verständlich und von jedem Erwachsenen sofort nachzuvollziehen. Die geschilderten Ängste von Eltern, deren Kinder schlecht und im Einzelfall auch viel zu wenig essen, sind ebenfalls absolut verständlich. Auch hinsichtlich des Wunsches nach frühzeitiger Sauberkeit gibt es keine logischen Einwände. Und trotzdem sind alle diese elterlichen Ansprüche gefährlich für das Kind und in vielen Fällen vollkommen falsch. Störungen im kindlichen Verhalten sind die Folge und gehen ein in das, was ich weiter oben als Beziehungsstörung bezeichnet habe. Regulationsstörungen, um diesen Begriff an dieser Stelle noch einmal zu bemühen, fokussieren das Problem zu sehr auf ein körperliches oder gar seelisches Kranksein des Kindes. In Wahrheit klaffen in den allermeisten Fällen nur elterliche Erwartungen und natürliche Schwankungen im Entwicklungsverlauf und im Reifungsprozess des Kindes auseinander.

fa) Das **Schlaf**bedürfnis eines Kindes ist individuell sehr unterschiedlich und unterscheidet sich damit nicht vom erwachsenen Menschen. Somit sind die offiziellen Angaben über Schlafzeiten und Schlafdauer immer nur relativ zu bewerten und orientieren sich an einem mehr oder weniger großen Durchschnitt. Im ersten Lebensjahr korreliert das Schlafverhalten sehr stark mit den Rhythmen der Nahrungsaufnahme (s.o.). Stillen oder Flaschegeben beeinflussen das Gefühl des Sattseins und des Wiedererwachens durch Hunger. Nur dass ein hungernder Säugling noch schlechter schläft als ein Kindergartenkind, das nicht gesättigt ist. Denn der Hunger erzeugt auf einem so niedrigen Bewusstseinsniveau Angst vor dem „Verhungern“. Der Säugling schreit gleichsam um sein Leben und gibt sich erst dann zufrieden, wenn er ausreichend gesättigt ist.

Da das Sättigungsgefühl stark mit dem Zuckerspiegel im Blut korreliert, benötigt der Säugling einen ausreichenden Zuckerspeicher, aus dem er schöpfen kann, wenn er nachts über längere Zeit ohne Nahrung auskommen muss. Im Wesentlichen dient ihm dazu die Reifefunktion seiner Leber (Glykogenspeicher mit funktionierender Glykogenolyse). Ohne diesen Leberspeicher ist also kein Durchschlafen des Säuglings zu erwarten. Ausnahmen bestätigen auch hier nur die Regel.

Neben dem ausreichenden Zuckerspiegel im Blut benötigt der Säugling vor allem die körperliche Nähe seiner Bindungsperson(en), um ausreichende Sicherheit für seinen Schlaf zu empfinden. Auf die Gefahren des Säuglings ohne seine Bindungspersonen in den Urzeiten der Menschheit hatte ich schon mehrfach Bezug genommen. Der Körperkontakt bzw. die unmittelbare Nähe zur Bindungsperson gilt für das gesamte erste Lebensjahr. Eine liebevolle Einschlafbegleitung ist für einen entspannten, angst- und stressfreien Schlaf Voraussetzung. In der Regel dienen das Stillen, das Fläschchen geben, das Wiegen oder das Herumtragen als die stärksten Beruhigungsmaßnahmen in der Säuglingszeit. Aber zunehmend kommt das Singen von Schlafliedern oder ab einem Jahr das Geschichtenerzählen zum Zuge. Ein Abstillen in der Nacht empfiehlt sich mit etwa 10 Monaten, wenn man es als Mutter möchte.

Im zweiten Lebensjahr gilt es, den Körperkontakt langsam zu reduzieren und das Kind am Bett sitzend in den Schlaf zu begleiten. Jetzt ist das Kind in der Lage, durch Sehen und Hören seiner Bindungsperson den Schlaf selbstständig kommen zu lassen. Für die nötige Entspannung sorgt die Sicherheit, dass sich die Eltern nicht weit von seinem Schlafplatz entfernt aufhalten. Das Elternschlafzimmer ist aber immer noch der beste Ort für den Kinderschlaf. Das zieht sich bis zum vierten Lebensjahr hin, wobei mit drei Jahren dem Sicht- und Hörkontakt der Rufkontakt folgen sollte. Das bedeutet, die Eltern können jetzt das Zimmer in der Einschlafphase des Kindes schon verlassen oder sogar, wenn das Kind noch gar nicht schläft. Will es sich der Anwesenheit seiner Eltern rückversichern, ruft es nach ihnen, wobei diese Rufe erfahrungsgemäß anfangs in kurzen Abständen ausgeführt werden. Aber je sicherer sich das Kind fühlt und je klarer ihm auch die räumlichen Verhältnisse seines Zuhauses geworden sind, desto seltener kommt der Ruf. Die Eltern brauchen auch dann nicht mehr immer in das Zimmer hineinzugehen und antworten nur noch durch Zuruf. Je nach Reifestand begehren die Kinder ab etwa vier Jahren nach einem eigenen Zimmer oder, wenn kein solches vorhanden ist, nach einer eigenen „Ecke" in einem Gemeinschaftsraum.

Der Hintergrund dieses Vorgehens in der Trennungsnotwendigkeit beim Schlafen ist die Austarierung von Nähe und Distanz, die als Vorbedingung für jeden Selbstständigkeitsprozess gilt. Einschlafen ohne die Anwesenheit von Mutter oder Vater gilt als wesentlicher Schritt zur Selbstständigkeit. Nähe ist dabei Ausdruck erhaltener Bindung mit emotionaler Absicherung und Distanz ist der notwendige Reifungsschritt in der Loslösung zum Selbst.

fb) Das **Essverhalten** eines Kindes ist enorm variabel und richtet sich sehr stark nach den familiären Gewohnheiten. Ab ungefähr einem halben Lebensjahr hat es sich bewährt, zu den Milchmahlzeiten schrittweise Beikost zuzufüttern. Erfahrungsgemäße Sichtweisen decken sich mit verdauungsphysiologischen Erkenntnissen. Auch der Durchbruch der Zähne weist auf natürlichem Weg in diese Richtung (s.o.). Das Beobachten der elterlichen Essformen animiert jetzt die Säuglinge es ihnen gleichzutun. Dabei arbeiten die von der Natur dem Säugling mitgegebenen Spiegelneuronen (s.u.) kräftig mit. Auf diese Weise wird das Füttern zu dem gemeinschaftlichen Erlebnis, das es in Zukunft immer bleiben wird. Gegessen wird gemeinsam.

Allerdings hat es sich bewährt, junge Kleinkinder noch vor den Mahlzeiten vorweg zu füttern, um ihnen die ganze Aufmerksamkeit beim Essen zu schenken. Dazu gehört es auch, das Essen mit dem Spiel am Anfang zu verbinden, denn das Spiel ist die Art und Weise eines Kindes, sich neue Fähigkeiten anzueignen. Diese Empfehlung deckt sich nicht mit der üblichen frühpädagogischen Auffassung, die Essen und Spiel strickt trennen will. Für die hier vertretene Ansicht sprechen aber alle empirischen Daten sowie das intuitive Wissen der Menschen über kindliche Essgewohnheiten. Die Trennung von Essen und Spiel ist meines Erachtens ein frühes, rein theoretisches pädagogisches Konstrukt konventionell autoritärer Erziehungsauffassung ohne Beachtung der spontanen kindlichen Bedürfnisse. Zur Verhinderung von sich entwickelnden Essstörungen hat sich gerade die anfängliche Verbindung von Essen und Spiel bewährt. Die verschiedenen Schritte bis zum selbstständigen Essen sind an bestimmte Reifungsprozesse und überwiegend auch an feinmotorische Fähigkeiten gebunden. Unter einem Alter von drei bis vier Jahren ist die notwendige Reife noch nicht erreicht.

Aber auch die Akzeptanz neuer Nahrungsmittel, die Selbsterfahrung mit Hunger und Sattsein sowie die Bereitschaft, ungewohnte Geschmacksrichtungen zu akzeptieren sind echte Herausforderungen für ein Kind. Insbesondere ist das Probieren und Mögen von bitterstoffhaltigem Gemüse für viele Kinder geradezu eine Überwindung, hat man doch herausgefunden, dass viele Kinder sehr viel mehr Rezeptoren für „bitter“ im Mundraum besitzen als andere und vor allem mehr als Erwachsene. Nicht zuletzt sind bitter schmeckende Nahrungsmittel möglicherweise auch ungenießbare Nahrungsmittel, weswegen die

Kinder die Geschmacksrichtung süß nahezu einhellig bevorzugen (H. Renz-Polster, 2009).

Die Einführung von Tischmanieren ist ein weit verbreiteter Zankapfel zwischen Eltern unterschiedlicher Richtungen. Grundsätzlich ist das Essen mit Messer und Gabel vor dem dritten bis vierten Lebensjahr schon allein feinmotorisch von einem Kind kaum zu bewältigen. Zuerst wird immer mit dem Löffel gegessen, wobei die Führung zum Mund am Anfang durch einen Knick im Löffel erleichtert wird. Andere Kinder lernen gleich mit dem gewöhnlichen Löffel zu essen, wobei der Löffel vor dem Mund meist noch in die verkehrte Richtung gekippt wird. Allein daraus ergibt sich, wie wichtig es ist, ein zweijähriges Kind noch zu füttern. Der Trend in der aktuellen Erziehungshaltung geht dahin, von den Kindern viel zu früh Selbstständigkeit einzufordern und ihnen Selbstverantwortung aufzubürden.

Das Einnehmen gemeinsamer Mahlzeiten schmiedet die Familie zusammen und ermöglicht den dringend erforderlichen Austausch über die Tageserlebnisse. Das setzt voraus, dass den Kindern klar ist, nicht gleich aufstehen zu dürfen, wenn die anderen noch essen. Die entscheidende Botschaft sollte sein, dass Essen ebenso ein gesellschaftliches Ereignis ist, wie es der reinen Nahrungsaufnahme dient.

fc) Neben dem Schlafen und dem Essen ist die **Sauberkeitsentwicklung** eine Klippe im Großziehen von Kindern. Viele Märchen werden auch heute noch über ein frühes Trocken- und Saubersein von Kindern verbreitet, obwohl man inzwischen nahezu alles über die vegetativen und sozialen Funktionen im menschlichen Körper hinsichtlich der Ausscheidungsvorgänge weiß. Da heutzutage aber keine Windeln mehr gewaschen werden müssen und ein Hygienestandard im Alltag existiert wie nie zuvor, ist es unverständlich, warum Eltern immer noch auf so frühe Sauberkeitszeiten aus sind. Offenbar wird aus diesen Fähigkeiten des Kindes weit mehr abgeleitet, als berechtigt ist. Die allermeisten Kinder werden automatisch zwischen dem zweiten und vierten Geburtstag am Tage trocken und sauber mit einem Gipfel um zweieinhalb bis drei Jahre. Man braucht gar nichts zu unternehmen, nur hin und wieder seinem Kind zu verstehen zu geben, dass Urin- und Stuhlausscheidung auch auf einer Toilette (mit Sitzverkleinerer!) oder einem Töpfchen zu verrichten sind. Den Rest der Ausscheidungsgewohnheiten besorgt das eigene Vorbild. Die Kinder spüren eines Tages von selbst, wann es soweit ist, dass sie ihren Ausscheidungsdruck regulieren können.

Drei Schritte sind dazu notwendig: erstens das Registrieren der vollen Blase oder des angefüllten Mastdarmes. Zweitens das willentliche Gegenhalten gegen den Ausscheidungsdrang mittels der äußeren Schließmuskel. Und drittens das zeitgerechte Loslassen der Verschlussmuskulatur mit Entspannung der Beckenbodenmuskulatur.

Die Eltern bemerken den Beginn der Ausscheidungsregulierung an den immer häufiger trocken und sauber bleibenden Windeln, wobei in diesen Fällen ein Probesitzen auf dem Töpfchen kein Fehler ist. Aber meist kann das Kind dann noch nicht, wie von ihm erwartet, die Ausscheidung auch gleich vollziehen und steht unverrichteter Dinge wieder auf. Sobald es dann die Windel angezogen bekommen hat, entleeren sich Blase und Darm. Das hat nichts mit einer Boshaftigkeit des Kindes zu tun, nur mit einem noch bestehenden Unvermögen der Kontrollfunktion.

Manche Kinder sagen eines Tages von sich aus, dass sie auf die Windel verzichten wollen, und gehen von Stund' an zuverlässig auf die Toilette. Andere Kinder gehen kleinschrittig vor und tasten sich an das Töpfchen oder die Toilette mit mehreren Malheuren heran. Aber beide Wege führen zum gleichen dauerhaften Erfolg.

Häufig wird die Urinausscheidung freudiger ausgeführt als die Stuhlausscheidung. Viele Kinder verlangen dann nur für den Stuhl über längere Zeit noch die Windel, bis sie sich daran gewöhnt haben, dass sich etwas unangenehm Riechendes aus ihrem Körper entleert. Im nächsten Kapitel sollen die zugehörigen Störungen besprochen werden.

fd) Ein häufig diskutiertes Thema in dieser Altersgruppe ist Frage wie weit elterliche Toleranz zu gehen hat, wenn Kinder klare Fehler im Gebrauch von Sachen oder im **Sozialverhalten** begehen. Was den Umgang mit Sachen oder Gegenständen angeht, ist der Toleranzgrad zwischen den Eltern sehr unterschiedlich. So lassen die einen Eltern das Bemalen eines Tisches im Kinderzimmer zu, wenngleich nicht im Wohnzimmer; andere hingegen tolerieren es sogar im Wohnzimmer. Wieder andere Eltern untersagen es dem Kind bereits, überhaupt ohne Unterlage zu malen usw. Da solche Freiheiten oder Einschränkungen keiner allgemeingültigen Ansicht unterliegen können, bleibt es den Eltern überlassen, wie freizügig sie in solchen Dingen mit ihren Kindern umgehen. Grundsätzlich ist der größere Spielraum an Freiheit für den Explorationsdrang des Kindes der günstigere.

Wie der Wert eines Gegenstandes und eines Möbelstückes vom Kind in diesem Alter noch nicht richtig eingeschätzt werden kann, wird prosoziales Verhalten noch nicht in seinen grundlegenden Wesenszügen verstanden. Kleinkinder sind der Auffassung, dass ihnen alles gehört, auf das sie Lust entwickeln. Die Lust auf etwas gibt ihnen vermeintlich das Recht, es auch zu besitzen. Sobald also ein Spielzeug oder auch ein einfacher Gegenstand nur herumliegt, aber Neugier und Interesse des Kindes erweckt, fühlt es sich berechtigt, diesen Gegenstand an sich zu nehmen und mit ihm zu spielen. Liegt er nicht einfach herum, sondern befindet sich in der Hand seines Besitzers, nehmen sich die forschen, das heißt die offensiven Kinder das Recht, ihn dem anderen Kind zu entreißen. Das führt zum Streit und allzu oft auch zu regelrechten Raufereien. Die Eltern haben nun das Problem, auf Gerechtigkeit zu pochen, ohne Klarheit darüber zu besitzen, was Gerechtigkeit an dieser Stelle zu bedeuten hat. Schließlich werden sie sich darauf beschränken müssen, durch **eindringliches Ermahnen** mit ernstem Blick und einfaches Erklären der möglichen Folgen („Empathie induzierendes Belehren") das Kind von weiteren egoistisch erscheinenden Haltungen und Handlungen abzuhalten. Wie aber alle Eltern feststellen müssen, belässt es das Kleinkind nur selten bei einer einzelnen Aktion dieser Art, sondern widersetzt sich erst einmal der Aufforderung, es nicht wieder zu tun. Das gehört zum Trotz und dient hauptsächlich dem Zweck, sich im Verstehen der Belehrung durch häufiges Wiederholen zu üben und seinen Sinn zu begreifen. Auch sind Lust und Begehren auf das interessante Spielzeug nicht einfach weggeblasen. Lässt sich gar kein Friede herstellen, ist es deswegen besser, das strittige Spielzeug verschwinden zu lassen und den tatsächlichen Besitzer zu entschädigen.

An dieser Stelle ist das **Als-ob-Spiel** zu erwähnen, bei dem das Kind sich in der Anwendung der erfahrenen Belehrung an den Spielfiguren, den Puppen oder Kuscheltieren darin übt, die Folgenlast der von ihm oder einem anderen gebrochenen Regel nachzuvollziehen. Vor allem alles, was dem Kind selbst passiert ist und das die eigene Unversehrtheit oder die eines anderen beschädigt hat, wird an den Puppen, Stofftieren usw. nachgespielt. Dabei werden schlimme Folgen ebenso nicht ausgelassen, wie das übermäßige Bemitleiden und Bemuttern. Auch klar empathische Reaktionen werden spielerisch schon mit eingeflochten und unverkennbar aggressive Elemente (s.u.)

Jetzt, das heißt mit etwa drei Jahren, wird es Zeit, erste Regeln einzuführen und das Einhalten der Regel zu fordern, wenn die Einsicht noch zu wünschen übrig lässt. Immerhin ist die Sprachentwicklung im Normalfall jetzt soweit, dass die Regel in einfachen Worten verbal kommuniziert werden kann. Dabei liegt die besondere Schwierigkeit in der frühkindlichen Erziehung darin, das **Regelkonzept** als eine notwendige, konsequente Erziehungsmaßnahme dem Kind zu vermitteln. Aber dieser wichtige Schritt in der Erziehung erhält zentrale Bedeutung im gesamten pädagogischen Konstrukt. Denn die Regel repräsentiert eine erste einfache Gesellschaftsnorm oder Konvention, die einzuhalten ist, selbst wenn sie dem egozentrischen Denken des Kindes anfangs zuwiderläuft. Noch hat der Perspektivwechsel von der kindlichen Sicht auf die elterliche oder die Erwachsenensicht der Dinge nicht stattgefunden, und das Kind muss wahrhaft über seinen Schatten springen, um die normierte Haltung, die ihm abverlangt wird, über sein momentanes Bedürfnis zu stellen. Aber dieser Sprung kann jetzt erwartet werden und sollte auch von den Eltern konsequent durchgesetzt werden, wenn es die Bedeutung der Regel erforderlich macht.

Damit dieser Sprung nun gelingt und das frühe Selbstbewusstsein des Kindes nicht unterminiert wird, muss ein Weg gefunden werden, der die berechtigten Ansprüche der beiden dadurch automatisch entstehenden Kontrahenten, Eltern und Kind, berücksichtigt. Elterlicher Wunsch nach Erziehung und das kindliche Bedürfnis nach Selbstbestimmung müssen aufeinander abgestimmt werden. Die Erstellung einer Regel basiert daher, ganz im Gegensatz zum **Grenzensetzen**, auf einer gemeinsamen Vereinbarung. Über die autoritative Erziehungsform mit einem sinnvollen Grenzensetzen (J. Rogge, 2008) wurde bereits im Rahmen der Erziehungsgeschichte gesprochen.

Die Eltern oder der erziehende Erwachsene erklären dem Kind in altersgerecht einfachen Worten, welchen Anspruch sie an das Kind entwickeln und warum dieser Anspruch seine Berechtigung hat. Das Kind kann nun Einwände vortragen, die ebenso sehr einfache Denkschemata zutage fördern werden. Aber das Kind hat das Gefühl, es sei gehört worden und seine Stimme hätte bei den Erwachsenen eine Bedeutung. Dadurch wird sein Stolz angesprochen, und genau dieser Stolz ist es dann, der das Kind auch dazu veranlasst, die getroffene Regel einzuhalten. Natürlich ist das nur der Idealfall und keineswegs reagiert das Kind immer gleich so verständig. Die Regeln müssen von den Eltern meistens immer wieder neu erklärt werden und die Widersprüche gegen die Regel werden vom Kind oft wie in einer Endlosschleife mit ärgerlichem Unterton vorgebracht. Aber wie oft im Leben höhlt auch hier der stete Tropfen den Stein.

Bricht das Kind die Regel, müssen klar ersichtliche, zeitnah gesetzte und wirkungsvolle Konsequenzen erfolgen. Ermahnung und neuerliches Verbot sollten ohne allzu großen Zorn ausgesprochen werden. Der vom Kind verursachte Fehler darf kritisiert werden, das Kind selbst als Person muss aber unangetastet bleiben. Jede herbe Kränkung des Kindes muss unterbleiben. Das noch zarte, in der Entstehung befindliche Selbstbewusstsein ist überaus leicht verletzlich.

Der Vorschlag zur Wiedergutmachung des Fehlers muss einstweilen noch von den Eltern und Erzieherinnen und Erzieher kommen. Später erfolgt dieser wichtige prosoziale Schritt vom Kind allein.

Die Ansprüche der Erwachsenen nach Wiedergutmachung müssen immer angemessen sein und in einem logischen Zusammenhang zur fehlerhaften Tat stehen. Außerdem müssen sie den Entwicklungsstand des Kindes beachten. Die umgeschüttete Milch wird mit einem Lappen aufgewischt, die heruntergefallene und zerbrochene Tasse vom Kind zusammengekehrt, das Fleck im Tischtuch zusammen mit warmem Wasser ausgewaschen usw. Eltern dürfen dabei schimpfen, aber Schimpfen heißt im Zusammenhang mit kindlichen Malheuren immer nur seinem Ärger Luft machen und nicht das Kind beschimpfen (s.o.).

Frühzeitig dem Kind „Grenzensetzen“ ist davon abweichend die zum Schlagwort erstarrte Formel versteckt autoritärer Erziehungsformen geworden. Grenzensetzen ist in der Pädagogik meiner Ansicht nach wie Grenzenziehen auf der Weltkarte oder in der Gesellschaft allgemein, nämlich das Gegenteil einer friedlichen Einigung von Interessensüberschneidungen. Hier sagt der Stärkere und Mächtigere dem Schwächeren, wo dieser Halt zu machen hat. Das Regelkonzept bemüht hingegen eine erste demokratische Abstimmungsweise. Hierbei geht es um Mitreden und Interessensausgleich. Der Stärkere begibt sich auf die Stufe, man sagt bei Kindern gerne „auf Augenhöhe“, des Schwächeren herab und die Macht wird, so weit Gerechtigkeit in der Sache möglich ist, unter den beiden „Parteien“ aufgeteilt.

Wenn das Regelkonzept eine der ersten zentralen Erziehungsstrategien ist, dann ist bereits in diesem frühen Stadium der Pädagogik ein urdemokratisches Prinzip auf den Weg gebracht. Diese Chance darf nicht vertan werden und aus Gründen von Bequemlichkeit oder irrationaler Angst vor der Macht des größer werdenden Kindes einem Prinzip von Dominanz, Stärke und Unterwerfung geopfert werden.

g) Die Kindergartenzeit

Ab dem Alter von drei, in früherer Zeit ab vier Jahren spricht man in der frühkindlichen Entwicklung von der Kindergartenzeit. In diesen Zeitraum fällt auch größtenteils noch die Phase der Sauberkeitsentwicklung, sowie der Konsolidierung des Regelkonzepts. Im Vordergrund aber stehen neben der **Ablösung** (päd. Eingewöhnung) in die **Gruppenbetreuung** die Schritte des **doppelten Perspektivwechsels** sowie die Schritte zur **Gewissensbildung**. Damit hat dieser Lebensabschnitt eine fundamentale Bedeutung für das gesamt spätere Sozialverhalten.

In diesen individuellen Entwicklungsprozess flicht sich – sicher naturgewollt – die Eingliederung des Kindes in die Gruppe ein. Waren in der frühen Kleinkindzeit die Gruppenaktivitäten des Kindes noch unbeholfen und vom Selbst weitgehend unverstanden, ist die persönliche Reifung jetzt im Normalfall so weit fortgeschritten, dass das Kind sogar nach einem Sozialkontakt in der Gruppe von Innen heraus begehrt (R. Posth, 2010). Zu dieser Reifung gehört insbesondere auch die Sprachentwicklung, die jetzt Kenntnisse von allen Wortformen und grammatikalisch richtig strukturierte Sätze vorweisen kann.

Das alles heißt nicht, dass das Kind sich übergangslos in die Gruppe aufnehmen lässt und sich gleich hinsichtlich Rang und Stellung in ihr zurechtfindet. Bis zu einem Alter von mindestens drei Jahren, zum Teil auch noch darüber hinaus, ist eine parallele Betreuung von Erzieher/in und Mutter oder Vater über einen bestimmten, individuell einzuhaltenden Zeitraum notwendig. Diese Parallelbetreuung sollte sich keinem feststehenden Programm unterwerfen (z.B. Berliner oder Wiener Modell usw.), sondern sich einzig an den individuellen Reifungsschritten des Kindes orientieren. Unter dem Begriff der **sanften Ablösung** wurde dieser Ablösungsschritt aus der Familie im Kapitel über die Trennungsangst bereits ausführlicher angesprochen. Kinder, die jünger als drei Jahre alt sind und auch schon in früher Fremdbetreuung untergebracht werden müssen, bedürfen automatisch längerer Übergangszeiten als Drei- bis Vierjährige.

Drei Voraussetzungen sind, um das noch einmal an dieser Stelle zu wiederholen, bei der sanften Ablösung zu schaffen:

1. Begleitung des Kindes durch die Mutter oder eine andere wichtige Bezugsperson, bis sich das Kind traut, auch alleine in die Gruppe zu gehen. Erst dann sind erste, noch abgesicherte und nur kurze Trennungsversuche erlaubt. Es ist das Kind, das der Mutter das Signal gibt, fortbleiben zu können.
2. Gezielte Anbahnung einer neuen Beziehung zu einem/einer so genannten Bezugserzieher/in, der/die mehr und mehr in der Lage sein muss, das Kind in der Not kompetent zu trösten und zu beruhigen. Dazu darf der Erzieher/innen-Kind-Schlüssel die z.B. von der OECD (vgl. R. Böhm, 2011) geforderten niedrigen Zahlen nicht überschreiten.
3. Angebot einer kindgerechten Umgebung (v.a. auch Spielumgebung), verbunden mit dem Respekt vor den individuellen kindlichen Ansprüchen des Kindes an Versorgung. Spezielle Eigenschaften und Erwartungshaltungen des Kindes müssen soweit wie möglich Berücksichtigung finden.

Die Beobachtungen und Untersuchungen der „Wiener Krippenstudie“ kommen etwa zu demselben Ergebnis (M. Fürstaller, A. Funder, W. Datler, 2011).

Die sanfte Ablösung ist in erster Linie deswegen so wichtig, weil jedes harte Trennen von Mutter und Kind schmerzliche Verlustangst beim Kind erzeugt (Bindungsverlust). Daneben zeugt das harte Trennungserleben im Auge des Kindes von einer Entmachtung der Mutter durch den/die Erzieher/in. Entmachtung der Mutter bedeutet für das Kind aber Verlust des Schutzes durch sie, was sein Sicherheitsgefühl untergräbt und sein Selbstverteidigungsbedürfnis herausfordert. Allzu oft erlebt man beim ersten Abgeben des Kindes in die

Institutionen Kinderkrippe, Kindergarten und Kindertagesstätte verzweifelte Kinder, die unter Tränen am Hals ihrer Mutter hängen. Löst man sie dann unter Krafteinsatz von der Mutter, fangen sie an zu schreien und wütend um sich zu schlagen. Schließlich verfällt das Kind in Panik.

Erzieher/innen dürfen in diesem Augenblick nicht verkennen, dass sie dem Selbstbewusstsein des Kindes einen nicht geringen Schaden zufügen, wenn sie die Sicherheitsfunktion der Mutter in den Augen des Kindes auf diese Weise untergraben. So wirkt der in der Trennung erzwungene „Bindungsverlust zur Mutter", der in der beschränkten Weltsicht des Kleinkindes jedes Mal wie für immer aussieht, zusammen mit der Entmachtung der Hauptbezugsperson auf Dauer traumatisierend. Die dadurch entstehenden Trennungsängste bauen sich im weiteren Leben des Kindes in vergleichbaren Situationen immer wieder auf. Die erste vergleichbare Situation ist der Schuleintritt.

Kinder, die sich aufgrund von Beziehungsstörungen in der Familie ohnehin in einem Machtkampf mit den Eltern befinden, verstärken unter dem Eindruck einer unsachgemäßen Trennung im Kindergarten oder Kindertagesstätte ihren Widerstand und Trotz erheblich. Sie benutzen dann zu Hause gerne die Versorgungsaspekte und Sozialisierungsprozesse in der Erziehung wie Essen, Schlafen oder Sauberkeit, um ihre Bestimmungsmacht zu retten. Hierbei entstehen regressive Schritte (s. 1. Kapitel Teil 2), die das ansonsten oppositionelle Geschehen zusätzlich verkomplizieren. Die Kinder wollen wieder bei den Eltern im Bett schlafen oder schlafen nicht mehr durch, essen nur noch stark eingeschränkt, was die Speisenwahl betrifft, lassen sich wieder füttern oder verweigern das Trocken- und Sauberwerden. Waren sie schon trocken und sauber, nässen und koten sie wieder ein.

Nicht täuschen lassen darf man sich von den vermeidenden Haltungen der Kinder, die es gelernt haben, ihre Gefühle zu unterdrücken und still vor sich hin zu leiden. Gerade diesen Kindern bescheinigen die Erzieher/innen schnell, sich gut in die Gruppe eingefunden zu haben. Da sie auch beim Abschied keinen großen Widerstand leisten, hält man sie bei vordergründiger Betrachtung für reifer, als sie wirklich sind. Manche dieser Kinder neigen zu Erscheinungen einer Parentifizierung und beruhigen ihre Eltern beim Abholen mit den Worten, sie hätten nicht geweint. Die eigentliche Freude über das Wiedersehen der Mutter oder einer anderen Bezugsperson bleibt eigentümlich kühl. Manche Kinder ignorieren ihre Mütter erst einmal.

Die Quintessenz dieser Erfahrung an einer Unzahl von Kindern muss heißen, dass jede frühe Fremdbetreuung unter vier Jahren einer absolut fachgerechten Ablösung zu unterliegen hat. Hauruckmethoden, wie sie gerne von der gewöhnlichen Pädagogik durchgezogen werden, müssen der Vergangenheit angehören. Weder die Kinder, noch die Mütter dürfen durch eine harte

Ablösung in die Fremdbetreuung traumatisiert werden. Die Gefahr einer dauerhaften Angststörung auf der Kindesseite und der Entstehung von schweren Selbstvorwürfen auf der mütterlichen Seite ist viel zu groß, als dass eine zu simple Bindungsmechanik („Kind klettet an der Mutter") als billige Erklärung samt einer Einschüchterungspolitik gegenüber den Eltern dafür herhalten dürfen, Kinder unter Zwang ohne elterliche Begleitung schon in den ersten Tagen in Kindergarten und Kindertagesstätte zu behalten. Nur wenn Kinder eine hohe seelische Widerstandskraft besitzen und genügend positive Ressourcen in sich spüren, scheint dem starken Anpassungsdruck auch eine gewisse Reifung zu folgen.

Im dritten bis vierten Lebensjahr entwickelt sich das subjektive Empfinden von **Empathie** zu einer festen Größe im Gefühlshaushalt des Kindes. Empathie ist die Fähigkeit des Menschen, sich in die Gefühlswelt und Stimmungslage des Anderen hineinzuversetzen. Auf diese Weise entwickelt sich eine intersubjektive Gefühlsverständigung, die über das empathie-induzierende Belehren oder Ermahnen (s.o.) hinausgeht. In den zwei Jahren davor erlebt das Kind Mitempfinden mit einem anderen Wesen im Wesentlichen nur im spielerischen Umgang mit seinem Übergangsobjekt, sofern es eine Puppe oder ein Stofftier ist oder als ein Als-ob-Spiel auch mit kleinen Spielfiguren (s.a. 4. Kapitel Teil 1). Auf das Übergangsobjekt werden die Gefühle übertragen, die das Kleinkind schon abzugrenzen und auszudrücken gelernt hat und/oder die es nicht an der Bezugsperson ausleben darf oder kann. Neben Liebesbezeugungen sind es die Gefühle Wut, Angst und Schmerz. Da bei diesen letzteren drei Gefühlsempfindungen das Kind zu weinen gewillt ist, weinen auch die Puppen oder Stofftiere in gespielten Auslösesituationen und werden dann großzügig vom Kind getröstet oder bei simulierten Verletzungen mit einem Pflaster versehen. Hierbei kann das Kind nur das reproduzieren, was es an sich selbst erlebt hat. Allerdings bürstet es auch hin und wieder gegen den Strich und probiert demonstrativ unsoziale Verhaltensweisen am Übergangsobjekt aus.

Im nächsten Entwicklungsschritt möchte das Kind dieses Spiel nun aber auch mit seinen Bezugspersonen ausführen. Damit entwickelt sich eine Art Rollenspiel, bei dem die Mutter oder der Vater jetzt real mit einbezogen werden. Da ich mich mit dem Rollenspiel als Dreh- und Angelpunkt der Empathie und des emotionalen Perspektivwechsels im 4. Teil des Buches noch einmal sehr genau auseinandersetzen möchte, kann ich an dieser Stelle nur die Grundlagen für das innerpsychische Geschehen beim Kind besprechen. Bei der Darstellung der normalen frühkindlichen Entwicklung hatte ich dazu bereits den Begriff **Empathie-Induktion** eingeführt.

Bei dieser Induktion geht es darum, dass die Eltern oder zuweilen auch mit einbezogene Ersatzbezugspersonen den Scheinangriff auf sich nutzen, um das vom Kind angestrebte Empathieempfinden gezielt zu verstärken. Das gelingt durch ein theatralisches „Aufbauschen“ der eigenen Betroffenheit bei einem vom Kind inszenierten Angriff. Bei solchen Schein-Attacken können Kinder schon mal leichte Schläge austeilen, an den elterlichen Armen zerren, kratzen, kneifen oder sogar etwas zubeißen. Die Kinder kennen diese Impulse von ihrer schon oft erlebten Wut. Der jetzt von den Eltern gespielte Leidensausdruck wird dann vom Kind genutzt, in einer Rollenumkehr zum Tröster und Beschützer zu werden. Die Kleinkinder lieben es, sich in dieser Rolle zu erleben und spielen solche Szenen mit ihren Eltern immer wieder durch. Man sieht ihnen in den Augen an, wie ihr Stolz wächst, wenn sie alles richtig machen. Einzig das konkrete Tun schärft ihr Bewusstsein für die gesellschaftliche Regel, keinem anderen Menschen Schaden zuzufügen. Das Verbot allein reicht für diese Einsicht nicht aus.

Kleinere Kinder, die noch nicht reif für diese Form der Induktion sind, und Kinder, die allzu gerne Ihren Mut an anderen und vor allem kleineren und schwächeren Kinder kühlen, bedürfen einstweilen noch der eindringlichen Ermahnung (s.o.). Das „andere Kind“ taugt im Streit zwar nicht zum Rollenspiel, aber für die theatralische Zurschaustellung des an ihm ausgeübten Unrechts sorgt es schon von alleine. Zum Ermahnen gehören jetzt die Verhinderung weiterer Attacken und das Trennen der Streithähne. Kinder können sich untereinander übel mit Gegenständen schlagen und Wunden zufügen oder sich äußerst schmerzhaft an den Haaren reißen. In solchen Momenten muss der beaufsichtigende Erwachsene schlichtend eingreifen und den Angreifer über die Folgen seines Handelns belehren, das Opfer zugleich schützen und gebührend trösten. Damit übt der Erwachsene auch eine wichtige **Vorbildfunktion** aus. Zu heftiger Angriffe auf sich selbst darf sich der Erwachsene nachdrücklich, aber immer nur sanft, erwehren. Notfalls muss er dafür die Hand des Kindes festhalten und das Kind mit ernsten Blicken und Worten zur Raison bringen. Die Abfolge elterlicher Reaktion wie beim Trotzverhalten ist auch hier anzuwenden, also Ablenkung, Drohgebärde, Schimpfen und im äußersten Fall soziales Trennen.

Keinesfalls dürfen Eltern in ihrem Ärger über die kindliche Übertreibung mit gleicher Münze heimzahlen. Sie würden durch ihre Gegenaggression das Kind im Nachhinein für seine eigene Tat legitimieren. Geschieht eine solche Legitimation dennoch öfter, machen sich die Eltern direkt zum Erfüllungsgehilfen aggressiver Handlungen. Denn ihr schlechtes Vorbild stimuliert das Kind, seinerseits noch aggressiver vorzugehen. Gleichzeitig geht bei solchen Verläufen das Urvertrauen des Kindes in die Eltern Schritt für Schritt verloren. Dafür entwickelt sich plötzlich Angst vor den eigenen Bezugspersonen, was zu einer schweren Erschütterung der Eltern-Kind-Beziehung führt. Die Verlässlichkeit der Bezugsperson erleidet auf diese Weise einen kaum wiedergutzumachenden Schaden, eine Aggressionsspirale entsteht und das Prinzip der Vergeltung ist geboren.

Ebenso falsch ist es, wenn Eltern uneindeutig oder zu nachgiebig reagieren. Das Kind bekommt dann in der Erprobung der Empathie das Gefühl zu versagen und sieht sich gezwungen, in der weiteren Durchsetzung der angestrebten Ziele zu stärkeren Mitteln zu greifen. Dabei kippt die Harmlosigkeit des Geschehens und der Scheinangriff geht plötzlich in einen echten Angriff über. Das Kind übt keine Absicht aus, es läuft vielmehr in die Falle einer uneindeutigen elterlichen Reaktion. Wenn auch den Eltern aufgrund von Unerfahrenheit hierbei kein Vorwurf zu machen ist, sollten Sie doch erkennen, dass sie jetzt mit strafenden Maßnahmen das Kind vollends verwirren.

Etwa gleichzeitig mit der Entwicklung zur Empathie entwickelt sich ein tieferes Verständnis von Angst und Furcht bei sich selbst in der Auslösung durch den Anderen. Kleinkinder lieben es, Szenarien von Hinterherlaufen, Fangen und Packen resp. Ergreifen zu spielen und fordern sie von ihren Eltern und Bezugspersonen immer wieder ein, um im Gefangenwerden befreiend zu lachen. Es geht bei diesem Spiel darum, in sich die Furcht bei der Verfolgung durch eine an sich völlig ungefährliche Bezugsperson auszulösen, diese vielleicht noch zu steigern und sie schließlich im „liebevollen Gefangenwerden" in Befreiung von Angst zu überführen. Bei diesem Akt ist die Vertauschung der Rollen für das Kind nicht so interessant, weil es sich selbst in seiner Harmlosigkeit schlecht als Verfolger vorstellen kann. Aber das Spiel induziert auch schon in der üblichen Machtkonstellation das nötige Verständnis für potenziell furchteinflößende soziale Bezüge. Angst zu empfinden benötigt als soziales Regulativ ebenso wie die Wut einen verstehbaren interaktiven Zusammenhang.

Auch hier verbietet es sich für den Erwachsenen, die gespielte Situation zu kippen, und sich einen Spaß daraus zu machen, dem Kind tatsächlich Angst einzuflößen. Wie bei der Wut und Aggression käme es zu einer Legitimation der Handlung an sich und das Abwandern solcher Angsterlebnisse in tiefere Schichten des Gehirns wäre zu befürchten. Aus diesem Unterbewusstsein könnten derartige Bedrohungsszenarien später wieder auftauchen, entweder als selbst erlebte panische Angst oder – jetzt durch hinzugewonnene Macht in zwanghafter Rollenumkehr – als starke Bedrohung anderer Menschen. Die Fähigkeit zur Empathie wäre aber in dieser Wandlung des Geschehens verwirkt.

Neben Empathie und Furcht sind es auch direkte aggressive Empfindungen, die mit der sozialen Umwelt ausgetragen werden. Zunächst ist es das Übergangsobjekt oder sind es Spielfiguren im Als-ob-Spiel, die dafür herhalten müssen und die Zank, Streit und kleine Kämpfe unter sich oder mit ihrem Besitzer ausfechten. In der nächsten Stufe sind es die bekannten Kampfspiele, die

die Kinder selbst in Rollenspielen inszenieren und die als Vorbereitung für die späteren Verteilungskämpfe in der Gesellschaft dienen. Dabei werden die Jungen stärker von körperlichen Auseinandersetzungen anzogen und basteln sich zum diesem Zweck Angriffs- und Verteidigungswaffen.

Mädchen bevorzugen soziale Auseinandersetzungen und strapazieren das gegenseitige Sich-Ausschließen auf den Grundlagen der relativen Exklusivität von Bindungen. Nicht immer finden alle diese körperlichen wie sozialen Kampf- und Konkurrenzspiele ein friedliches Ende.

Mit der Erfahrung empathisch sein zu können, verliert sich langsam der frühkindliche Egozentrismus und macht einer neuen Weltsicht Platz. Aber bevor es soweit kommt, muss auch noch der kognitive Perspektivwechsel vollzogen werden. Hatte bislang das Kleinkind immer geglaubt, dass das, was es selbst gerade denkt und empfindet auch von dem anderen Menschen, mit dem es in Kontakt tritt, gedacht und empfunden wird, so fängt es mit etwa vier Jahren an zu verstehen, dass es sich anders verhält. Im Zweischachtel-Test im Zusammenhang mit der **Theory of Mind** hatte ich diesen geistigen Sprung in anderen Zusammenhängen bereits erklärt. Es gibt auch andere Beweise für diesen Schritt (D. Bischof-Köhler, 2000)

Erst nach dem Begreifen des **emotionalen und geistigen Perspektivwechsels** ist das Kind in der Lage, sich auf Erwachsenenebene über die Geschehnisse in der Wirklichkeit zu unterhalten. Erst jetzt kann es verstehen, dass eine erwachsene Person nicht gleich begreift, was es aussagen möchte. Erst jetzt weiß das Kind, dass der Erwachsene zu ein und derselben Sache etwas anderes denkt oder andere Gefühle empfindet als es selbst. Und erst jetzt kann es verstehen, dass eine Falschaussage zur Wahrheit eine Flunkerei oder sogar eine Lüge ist. Das Selbst hat damit einen ersten wichtigen Reifestand erreicht und gibt sich im angepassten, sozialen Auftreten des Kindes zu erkennen. Die hierbei zu unterscheidenden Qualifikationsformen in der Selbstentwicklung hatte ich im 4. Kapitel von Teil 2 des Buches eingehend ausgeführt.

Im Rahmen dieses geistigen Fortschritts beginnt auch die Fähigkeit des Kindes zur **Selbstregulation**, eine Fähigkeit, die die von allen Eltern sehnlich herbei gewünschte Rücksichtnahme auf den anderen Menschen möglich macht. Selbstregulation bedeutet Kontrolle über seine Emotionen und Handlungen zu haben und zum **Bedürfnisaufschub** befähigt zu sein. Ein Säugling und ein junges Kleinkind sind dazu noch nicht in der Lage. Vielfach geübte Erwartungshaltungen hierzu sind demzufolge falsch. Dennoch werden den Eltern von verschiedenen pädagogischen Strömungen Versprechungen dahingehend gemacht, auch bei einem Kleinkind schon durch strenge, konsequent durchgreifende Erziehungsmaßnahmen eine solche Rücksichtnahme auf die Bedürfnisse des Erwachsenen durchsetzen zu können. Aber dieses Vorgehen beruht hauptsächlich auf dem Lohn-Strafe-Prinzip und arbeitet demzufolge mit negativer oder auch positiver Konditionierung (Angst vor Strafe bzw. Aussicht auf Lohn). Konditionierung bewirkt aber keinen Erkenntnisgewinn, sie basiert auf einem Reiz-Reaktions-Schema, so dass solche Erziehungspraktiken keine zuverlässige und auf Dauer gesicherte Einsichtshaltung beim Kind erzeugen. Übrig bleibt ein scheinbar gutes Funktionieren, scheinbar, weil das in der bindungsbasierten Erziehung immer wieder angesprochene Reifungsprinzip unterlaufen wird.

Mit dem Erkennen unterschiedlicher Wirklichkeiten in den Köpfen verschiedener Menschen, wobei das Kind solche Dinge nicht wirklich theoretisch denkt, sondern nur ahnend empfindet, ist das Tor geöffnet zur Entwicklung von **Schuldgefühlen**, **Reue** und **Wiedergutmachung**. So müssen Eltern jetzt ihrem Kind nicht mehr ein Gewissen machen, indem sie es eindringlich ermahnen und über sein Fehlverhalten belehren. Vielmehr versteht das Kind von selbst, sich falsch im moralischen Sinn verhalten zu haben (und nicht mehr nur im ursächlichen Sinn) und über die Wiedergutmachung die gesellschaftliche Anerkennung zurückgewinnen zu können. Das Kind zeigt jetzt offenkundige Betretenheit und echte Reue, wenn es etwas kaputt gemacht hat, wenn es ein anderes Kind beleidigt oder verletzt hat oder wenn es ein Spielzeug unrechtmäßig entwendet hat. Auch ungebührliches Verhalten erwachsenen Personen gegenüber wird jetzt verstanden und bereut. Das Kind fängt an, sich für seine „Untaten" zu schämen.

Fortan geht es in der Erziehung nicht mehr nur darum, das falsche und moralisch verwerfliche Verhalten zu brandmarken und dem Kind sein unrechtmäßiges Handeln durch Schelte klar zu machen. Angemessener Tadel genügt, denn die Unrechtmäßigkeit kann das Kind jetzt schon selbst verstehen. Es geht in der Erziehung vielmehr darum, dem Kind einen Weg aufzuzeigen, wie es aus der moralischen Klemme wieder herauskommt, ohne sein Gesicht zu verlieren. Dieser Weg kann nur die prompte Wiedergutmachung sein, das heißt also den zerstörten Gegenstand reparieren oder ersetzen, das verletzte Kind trösten oder auf einfachste Weise medizinisch versorgen, die Beleidigung zurückzunehmen oder den Diebstahl durch Rückgabe zu sühnen. Zu jeder schlechten Tat gibt es de facto eine Möglichkeit, sie rückgängig zu machen; oder es muss zumindest dem Geschädigten gegenüber Trost ausgesprochen werden und dabei die eigene Scham dem Anderen offenbart werden.

Der nächste geistig-regulative Schritt ist dann das Versprechen der **Unterlassung** in Zukunft. Dafür muss aber das Zeitverständnis des Kindes noch etwas weiter vorangeschritten sein, ein Entwicklungsprozess, der in einem Alter zwischen fünf und sechs Jahren zu erwarten ist. Die innere Einsicht zur Unterlassung einer in der Gemeinschaft inakzeptablen Handlungsweise oder einer den Sitten und Normen zuwider handelnden Tat gehört indes schon in den Bereich der Vernunft, zumindest eröffnet sie das Spektrum vernünftiger Denkformen.

Worüber ich in den zwei letzten Abschnitten gesprochen habe, ist erst einmal die Ausbildung des Gewissens. Das **Gewissen** des Menschen ist das sozioemotional zentrale Konstrukt der Selbststeuerung im Umgang mit den Mitmenschen. Im Teil 4 des Buches wird davon noch ausgiebig zu sprechen sein. Eine Erziehung, die sich gegen alle Formen der Gewalt unter den Menschen richtet, stellt die Ausbildung des Gewissens in den Mittelpunkt ihrer Bemühungen. An dieser Stelle sei vorausgeschickt, dass das Besondere der hier vorgestellten Entstehung von Gewissen auf zwei weitgehend neuen Faktoren beruht: Zum einen ist es die Formulierung des Gewissens auf rein emotionalen Grundlagen. Genau genommen sind es psychodynamische Grundlagen. Die geistige Verankerung von Sitten, Normen und Gesetzen der Gesellschaft, die bisher als der Ursprung des Gewissens betrachtet wurden, sind in dieser Darstellung nur nachfolgende Lernprozesse, die allein deswegen zustande kommen, weil sie auf ein in den Gefühlen vorgeformtes System treffen.

Zum anderen ist es die Verankerung des Gewissens in der Selbstkonstruktion des Menschen. Ging man bislang davon aus, dass erst kompliziertere geistige Prozesse in der Lage wären, so etwas Hochkomplexes wie das Gewissen hervorzubringen, meint die hier vorgestellte Anschauung, dass allein zwei Gefühle genügen, das Gewissen aufzubauen und zu unterhalten: die Gefühle Stolz und Scham. Beide Gefühle helfen aber auch das Selbst zu konstruieren. Das Selbst muss demzufolge noch gar nicht fertig sein, wenn das Gewissen aufgebaut wird. Es darf sogar noch gar nicht fertig sein, denn Stolz und Scham sollen neben ihren das emotionale Selbst bestimmenden Eigenschaften zugleich Konstrukteure gewissenhafter Regungen werden. Selbst und Gewissen verschmelzen in ihrem Aufbauprozess also miteinander.

Der Stolz übernimmt dabei die Aufgabe, die Scham für die „Untat" zuzulassen und offenkundig anzunehmen, damit die Reue in der Akzeptanz der Schuld zum Zuge kommen kann. Die Scham bleibt für das Kind dabei gut zu ertragen, weil sie letztendlich in der Bereitschaft zur Wiedergutmachung den Stolz wieder vermehren kann. Dieser – sagen wir – geniale Kniff in der Psychodynamik, der gestaltenden Wirkung der Gefühle untereinander, bringt es zustande, dass der Mensch sich in der Persönlichkeitsentwicklung von seinem Gewissen widerstandslos beherrschen lässt. Und diese Beherrschung wirkt lebenslang, weil sie damit auch Bestandteil des Ichs geworden ist. Nur darf im Folgenden dieses Gewissen niemand manipulativ deformieren. Die später in dieses Gewissen eingehenden Normen, Konventionen und Gesetze müssen das ihm innewohnende altruistische Prinzip immer unterstützen. Auf diese Weise wächst im Wesen des Menschen eine Hemmung zur Gewaltanwendung heran, die sogar den plötzlichen Affekt und die selbstschützende Nothandlung weitgehend unter Kontrolle hält.

In die Kindergartenzeit fallen durch die Konfrontation des Kindes mit der Gruppe auch die Erfahrung des **Konkurrenzprinzips**, des **Wettbewerbs** und der **körperlichen Auseinandersetzung**. Alle drei im menschlichen Verhalten vorkommenden individuellen Reaktionsweisen, um in der Gruppe bestehen zu können, werden sofern vorhanden schon unter Geschwistern eingeübt. Aber die Selbstbehauptung gegenüber fremden Kindern ist noch etwas schwieriger als unter Brüdern und Schwestern, weil unter fremden Personen prinzipiell weniger Rücksicht geübt wird. Das Geschwister-Tabu durch gemeinsame Eltern fällt weg. Außerdem ist die Betreuung in den Kindergärten oft nicht ausreichend in der Lage, rechtzeitig Streit schlichtend einzugreifen. Machtkämpfe und Rangeleien um Spielgegenstände sind an der Tagesordnung. Ein Stoßen und Drängeln gibt es auch um Essen und Trinken oder beim Austeilen von Spielmaterial. Jedes Kind will zuerst drankommen, weil es in Vorstellung lebt, der erste zu sein, heißt auch der beste zu sein. In dieser irrigen Auffassung leben oft auch noch Jugendliche und Erwachsene.

Aus der qualitativen Bewertung eines Menschen entspringt der Wettbewerb, der erzieherisch mit der Absicht der Leistungssteigerung den Kindern frühzeitig nahe gebracht wird. Besonders im Sport, aber auch im künstlerisch-musischen Bereich wird Wettbewerb zur treibenden Kraft in der Erzwingung einer Fortsetzung der Ausübung. Schließlich wird er zu einem grundlegenden Prinzip in der Menschenbildung erhoben. Aber Wettbewerb erzeugt Konkurrenz, Neid und Missgunst (s. 4. Kapitel Teil 1). Denn eine ausreichende Selbstattributierung, die durch die gesellschaftliche Anerkennung entsteht, ist nur den wenigen vorderen Plätzen vergönnt. Die hinteren Plätze erzeugen dagegen Beschämung. Gerade die mit ihrem Selbst in die Minderwertigkeit abgeglittenen Kinder können das Verlieren überhaupt nicht ertragen und zeigen wütende Ausbrüche. Auch fühlen sie sich sofort falsch beurteilt oder gar hintergangen und sinnen auf Rache. Die versprochene zweite Chance reicht ihnen zu einer Besänftigung kaum aus. Beschämte Kinder werden schnell zum Spielverderber.

Die körperliche Auseinandersetzung unter Kindern ist in der Erziehung ein umstrittenes Kapitel. Sind Rangeleien und Raufereien sowie das Recht des Stärkeren seit jeher Formen der kindlichen Auseinandersetzug miteinander, scheiden sich die Geister daran, ob dieses kämpferische Element als Bestandteil der Sozialität sinnvoll und nützlich ist oder im Gegenteil schädlich. Allen Eltern, Erzieherinnen und Erziehern ist klar, dass in diesem Verhalten angeborene Aggressivität zum Ausdruck kommt. Die autoritäre Erziehung hofiert nun die körperliche Auseinandersetzung gezielt, wie sie auch den Wettbewerb fördert, denn sie leitet aus dem Sich-Messen unter Kindern und Jugendlichen einen Bewertungsschlüssel ab, den sie erzieherisch einsetzt. Nur der Bessere und Stärkere darf sich der Anerkennung der Eltern oder Erzieher/innen sicher sein. Es besteht dabei die Gefahr, dass das Prinzip vom Kind und später Jugendlichen innerlich vereinnahmt und zur Methode des Sich-Durchsetzens in der Gesellschaft erhoben wird. Rauferei und Prügelei werden so im Konfliktfall zum Verhaltensinstrument.

Die antiautoritäre Erziehung versucht hingegen, solche Bewertungskriterien von Menschen aus der Erziehung auszumerzen, scheitert aber an den Realitäten. Autoritative und permissive Erziehungspraktiken halten sich an das, was vom Kind aus automatisch entwickelt wird, versuchen aber die darin zum Ausdruck kommende Aggressivität zu kanalisieren (s. 1. Kapitel Teil 4). Das bedeutet, dass eine Begrenzung von Körpereinsatz zur Durchsetzung eigener Ziele unvermeidbar ist und regelmäßig alternative Handlungspraktiken angeboten werden müssen. Werden sie nicht angenommen, muss das angreifende Kind vorübergehend aus der Gruppe entfernt werden.

Kinder lernen es automatisch, sich auch mit anderen Mitteln zur Wehr zu setzen als mit Aggressivität und Kampf. Das sollte frühzeitig gefördert und auf diese Weise in die Erziehung mit eingebaut werden. Einerseits wirkt dabei das eigene positive Vorbild (im Zusammenhang mit der tradierten Gewohnheit von Gewalt sieht man dazu die negative Verkehrung), andererseits müssen den Kindern Vorschläge gemacht werden, wie Konflikte ohne Streit und/oder ohne Kampf zu lösen sind. Das heißt nicht, dass alle Streitereien damit umgangen werden müssen. Bis zu einem gewissen Grade sind sie sicher unumgänglich und stören nicht die entstehende Prosozialität. Aber alternative Mittel der Auseinandersetzung wie das **Streitgespräch**, das **Verhandeln** oder die **Kompromissfindung** müssen in den Vordergrund geschoben werden. Damit wird die geistige Leistung über die körperliche Kraft gestellt, was zugleich die natürlichen konstitutionellen Unterschiede aufhebt. Das heißt, auch schwächere, defensive und introvertierte Kinder kommen auf diese Weise zu ihrem Recht. Da zur geistigen Konfliktlösung aber auch immer der Teilverzicht und die Nachgiebigkeit gehören, wird auch ein geistig unterlegenes Kind nicht generell benachteiligt. Und noch ein Prinzip wird angestoßen, das der **Toleranz**. Die Toleranz als Vernunftprinzip einer hohen Gesellschaftsschule ist immer dann geboten, wenn der Konflikt unlösbar erscheint und kein Kompromiss gefunden werden kann.

h) die Schulkindzeit

Die zur Schulzeit des Menschen erklärten Jahre zwischen sechs und der Pubertät sind die eigentliche Entwicklungszeit der Vernunft. Diese zeitliche Verortung der Vernunft in die noch frühen Jahre der Kindheit ist ebenso wie die

Verschmelzung von Selbstkonstruktion und Gewissen in der Vorschulzeit weitgehend ein Novum in der Betrachtung der Sozialentwicklung des Menschen. Überhaupt scheinen mir Gewissen und Vernunft viel enger in der Gestaltung komplexer neuronaler Vernetzung im Gehirn beieinander zu liegen als bislang vermutet. Das Frontalhirn in Verbindung mit Limbischen Strukturen und Teilen der Basalganglien gilt heutzutage als der gesicherte Ort dieser hoch differenzierten „Netzverschaltungen".

Der Vernunft zugrunde liegt neben dem Gewissen und der Einsichtsfähigkeit des Kindes in das, was in der Gemeinschaft opportun ist und für das Funktionieren der Gesellschaft zwingend erforderlich, die Zunahme des Weltverständnisses und allgemeinen Wissens. So ist es sicherlich kein Zufall, dass die Menschen schon immer die Lebensjahre ab fünf oder sechs für den Eintritt in die Schule vorgesehen haben. Die Kinder verfügen über die hierfür notwendige Selbstsicherheit und können auch ohne die direkte Absicherung durch ihre Bindungspersonen sozial angstfrei auftreten. Sie verfügen jetzt über ein Raum-Zeit-Verständnis, das ihnen die Örtlichkeiten ihres näheren Umfelds verstehbar macht und die Abläufe des Tages überschaubar. Erst mit etwa sechs Jahren werden auch größere Zeiträume erfasst wie die Woche, der Monat und das Jahr, wobei ein innerer Zeitpfeil konstruiert wird, der unumkehrbar von der Vergangenheit in die Zukunft läuft. Das ist von entscheidender Bedeutung, denn erst jetzt wird dem Kind klar, dass das Leben einen Anfang und ein Ende hat. Geburt und Tod erscheinen plötzlich als die Endpunkte dieses Zeitpfeils und erzeugen ein Interesse, was davor und danach sein könnte.

Das Interesse des Kindes für die Zusammenhänge von Leben und Tod sowie für das Funktionieren der menschlichen Gesellschaft erweitert sich auf das Bestreben, neue Meinungen und Erklärungen zu diesen Fragenkomplexen zu erhalten. Was die Familie, insbesondere die Eltern und vielleicht auch die Großeltern bisher dazu gesagt haben, dient nur noch einem Unterbau für den Erkenntnisgewinn, den jetzt die Schule und die Altersgleichen (Peergroup) liefern.

Dabei geraten bisherige und neue Ansichten oft in Widerspruch, was dem Kind Unbehagen bereitet. Soll es den elterlichen und familiären Ansichten Glauben schenken und folgen oder denen der/des Lehrerin/Lehrers und und der Freunde.

Eltern sind gut beraten, dieses Unbehagen ihrer Kinder ernst zu nehmen und die verschiedenen Ansichten mit ihnen zu diskutieren. An diesem wichtigen Punkt zeigt sich, wie intakt die Beziehung zu den Eltern ist oder wie stark verunsichert das Kind durch Beziehungsstörungen geworden ist. In letzterem Fall ist das Kind den außerfamiliären Einflüssen geradezu ausgeliefert. Umso wichtiger ist das offene und vorurteilsfreie Gespräch zwischen Eltern und Kindern in der Familie. Dieses Gespräch erhält noch einmal eine ganz außerordentliche Bedeutung bei Migrantenfamilien. Hier sind die Konflikte wegen unterschiedlicher Weltanschauungen und religiöser Bräuche oft nur schwer überwindbar.

Solche Konflikte im gegenseitigen Vertrauen zu lösen ist eine gute Gelegenheit, entstandene Beziehungs- und Bindungsstörungen wieder zu verbessern. In überzeugenden Meinungen und Haltungen seitens der Eltern oder anderer wichtiger Bezugspersonen erlebt das Kind eine Stärkung der eigenen Position und entwickelt notwendiges neues Vertrauen in seine Bezugspersonen. Respekt und Verständnis für die Meinungen der Kinder müssen allerdings gewährleistet sein. Das neu entstehende Vertrauen möchte ich als **ergänzendes Urvertrauen** bezeichnen.

Anders ist es, wenn die Eltern den Kindern nun wichtige Antworten schuldig bleiben oder ihnen aus Interesselosigkeit und Erziehungsschwäche ständig ausweichen. Das letzte Band, das Eltern und Kind im Einzelfall noch zusammengehalten hat, reißt dann in entzwei.

Kinder, ob emotional noch stark an ihre Eltern gebunden oder bereits mit zerstörten Familienbanden, sind in diesem Alter grundsätzlich stark auf die Führung durch die Schule oder durch den Verein, dem sie vielleicht inzwischen angehören, angewiesen. Da sie letztendlich doch noch zu wenig Verständnis und Wissen von der Welt besitzen und von ihren Zuständen oder den Umgangsformen der Menschen in ihr, können sie ihr Leben ohne eine solche Führung nicht gestalten. Gerade katastrophal ist es für die Kinder, wenn sie bereits in diesem Alter unkontrolliert fremden Einflüssen ausgesetzt sind, die ihr Wohl nicht mehr im Auge haben und auf Ausnutzung und Missbrauch ausgerichtet sind. Das ist in den westlichen Industrienationen sicherlich kein allzu großes Problem, sind die Kinder doch durch Schule, Gesundheitsdienste und soziale Überwachung einigermaßen beschützt. Aber zum Teil in den Schwellenländern und vor allem in den Dritte-Welt-Nationen ist der Kinderschutz nicht so gut organisiert, und so droht den Kinder neben Kinderarbeit, sexueller Ausbeutung und Bildungsnotstand auch Verwahrlosung, Gewalt und Missbrauch in jeder erdenklichen Form (UNICEF-Report, 2011).

Kinder ohne sicheren Schutz durch ihre Familien und gesicherte Einbettung in soziale Strukturen sind der Verwahrlosung und dem Missbrauch hilflos ausgeliefert. Eine besonders dramatische Form dieses Missbrauchs ist die Ausbildung von Kindern zu Kindersoldaten. Die Bildungsferne der Kinder trägt zu dieser Hilflosigkeit noch einmal drastisch bei.

Gute Elternschaft, Anerkennung von Erziehung, gesicherte **Beschulung und Bildung** sowie das Fernhalten von gesellschaftlicher Arbeit, die nur Ausbeutung bedeuten kann, sind das entscheidende Gegenmodell zu jeder Form von Gewaltanwendung am Kind und zu seinem Abdriften in frühe Gewaltanwendung. Das Kind hat ein Recht auf diese existenziellen Bedingungen. Neben den Eltern sind es also die Lehrerinnen und Lehrer wie auch die Leitungspersönlichkeiten in Vereinen, in die Kinder und Jugendliche aufgenommen werden, die ein solches Aufwachsen garantieren müssen. Das Schlimmste, das einem Kind passieren kann ist, dass gerade von diesen Vertrauenspersonen Missbrauch und Gewalt ausgehen. Einerseits wird die gesunde Persönlichkeitsentwicklung des Kindes massiv beschädigt, andererseits entsteht eine Legitimation zu Machtmissbrauch und Gewalt, die bei den betroffenen Kindern später Früchte trägt. Ist das Gift einmal in die kindlichen Gehirne eingedrungen, wird es schwer sein, es wieder aus ihrer Vorstellungswelt herauszubekommen. Ehemalige Opfer werden so zu Tätern, denen Empathie und Gewissen, so sie denn überhaupt ausreichend fest im Selbst verankert gewesen sind, abhanden kommen. Das eigentliche Gift besteht dabei in der frühzeitigen Brechung des eigenen Willens, der anfangs vielleicht noch beherrschbar gewesen ist, der dann aber zunehmend der Manipulation zum Opfer fällt.

Bildung und Beschulung erhalten, wie bereits betont, in diesem Alter eine zentrale Bedeutung im Leben des Kindes. War auch schon in der Kindergartenzeit die Bildung wenigstens ein wichtiger Nebenaspekt in der Betreuung des Kindes, rückt sie jetzt in der Schule in den Mittelpunkt. Das hat Auswirkungen auf das Freizeitverhalten. Schule und Freizeit teilen sich jetzt den außerfamiliären Bereich des Kindes, wobei die Nachmittagsbetreuung in Deutschland einen neuen Aspekt in das Leben des Kindes gebracht hat. In anderen Ländern reicht schon die Schulzeit bis zum Nachmittag. Von diesen Organisationsstrukturen hängt ab, ob die Freizeit auch die Ausführung der Schularbeiten mit einschließen muss oder ganz der freien Gestaltung des Kindes unterliegt. De facto ist es aber in nahezu allen Industrienationen so, dass die eigentliche Freizeit des Kindes immer weiter beschnitten wird, und das Kind immer geringeren Spielraum hat, seine Freizeit aktiv zu gestalten.

Erworbene Empathie, Gewissen, Vernunft und schließlich Bildung werden zu den Garanten prosozialer Haltungen des Kindes und damit auch Garanten für eine Erziehung gegen Gewalt. In neuerer Zeit wird in der öffentlichen Meinung gerne der Bildung als zentralem Förderaspekt für das sozial verträgliche, anpassungswillige und später weiter leistungsbereite Kind der Vorzug gegeben. Das halte ich für eine unzulässige Verkürzung der wahren Verhältnisse. So wichtig Bildung und Weltverständnis als Voraussetzung für ein erfolgreiches Bestehen in der Erwachsenenwelt anzusehen sind, so wirkungslos im Sozialverhalten bleiben sie, wenn nicht bereits in der Vorschulzeit auf Empathie und Gewissen ruhende, emotionale Grundfesten im Selbst des Kindes verankert worden sind.

Wissen und Intelligenz sind keine Sicherungsfaktoren gegen Gewaltbereitschaft. Diktaturen und despotische Systeme, um nicht Einzelpersonen aufzuführen, lehren uns in der kritischen Betrachtung der Weltgeschichte diese skeptische Einschätzung. Die einfachste Erklärung dessen ist das Nachfragen, „wes Geistes Kind" diejenigen sind, von denen die Bildung und die Intelligenzschulung ausgehen und welchen Inhalt sie dabei transportieren. Das Kind ist willfähriges Opfer für alle einfachen und auf ein simples Freund-Feind-Schema ausgerichteten Lehren, da es sich in der komplizierten sozialen Welt noch nicht selbst-kompetent orientieren kann. Die Verantwortung für solche verderblichen Lehren liegt dann ganz bei den Lehrerinnen und Lehrern und dem angewandten pädagogischen System.

Im besten Fall dürfen die Eltern davon ausgehen, dass ihren Kindern geistes- und naturwissenschaftliches Denken sowie Weltwissen vermittelt werden, die die Menschenrechte im Allgemeinen, die Gerechtigkeitsvorstellungen einer demokratischen Gesellschaft im Speziellen und das Anrecht des Menschen auf individuelle Freiheit und objektive Meinungsbildung im Mittelpunkt sehen. Im schlechtesten Fall ist die dann so genannte Bildung von nationalistischem und rassistisch-menschenfeindlichem Gedankengut infiltriert, sind individuelle Freiheitsrechte einem ideologischen Denken unterworfen und das naturwissenschaftliche, objektive Weltbild wird durch ein rückständiges, weltfremdes geistiges Konstrukt ersetzt.

Zum objektiv geprägten, natur- und geisteswissenschaftlichen Räsonieren über die Zusammenhänge, Fakten und Tatsachen in der Welt, das heißt also das vorurteilsfreie Betrachten der Realität, gehört es meiner Auffassung nach, dass auch die Gesetzte dieses Betrachtens verstanden werden und in Bezug auf die Wirklichkeit richtig zur Anwendung gelangen. Die Schule wird damit zur Schulung für das Leben; Eltern werden dadurch zu Lehrern und Lehrer werden in gewissem Sinne auch zu Eltern. Sie alle tragen Verantwortung für das geistige und seelische Wohlergehen des zum Jugendlichen heranwachsenden Kindes.

Durch die gemeinsame Gedankenarbeit von Eltern, Lehrerinnen und Lehrern sowie den Kindern selbst werden den Kindern die Vorgänge in der Welt und in der Gesellschaft transparent, die sie in die Lage versetzen, positiv produktiv an ihr teilzunehmen. Das ihnen in Form von Übertragung sinnvoller Tätigkeiten und Heranziehen zu verantwortungsvollen Aufgaben zu ermöglichen, ist eine zentrale Forderung an Eltern und Erzieher.

Gleichzeitig müssen Kinder jetzt lernen, die Wahrnehmungen ihrer fünf Sinne theoretisch zu begreifen, um ihr **Weltverständnis** richtig einordnen zu können und ihr Handeln kritisch zu überdenken. Der Einzelfall muss jetzt immer öfter auf das große Ganze übertragen werden (logisch: Induktion). Auch umgekehrt, das heißt der Schluss vom Ganzen auf das Einzelne, muss dieser gedankliche Schritt immer häufiger vollzogen werden (logisch: Deduktion), was entsprechende Anforderungen an den Unterricht stellt. Hier findet sich eine Nahtstelle zu Jean Piaget, der dieses kognitive Entwicklungsstadium als konkretoperationales Stadium bezeichnete (J. Piaget, 1983). Sogar erste formaloperationale Schritte sind bei Grundschulkindern schon in Form eines geistigen Nachvollzugs des Gelernten möglich, was zugleich das Nachdenken über die eigenen gedanklichen Fähigkeiten in Gang setzt.

Das Kind erkennt durch diese gedanklichen „Operationen" seine Subjektivität noch einmal neu, nämlich nicht mehr nur als individuell körperliche Selbsterfahrung, sondern auch als denkendes Ich in seiner prinzipiell eingeschränkten Wahrnehmungsfähigkeit. Kritisch denkende Kinder erfahren so zum ersten Mal ihre gedankliche Reduktion auf das, was ihr Gehirn als eigene Leistung dazu vorgibt. Das Gefühl des **„in der Welt sein"** wird auf diese Weise zum ersten Mal auch zu einem Gefühl von **„die Welt in mir"**. Diese geistige Verschränkung von Welt und Ich trägt in besonderer Form zum **Vernunftprinzip** bei, indem sie die Macht subjektiver Vorstellungen und Ideen relativieren hilft.

Kinder, die diesen geistigen Schritt nicht vollziehen, werden leicht zu Opfern manipulativer Beeinflussung jedweder Couleur. Allein die moralisch inzwischen einigermaßen gefestigten Kinder mit der nötigen Weitsicht auf die existenziellen Grundlagen halten einer solchen Beeinflussung stand.

Auch die Emotionen sind in dieser Altersklasse großen Herausforderungen ausgesetzt. Der Schritt in die Schule als erster außerfamiliärer Institution, auf die die Eltern so gut wie keinen Einfluss mehr haben, fordert von den Kindern große Selbstständigkeit und ein weitgehend gefestigtes Selbstwertgefühl. Ist beides nicht ausreichend vorhanden, drohen **Schulphobie**, das heißt Trennungsangst beim Betreten des Schulgebäudes ohne den Schutz einer Bindungs- oder Bezugsperson und Angst vor dem Vormittag alleine in der Klasse. Als **Schulangst** bezeichnet man die Furcht vor dem Leistungsversagen, vor dem/der strengen Lehrer/in oder vor sozialer Erfolglosigkeit in der Auseinandersetzung mit der Peergroup. Diese Angst kann sich bis zur Sozialphobie steigern. Der Vormittag in der Schule kann so für das Kind leicht zu einem Horrortrip werden. Zu Hause äußert sich die Schulangst in Minderwertigkeitsgefühlen, Motivationslosigkeit, sozialem Rückzug und Depression. Schulausfälle und damit verbundene Leistungsverschlechterung werden zu frühen Hindernissen im Wissenserwerb. Bildungsrückstand droht und als einziger Ausweg schließlich die Sonderbeschulung.

Ein anderes Thema in der Problematik der Schulaufnahme und Präsentation des Kindes im Unterricht ist die viel zitierte ADHS. ADHS ist die Störungsform, die neben dem Konzentrationsmangel und Aufmerksamkeitsdefizit gleichzeitig ein unruhiges und damit hyperkinetisches Verhaltensmuster an den Tag legt. Die Kinder stören mit ihrer Ungehaltenheit und Disziplinlosigkeit den Unterricht und zwingen Lehrerinnen und Lehrer dazu, ihnen unverhältnismäßig viel Zeit und Aufmerksamkeit zu widmen, damit der Unterricht durchgeführt werden kann. In den Grundschulen wird darüber geklagt, dass in jeder Eingangsklasse gleich mehrere solcher Kinder zu finden sind. Über die Ursachen der ADHS hatte ich im 3. Kapitel von Teil 2 dieses Buches ausführlich gesprochen. An dieser Stelle sei noch einmal besonders hervorgehoben, dass die Gruppe derjenigen Kinder, die nur durch Konzentrationsmangel und Aufmerksamkeitsstörung auffällt, jetzt auch ihre großen Probleme bekommt. Es sind die Kinder, die als „Träumer“ gelten und nur als ADS-gestört bezeichnet werden. Beide Typen sind durch Testuntersuchungen unbedingt immer auf ihre kognitiven Fähigkeiten zu untersuchen. Allzu leicht kommt es hier zu Verwechslungen und träumende, unaufmerksame und unruhige Kinder sind in Wahrheit Kinder mit einem eingeschränkten Leistungsspektrum.

In diesem Alter kommen auch erste klar abzugrenzende **Depressionen** im Kindesalter vor. Ungünstige äußere Einflüsse mit zu hohen Anforderungen in der Schule, mit fehlender Unterstützung durch die Eltern und in der Erziehung versagendem Elternhaus (Misshandlung/Gewalt) oder mit sozialer Ausgrenzung (z.B. auch Mobbing) mischen sich unter eine entsprechende Veranlagung. Eine Depression kann aber auch ohne Veranlagung entstehen, wenn die Belastung der Lebensumwelt ein unerträglich hohes Maß angenommen hat. Man bezeichnet diese Form als reaktive Depression. Seelische und körperliche Misshandlung spielen neben dem Verlust von Bindungs- und Bezugspersonen dabei die größte Rolle.

Neben der Depression treten auch **Zwangserscheinungen** zum Bild der emotionalen Störungen im Schulalter hinzu. Die Veranlagung zur Entwicklung einer Zwangsstörung reicht in den meisten Fällen bis ins Kleinkindalter zurück. Aber die Zwangsphänomene bei Kleinkindern lassen sich zumeist noch als Übergangsphänomene betrachten und zwar als Ausdruck einer übermäßigen Festgelegtheit auf bestimmte Anordnungen von Gegenständen oder Rituale im alltäglichen Geschehen. Im Schulalter wird dann erst deutlich, dass es sich auch schon früher um ein eingeengtes Denken gehandelt hat und nicht nur um starre Riten, die der Ordnung der Vorgänge in der Umwelt gedient haben. Aber psychische Erkrankungen können in diesem Zusammenhang nur am Rande Erwähnung finden, eine weitere Ausführung würde den vorgegebenen Rahmen des Buches sprengen.

i) Präpubertät und Pubertät

Während die geistigen Fortschritte ungebremst ihren Verlauf nehmen, überdeckt mit zunehmender Geschlechtsreife die emotionale Entwicklung noch einmal alle bisher sich bereits in früher Vernunft abbildende, soziale Errungenschaften. Wie in der Übergangsphase des Menschen in der Kleinkindzeit, als die Selbstbestrebungen schon in vollem Gange waren, aber die emotionale Reife dem noch nicht angepasst war, in der Trotzphase also, ist auch jetzt wieder ein Ungleichgewicht zwischen egozentrischem Selbstanspruch und sozioemotionaler Abstimmung auf die Mitmenschen festzustellen. Aber im Gegensatz zur frühen Kindheit, in der eine demonstrative Protesthaltung das Bild des in seinen Interessen gestörten Kindes bestimmte, ist es jetzt der soziale Rückzug mit Abkapselung vor der Einfluss nehmen wollenden Umwelt.

Der präpubertierende oder pubertierende Jugendliche ist prinzipiell schwer zu erreichen. Das hängt damit zusammen, dass für ihn die Gruppe der etwa Altersgleichen eine viel größere Bedeutung bekommen hat, als die Bindungs- und Bezugspersonen in der Familie. Allenfalls die Geschwister werden noch als Gesprächspartner im Konfliktfall gesucht. Ausgesprochen häufig erlebt man aber eine Abkehr von der Welt durch stundenlange Selbstbeschäftigung z.B. mit Hören von Musik, Herumstromern, ziellosem Radfahren oder heutzutage auch mit Spielen am Computer.

Erst, wenn gar nichts mehr zu gehen scheint, sind die Eltern oder andere wichtige Bezugspersonen aus der Familie wieder wichtige Helfer. Die Familie wird also zum Retter in letzter Sekunde. Es wäre aber falsch, dieses für die Jugend typische Verhalten als Ablehnung der Eltern zu verstehen. Vielmehr findet noch einmal ein Ablösungsschritt statt, der jetzt aber eine höhere Stufe erreicht hat. Der Jugendliche hat verstanden oder bemüht sich um das Verständnis dafür, dass er jetzt sein Schicksal in die Hände zu nehmen hat, und dass ihm die Familie dabei eher im Wege steht, als dass sie ihm helfen kann. Im Grunde ergibt sich eine weitere Entwicklungsaufgabe, die der Jugendliche tunlichst allein zu lösen hat, um den gebührenden Stolz in sich aufzubauen. Jede Einmischung der Eltern empfindet er als Rückschlag und Bevormundung. Die Eltern und die anderen Bezugspersonen haben zu verstehen, dass in diesem Alter die Selbstständigkeit noch einmal einen gewaltigen Schritt machen muss, um den Weg aus der Kindheit heraus zu finden.

Akzeptieren die Eltern dieses Bedürfnis ihrer Kinder nicht und versuchen sie, diese weiter in Abhängigkeit zu halten, geht der Protest im Pubertätsalter nun weit über die frühkindliche Trotzphase hinaus. Allerdings wirken manche Verhaltensweisen immer noch sehr trotzig, und die Jugendlichen werden ganz gegen ihre Selbstauffassung als kindisch abqualifiziert. Das Missverständnis zwischen Jugendlichen und Erwachsenen besteht darin, dass das Einfordern von Selbstständigkeit zunächst mit den einfachsten Mitteln versucht wird, eben jenen Mitteln, die aus den frühen Jahren noch vertraut sind. Erscheint die Unterdrückung der Eltern aber noch zu mächtig, reagieren sie insgesamt zu autoritär, schaukelt sich die Auseinandersetzung hoch und der Jugendliche verlegt sich auf drastischere Schritte. So werden die Protestäußerungen mit immer heftigeren Wortgefechten geführt. Türen werden geschmissen und hinter sich abgeschlossen, und die Musik wird demonstrativ so laut gedreht, dass keine verbale Verständigung mehr möglich ist.

Ausgelöst durch unüberbrückbare Meinungsverschiedenheiten ist das „heimliche Abhauen" aus dem Elternhaus in diesem Alter keine Seltenheit, und die Teilnahme an Partys oder Ausflügen mit der Gruppe wird durch betrügerische Ausreden möglich gemacht. Bei solchen geheimgehaltenen Unternehmungen unterstützen sich die Jugendlichen oft gegenseitig und verschaffen sich die nötigen Alibis.

Die Jugendlichen geben sich auch gegenseitig Alibis, um der Schule fernbleiben zu können und herumzustromern (Schulschwänzen, bzw. Schulabsentismus). Vieles wird in aller Heimlichkeit ausprobiert, angefangen bei Liebesbeziehungen zu ersten Partnern und endend beim ersten Rauchen, Trinken von Alkohol und mitunter auch Drogenkonsum. Aber all das zählt noch zu den normalen Vorgängen in der Pubertät und Adoleszenz und sollte von Eltern wie Erzieher/inne/n bis zu einem gewissen Grad toleriert werden, selbst die vielen Heimlichkeiten, die zum Prozess der Ablösung aus dem Elternhaus dazugehören.

Daher ist es falsch, wenn Eltern daraus die Konsequenz ziehen, sich aus dem Leben ihres Kindes zurückzuziehen und dem Prinzip „Erfahrung mit der Wirklichkeit machen zu müssen" uneingeschränkt den Lauf lassen. Soweit sind Jugendliche in der Pubertät noch nicht. In ihrem mit Anmaßung wieder durchschlagenden Egozentrismus bringen sie sich oft an den Rand der Selbstgefährdung. Gibt es dann kein Weiter mehr und ist die Brücke zu den Eltern abgerissen, versinken sie leicht in Scham und Depression. Aus Verzweiflung heraus begehen sie dann Taten, bei denen sie selbst oder andere zu Schaden kommen. Die Suizidrate nimmt im Pubertätsalter sprunghaft zu. Aber auch Komasaufen und Drogenexzesse zeigen einen Umgang mit sich selbst, der die Verantwortung für das eigene Wohlergehen noch leichtfertig aufs Spiel setzt.

Über die selbstschädigenden Verhaltensweisen, die Dissozialität und die Körperschemastörungen wird im nächsten Kapitel zu reden sein.

3. Erzieherische Empfehlungen bei Beziehungsstörungen und drohenden Bindungsstörungen (Sekundärprävention) – wenn Erziehung schwierig wird

a) Allgemeine Vorbemerkungen zur Erziehungsbegleitung

Die konventionell elternorientierte, autoritäre Erziehung ist derzeit in den westlichen Industrienationen sicher das am weitesten verbreitete Erziehungsprinzip. Handelt es sich um Familien aus dem bürgerlichen Milieu, bewegt sich diese Erziehung in einem Spannungsfeld zwischen Überbehütung und Überforderung des Kindes. In den Unterschichten dieser Gesellschaften springt die gleiche Erziehung zwischen einem viel zu hohen Erwartungsdruck der Eltern auf die Kinder und einer leichtfertigen Vernachlässigung hin und her. Beide Varianten der Erziehungsschwäche bringen ab einem bestimmten Grad von Störung und Verwerfung in der Beziehung verhaltensauffällige Kinder hervor.

Eine Gruppe von Pädagoginnen und Pädagogen richtet nun ihre Aufmerksamkeit fast ausschließlich auf die Unterschichten und die sozialen Randgruppen und sieht hier das Hauptpotenzial für gestörte Jugendliche. Die andere verteufelt die vorgebliche Verwöhnung der Kinder sowie die dabei entstehende Wohlstandsverwahrlosung. Der mögliche Riss durch die Familien findet sich in Wahrheit jedoch in allen Bevölkerungsschichten und die Crux der Erziehung findet sich nicht so sehr in irgendwelchen sozialen Herausforderungen der Zeit, wie vielfach behauptet wird, als vielmehr in den Herausforderungen jeder familiären Beziehung zwischen Kindern und Eltern. Es gibt genügend Studien die beweisen, dass Kinder aus intakten Familien, ganz gleich aus welcher sozialen Gruppe oder Bevölkerungsschicht sie stammen, immer noch besser vor einem Abgleiten in Depression, Dissozialität und Delinquenz geschützt sind, als Kinder aus zerbrochenen Familien oder der sozialen Unterschicht.

Störungen in familiären Beziehungen bzw. **Beziehungsstörungen** zwischen Eltern und Kindern (s. 1. Kapitel Teil 2) ziehen einigermaßen uniforme Verhaltensauffälligkeiten nach sich, auch schon im frühen Kindesalter. Diese zu erkennen und zu beschreiben ist die erste Aufgabe auf dem Weg zu ihrer Beseitigung. Dabei sind alle Berufsgruppen, die mit Kindern professionell zu tun haben, aufgerufen, ihren Blick zu schärfen auf das, was in den Familien geschieht. Die erste Gruppe neben den Hebammen, die die Mütter bei der Geburt begleiten, sind die Kinderärztinnen und Kinderärzte. Auf sie kommt es an, in den ersten Momenten der Familienbildung mögliches Störungspotenzial herauszufinden. Die in Deutschland eingeführten regelmäßigen Vorsorge-Untersuchungen sind dazu geeignet, dieser Aufforderung nachzukommen.

Den Kinderärztinnen und -ärzten folgen die Tagesmütter und Erzieherinnen und Erzieher, die seit dem ehrgeizigen Ziel des Staates, eine frühe Fremdbetreuung auf die Beine zu stellen, häufig schon zu Beginn des zweiten Lebensjahres die Kinder zu Gesicht bekommen. Dann folgen verschiedene Therapeutengruppen, wenn sie in Anspruch genommen werden müssen und Psychologinnen und Psychologen und Sozialpädagoginnen und Sozialpädagogen der Frühförder- und Beratungsstellen. Schließlich sind es die Lehrerinnen und Lehrer, die alle Kinder eines Tages vor sich in der Schulklasse sitzen haben. Und es gibt Vereine und Jugendbildungsangebote, in denen ebenfalls im Umgang mit Kindern erfahrene Personen sitzen. Das heißt, die Möglichkeiten, ein Kind in psychosozialer Not und inner- oder extrafamiliärer Gefährdung zu erkennen und in geeigneter Weise aus der Gefahr herauszuholen und zu schützen, sind vielfältig.

Dennoch gibt es zu wenig Fortbildungsangebote, die entscheidenden Störungsanzeichen bei Kindern in Notlagen richtig zu deuten und rechtzeitig zu erkennen. Allenfalls auf dem Sektor der Kindesmisshandlung sind solche Angebote verhältnismäßig zahlreich, wobei hier fast ausschließlich auf die körperliche Misshandlung eingegangen wird. Die vielfältigen Formen seelischer Misshandlung in der Familie und im familiären Umfeld sowie die subtilen Formen der Missachtung der kindlichen Würde und des kindlichen Anspruchs auf gewaltfreie Erziehung sind nur selten Gegenstand öffentlicher Besprechung oder fachlicher Fortbildung. **Kinderschutz** wie weiter oben gezeigt ist bislang hauptsächlich eine Angelegenheit von Fachgesellschaften. In der Bevölkerung ist er oft noch ein Fremdwort (vgl. K. Bussmann, 2010).

In diesem Buch wird der Versuch unternommen, die Zusammenhänge zwischen elterlichen Erziehungsschwächen und -fehlern bis hin zum Erziehungsversagen zusammen mit den nachfolgenden kindlichen Reaktionen auf tiefenpsychologischer Ebene verständlich zu machen. Dieses Unterfangen soll sich einfügen in das, was einmal als „**Begleitete Erziehung**“ gelten könnte. Entstandene Bindungsschwächen und Loslösungsprobleme sind bei den Ursachen jetzt auftretender Beziehungsstörungen zugrunde gelegt und werden nicht jedes Mal wiederholt. Zwei im Theoriekapitel des 2. Teils schon vorgestellte Reaktionsformen stehen bei den erzieherischen Problemen zunächst einmal im Vordergrund. Auf der kindlichen Seite ist es die der Regression und auf elterlicher Seite die der Rückbindung. Beide Reaktionsformen sind spontane Versuche der Beziehungsregulation auf einer ersten Stufe.

b) Regression als Warnsignal

In der **Regression** versucht das Kind, wie im 1. Kapitel von Teil 2 detailliert beschrieben, spontan und auf ganz natürliche Weise der Entwicklungskrise zu entgehen oder die entstandene Beziehungsstörung wieder zu reparieren. Gründe für solche Bedrohungen der psychosozialen Entwicklung hatte ich ebenfalls im 2. Teil aufgeführt. In einem selbst ausgelösten Verhaltensakt zieht sich das Kind auf ein in seiner Entwicklung vorangegangenes Niveau zurück, um sich von dieser Basis aus emotional zu stabilisieren. Wie weit es dabei im Alter zurückgeht, hängt von dem Maß der eingetroffenen Schwierigkeit im Eltern-Kind-Verhältnis ab. Regressionen von Kindergartenkindern zurück bis in die Säuglingszeit sind möglich. Das heißt, die Kinder fangen wieder an am Finger zu lutschen oder sich von Milchfläschchen zu ernähren. Das Schmusetier wird einmal mehr ständiger Begleiter und geschlafen wird nur noch in der unmittelbaren Nähe der Mutter.

Aber auch alle Zwischenstufen sind möglich. Für Eltern besonders belastend sind der Rückschritt in den Widerstand und Trotz sowie die exzessive Anhänglichkeit. Kinder, die schon auf verbale Verständigung gut reagiert haben, trotzen erneut mit schweren Wutanfällen, und Kinder, die schon bei den Großeltern alleine geschlafen haben oder bei Freunden ohne die Mutter spielen gingen, trauen sich ohne Bezugsperson nicht mehr aus dem Haus.

Kinder über vier bis fünf Jahre fangen wieder an einzunässen und/oder verlangen die Windel. Besonders schwierig ist der Umgang mit dem **Einkoten**, weil jetzt zusätzlich die soziale Ausgrenzung droht. Wiedereinnässen (**Enuresis**) und Einkoten gelten in diesem Zusammenhang als sekundäre Verlaufsformen und sind von den primären Reifungsstörungen abzugrenzen. Vom nächtlichen Wiedereinnässen kann man erst im Schulalter reden, da das stabile nächtliche Trockensein sich bis zum sechsten Geburtstag hinziehen kann. Außerdem gilt: Nur ein wirklich über mindestens ein halbes Jahr jede Nacht trockenes Kind kann in diesem Sinne als ein wiedereinnässendes Kind gelten.

Alle regressiven Erscheinungen müssen nun von den Eltern zunächst einmal respektiert und akzeptiert werden. Entgegen den verhaltenstherapeutischen Empfehlungen spricht sich die tiefenpsychologische Betrachtungsweise dafür aus, dass sich die Eltern „mit in die Regression“ begeben und ihrem Kind die geforderten Hilfebedürfnisse erfüllen. All das geschieht getreu der Erkenntnis, dass Regression der Versuch einer Selbstheilung durch die Reaktivierung aus dem Auge geratener, aber noch vorhandener Ressourcen ist.

Man kann die Regression im seelischen Bereich mit der Immunität im körperlichen Vergleichen. Wie Immunität *erworbene* Abwehr ist im Gegensatz zur *angeborenen* Resistenz ist, ist Regression *erworbene* seelische Widerstandsfähigkeit im Gegensatz zu Resilienz als *angeborener* Form. Resilienz und Ressourcen arbeiten wie gezeigt gemeinsam an der seelischen Gesundheit des Kindes. Die Reife des Kindes ist dabei ihr altersgemäßer Ausdruck.

Wie lange eine Regression im Einzelnen dauert, ist schwer vorauszusagen. Die Beobachtung von Verläufen zeigt, dass je schwerer der zugrundeliegende Konflikt sich darstellt, desto länger dauert auch die Regression. Ist nun im körperlichen Bereich keine Resistenz vorhanden, ist bekanntermaßen der Organismus lebensbedroht. Auch hier ist die Parallele zur Seele evident, wenngleich bei mangelnder Resilienz nicht gleich Lebensbedrohung entsteht. Aber ohne Resilienz hat es auch die Regression schwer, zu einer Gesundung zu führen, wie ohne Resistenz keine Immunität zustande kommt. Das bedeutet, dass in einem solchen Fall die Regression besonders lange dauert und wahrscheinlich nur eine Defektheilung verursacht. Wegen dieser zuweilen schlechten Heilungsaussichten wurde die Regression im kindlichen Verhalten in der Therapie bisher wenig beachtet. Schlechte Heilungsaussichten bestehen aber nur bei sehr schweren Verläufen. Ansonsten ist die Regression die richtige Methode des Kindes, Krisen und Beziehungsstörungen zu bewältigen. Eltern wissen in aller Regel zu wenig über die entsprechenden Vorgänge bei ihrem Kind und reagieren spontan nur dann richtig, wenn sie ein unerklärlicher Instinkt leitet. Mütter haben diesen Instinkt häufiger als Väter. Sie gehen verständnisvoller mit ihren Kindern um.

Beim Wiederherausholen des Fläschchens, beim erneuten Schlafen im Elternschlafzimmer oder bei der Verweigerung des Kindergartens sowie des Freundesbesuches fällt das Mitgehen in die Regression nicht besonders schwer.

Eltern lassen nach entsprechender Beratung diese Bedürfnisse ausdrücklich zu und richten sich danach. Beim Wiedereinnässen und Einkoten ist es jedoch schwierig, den richtigen Umgang zu finden. Aber auch hier gibt das Kind den Weg vor. Einige Kinder verlangen von sich aus die Windel, andere lassen sich schnell zu ihr überreden. Ist die Windel aber auch bei ihnen schon zu sehr mit sozialem Rückschritt belegt, akzeptiert das Kind wenigstens das Windelhöschen. Eltern müssen wissen, dass diese Rückschritte vorübergehen und letztendlich der Heilung der Beziehung dienen. Sie benötigen dafür allein die richtige psychotherapeutische Beratung. Aber nur vom Kind kommt dann das erhoffte Signal, den Rückfall wieder aufzulösen und den Sprung zurück zur altersgemäßen Entwicklung zu wagen.

c) Rückbindung als Warnsignal

Bei der **Rückbindung** verhält es sich nicht viel anders als bei der Regression, nur geht der Impuls von dem Erwachsenen aus. Rückbindung, so wurde bereits erklärt, ist der auf Dauer wenig taugliche Versuch eines Elternteils, seltener beider Eltern, das Kind durch übermäßigen Schutz und erneute Bemutterung vor emotionalen Bedrohungen oder Belastungen durch die eingetretene Entwicklungskrise oder die Beziehungsstörung zu bewahren. Gründe hierfür sind ebenfalls im 2. Teil des Buches genannt worden. Im konkreten Geschehen werden kleine Kinder wieder häufig an sich herangezogen, in den Arm genommen, obwohl sie gar nicht danach verlangen, und zum Schmusen animiert. Ältere Kinder werden mit ins elterliche Bett genommen, mit Essen verwöhnt oder übermäßig beschenkt. Manche Kinder ziehen wieder ganz ins elterliche Schlafzimmer ein oder ein Elternteil zieht dauerhaft mit ins Kinderzimmer. Schulkinder dürfen trotz Unterrichts zu Hause bleiben. Lob und Belohnung winken auch bereits für geringe Leistungen und wenig Anstrengung.

Die Rückbindung kann kurzzeitig im akuten Konflikt helfen, Probleme zu lösen. Sie dient letztlich vor allem aber auch dem Erwachsenen, der der irrigen Auffassung ist, er könne sein Kind auf diese Weise vor dem emotionalen Absturz retten. Solche Beziehungsmanöver schmeicheln zwar zunächst dem Kind, weil es sich durch die verstärkte Zuwendung durch die Mutter oder manchmal auch den Vater aufgewertet und beachtet fühlt. Aber sehr bald merkt es, dass es damit nur die seelische Notlage seines Elternteils vermindern helfen soll und dafür seine bis dahin erworbene Selbstständigkeit und Autonomie einbüßt. Aus der Bereitwilligkeit des Kindes, seiner Mutter oder seinem Vater beizustehen, wird dann Ablehnung und schließlich offene Aggression. Dadurch sollte allen Eltern klar werden, dass die Rückbindung auf Dauer kein geeignetes Instrument ist, Beziehungsstörungen zu heilen. Davon unberührt bleibt natürlich die Notwendigkeit, Kindern in familiären Krisensituationen den nötigen seelischen Beistand zu gewähren und ihnen verlässliche Bindungs- und Bezugspersonen zu bleiben. In diesem Sinne ist Rückbindung vorübergehend nützlich.

Regression und Rückbindung sind die typischen und auch ersten Reaktionen von Kindern und Eltern bei den Entwicklungskrisen und ebenso auch in den Beziehungsstörungen. Beide Formen der familiären Erschütterung führen beim Kind immer dann zu einer Regression, wenn sie von den Eltern nicht beachtet werden. Und auch die Rückbindung setzt in diesen Momenten ein, denn die Eltern glauben, mit viel Zuneigung die Probleme auf eigene Faust aus der Welt schaffen zu können.

Zwei Möglichkeiten der Nichtbeachtung stehen im Verhalten der Eltern dabei im Vordergrund und führen zu Regression und Rückbindung: Erstens ist es die Leugnung der Krise und die Erklärung des kindlichen Störungsbildes mit „Bockigkeit und Zickerei". Dem Kind selbst wird die Schuld für sein schwieriges Verhalten in die Schuhe geschoben. Es wolle nicht so wie die Gemeinschaft von ihm verlangt, was ihm den so genannten und negativ bewerteten **Eigensinn** unterstellt. Die andere Möglichkeit der Nichtbeachtung ist der eigene Schritt nach vorne in die strenge, „Grenzen setzende" Erziehung. Den Kindern wird dazu unterstellt, ihren Rückfall in frühere Verhaltensweisen aus purem Widersinn zu inszenieren und bewusst gegen die Eltern ungehorsam und oppositionell zu sein. Befeuert von der Laienpresse und den psychologieinteressierten Medien wird von den Eltern bei einem solchen Vorgehen das kindliche Interesse nach Wiederherstellung einer gesunden Eltern-Kind-Beziehung schlicht negiert. Schließlich werden die erzieherischen Schritte auf einen Akt autoritärer Einschüchterung heruntergebrochen.

Aber weder der böse Eigensinn des Kindes, noch der Mangel an Grenzen sind die Urheber der Entwicklungskrise, und so gehen diese Einschätzungen an der wahren Sachlage vollkommen vorbei. Dementsprechend fallen dann die Ergebnisse aus. Die Kinder werden immer mehr das, was ihnen zuvor unterstellt worden ist, nämlich eigensinnig, bockig, zickig und oppositionell gegen zu starre Grenzen. Das Ende vom Lied ist nicht die Beendigung der Entwicklungskrise, nicht die Heilung der Beziehungsstörung, sondern der schleichende Übergang in die frühe Bindungsstörung.

Man kann den Eltern nun aber nicht einfach unterstellen, sie hätten kein wahres Interesse an die Wiederherstellung einer guten Beziehung zu ihrem Kind oder ihren Kindern. Zum einen sind es schlicht Unkenntnis und Unerfahrenheit, was sie in die falschen Bahnen lenkt, zum anderen falsche Beratung von Fachleuten mit zu wenigen Kenntnissen. Die Eltern selbst stehen überdies unter einem enormen Druck, ein gesundes, harmonisches Familienleben zu führen und dabei gleichzeitig die Anforderungen an ihr eigenes Funktionieren in Beruf und Gesellschaft zu erfüllen.

Anders als noch vor hundert oder zweihundert Jahren ist die Trennung von Beruf und Familie unverrückbarer Bestandteil des Wirtschaftssystems und modernen Lebensstils, und es hat den Anschein als verschärfe sich dieses Problem noch weiter durch wachsende Ansprüche an die Flexibilität des Arbeitsnehmers hinsichtlich seines Arbeitsplatzes. Dazu gesellt sich der systemimmanente Anspruch an die Vollzeitbeschäftigung möglichst beider Elternteile sowie das gestiegene Bedürfnis junger erwachsener Menschen an die frühzeitige Verwirklichung ihrer Lebenskonzeptionen. Das Kind nimmt in diesen persönlich ausgerichteten Planspielen der jungen Ehepaare und Partnerschaften immer häufiger eine eher untergeordnete Rolle ein, die den vorrangigen Rollen ihrer Eltern nicht im Wege zu stehen hat. Für das Kind existiert schlichtweg keine Zeit mehr. Der Ausweg ist die frühzeitige institutionalisierte Fremdbetreuung des Kindes. Geschieht dieser Vorgang dann ohne die sachgemäße Gestaltung mit sanfter Ablösung, reagiert das Kind spätestens jetzt mit einem starken Störungsverhalten.

Auf diese Weise werden der Zuwachs in der Familie durch die Geburt eines Kindes und die Konfrontation der Familie mit den Ansprüchen eines aufwachsenden Kindes an die Beziehungsgestaltung schnell zu einer großen Überforderung, der die eigene seelische Ausstattung kaum etwas entgegenzusetzen hat. Aus der entstehenden Überforderung resultieren Frustration, Ärger und schließlich regelrechte Wut. Gerade die ganz jungen Eltern mit ihren großen Erwartungen an das beginnende gesellschaftliche Leben stehen vor einem Dilemma. Gesellt sich nun noch eine finanzielle oder soziale Notlage dazu, und sind keine eigenen Eltern vorhanden, die mit ihren inzwischen etablierten Lebensverhältnissen der jungen Familie unter die Arme greifen können, braut sich eine bedrohliche Schieflage zusammen. Die junge Familie droht auseinanderzubrechen. Während die Mütter zumeist noch versuchen, die Familie zusammenzuhalten, und die Bindung zu ihrem Kind keinesfalls aufgeben wollen, verlassen die Väter eilig ihre jetzt angestammte Position und suchen ihr Heil in der Freiheit.

d) Parentifikation als gefährliche Entwicklung

Neben Regression und Rückbindung spielen die Parentifikation und die Vernachlässigung bzw. Verwahrlosung eine Rolle in den Beziehungsstörungen. Bei beiden Reaktionsformen sind längere Zeiträume im Störungsverhalten anzunehmen, so dass eine Entwicklungskrise allenfalls in größerem, zeitlichen Abstand vorausgegangen sein kann. Viel wahrscheinlicher ist aber die zurückliegende Ausgestaltung einer Beziehungsstörung.

Bei der **Parentifikation** werden, wie weiter oben schon gezeigt, die Rollen zwischen Beschützer und Beschützten vertauscht. Die Eltern haben entweder ihre Erziehungsunfähigkeit unter Beweis gestellt, und das Kind versucht jetzt, die erzieherische Lücke durch eigene Anstrengungen zu schließen, oder die Eltern sind psychisch (seltener körperlich) erkrankt, insbesondere auch suchtkrank, und das Kind versucht, ihnen durch seine Fürsorge zu helfen. Diese Verkehrung der Rollen setzt voraus, dass die Kinder schon etwas älter sind. Im typischen Fall handelt es sich um Schulkinder. Aber auch Vier- und Fünfjährige schicken sich schon an, in die Versorgerrolle ihrer Eltern zu schlüpfen. Bei Kleinkindern sieht man manchmal ein vergleichbares Phänomen im Bemühen, gute Stimmung zu verbreiten, wenn die Eltern gestresst und überfordert erscheinen. Säuglinge versuchen schon durch verstärktes Anlächeln, ein positives Kontaktverhalten bei ihren Bezugspersonen zu erzeugen (still-face-Prozedur, s. 2. Kapitel Teil 3). Es mag übertrieben sein, das geschilderte Säuglings- und Kleinkindverhalten schon als Parentifikation zu bezeichnen, aber vorbereitende Verhaltensweisen sind es sicher.

Das grundsätzliche Problem solcher Entwicklungen im Eltern-Kind-Verhältnis ist die totale Überforderung des Kindes. Die notwendigen psychischen Anstrengungen, Sorge für die eigenen Eltern zu tragen, überfordern die Kinder massiv. Die nötigen Verhaltensweisen haben sich die Kinder auch nur von ihren erziehungsschwachen Eltern abgeschaut. Demgemäß ist ihr Tun auf Dauer ebenso untauglich wie das der Eltern. Hingegen erkennen die Eltern sehr bald, welchen Nutzen sie aus der Bereitwilligkeit ihrer Kinder ziehen können und beginnen, die Kinder auf ihren Einsatz regelrecht einzuschwören. Die Kinder wissen dann genau, wo die Medikamente zu finden sind, die die Eltern benötigen, oder wo Alkohol oder Zigaretten gehortet werden, die die Sucht der Eltern bedienen.

Bei der Parentifikation gibt es keine Heilungsaussichten für das Kind. Die Eltern sind Nutznießer ihrer eigenen Kinder wie auch Missbraucher. Dem ist unbedingt Einhalt zu gebieten. Sobald eine Berufsgruppe, die sich professionell mit Kindern beschäftigt, Kenntnis von einer solchen Ausnutzung des Kindes erhält, ist zwingend einzugreifen und der Missstand abzustellen. Die Gefährdung des Kindeswohls gilt es unbedingt zu beachten.

Es ist aber schwer, in der Eltern- und Erziehungsberatung sowie jedweder Psychoedukation den Eltern ihr fehlerhaftes Verhalten vor Augen zu führen. Zu sehr haben sich die Eltern schon zur Gänze von dem Wohlverhalten ihrer Kinder abhängig gemacht, und zu schmerzlich ist die Konfrontation mit der Erkenntnis, das eigene Kind für die Eingrenzung ihrer Erziehungsfehler zu missbrauchen. Die Sucht oder die psychische Krankheit wird oft zunächst gar nicht zuzugeben.

In besonders drastischen Fällen muss das Kind unter Zwang aus der Familie herausgeholt werden. Das wird dann ohne die Hilfe des Jugendamtes und des Familiengerichts nicht gehen, da die Familie in unserem rechtsstaatlichen System einen hohen rechtlichen Autonomiestand genießt und nur dann unter gesetzliche Kontrolle zu bringen ist, wenn ein Gefährdung des Kindeswohls droht. Ist ein Verbleiben des Kindes oder der Kinder in der Familie also nicht mehr zu verantworten, muss die Familie unter professionellen Schutz gestellt werden. Die Kinder müssen dann vorübergehend oder sogar auf Dauer in einer Pflegefamilie untergebracht werden. Ist keine solche zu finden, kommen die Kinder in ein Heim.

Dieselben Schritte sind noch dringlicher einzuleiten, wenn, was häufig gerade auch in Suchtfamilien der Fall ist, **Gewalt** mit ins Spiel kommt. Reagieren die Kinder bei der ihnen zugedachten Aufgabe unbefriedigend oder falsch und kommen die Eltern deswegen nicht rechtzeitig an ihre Suchtmittel heran oder tritt in anderer Weise durch Alkohol und/oder Drogen eine Enthemmung bei ihnen ein, dann sind Schläge und Prügel der Kinder keine Seltenheit. Auch müssen solche Kinder oft Schläge unter den Eltern erleben oder im Rahmen von Streitereien mit anderen von der Sucht betroffenen Mitmenschen.

Solche Gewaltexzesse kommen auch in Familien zustande, in denen die Eltern mit ihrer emotionalen Leistungsfähigkeit an absolute Grenzen geführt sind oder in denen die Ehe auseinandergebrochen ist und nur noch Härte und Lieblosigkeit den gemeinsamen Alltag kennzeichnen. So werden die Kinder früh Zeugen von Gewalt, was sich in ihren Köpfen als traumatische Erinnerung lebenslang festsetzt. In diesem Alter haben die Kinder noch keine Möglichkeiten, durch verstandesmäßige Erklärungen und gezielte Trauerprozesse das Miterlebte zu relativieren oder zu verarbeiten.

Dazu kommt, dass diese Kinder fast immer auch schon keine guten Bindungs- und Loslösungsvoraussetzungen besitzen, in der Empathie ungeschult sind und, wenn es sich um ältere Kinder handelt, auch keine stabilen Gewissensstrukturen in ihrem Selbst verankert haben. In diesen Kindern wirkt sich die Gewalterfahrung in jungen Jahren zumeist verheerend aus. Neben der einfachen Gewöhnung an Gewalt entsteht bei diesen Kindern der Eindruck, Gewalt sei ein legitimes Mittel in der Durchsetzung der – wenn auch nur vermeintlichen – Selbstansprüche. Gewalt wird durch Vorbild erlaubte Methode zur Durchsetzung der eigenen Interessen.

Das weitere Schicksal dieser Kinder wird häufig von Pflegefamilien und Heimerziehung bestimmt. Das macht sie mit einem gewissen Automatismus zu entwurzelten Menschen. Selbst in gut geführten Heimen mit familienähnlicher Gruppenstruktur (z.B. SOS-Kinderdörfer) lässt sich der Bindungsverlust nicht vollständig kompensieren. Die Gefahr einer Entwicklung zu Dissozialität und Delinquenz ist enorm groß.

Dazu gibt es sicherlich auch Gegenbeispiele. In vielen Pflegefamilien kann den Kindern emotionale Stabilität zurückgeben werden, einige Kinder können nach vorübergehendem Heimaufenthalt in ihre Ursprungsfamilie zurückkehren. Voraussetzung ist aber, dass die leiblichen Eltern eine erfolgreiche Therapie hinter sich gebracht haben. Aber solche günstigen Entwicklungsverläufe sind zahlenmäßig doch nur ein kleiner Prozentsatz.

e) Vernachlässigung und Verwahrlosung als gefährliche Entwicklung

Grundsätzlich beginnt jede **Verwahrlosung** eines Kindes mit seiner **Vernachlässigung**. Zunächst emotional, dann auch körperlich wird das Kind sich selbst überlassen und muss ohne elterlichen Halt und oft auch ohne ein stabiles Zuhause seine weitere Entwicklung durchlaufen. Aber die Kinder sind in diesem Alter noch weit davon entfernt, sich selbst „durchs Leben schlagen“ zu können. Die Bindungsstrukturen zerbrechen oder sind bereits zerbrochen und Erziehung findet nicht mehr statt. Entwertende Ausdrücke, gegenseitige Beschimpfungen und allgemeine Geringschätzung bestimmen das familiäre Alltagsgeschehen. Häufig werden nur noch lautstarke Befehle zu einem angepassten Verhalten ausgesprochen oder Zwänge ausgeübt, wenn die Anpassung verweigert wird. In diesem Moment kommt fast immer Gewalt mit ins Spiel. Schließlich entbinden sich die Kinder selbst noch von dem Rest Beziehung, der noch erhalten geblieben ist. Auf diese Weise geraten sie aber zunehmend unter den Einfluss anderer, außerfamiliärer Bezugspersonen, die dann nicht mehr unbedingt ihr Wohl verfolgen, sondern weitgehend eigene, egoistische Interessen verfolgen.

Vernachlässigung und Verwahrlosung von Kindern sind demzufolge immer die Zeichen einer zerbrochenen Familie. Das Kindeswohl ist dadurch massiv gefährdet. Vorausgegangen ist regelmäßig ein Familiengeschehen, dass sich offiziell mit dem Begriff der **dysfunktionalen Familie** verbindet. Dysfunktional heißt in diesem Fall, dass die Familie ihrer das Kind schützenden Aufgabe praktisch nicht mehr gerecht wird und der von mir als Biotop bezeichnete Ort für das gesunde Aufwachsen des Kindes „gekippt" ist. Nicht nur das Kind verwahrlost, auch die Familie verwahrlost als kleinste Gruppe. Die Zerstörung des Biotops kann nun verschiedene Gründe haben.

Hier kommen zunächst die vielen sozialen Probleme der Familie zur Sprache, von denen ich ganz am Anfang einmal gesprochen habe als die am häufigsten angeschuldigte Ursache für die Entstehung von Gewalt in der Gesellschaft. Neben diesen sozialen Problemen der Familie sind es aber genauso oft Eheprobleme, frühe Scheidung der Eltern, psychische Erkrankungen der Eltern, erschöpfte Eltern an den Grenzen ihrer Leistungsfähigkeit, Unstimmigkeiten der Eltern über den Erziehungsstil oder die Unvereinbarkeit von Beruf und Erziehungsleistung.

Im Einzelnen sind aufzuzählen:
1. Überforderung junger Eltern bei gleichzeitig fehlender Unterstützung durch die Herkunftsfamilie.
2. Mangelnde Ressourcen bei den Eltern hinsichtlich verständnisvollen Umgangs mit dem Kind durch eigene traumatische Kindheitserfahrungen.
3. Soziale Missstände in der jungen Familie wegen unzureichender Erwerbstätigkeit oder Arbeitslosigkeit.
4. Erschöpfung der Eltern durch den Zwang zum Doppelverdienertum (beide Eltern müssen arbeiten gehen, um den üblichen Lebensstandard zu erreichen oder zu halten).
5. Psychische Erkrankung mindestens eines Elternteils, Alkoholabhängigkeit oder Drogensucht. Schwere körperliche Erkrankung eines Elternteils.
6. Eheprobleme, ewiger Streit der Eltern und frühe Scheidung.

Die dysfunktionale Familie ist über kurz oder lang praktisch immer ein Fall für die Frühen Hilfen (s.u.) und das Jugendamt. Die soziale Gesetzgebung in der Bundesrepublik Deutschland ist so geregelt, das in dem Moment, in dem die Eltern nicht mehr für das Kindeswohl sorgen können, die Versorgungspflicht auf das Jugendamt übergeht. Vorher können über Frühförder- und Erziehungsberatungsstellen Versuche unternommen werden, die Familie durch Hilfen von außen wieder in die Spur zu bringen. Die Jugendämter können direkt in den Familien „aufsuchende", sozialpädagogische Erziehungshilfe installieren. In allen Streitfällen über die Versorgung der Kinder muss zuerst das Familiengericht eingeschaltet und eine Sorgerechtsentscheidung getroffen werden. Im nächsten Kapitel soll über diese Zusammenhänge gesondert gesprochen werden.

In diesem Kapitel soll es vorzugsweise um die Beziehungsaspekte der auseinanderbrechenden Familie gehen. Über die Enthemmung der Eltern ihrem Kind gegenüber, wenn es einmal in die **Rolle des Sündenbocks** geschoben ist, hatte ich bereits kursorisch gesprochen. Die Verteufelung des Kindes besteht darin, ihm die Ursache für das Auseinanderbrechen der Eltern-Kind-Beziehung und die Zerrüttung der Familie zuzuschreiben. Solche Projektionen auf das Kind als Auslöser des Bösen in der Familie sind Legion, werden aber selten zugegeben. Das Fatale daran ist, dass sich das Kind in seiner egozentrischen Manier, bei einem Kleinkind noch altersbedingt, bei größeren Kindern als Ausdruck ihres unausgewogenen Selbst mit Minderwertigkeitsgefühl, selbst als Schuldiger des familiären Zusammenbruchs empfindet. Zunächst erlebt es Schuld nur im Sinne von Verursachung, später dann auch im Sinne von moralisch verwerflichem Tun oder Denken. Damit entwaffnet sich das Kind selbst und wird nun völlig schutzlos. Es kann weder gegen seine Eltern moralisch antreten noch gegen sein Schicksal trotzig ankämpfen. Es wird wie automatisch zum Opfer des Geschehens.

Die Eltern sind häufig selbst Menschen mit unausgewogenem Selbst und instabiler Persönlichkeit. Ihnen fehlt weitgehend das im Selbst sicher verankerte Gewissen, das das Kind als ein über alles schützenswertes Wesen ansieht, und das dafür sorgt, dass Vernachlässigung eines Kindes wie auch Gewalt ihm gegenüber tiefgreifende Gewissensnöte hervorruft. Auf diese Weise werden Eltern zu Tätern. Ich spreche hier aber nicht von den Tätern, die in seelisch erschöpftem Zustand ihre Fassung verlieren, und im Affekt ihrem Kind Gewalt antun. Ich spreche hier von jenen Gewalt ausübenden Menschen, die über Monate und Jahre ihre Kinder seelisch und körperlich quälen und misshandeln, und es dabei an Grausamkeit nicht missen lassen.

Die Eltern der ersteren Tätergruppe, also diejenigen die aufgrund von emotionaler Labilität und unbeherrschbarer Impulsivität gesteuert ihren Kindern gegenüber übergriffig werden, bereuen zumeist ihre Tat anschließend und zeigen den Misshandelten gegenüber ihr Bedauern. Das macht den Sachverhalt allerdings insofern nicht besser, als die auf diese Weise gequälten Kinder zwischen Ablehnung und Hass auf ihre Eltern und Zuneigung und Liebe zu ihnen absolut nicht mehr unterscheiden können. So hat man manchmal den Eindruck, als bedauerten schlussendlich diese Kinder mehr ihre Eltern, als die Eltern ihre Kinder.

Parentifizierte Kinder von schwachen und vor allem suchtkranken Eltern finden sich gehäuft gerade in dieser Opfergruppe. Wenn solche Kinder im Erwachsenenalter sagen, ihnen habe die von Gewalt gekennzeichnete Behandlung durch ihre Eltern nicht geschadet, dann sind sie in der Regel Opfer einer solchen Parentifizierung. Denn sie können das Versagen ihrer Eltern nicht mehr zugeben, selbst darin gefangen, einmal Verantwortung für dieses Versagen übernommen zu haben.

Aber selbst die Kinder von Eltern, die sie systematisch misshandelt und gequält haben, haben Probleme damit, ihren Eltern später Vorwürfe zu machen und sie zu verurteilen. Die Verinnerlichung von Mutter und Vater als wichtige Bindungspersonen, das „verinnerlichte Elternbild" (s.o.), ist demnach auch in der eigenen Selbstvorstellung so stark verankert, dass eine vollständige Ablehnung und Verurteilung dieser Eltern dem Herausreißen eines Stücks Selbst gleichkommt. Nicht so sehr die Eltern kämen dadurch zu Schaden, sondern vor allem das eigene, längst beschädigte und schwache Selbst. Die von Gewalt in der Erziehung betroffenen Menschen erleben durch solche Verstrickungen eine lebenslange Tragik.

Auf der Elternseite beginnt die Abkehr vom Kind mit einer tiefen Ablehnung seiner Person und dem Wunsch einer Befreiung von ihm. Dieses Stadium lässt sich gut als **innere Verstoßung** beschreiben. Zwar lebt das Kind noch weiterhin mit im Haushalt, wird aber als sorgeberechtigtes Wesen nicht mehr anerkannt. Mutter oder Vater haben für sich beschlossen, die Verantwortung für ihr Kind abzugeben. Noch vor wenigen hundert Jahren war es in der Gesellschaft kein Ehrendelikt, sein Kind dann in ein Findelhaus abzugeben oder einfach zu anderen, dem Kind fremden, aber zur Aufnahme gewillten Leuten zu schicken. Was diese Menschen dann mit dem Kind machten, wozu sie es missbrauchten oder aber vielleicht auch ausbildeten, wurde nicht öffentlich diskutiert. Das Kind war ein rechtloses Menschenwesen. Ungewollte Säuglinge wurden gleich nach der Geburt in Findelhäusern abgegeben (**Aussetzung**) oder von den Eltern getötet. Aber auch in den Findelhäusern drohte den Kindern zumeist der Tod, entweder durch Infektionskrankheiten bei unhygienischer Massenunterbringung, durch Mangel an Nahrung oder durch Entbehrung von Zuwendung und Liebe (Deprivation und Hospitalismus). In den Findelhäusern des ausklingenden Mittelalters lag die Sterblichkeitsrate der Kinder teilweise bei 80 bis 90 Prozent (G. Nissen, 2005).

In den heutigen Nationen mit einer geordneten Sozialstruktur ist ein unkontrolliertes Abgeben von Kindern, sei es im Säuglingsalter, sei es im Schulalter nicht mehr möglich. Die Trennung vom Kind kann eigentlich nur zusammen mit den Einrichtungen der Gerichtsbarkeit erfolgen.

Generell gibt es aber (weltweit) drei Möglichkeiten:

1. Das Aussetzen des Kindes „auf der Straße" (Straßenkinder), wie es in Länder der Dritten Welt zwar heute noch geschieht (UNICEF-Berichte, Report 2011), aber in den westlichen Industrienationen offiziell nicht mehr möglich ist.
2. Das Abgeben des Kindes in eine Pflegefamilie, was sich rein rechtlich nur in Zusammenarbeit mit dem Jugendamt gestalten lässt.
3. Das Verbringen des Kindes oder Jugendlichen in ein Heim oder in ein Internat, wo es nicht nur beschult, sondern auch erzogen werden soll.

Verlassenheit und Verwahrlosung von Kindern durch Krieg, Seuchen, Verbrechen an den Eltern und Naturkatastrophen gehören nicht in diesen Zusammenhang. Diese Kinder stellen vielmehr eine eigene Gruppe dar, die schicksalsbedingt durch einen **akuten Beziehungsabbruch** traumatisiert und für ihr Leben gezeichnet sind. Der plötzliche Verlust der Eltern oder anderer wichtiger Bezugspersonen durch eine brutale Trennung wirkt sich massiv verstörend aus. Es gibt an dieser Stelle keinen sinnvollen Entwicklungsprozess mehr. Das gilt vor allem für die Kinder, deren Eltern verstorben sind oder gezielt getötet wurden. Die einzige Möglichkeit einer erträglichen Einordnung dieser Erfahrung in die eigene Biographie ist die liebevolle Aufnahme bei Pflegeeltern oder die Durchführung einer Therapie.

Anders ist es bei Eltern, die soweit gehen, dass sie Ihr Kind verstoßen und lieber von anderen Menschen großziehen lassen als bei sich zu Hause. Sie sind in ihrer eigenen Kindheit überwiegend selbst ungeliebte Kinder gewesen und haben es nie geschafft, eine tiefe emotionale Bindung zu ihrem Kind aufzubauen. Selten sind es wirtschaftliche und finanzielle Nöte, die die Eltern zu diesem Schritt anhalten, und noch seltener gesellschaftliche Zwänge (heutzutage), wie z.B. uneheliche Kinder, die verschwiegen werden müssen. Letzteres betrifft vor allem noch die Säuglinge und Kleinkinder, deren Existenz untragbare Konsequenzen für den Erzeuger und/oder die nicht eheliche Mutter hat. In der Regel handelt es sich um sehr junge Mütter, insbesondere wenn sie ohne partnerschaftliche Bindung an den Vater sind. Die Babyklappe in vielen Großstädten will für dieses Problem einen Ausweg bieten.

Die neueste offizielle Statistik des Bundeskriminalamtes weist für das Jahr 2011 eine Zahl von 146 **Kindestötungen** (Infantizid) aus und von weiteren 72 versuchten Tötungen. Die Zahl der registrierten Misshandlungsfälle beziffert sich auf 4.096 Fälle. Die Dunkelziffer dürfte weitaus höher liegen. Außerdem wurden 12.444 Fälle des sexuellen Missbrauchs zur Anzeige gebracht. Jedem einzelnen Fall ist eine Beziehungsstörung vorausgegangen, die schließlich in eine schwere Bindungsstörung gemündet ist. Die persönliche Tragik der betroffenen Kinder gibt keine Statistik wieder. Der erweiterte Selbstmord eines Elternteils, bei dem die Kinder mit in den Tod genommen werden (der Racheimpuls gegen den verlassenden Lebenspartner spielt dabei häufig eine Rolle), ist als eine Sonderform der Kindstötung zu betrachten.

In der persönlichen Unzulänglichkeit zur Elternschaft bedingen sich eine eigene unsichere oder desorganisierte Bindung in früher Kindheit und die Bereitschaft zur inneren Verstoßung ihres eigenen Kindes gegenseitig. Als Folge dieses Zerbrechens der Eltern-Kind-Beziehung kommt es zu den frühen Bindungsstörungen, von denen schon bei den aggressiv-oppositionellen Kindern und den trennungsängstlichen Kinder die Rede gewesen ist. Im Rahmen von schwerer Vernachlässigung und allen Formen der Misshandlung und Gewalt in der Familie entwickelt sich aber vorzugsweise die reaktive Bindungsstörung mit insgesamt schlechter Prognose (s. 4. Kapitel Teil 2). Die Tötung des Kindes ist immer nur der tragische Endpunkt einer langen Eltern-Kind-Beziehungsstörung.

f) Folgen von Beziehungs- und Bindungsstörungen

Die Folgen unbearbeiteter, frühkindlicher Eltern-Kind-Beziehungsstörungen und -Bindungsstörungen bewegen sich vielfacher Beobachtung zufolge überwiegend in Richtung **Aggressivität** und **Dissozialität** als zentralem Ausdruck eines krankhaft gestörten Verhältnisses zur Gesellschaft. Zahlenmäßig kaum weniger gehen sie aber auch in Richtung **generalisierter Angststörungen und Depressivität** als Ausdruck eines krankhaft gestörten Verhältnisses zu sich selbst. Das deckt sich mit der klinischen Einteilung kindlicher und jugendlicher Verhaltenstörungen in externalisierende (auch expansive) und internalisierende Störungsformen. Das Element **Aggression** steht in beiden Fällen im Vordergrund, einmal auf die Gemeinschaft gerichtet, das andere Mal auf die eigene Person (s.a. weiter unten unter Pubertätskonflikte). Die Angststörung ist dabei der persönlichkeitsbezogene Boden für beide Ausrichtungen. Denn äußere Bedrohung der eigenen Person, ob durch Erwachsene (Eltern wie auch Erzieherinnen und Erzieher) in Form von Missachtung und Misshandlung oder durch andere Kinder und Jugendliche als Ablehnung und sozialer Ausschluss, erzeugt Angst. Gleichermaßen entsteht Angst von innen durch schwerwiegende Existenzkrisen und/oder wachsende Minderwertigkeitsgefühle.

Weiter oben konnte ich darüber hinaus zeigen, dass die Entstehung eines unausgewogenen Selbst mit Minderwertigkeit durch die Neigung zur Selbstaufgabe oder mit Grandiosität durch die Neigung zur übersteigerten Selbstsicht die eigentlichen Grundlagen für die sozialen Fehlentwicklungen legt. Es ist der **ins Pathologische verkehrte Narzissmus**, das heißt die krankhaft gestörte Selbstsicht oder auch **Selbstsucht**, die den zugrunde liegenden Ausgangspunkt jeglicher pathologischen Persönlichkeitsentwicklung ergibt.

Zwischen dem gesunden, für die Persönlichkeit förderlichen Narzissmus (s.o.) und dem pathologischen Narzissmus bewegen sich Persönlichkeitsentwicklungen mit einer äußerst indifferenten Struktur. Diese Menschen kommen in der Gesellschaft zwar noch zurecht, entwickeln aber erhebliche Schwierigkeiten bei der Verarbeitung von Konflikten. Außerdem zeigen sie Schwierigkeiten in der späteren Beziehungsgestaltung zu den eigenen Kindern und/oder auch gravierende partnerschaftliche Probleme.

Geht man in der frühkindlichen Entwicklung dieser Menschen auf der Spurensuche noch weiter zurück, stößt man auf die falsch verlaufenen Empathie-Entwicklung im Kleinkindalter und den erhalten gebliebenen dranghaften, oft bis zum Zwang verkehrten Willen als Ursache. Das bedeutet, dass das entstehende Ich, wenn es in sich selbst zu einer Entscheidung gefunden hat, die geplante Handlung auch unbedingt zur Ausführung bringen muss, koste es, was es wolle, und egal, ob dabei ein anderer zu Schaden kommt. Da dieser Wille hauptsächlich aus der Selbstverteidigung erwächst und den Schutz und Erhalt des eigenen, schwach gebliebenen und beschädigten Selbst im Sinn hat, ist sein Spielraum für die Wahrnehmung der berechtigten Interessen eines anderen sehr begrenzt, um nicht zu sagen aufgehoben. Was übrig bleibt, ist der frühkindliche Egozentrismus, der über das zugehörige Alter hinaus das Geschehen in der Gemeinschaft seinem Denken unterwirft.

Demzufolge gilt es, Kinder und Jugendliche, die in diese unheilvolle Entwicklung eingeschwenkt sind, zunächst einmal aus ihren ungesunden Selbststrukturen zu befreien. Das heißt, dass Eltern, die solche Verläufe bei ihren Kindern meinen herauszuspüren, unverzüglich fachkundige Hilfe in Anspruch nehmen müssen. Diese besteht in den folgenden Einzelschritten:

1. **Bindungsverhältnisse und Loslösungsprozesse** müssen zu allererst **analysiert** werden und da, wo es nötig erscheint, auch durch ein verbessertes Verhalten der Eltern ihren Kindern gegenüber korrigiert werden.
2. Negative Attributionen müssen abgestellt werden und in **positive Selbstzuschreibungen** umgekehrt werden, wobei darauf zu achten ist, dass diese positiven Auszeichnungen dem Kind logisch erscheinen und ihm selbst auch gerecht werden. Andernfalls kommen sie beim Kind nicht an und werden zurückgewiesen. Die Selbstachtung sinkt erneut.

Da sich das Kind jetzt aber auf einer höheren Reifestufe befindet und damit außerhalb des natürlichen Entwicklungsfensters, sind diese therapeutisch korrigierenden Maßnahmen nicht mehr so leicht in die Wege zu leiten. Sie erfordern große Anstrengungen im kommunikativen Prozess innerhalb der Familie und machen Elternberatung und Erziehungshilfe nötig.

3. Der beharrlich dranghafte Wille wird sich in dem Moment schrittweise auflösen, in dem das Kind endlich **Anerkennung bei seinen Eltern** und anderen Bezugspersonen findet. Das notwendige Maß an Bestimmungsmacht (s.o.) muss ihm gelassen werden. Erst dadurch kann das Kind endlich auch schon mal nachgeben, weil es jetzt insgesamt keine Verluste von Selbstanteilen mehr zu befürchten hat.
4. Die fehlende Empathie erfordert ein **empathie-induzierendes Interaktionskonzept**, sofern Induktion noch möglich ist. Das heißt im Einzelnen, dem Kind müssen seine sozial schädlichen und zu wenig mitfühlsamen Verhaltenweisen mit Worten klar ins Gewissen gesprochen werden. Bestrafungen führen hier nicht zum erwünschten Ziel. An dieser Stelle ist auch das gute Elternvorbild noch einmal besonders zu betonen.
5. Sofern dem Kind das Grundkonzept der Wiedergutmachung geläufig ist, müssen ihm Vorschläge zur konkreten Realisation gemacht werden. Dabei muss ihm insbesondere erklärt werden, welchen Vorteil die Korrektur des Fehlers auch für das Kind selbst bedeutet. Schritt um Schritt muss darüber hinaus Überzeugungsarbeit dahingehend geleistet werden, dass die zukünftige **Unterlassung** einen noch größeren Vorteil bietet als die Wiedergutmachung. Die **Entschuldigung** mit Worten allein ist überhaupt erst von einem Schulkind zu erwarten. Davor ist sie ein einstudierter Automatismus ohne besonderen Erkenntniswert.
6. Als einzige Form größerer Strenge in der elterlichen oder erzieherischen Forderung nach sozialem Wohlverhalten ist das **verschärfte Regelkonzept** anzusehen. Damit Eltern und andere Erzieherinnen und Erzieher aber nicht in alte autoritäre Strukturen zurückverfallen, muss dieses Konzept die Grundvoraussetzungen demokratischer Prinzipien einhalten. Im Einzelnen bedeutet das die Einbeziehung des Kindes oder des Jugendlichen in die Gestaltung und Ausführung der Regelinhalte. Gemeinsam muss überlegt werden, welche Regeln notwendig werden und wie sie einzuhalten sind. Im Voraus wird festgelegt, welche nachteiligen Konsequenzen die Regelübertretung nach sich zieht. Ausnahmsweise dürfen operationale Verfahren Anwendung finden. So kann ein Plus- und Minuskonto angelegt werden, das wie ein Geldkonto vermehrt und verringert werden kann. Ab einem bestimmten, gemeinsam festzulegenden Punktebetrag kann das Konto „ab-

gebucht“ werden und in ein möglichst sinnvolles Geschenk umgewandelt werden.

7. Nachsicht und Verzeihung sind zwei wichtige inhaltliche Faktoren der **menschlichen Vernunft** (s. Kapitel 1b Teil 4). Da Vernunft nach der hier gewonnenen Überzeugung das Ergebnis von Wissen und Gewissen ist, kann sich der notwendige erzieherische Akt nur aus dem Gesamtpaket der Erziehung ergeben. Dieser muss aber unbedingt deckungsgleich mit dem **Vorbild des erziehenden Erwachsenen** sein. Das Prinzip „Wasser predigen und Wein trinken“ kann vor allem auch in der Erziehung keine Anwendung finden. Überzeugend auf das Kind und den Jugendlichen wirkt nur das, was vom Erzieher vorgelebt wird. Jede Abweichung davon, die es natürlich gibt, muss erklärt und wieder dem Prinzip der Nachsicht und Verzeihung unterzogen werden.
8. Ein ganz wichtiger Punkt ist die **Umwandlung von Aggression in Aktivität**. Die Natur scheint es vorgesehen zu haben, dass Emotionen ein Ventil auch über motorische Beanspruchung des Menschen erhalten. Also nicht nur der Affekt führt zum Spannungsabbau, sondern auch die körperliche Beanspruchung. Bei der allgemeinen Erschöpfung wird das besonders deutlich. Auf diese Weise kann sowohl Depressivität als verständlicherweise auch Aggressivität sinnvoll abgebaut werden. Der Nutzen für das Selbst ist ebenso erkennbar, wie der für die Gemeinschaft. Die Ergotherapie ist Teil solcher Bestrebungen, aber jede sinnvolle körperliche oder sportliche Betätigung erreicht eine ähnliche Wirkung.
9. Ab einem Alter von fünf bis sechs Jahren erhält die **Einbindung des Kindes in soziale Gruppen** eine immer höhere Bedeutung. Der bis dahin erreichte Stand an Sozialisation kann darüber hinaus noch einmal wirkungsvoll erweitert werden. Dabei tritt die Familie mit ihrer Binnensozialisation zum ersten Mal zurück hinter die Gesellschaft mit ihrer Außensozialisation. Gleichzeitig können Kind und Jugendlicher durch die Einbindung in gemeinschaftliche Aufgaben mit den fehlenden prosozialen Fertigkeiten vertraut gemacht werden. Hierbei ist eine sinnvolle Beschäftigung die Voraussetzung für den Erfolg.
10. Gelingen alle diese Schritte nicht, um ein Abgleiten des Kindes in aggressiv-dissoziale oder autoaggressiv-depressive Verhaltensweisen zu verhindern, dann muss überlegt werden, ob nicht **Alternativen zur Familie** in Erwägung gezogen werden müssen. Damit befinden wir uns aber sofort im erweiterten therapeutischen Bereich, der an dieser Stelle die Verbindung zu den „frühen Hilfen“ herstellt. Diese werden im nächsten Kapitel übersichtsmäßig vorgestellt.

g) Pubertätskonflikte als Gefahr

Alle schwerwiegenden Pubertätskonflikte können meines Erachtens generell als ein Übersehen oder Missachten von Entwicklungsproblemen in der frühen Kindheit und Grundschulzeit angesehen werden. In der Pubertät wird das kindliche Gehirn wie bereits erwähnt noch einmal „durchgerüttelt" und unter neuen entwicklungsdynamischen Gesichtspunkten nachjustiert. Dabei spielt die eintretende Geschlechtsreife eine zentrale Rolle. Das bedeutet, dass die Sexualhormone stark in das Empfinden und Verhalten der Jugendlichen eingreifen und beidem eine neue Ausrichtung geben.

Das hat zur Folge, dass aus selbstunsicheren und sozial unreifen Schulkindern aggressive Rebellen in der Gruppe werden oder gegenteilig selbstaggressive Einzelkämpfer. Neben der nach außen gerichteten **Aggression** entsteht beinahe ebenso oft eine nach innen gerichtete **Depression** (vgl. voriges Kapitel). **Autoaggressive Züge** bestimmen bei letzterer häufig den Umgang mit sich selbst. Der Jugendliche erkennt jetzt in der Selbstbespiegelung sein soziales Scheitern und wendet sich enttäuscht vom Leben ab. **Depressive Episoden**, **selbstverletzendes Verhalten** und **suizidale Gedanken** treten an die Stelle von zerstörerischer Wut. Bei den Mädchen ist das „Ritzen" ein weitverbreitetes Phänomen der Selbstverletzung. Mit scharfen Gegenständen fügen sich die Mädchen Schnittwunden in den Unterarmen oder an der Haut der Brust und des Bauches zu. Bei den Jungen kommt es vereinzelt sogar zu mutilierenden (verstümmelnden) Selbstangriffen. Neueren Forschungsergebnissen zufolge spielen auch dissoziative, posttraumatische und persönlichkeitsgestörte Selbstentwicklungen eine ursächliche Rolle. Die Selbststruktur ist in ihrer Grundkonstruktion so schwer erschüttert, geradezu *betäubt* durch abgespaltete Erinnerungen und Gefühle, dass nur ein schmerzhafter Reiz in der Lage ist, die schwindende Selbstwahrnehmung (Depersonalisation/Derealisation) zu bekämpfen. Auslösend dabei sind neu auftretende, aktuelle Negativstresserscheinungen. Im Gehirn lässt sich durch die Magnetische Resonanztomographie (MRT) unter definierten Versuchanordnungen eine problematisch schwache Netzwerkverbindung zwischen Handlungsplanungszentrum (dorsolateraler, präfrontaler Cortex), Amygdala (s.o.) und Willensentscheidungszentrum (anteriorer cingulärer Cortex) nachweisen. Unter Schmerzzufügung, die bei diesen Jugendlichen traumatisch bedingt viel später und schwächer als normal wahrgenommen wird, ist dieser Regelkreis deutlich messbar aktiviert (Ch. Schmahl, 2012).

Im weiteren Sinne sind auch die anorektischen Erscheinungen (**Anorexia nervosa** und **Bulimie**) Teil dieser Autoaggressionsspirale. Auslösend für dieses spezielle selbstschädigende Verhalten ist aber hauptsächlich der paradoxe Machtgewinn über sich selbst als Illusion wirksamer Selbstbeherrschung. Selbstbeherrschung und Kontrolle über sich selbst werden dabei zum Symbol gelingender Ablösung aus der Familie und Erreichen von Autonomie. Machtvoll kontrollierendes Verhalten der Eltern wird folgerichtig zur größten Gefahr für die Fortsetzung der selbstgefährdenden Position.

Die Selbstmordrate unter Jugendlichen liegt dem Statistischen Bundesamt zufolge bei mehreren Hundert pro Jahr, je nachdem wie weit man die Gruppe der Jugendlichen fasst. Dabei sind die vielen schwer aufklärbaren Suizide und die Suizidversuche nicht mitgezählt. Nach den Verkehrsunfällen ist Selbstmord die zweithäufigste Todesursache bei Jugendlichen. Als Ursache für die Selbsttötung eines Jugendlichen kommt aber nicht nur sein psychosoziales Scheitern infrage. Enttäuschung über sich selbst im Allgemeinen, Mut- und Perspektivlosigkeit, was das eigene Fortkommen angeht (keine Aussicht auf einen Arbeitsplatz und Ausbildungslosigkeit), emotionale Kurzschlüsse wie Liebeskummer und das Gefühl von Entehrung, schwerwiegende Beziehungsverluste, Ausgrenzung aus der Gruppe und vieles mehr spielen eine Rolle. Praktisch immer leiden diese Jugendlichen, ganz selten auch einmal ältere Kinder, unter schwerwiegenden Einbußen im Selbstwert, fühlen sich minderwertig, zeigen Selbstmissachtung und haben eine brüchige und instabile Selbstkonstruktion (s.o. zur Selbstentwicklung).

Die aggressiven Verläufe in der Grundschulzeit und Präpubertät münden unbehandelt in **Dissozialität**. Dazu zählt als Ursache ganz besonders auch die ADHS. Dissozialität ist gekennzeichnet durch wütende Abkehr von der Gesellschaft mit Aufkündigung sozialer Einstellungen und gesellschaftlich-demokratischer Spielregeln. Sitten, Normen, Konventionen und Gesetze werden von einem selbstgerechten Ich infrage gestellt und der Selbstjustiz anheimgestellt. Nicht mehr der allgemein gesetzliche Rahmen zählt als Ausrichtung für das eigene moralische Verhalten, sondern vielmehr der Nutzen für das eigene Selbst und die Möglichkeit, das schwache selbstunsichere Ich in der Gemeinschaft aufzuwerten.

In paradoxer Verkehrung werden **Lügen**, **Betrügen**, **Stehlen**, **Zerstören**, Zündeln und **Brandstiftung**, aber auch bösartige Provokationen und das Auslösen von **Schlägereien** als Mittel der Selbstaufwertung genutzt. Der damit einhergehende Verlust an Akzeptanz und Anerkennung in der Gesellschaft wird bereitwillig in Kauf genommen, da die normale Gesellschaft längst mit einem Feindbild versehen ist. Sie ist es ja, die den Jugendlichen in die missliche Lage gebracht hat. Wie soll er sich da für sie verantwortlich fühlen?

Während die geschilderten Verläufe der aggressiven und autoaggressiven Entwicklungen noch belehrbare und vor allem auch therapierbare Jugendliche beschreiben, ist eine solche Erreichbarkeit bei den persönlichkeitsgestörten Jugendlichen nicht mehr so eindeutig. In den Ausführungen über die Folgen der Bindungsstörungen hatte ich erklärt, dass es die reaktiven Bindungsstörungen oder die enthemmten sind, welche das psychopathogene Potenzial besitzen, Persönlichkeitsstörungen hervorzurufen. Psychotraumatische Erlebnisse mit Dissoziation (innere Abspaltung, s.o.) scheinen diese gestörte Selbstentwicklung noch weiter zu beschleunigen.

Allen voran steht und dadurch am bekanntesten ist die **Borderline-Störung**, die extrem stimmungslabile, unberechenbar handelnde und im Höchstmaß seelisch verletzliche Menschen kennzeichnet. Eine andere Gruppe sind die **schizoiden Typen**, welche weltabgewandt und beziehungsunfähig ein isoliertes Dasein am Rande der Gemeinschaft fristen. Die **antisozialen Persönlichkeiten** hatte ich in der Abgrenzung zur Dissozialität an anderer Stelle bereits besprochen. Das Bild der Persönlichkeitsstörungen insgesamt ist sehr unterschiedlich und differenziert teilweise auch mit Überschneidungen in der jeweiligen Typologie. Diese letztlich psychiatrischen Verlaufsformen psychosozialer Fehlentwicklungen können in diesem Zusammenhang nicht ausführlich besprochen werden.

Es soll aber Erwähnung finden, dass sich aus solchen stark gestörten Persönlichkeitsentwicklungen vielfach **Delinquenz** ergibt und schwere Straftaten häufig von solchen in ihrer Persönlichkeit gestörten Menschen verübt werden. In dieser Gruppe von Tätern finden sich, das sollte nicht verschwiegen werden, auch viele Adoleszenten mit ADHS, deren Behandlungskonzept in der Jugend nicht richtig geglückt ist.

4. Ausblick auf therapeutische Schritte und das Programm der frühen Hilfen – wenn Erziehung in der Familie nicht gelingt

Das System „**frühe Hilfen**" als Entwicklung des Familienministeriums der Bundesrepublik Deutschland versucht, die Vorgaben der **UN-Kinderrechtskonvention** in nationales Recht umzuwandeln und mit konkreten Hilfsangeboten zu verbinden. Im Einzelnen versteht man unter dem Begriff Frühe Hilfen die interdisziplinäre Vernetzung zahlreicher sozial ausgerichteter Einrichtungen und Zentren, die für die in Not geratenen Familien eine Anlaufstelle bieten und ihnen bedarfsgerechte Hilfe zusichern. Dabei gilt es einerseits, die Familie vor dem Abgleiten in soziale Randbereiche zu schützen, andererseits gefährdete Kinder frühzeitig zu erfassen und zur **Sicherung des Kindeswohls** rechtzeitig geeigneten Maßnahmen zu übergeben.

Unter diesem Aspekt wurde im Jahr 2007 von der Bundeszentrale für gesundheitliche Aufklärung (BZgA) in Zusammenarbeit mit dem Deutschen Jugendinstitut das Nationale Zentrum Frühe Hilfen, NZFH, gegründet, das die Aufgabe erhalten hat, die Konzeption und Organisation der einzelnen Zentren zu überwachen und deren Effektivität und Qualität zu kontrollieren.

Im Deutschen Grundgesetz ist in Art. 6, Abs. 2 und 3 das Recht des Kindes auf Erziehung und Bildung festgeschrieben. Das Bürgerliche Gesetzbuch sichert im §1631, Abs. 2 seit dem Jahr 2000 dem Kind das Recht auf gewaltfreie Erziehung zu. Die genaue Auslegung der Gesetzesvorgaben ist neuerdings im **Bundeskinderschutzgesetz** geregelt, das im Jahr 2012 die gesetzlichen Hürden genommen hat. Das Bundeskinderschutzgesetz bezieht sich dabei explizit auf die bundesweite Organisation des Kinderschutzes.

In seinem Fokus stehen Intervention und Prävention für das Wohlergehen des Kindes, beginnend bei der Familie und den Eltern und es erstreckt sich auf alle Berufsgruppen, die sich mit der Entwicklung und Erziehung der Kinder professionell befassen. Hier sind besonders auch die Kinder- und Jugendärztinnen und -ärzte aufgerufen, bei den Vorsorgeuntersuchungen auf Zeichen von Vernachlässigung und Gewalt in der Familie zu achten. Einbezogen in dieses Netzwerk, das sicher noch bessere Organisationsstrukturen benötigt, sind auch die Ämter für Jugend und Soziales sowie die Familiengerichte.

Die weiteren Bestimmungen zum Umgang mit Kindern finden sich im Gesetz zur Kooperation und Information im Kinderschutz (KKG) und dem **Kinder- und Jugendhilfegesetz** (KJHG) des Sozialgesetzbuchs VIII. In ihm sind auch die einzelnen Sozialhilfeeinrichtungen und ihre Behandlungsausrichtungen zusammengefasst. Auch das Schwangerschaftskonfliktgesetz gehört auf diese Ebene gesetzlicher Bestimmungen zum Kindeswohl.

Im Einzelnen dienen die Organisationsformen der vernetzten frühen Hilfen der Koordination von Unterstützungsangeboten für Eltern und Kinder ab Beginn der Schwangerschaft mit Schwerpunkt auf die Jahre 1 bis 3. Den Kindern und ihren Eltern sollen nachhaltige psychosoziale und die Bildung garantierende Entwicklungsmöglichkeiten zugesichert werden. Eine soziale Absicherung zur gesellschaftlichen Verankerung der Familie und zur Erhöhung der Erziehungskompetenz der Eltern wird ebenso angestrebt wie das frühzeitige Erkennen von Vernachlässigung und Misshandlung als untrügerische Zeichen der **Kindeswohlgefährdung**. Risiko- oder Problemfamilien sind demzufolge die Hauptadressaten solcher Hilfesysteme (M. Cierpka, 2012).

Der Begriff „frühe Hilfen" müsste aber meines Erachtens noch weiter gefasst werden, als es derzeit der Fall ist. Bisher bezieht sich das soziale Hilfsangebot nahezu ausschließlich auf den entstandenen Notstand von Familie und Kind. Aber schon im Vorfeld solcher oft desaströsen Verläufe familiären Beziehungsgeschehens gibt es wichtige Anzeichen für eine Gefährdung des Kindeswohls. Und oft genügt allein die Analyse der Lebensbedingungen der jungen Familie oder die partnerschaftliche Konstellation des eine Familie gründenden Paares, um zu erkennen, dass hier ein soziales Problem kaum zu vermeiden ist. Im Sinne der Primärprävention ist bereits an dieser Stelle anzusetzen und ein Hilfesystem zu installieren. Als einen wesentlichen Teil der Primärprävention, das hatte ich bereits zum Ausdruck gebracht, sehe ich die „**Begleitete Erziehung**", wie sie hier im Buch konzipiert ist.

Konkrete Hilfsangebote bestehen bereits und verteilen sich auf diverse Angebote aus dem Gesundheitsbereich wie z.B. Schwangerschaftsbetreuungsstellen und die Familienhebamme oder aus dem kirchlichen und kommunalen Sektor Elterngruppen mit Beratung in Erziehungsfragen sowie öffentliche Erziehungsberatungsstellen. Außerdem gibt es neuerdings so genannte Expertenberatungsforen im Internet und Erziehungskurse durch Psychologinnen und Psychologen auf dem freien Markt. Aus München kommt ein Konzept mit der Bezeichnung SAFE, das sich zur Aufgabe gesetzt hat „den Eltern schon ab Beginn der Schwangerschaft zu helfen, sich mit ihrem Kind bis zum Ende des ersten Lebensjahres eine sichere Eltern-Kind-Bindung aufzubauen und damit das Fundament für eine gesunde Persönlichkeitsentwicklung ihres Kindes zu legen". Die Inhalte dieses Programms, das vom Kinder- und Jugendpsychiater, Psychosomatiker und Psychotherapeut K.-H. Brisch entwickelt worden ist, werden in entwicklungsbegleitenden Kursen vermittelt (s. 4. Kapitel Teil 4).

Hilfe für Familien und Ehepaare mit Kinderwunsch sollte also ein viel größeres Spektrum umfassen als nur die Abwendung der Kindeswohlgefährdung. In einem Staat, in dem von etwa 13 Millionen Kindern 2,5 Millionen an der Armutsgrenze leben, in dem annähernd jede zweite Familie einen Migrationshintergrund aufweist, in dem gut 7 Prozent Prozent der Eltern als langzeitarbeitslos gelten und mehr als 1,5 Millionen Kinder (bis 15 Jahre) Sozialleistungen (auf „Hartz IV"-Niveau) erhalten, in dem Gewaltproblematik in der Familie immer noch ein großes Thema ist (s.o.) und Substanzmissbrauch und psychische Erkrankungen im Jugendalter auf erschreckende Zahlen ansteigen, besteht für ein fundiertes soziales Hilfsprogramm ein großes Aufgabengebiet. Ich spreche von der Bundesrepublik Deutschland als einer hochindustrialisierten Nation mit überaus erfolgreicher Volkswirtschaft und keineswegs von einem Land aus dem Kreis der Schwellenländer oder der „Dritten Welt".

Die Zeiten, in denen sich die Familien noch auf traditionelle Weise gegenseitig in Erziehungsfragen halfen oder auch rein praktisch in der Beaufsichtigung der Kinder, sind definitiv vorbei. Selten, dass sich Nachbarschaftsverbindungen bilden, die eine gegenseitige organisatorische Unterstützung beim Großziehen der Kinder vereinbaren oder sich spontan helfen. In den Großstädten ist das Leben trotz großer Enge zu anonym geworden und in den Vorstadtbezirken leben die Familien oft schon zu weit voneinander getrennt. Eltern und Großeltern wohnen häufig an weit auseinanderliegenden Orten, und die Großeltern sind häufig so rüstig und mobil, dass sie lieber unerfüllte Wünsche aus ihrer erwerbstätigen Zeit ausleben, als sich intensiv in die Betreuung der Enkelkinder einspannen zu lassen.

Erst, wenn es zu großen Schwierigkeiten in der Familie kommt, und die Eltern allein nicht mehr in der Lage sind, einen Weg aus ihren Problemen heraus zu finden, steht das beschriebene Arsenal an Hilfsmaßnahmen zur Verfügung. Dieses Arsenal reicht von Hilfen zur Erziehung über sozialpädagogische Familienhilfe (SPFH) bis hin zu einer gezielten Erziehungsberatung. Droht eine Gefährdung des Kindeswohls, sind das Jugendamt und das Familiengericht aufgerufen, die Verhältnisse in der Familie so zu verbessern, dass die Familie ohne Gefahr für das Kind fortbestehen kann. Im Bürgerlichen Gesetzbuch ist im § 1666 das rechtliche Vorgehen dabei vorgeschrieben.

Gibt es für die Rettung der Familie keine Chance mehr, greift der Auftrag der **Inobhutnahme**. Die Kinder müssen in Pflegefamilien untergebracht werden oder werden in Kinderheime aufgenommen. Die SOS-Kinderdörfer bemühen sich seit langem darum, familienähnliche Strukturen in den einzelnen Gruppen ihrer Häuser aufzubauen, was den sozial zumeist desorientierten

Kindern sehr zugute kommt. Ältere Jugendliche finden im Notfall Unterschlupf in betreuten Wohngruppen.

Neben all dem existiert der **Deutsche Kinderschutzbund** Bundesverband e.V. mit seinem niedrigschwelligen Angeboten für die Jugend wie das Sorgentelefon und für die Eltern mit dem Erziehungsprogramm „Starke Eltern – starke Kinder“ (s. 4. Kapitel Teil 4).

Teil 4
Wie man sich eine Erziehung gegen Gewalt vorstellen kann und das basale 6-Stufenprogramm

1. Wille, Empathie und Gewissen als universelle Schritte zur Vernunft

a) Aggression und Macht mit ihrer negativen und positiven Bedeutung

Es ist an der Zeit, die schon im Titel angesteuerte zentrale Aussage des Buches einer genauen Definition zu unterziehen. Bisher sind vordringlich die Bedingungen der normalen und der beziehungsschwierigen emotionalen wie psychosozialen Entwicklung des Kleinkindes sowie des Schulkindes besprochen worden. Daran anschließend wurden die frühen Bindungsstörungen mit einem Schwerpunkt auf ihre Entstehung aus Beziehungsstörungen betrachtet und gleichzeitig mit vielen Anleitungen für die Eltern und Erzieherinnen und Erzieher zur Sekundärprävention flankiert. Schließlich wurde das gesamte erzieherische Konzept auf den Grundlagen der Bindungstheorie ausformuliert. In diesem Kapitel soll nun die Vielzahl der einzelnen Betrachtungspunkte noch einmal gebündelt werden und in ein übergeordnetes Erziehungskonzept „gegossen“ werden, das sich gegen die im Menschen angelegten Tendenzen zu Aggression und Gewalt richtet. Es steht also nicht mehr so sehr der Erziehungsstil im Vordergrund der Betrachtung, als vielmehr die diesem zugrunde liegende Erziehungsphilosophie.

Man könnte sich auch einfach zurücklehnen und behaupten, wenn man nur alle naturgewollten Entwicklungsschritte des Kindes akzeptiert und richtig in sein erzieherisches Konzept mit einschließt, dann habe man schon eine Erziehung gegen Gewalt verwirklicht. Und die üblichen und unvermeidlichen Versagensmomente im Beziehungsverhältnis zwischen Eltern wie auch anderen Erzieherinnen und Erziehern und dem Kind wären durch sekundär präventive Maßnahmen gleich zeitnah wieder in den Griff zu bekommen. Aber so klar liegen die Verhältnisse dann doch nicht, obwohl einiges an dieser Anschauung richtig ist.

Eine bewusste Erziehung gegen Gewalt schließt noch mehr ein, als nur die Richtigkeit im Umgang mit dem Kind und eine zeitnahe Sekundärprävention. Sie schließt eine Weltanschauung mit ein, die ohne dass es dauernd zu begründen wäre, den erzieherischen Gedanken so vorkonstruiert, dass das aggressive Empfinden des Menschen und sein Machtbedürfnis noch in der Entstehung des Selbst durch eine effektive Selbstkontrolle eingeschränkt werden. Der Erziehungsstil muss an diesem Punkt demzufolge mit einer umfassenden Erziehungskonzeption abgeglichen werden.

Mit dieser Aussage zum Erziehungsziel ist unausgesprochen zum Ausdruck gebracht, dass Gewalt eine Art Produkt von veranlagter Aggression und sozial entstehendem Machtbedürfnis darstellt. Die gesellschaftlich sozial verstärkenden oder direkt auslösenden Aspekte werden bei dieser Betrachtung bewusst erst einmal außen vor gelassen. Aus den mathematischen Regeln der Multiplikation ergibt sich nun dabei, dass entweder die Vermehrung der Aggression oder der Macht allein genügt, um die Neigung zur Gewalt zu erhöhen.

Die zunächst einfache Formel lautet demnach:

Aggression x Macht = Gewalt

In Worten ausgedrückt ist Gewalt demzufolge angewandte Macht Einzelner mit aggressiven Mitteln zur Unterdrückung der nach persönlicher Freiheit und körperlicher Unversehrtheit strebenden anderen Menschen. Dass diese Formel aber nicht so einfach ist wie gezeigt, erweist sich schnell in der Besprechung der weiteren Faktoren, die auf natürliche Weise geeignet sind, sowohl der Aggression als auch dem Machtstreben nicht nur nicht Vorschub zu leisten, sondern gegenteilig auch Einhalt zu gebieten. Denn bereits die beiden Einzelfaktoren selbst, die zur Gewalt führen, sind nicht durchgehend nur negativ gefärbt. Das Produkt hingegen, das sie zusammen abgeben, ist es definitiv, und so muss die Frage gestellt werden, welche Teilfaktoren der beiden Multiplikatoren die Verursacher des negativen Wirkungsergebnisses sind, und welche anderen Teilfaktoren vielleicht in der Lage sein könnten, das negative Ergebnis abzumildern oder moralisch umzukehren.

Fast noch interessanter ist aber die Frage, welche Gegengewichte die Evolution in der Menschheitsgeschichte vorgegeben hat, die, so sie denn ausreichend zur Wirkungsentfaltung gelangen, das letztlich doch immer prekäre Produkt aus Aggression und Macht aufheben. Es sind also zwei Teilbewegungen, mit denen sich die Pädagogik in der Frage der Entwicklung zur Gewalt zu beschäftigen hat. Einmal ist es die Frage, welche positiven Teilfaktoren in den beiden Gewaltverursachern selbst stecken, die vorteilhaft „hinein zu erziehen“ wären; und zum zweiten ist es die Frage, welche moralischen Gegengewichte schon beim Kind im Besonderen zu entwickeln wären, um der Gewaltentwicklung von Anfang an Einschränkung aufzuerlegen.

Dabei sei noch einmal der Hinweis erlaubt, dass es sich bei diesen Betrachtungen um Kinder in den ersten Lebensjahren handelt, die eine geistig-kognitive Bearbeitung ethisch-moralischer Grundsätze in der menschlichen Gesellschaft noch nicht leisten können. Das bedeutet, dass eine Selbstkorrektur durch eigenes Nachdenken und Wissen aufgrund einfach strukturierter, vom Kind angenommener Erziehungsschritte nicht oder noch nicht möglich ist. Zugleich heißt es auch, dass die sozial optimierte Ausrichtung der Lebensumwelt wie Vermeidung von Armut, ausreichende Bildung und bequeme Lebensbedingungen ebenfalls nicht in der Lage sein wird, dem Phänomen der Entwicklung zur Gewalt ausreichend entgegen zu wirken. Die soziale Wirklichkeit in den reichen Industrienationen spricht klar für diese Auffassung, denn es handelt sich bei der tatsächlich festzustellenden Gewalt beileibe nicht nur um benachteiligte Gesellschaftsgruppen als Verursacher. Die Untersuchung der notwendigen Entwicklungsschritte muss also hauptsächlich der emotionalen und psychosozialen Entwicklung in früher Kindheit gelten.

Neuerdings gibt es Argumentationen, welche eine im Menschen genetisch angelegte Tendenz zur Aggression und Gewalt in Zweifel ziehen und diese im Grundsatz skeptische Auffassung durch gewichtige Erkenntnisse aus der Neurobiologie unterstreichen wollen (z.B. J. Bauer, 2011). In dieser Begründungslogik stellt sich folgerichtig die Frage nach der Triebveranlagung des Menschen zur Aggression. Bevor ich mich jetzt aber mit der Triebtheorie von Sigmund Freud und später dann Konrad Lorenz auseinandersetze, möchte ich einige eigene grundsätzliche Ansichten diskutieren:

Zunächst möchte ich das Augenmerk darauf richten, dass es in der Natur zwischen Aggression und Gewalt einen gewichtigen Unterschied gibt. Das wird sich in meinen folgenden Ausführungen erweisen. Daher stimme ich darin überein, dass es einen Trieb zur Gewaltentwicklung beim Menschen nicht gibt. Gewalt ist ein rein gesellschaftliches und damit erzieherisches Produkt. Bei der Aggression bin ich gegenteiliger Ausfassung.

Ich möchte also in meiner Konstruktion der Beherrschung von Aggression, und um die geht es mir hier im Grundsatz, nicht so weit gehen, zu behaupten, dass es diesen Trieb im Menschen nicht gäbe und seine Existenz tatsächlich nur herbeigeredet wäre. J. Bauer (2011) definiert Aggression als ein motivationales Hilfssystem, das über den Selbsterhalt hinaus nur bei sozialer Bedrohung und bei Bindungsverlust anspringt. Wäre aber eine solche Reaktion auf Bedrohung und Bindungsverlust allein ein motivationales Geschehen und kein Trieb, stellte sich automatisch die Frage, ob es überhaupt Triebe im Menschen gibt. Denn so betrachtet kann jede reflexartig anspringende menschliche Reaktion aus den unterbewussten Seelenschichten, ob zum eigenen Schutz oder anders ausgerichtet, ein Teil des Motivationssystems sein und die Formulierung eines Triebes im Menschen würde überflüssig.

Dass es aber triebhafte Regungen in jedem Lebewesen gibt, kann wohl niemand ernsthaft in Abrede stellen. Jeder Säugling, der zur Welt kommt, hat triebhafte Regungen, die ihn leiten, bestimmte Bedürfnisse zu entwickeln und Handlungen auszuführen. Ziel ist immer die Befriedigung der Bedürfnisse. Bei Pflanzen und Tieren spielen zwar andere Grundsätze eine Rolle, aber der Antrieb ist derselbe. Diese genetisch programmierten Handlungen – oder globaler gesagt Verhaltensweisen – dienen Pflanze, Tier und Mensch dazu, ihre **Existenz zu sichern** und was den Menschen anbetrifft, auch für sein **seelisches Wohlbefinden** zu sorgen. Der Trieb Hunger und Durst zu stillen und damit Wohlbefinden zu erreichen ist dem Menschen sicher genetisch angelegt, und ebenso das Bedürfnis, Kontakt zu seiner Mutter zu halten und beständig ihren Schutz und ihre Nähe zu suchen. Dieses Verhalten entspringt jedoch keiner Überlegung und keiner positiv wirksamen Vorausschau wie bei der inneren Motivation. Vielmehr ist es Ausdruck eines inneren Impulses, dem der Säugling unabweisbar und ohne zu hinterfragen folgen muss. Ich nenne diesen Impuls auch den **Drang**, der die Bestrebungen und Absichten des Säuglings zeitlich vor seinem ichbezogenen Willen lenkt. Diese existenziell entscheidenden Bestrebungen zu Beginn des Lebens außerhalb des Mutterleibes konnte die Natur nicht anders an neue Generationen übertragen, als sie im Erbgut zu verankern und sie in triebhaften Verhaltensformen abzusichern.

Ob man dieses angeborene Verhalten nun als Trieb, Drang, Bedürfnis oder aus dem Inneren entspringende Motivation bezeichnet, ist streng genommen jedoch auch einerlei. Damit wäre tatsächlich ein Brückenschlag zum Zweifel an der Triebveranlagung getan. Entscheidend ist in erster Linie doch nur der Faktor der unbedingt notwendigen Befriedigung und des immer wieder neu entstehenden Bedürfnisses, der sich letztendlich durch das ganze Leben zieht, ob im Bereich des individuellen Körpererlebens, der Sexualität, des Selbstschutzes oder der sozialen Kontaktgestaltung. Im letzteren Fall gilt als Befriedigung nebenbei gesagt die persönliche Anerkennung. Festzuhalten ist, dass es im Normalfall immer positive Resultate sein müssen, die dieses Trieb- oder Motivationsgeschehen in Gang setzen. Wäre es anders, machte der Begriff Bedürfnis keinen Sinn.

Hinsichtlich der **Motivation** ist nun festzuhalten, dass es eine äußere und innere Auslösung gibt. Entscheidend ist dabei, dass Quelle und Ziel des angestoßenen Bedürfnisses in zwei verschiedenen Bewusstseinsformationen liegen. Von außen hervorgerufene Motivation befriedigt sich in innerer Zufriedenheit, im Inneren erzeugte Motivation (auch Antrieb) erfährt seine Befriedigung in einer äußeren Handlung. Im Gegensatz dazu entspringt der Trieb im Inneren und erfährt auch im Inneren seine Befriedigung. Das geschieht dadurch, dass er das im Inneren lustvoll Erlebte auch innerlich abgilt.

Nun könnte man behaupten, gerade die innere Motivation ist bereits „Selbstantrieb“ und der entscheidende Motor im Kopf, welcher alle notwendigen Regungen und Bestrebungen im Verhalten autonom von innen steuert. Und dieser Selbstantrieb hat wie der klassische Trieb viel mit genetischer Ausstattung zu tun. Aber innere Motivation kann nur dann zur Befriedigung führen, wenn sie durch Tätigkeit (auch Denken) oder Handlung zur Ruhe gelangt.

In diesem Licht betrachtet ist es nicht nötig, wie behauptet, dass der Aggressionstrieb unabdingbar einen Anlass von außen brauchte, sprich eine Provokation eine Bedrohung oder ein Verlust, um in Gang gesetzt zu werden und infolgedessen gar kein Trieb sein könne. Ware es so, dann wäre die Aggression eine äußere Motivation. Die Aggression, so wie ich sie hier verstehe, entsteht eben doch aus sich selbst heraus und bedarf keiner Auslösung durch die Realität. Sie ist als Trieb zur Entstehung im Inneren veranlagt. Viele frühkindliche Reaktionen beweisen meines Erachtens diese Tatsache. Sie wären sonst nicht ohne Weiteres erklärbar. Ich spreche von dem spontan aggressiv verstärkten Trotz und von den Selbstbehauptungskämpfen in der Gruppe (s.u.).

Aber wenn der Aggressionstrieb keines äußeren Anlasses bedarf, welcher Befriedigung könnte er dann dienen? Das ist die entscheidende Frage, will man Aggression als Trieb weiter erhalten. Hunger und Durst, aber auch Sexualität haben als Triebe eine eindeutig gezielte, befriedigende Bedeutung sowohl körperlich als auch seelisch – Aggression kann mit nichts dergleichen aufwarten. Wir müssen tiefer bohren, um zu erklären, warum es sich lohnt, Aggression weiter als Trieb anzuerkennen, vielleicht sogar als Gegenspieler zur Sexualität (wobei es komplizierte Verstrickungen zwischen beiden Triebäußerungen gibt). Die Bonobos, eine Unterart der Schimpansen, zeigen sexuelles Verhalten als Methode, aggressive Empfindungen umzulenken und den Gegner für sich einzunehmen (I. Eibl-Eibesfeldt, 1984/1997). Sexuelle Liebeshandlungen unter Menschen können ebenfalls dazu dienen, aggressive Empfindungen in der Partnerschaft aufzuheben und die Bindung erneut zu stärken.

Ich möchte im Folgenden nun den Versuch starten, zu begründen, warum Aggression weiter als Trieb aufzufassen durchaus sinnvoll sein kann. Es sind drei entscheidende Aspekte des Lebenserhaltes, die mir als die nötige Erklärung dienen: 1. Wettbewerb und Selbstvorteil, 2. Verteidigung natürlicher Ressourcen und 3. das Bindungsgeschehen als Abgrenzung von Fremdeinflüssen.

Jeder Mensch besitzt aufgrund seiner Veranlagung zur Intelligenz auch die soziale Tendenz, neben dem Bedürfnis nach Kooperation zu seinem und zum allgemeinen Wohl zugleich auch in einen **Wettbewerb** mit den Mitmenschen zu treten. Dieser Wettbewerb, den ich vom sportlichen Wetteifern unterscheide, erzeugt in der Evolution den Vorteil, dass sich die eigene Intelligenz an der anderer misst und auf diese Weise weiter ausprägt. Dabei erzielt die Intelligenz in verbesserter Form eine höhere Chance für das Überleben der Spezies. Schon junge Kleinkinder lassen dieses Prinzip des Wettbewerbs erkennen, wenn sie anderen Kindern ihr Konstrukt zerstören, um das eigene, vermeintlich bessere an dessen Stelle zu setzen. Aber auch das zielgerichtete Zusammenschließen von zwei und mehreren Kleinkindern oder einem Kind und einem Erwachsenen, das wie ein Sich-gegenseitig-Helfen aussieht (F. Warneken, F. Chen, M. Tomasello, 2006), enthält im Grundsatz nur dieses Wettbewerbsprinzip. Es offenbart sich bei einer solchen gemeinsamen Aktion darin, dass der Andere hauptsächlich für den eigenen Erfolg benutzt wird.

Schließlich bedient ein solcher Erfolg das Belohnungssystem im Gehirn, weil er dazu geeignet ist, positive Attribute zu erzeugen. Und für den Zweck positiver Attribute handelt jedes Kind zunächst hemmungslos egoistisch. So kann man beobachten, dass sich Kleinkinder ohne jedes Schuldbewusstsein Spielzeug eines anderen Kindes in die Tasche stecken, anderen Kinder die Bonbons wegnehmen und sie heimlich alleine essen, sich den gefülltesten Teller nehmen oder schwächere Kinder durch eigene Machtansprüche übertrumpfen und auf ihren Platz verweisen. Zeigt das andere Kind dagegen Protest, wird der eigene Vorteil, allerdings je nach charakterlicher Veranlagung, mit allen Mitteln durchgesetzt.

Wegen dieser zunächst unheilvoll erscheinenden Verbindung von Intelligenz und dem Bestreben nach Selbstvorteilen hat die Natur das alles entscheidende Korrektiv der Mitfühlsamkeit oder Empathie im Menschen eingerichtet, denn ohne diese Selbstzurücknahme und ohne das Mitleid mit dem Anderen würden sich erwachsene Menschen mit weitaus größerer Intelligenz und ihrem Verständnis komplexer Sachzusammenhänge permanent gegenseitig ausstechen und notfalls an den Rand der Existenzfähigkeit bringen. Vom direkten gegenseitigen Schädigen bis zum vorgeplant gezielten Ausschalten des Anderen werden alle Möglichkeiten zum Selbstvorteil genutzt.

Dass sich das natürliche Konzept des Selbstvorteils so zwiespältig auswirkt, hat nun aber nicht nur etwas mit der Intelligenz zu tun, sondern auch mit der Aggression. Hier zeigt sich eine Form von Aggression, die schon einsetzt, bevor der Mensch überhaupt bedroht ist. Sie ist immer *vorher* da, wenn es um den beschriebenen Wettbewerb geht. Denn der erfolgreich abgeschlossene Wettbewerb sichert dem Menschen als Individuum einen eigenen Überlebensvorteil. Ich meine, das ist ein guter Grund für die Natur, die Aggression als Trieb im Menschen zu erhalten.

Ein weiterer Grund scheint mir die sinnvolle Ausnutzung natürlicher Ressourcen zu sein oder das, was auch als **Verteilungskampf** bezeichnet wird. So ist es nicht nutzbringend unter Artgenossen, und dabei betrachten wir den Menschen ganz biologistisch als eine Spezies im Tierreich, ständig und immer gemeinsam die gleiche Nahrungsquelle zu benutzen, wenn sie für alle, die von ihr partizipieren möchten, nicht genug hergibt. Die Verteilung der einzelnen „Artgenossen" auf einen größeren Raum und verschiedene Quellen ist das Ergebnis eines vorteilhaft ausgeführten, aggressiven Streits. Ein solches Verteilungsprinzip durch Aggression ließe sich auch auf viele andere Bereiche übertragen, nicht zuletzt auch auf soziale. Das gegenseitige Verdrängungsverhalten der Nestlinge beim Anfliegen der Vogeleltern mit Futter ist beredtes Beispiel für dieses Grundprinzip. Selbst wenn die Eltern genug Futter bringen, wird das jüngste und schwächste Küken von den anderen zurückgesetzt. Gibt es nicht genug Futter, wird es notfalls sogar aus dem Nest geworfen. Geradezu klassisch ist das größere und stärkere Kuckuckskind, das alle anderen Jungvögel langsam aus dem Nest verdrängt.

Der dritte Aspekt einer zur Befriedigung dienenden Aggression ist das **Bindungsprinzip** selbst, welches neuerdings aber gerne ganz gegenteilig als Antithese zur Aggression ins Feld geführt wird. Die Bindung zwischen Menschen, zunächst in ungleicher Form als kindlicher Abhängigkeitszustand vom Erwachsenen und später in gleichberechtigter Form als Partnerschaft (optimale Beziehungen vorausgesetzt), kennt per se Ausschlusskriterien, was andere Personen anbelangt (vgl. auch die doppelte Wirkung des Oxytocins, M. Spitzer, 2012). Nicht zur Familie gehörende Mitmenschen erfahren zunächst einmal einen Ausschluss, was sich als Skepsis einem Fremden gegenüber zeigt, selbst wenn er sich als Freund erweist. Diese Fremden müssen sich also erst durch ritualisierte soziale Angebote das Recht erwerben, Teilnehmer der nach außen abgeschlossenen Gemeinschaft zu werden. Wird von ihnen dieses Prinzip missachtet, sorgt die bereits vorhandene Aggression der Familienmitglieder dafür, dass die zwischen ihnen bestehende Beziehung nicht von außen gefährdet wird. Der Fremde wird vertrieben, notfalls mit lebensbedrohlichem Angriff verjagt.

Bei der Annäherung unterschiedlicher Völker in den Zeiten des Entdeckertums wurden Geschenke und Opfer dargeboten, um diese Skepsis dem Fremden gegenüber aufzuheben und einen Verteidigungsangriff zu verhindern. Kleine Kinder tun ein Gleiches und bringen sich gerne gegenseitig etwas aus ihrem Spielzimmer mit, um den gewünschten Kontakt zu schließen. Bei Säuglingen zeigt sich dieses Abgrenzungsbedürfnis bereits als das Fremdeln, das allerdings zur Bewältigung keine Aggression mit sich bringt, sondern aufgrund der körperlichen und geistigen Unterlegenheit Angst und eine Tendenz zur Flucht zu einer Bezugsperson.

Aus der nichtmenschlichen Natur kennen wir die herkömmlich bekannten Aspekte der Aggression, die ich im Folgenden nur kurz ansprechen möchte. So dient unter Tierarten, die in großen Gemeinschaften wie Herden, Schwärmen und Rudeln leben, Aggression dazu, eine **Rangordnung** unter den einzelnen Mitgliedern aufzubauen und zu erhalten. Diese Rangordnung ist wichtig für den Entscheidungsprozess der sozialen Gemeinschaft im Falle von Bedrohung und Gefahr von außen. Das Leittier bestimmt die Reaktion der gesamten Gruppe. Auch in der Frage der Nahrungsbeschaffung muss ein Tier (das so genannte Alphatier) den Modus vorgeben, was besonders bei der **Jagd** deutlich wird, wenn es sich um fleischfressende Arten handelt. Alphatiere bestimmen in der Gruppe auch das sexuelle Paarungsverhalten.

Was die Betreuung und Sicherung der Jungtiere angeht, spielt aggressives Verhalten unter den Weibchen, aber auch von Weibchen gegen die Männchen eine wichtige Rolle. Der **Schutz** der eigenen Nachkommen steht dabei im Vordergrund. Die Jungtiere wiederum üben untereinander durch aggressives Verhalten spielerisch ein, wie sie als reife Tiere ihre Aufgabe in der sozialen Rangordnung erfüllen können. **Territoriale Verteilungskämpfe** sind ebenfalls eine originäre Form angeborener Aggression, was wiederum mit der Verteilung der Mitglieder einer Spezies auf engem Raum zusammenhängt und mit der sinnvollen Nutzung von Nahrungsquellen und Ressourcen.

Aggression in Verbindung mit der **Sexualität** ist ein besonderes Kapitel. Es würde den Rahmen des Buches an dieser Stelle sprengen, auf alle Aspekte hierzu genau einzugehen. Erwähnung finden sollte aber unbedingt die regelnde Kraft der Aggression bei der **Paarbildung**. Da sich alle höheren Tierarten wie auch der Mensch zweigeschlechtlich vermehren, müssen sich die Individuen Partner suchen, um Nachkommen zu zeugen und die eigene Art zu erhalten. Für diesen Zweck müssen wenigstens kurzfristige Bindungen eingegangen werden, welche um einer erfolgreichen Fortpflanzung willen vorübergehend störende Einflüsse von außen abzuwehren haben. Die Phase der Trächtigkeit oder der Brutpflege erzwingt die Unterstützung des Weibchens durch ein Männchen. Das entstehende Paar, das diese Aufgabe übernimmt, ist nur dann zuverlässig und konstant in seinem Handeln, wenn es ein Gefühl der Bindung gibt und wenn wenigstens für diese Zeit die Konkurrenz durch andere Partner ausgeschaltet ist. Das lässt sich nur durch den Aggressionstrieb erreichen.

Beim Menschen bekommt die Aggression aber noch einen zusätzlichen, höchst riskanten Beigeschmack. Grund dafür ist die große evolutorische Errungenschaft seiner von mir bereits ins Spiel gebrachten **Intelligenz**. Die Intelligenz ermöglicht es schon dem 2- bis 3-jährigen Kind, vorteilhaftes Denken durch einfache Ursache-Wirkungsbezüge zu entwickeln und ein anderes Kind oder überhaupt einen anderen Menschen zu übervorteilen und gezielt nachteiligen Folgen auszusetzen. Da sich Kinder bis zum emotionalen und geistigen Perspektivwechsel mit der Fähigkeit zur Empathie und dem Hineindenken in den anderen egozentrisch ausrichten und hauptsächlich auf ihren eigenen Vorteil bedacht sind, wird die Aggression gerne auch gleich mit den intelligenten Bestrebungen in Beziehung gebracht. Denn sie verhilft ihnen dazu, eine dem Selbst nutzbringende Strategie immer erfolgreicher umzusetzen. Ich sprach weiter oben vom Wettbewerb als der in diesem Sinne erfolgreichen Strategie im Handeln.

In den geschichtlichen Vorzeiten der Menschheit wurde die natürliche Verbindung von Aggression als noch aus dem Tierreich stammend und Intelligenz als dem Wegbereiter für ein Leben in **Sesshaftigkeit** vermutlich in der Neusteinzeit, dem Neolithikum, extrem bedeutungsvoll. Äußere Umstände, z.B. schrumpfende Nahrungsquellen und andere Herausforderungen der Natur, aber auch der Überfluss an Nahrungsquellen in manchen Gegenden (J.H. Reichholf, 2012) mögen dazu beigetragen haben, in der Hauptsache aber war es die Zunahme der menschlichen Sprache und Intelligenz, die dazugeführt hat, das Leben als Nomaden in einzelnen Familien sowie in kleinen Gruppen aufzugeben und sich in größeren Lebensgemeinschaften und dörfischen Strukturen mit der Teilung von Land im erreichbaren Umkreis zusammenzuschließen.

Dieser Entwicklungsfortschritt hat neue soziale Gesetzmäßigkeiten auf den Plan gerufen. Das Überlebensprinzip als einzelne Familie oder überhaupt als einzelner Mensch musste demjenigen des Überlebens in größerer Gemeinschaft weichen. Spätestens jetzt musste der Aggressionstrieb eine natürliche Umfirmierung erfahren, die die vorteilhaften Seiten, die in ihm wohnen, herausselektiert und die nachteiligen Seiten unterdrückt. Dafür aber waren günstige soziale Umstände notwendig, damit der erforderliche Selektionsprozess über Jahrtausende hinweg stattfinden konnte. Zwischenzeitlich auftretende Lebensbedrängnis, Naturkatastrophen und soziale Einbrüche wie Kriege wirkten in diesem Entstehungsvorgang kontraproduktiv und warfen die Menschheit immer wieder um etliche Schritte zurück.

Insbesondere war der Außendruck durch die gemeinschaftliche Nutzung der natürlichen Ressourcen in der Umgebung der neuen Sesshaftigkeit ein großes Verhaltenskorrektiv für den Erhalt eines friedlichen Umgangs miteinander. Aber auch das Bindungsprinzip mit dem engen familiären Zusammenschluss der untereinander verwandten Menschen wurde immer bedeutungsvoller, um Familie und Sippe gegenüber fremdem Interesse zu schützen. Besondere Schutzmaßnahmen galten für die Kinder, die vor missbräuchlichen Zwecken zu bewahren waren, und die das erworbene Eigentum als Nachkommen erhalten mussten. Die Entstehung von **Eigentum** war vermutlich der Universalschlüssel für die gesellschaftliche Ordnung der vorher in losen Gruppen lebenden Menschen zu einer organisierten Gemeinschaft. Schließlich wurden Wettbewerbsaspekte wichtig, um die in der engen Gemeinschaft aufkommende Konkurrenz unter den einzelnen Mitgliedern in einer friedlichen Nutzung aufgehen zu lassen. Hohe Intelligenz einzelner Gruppenmitglieder konnte sich bei all dem positiv auswirken, aber nur, wenn diese besonders intelligenten Menschen auch prosoziale Verhaltensweisen entwickelten.

Emotion und Kognition, also Gefühl und Wissen oder Intelligenz, gehen im Laufe des Lebens ein kompliziertes Beziehungsgeflecht im menschlichen Gehirn ein, was für die Ausprägung der Aggression von Bedeutung ist. Lässt man der Natur freien Lauf, stehen am Anfang des Lebens die Emotionen in der Steuerung des Verhaltens und Handelns weit über der Kognition und die Form der Aggression entspricht stark dem angeborenen Temperament. Die Phase der Entwicklung von Empathie und Gewissensbildung fällt daher noch in diesen Lebensabschnitt, um der Aggression früh Zügel anzulegen. Diese Phase endet etwa zu Beginn des Schulalters, das in vielen Ländern der Erde übereinstimmend auf ungefähr das sechste Lebensjahr festgelegt wird.

Bereits im letzten Jahr vor der Schule und schließlich mit Eintritt in die Schule laufen Emotion und Kognition in einem stark konkurrierenden Verhältnis nebeneinander her. Mal überwiegt die kognitive Einsichtsfähigkeit (im günstigsten Fall als Vernunft) und fördert Prosozialität zutage, mal überwiegt die emotionale Durchsetzungskraft (möglichst vom Gewissen gesteuert) und lässt den Trieb durchbrechen. Das zieht sich hin bis in die Phase der Pubertät und Adoleszenz, in der das Kräftemessen zwischen beiden geistigen Kräften noch einmal stark eskaliert. Danach sollte der Sieg der Kognition und des Verstandes gesichert sein, verbunden mit dem Erhalt einer lebenslangen Hochachtung der Vernunft vor dem schwer kalkulierbaren Gefühlsleben.

Natürlich ist das von mir in dieser Form konzipierte Kräfteverhältnis zwischen Gefühlen und Verstand etwas schematisch und damit auch reduziert. Der innere Kampf zwischen Gefühl und Geist – oder wie man landläufig sagt zwischen Herz und Hirn – ist in Wahrheit viel komplizierter und von einander stärker durchdrungen, als der Mensch selbst mit seinen Steuerungsmechanismen auseinanderhalten kann. Gelingen nämlich die vom Verstand initiierten und kontrollierten, sozialen Verhaltensmuster im menschlichen Miteinander nicht, und fehlt die nötige Verständigungsbereitschaft beim sozialen Gegner, dann treten alsbald die emotionalen Kräfte auf den Plan und führen die Auseinandersetzung fort zum Preis des gemeinsamen Friedens. Denn die Emotionen kämpfen härter, erbitterter und eigennütziger für das Selbst als der Verstand.

Das in dieser Weise skizzierte Bild vom Durchbrechen der Emotionen durch die verstandesmäßigen Reaktionen geschieht viel häufiger, als man es in der Lebensphase der Verstandesvorherrschaft erwarten kann, und in ihrer Entwicklung unreife Menschen leiden unter solchen Durchbrüchen oft so massiv, das sie Gefahr laufen, dadurch sozialen Unfrieden zu stiften und/oder sich selbst wie auch andere Menschen zu schädigen. Das damit verbundene soziale Fehlverhalten führt sie leicht an die Grenzen der Rechtsverträglichkeit und häufig direkt in die Hände der Justiz. Kinder mit ADHS-Veranlagung und -Entwicklung (s.o.) sind von diesem Verlauf besonders häufig betroffen, da sie am prosozialen Handeln mit ihrer emotionalen Impulsivität scheitern.

Erste kognitive Entwicklungsschritte und -sprünge bewirken aber auch schon in früher Kindheit einen Durchbruch solcher vom Verstand geprägter Verhaltensweisen durch die scheinbare Willkür der emotionalen Ausbrüche und Reaktionen. Weiter oben hatte ich diese Erfahrung mit Kleinkindern bereits angesprochen. In der Kinderpsychologie wird hierfür gerne der Begriff des höheren Funktionsniveaus gebraucht, der damit eine dauerhafte Steigerung vernunftgesteuerter Reaktionen zum Ausdruck bringen soll. Das **höhere Funktionsniveau** wird somit schnell zur Hoffnung auf spontane Besserung noch rein emotional gesteuerter Wutausbrüche und Trotzanfälle. Ein guter Beweis für diesen Entwicklungsfortschritt ist die höhere verbale Verständigkeit der Kinder mit etwa 3 Jahren, wenn die Sprache jetzt das Niveau von Verhandlungsfähigkeit erreicht. Als Grundlage hierfür gilt der Fortschritt des Verstandes mit einem Begreifen von Ursache-Wirkungsbeziehungen und Folgewirkungen in sozial komplizierten Zusammenhängen. So braucht das Kind bei einer Untersagung seiner gerade ausgeübten Tätigkeit nicht mehr gleich in einen ungezügelten Trotzanfall auszubrechen, sondern kann in einfachen Worten begründen, warum es so weitermachen will, wie begonnen. Die Eltern ihrerseits können daraufhin ebenfalls in einfachen Worten erklären, warum ihre Einschränkung notwendig ist und die Handlung bestimmt.

Weitaus wirkungsvoller als die schlichte Erwartung auf das höhere Funktionsniveau und damit auf die Zunahme von Verstandesleistung und letztendlich auch Vernunft ist allerdings die Abstimmung erzieherischer Maßnahmen von Eltern und Erzieherinnen und Erzieher auf die Gefühlslage des Kindes. Dabei sind die emotionalen Fortschritte beim Kind zu beachten, die sich aus dem Kräftemessen mit den Erwachsenen ergeben. Gefühle wie Stolz und Scham spielen in diesem Zusammenhang die leitende Rolle in der Selbstkonstruktion, Attributionen aus der Umwelt übernehmen die Gestaltungsfunktion (s. Teil 1). Man darf vielleicht soweit gehen zu sagen, dass die Beachtung der emotionalen Entwicklung und die geschickte Einstellung der erzieherischen Maßnahmen auf diese Entwicklung erst den inneren Weg beim Kind frei machen für den gewünschten kognitiven Fortschritt auf ein höheres Funktionsniveau. Zumindest gelingen diese Schritte im Abgleich mit der Emotionalität sehr viel leichter und mit großer Sicherheit auch nachhaltiger.

Im Zuge dieser Entwicklung spielt wieder der Aggressionstrieb eine große Rolle im Verhalten des Kindes. Es hat den Anschein, als gehöre die Aggression jetzt schon zum Charakter dazu, und wie sich sogleich herausstellt, bei dem einen Kind mehr und bei dem anderen Kind weniger. So erscheinen **offensiv** und **extrovertiert** veranlagte Kinder mit höheren aggressiven Anteilen ausgestattet und **defensiv** und **introvertiert** veranlagte mit – wie im Wort Defensivität resp. Verteidigung enthalten – geringeren (s.a. Temperamentfaktoren, 2. Kapitel Teil 3).

Aggression ist in meiner Auffassung also, das hatte ich weiter oben ausführlich zur Darstellung gebracht, weiterhin ein Trieb, der wie es die Eigenschaft des Triebes vorgibt, nur schwer unterdrückbares Verhalten hervorruft. Der innere Sprung von der empfundenen Emotion zum Handlungsdrang ist hier unmittelbar und nicht oder nur wenig den Kontrollfunktionen des Denkens unterworfen. Das macht den Trieb so unberechenbar – sowohl für den einzelnen Menschen selbst, als auch für die Gemeinschaft und mithin die ganze Gesellschaft. In ähnlicher Weise wie die Aggression fungiert der Sexualtrieb, der in diesem frühen Kindesalter aber noch keine entscheidende Rolle spielt. Ich erwähne ihn hier der Vollständigkeit halber, weil es schwer ist über Aggression zu reden, ohne Sexualität zu erwähnen. Aber anders als die psychoanalytische Schule verstehe ich die frühkindliche Sexualität als eine einzig auf das Selbsterleben gerichtete Funktion (vor allem zur Selbstberuhigung), die noch keinerlei partnerschaftliche Intention verfolgt wie später in der Pubertät.

Was die Triebtheorie von Aggression und Sexualität außerdem stützt, sind die neurobiologischen Erkenntnisse über die Prägung der zugeordneten Hirnfunktionen durch Hormone. Im Falle der Aggression ist es hauptsächlich Testosteron, im Falle der Sexualität aber sind es getrennt nach Geschlecht Androgene für Männer und Östrogene für Frauen.

Die Aggression besitzt, das möchte ich zum Ausdruck bringen, beim Menschen einen Januskopf. Mit dem einen Gesicht schaut sie gefährlich und voller Kampfeslust drein und mit dem anderen milde ordnend und die Geschicke lenkend. Daher sind fünf Fragen an die menschliche Aggression zu richten: erstens woher kommt sie konkret, zweitens wie äußert sie sich, drittens was ruft sie hervor, viertens in welcher Form schadet sie und fünftens in welcher Form nützt sie. Schließlich wäre zu reflektieren, wie der Mensch es schafft, die Aggression unter Kontrolle zu bekommen. Aber damit sind wir dann bereits im nächsten Kapitel.

„Homo hominis lupus (est)" oder frei übersetzt „der Mensch ist des Menschen Wolf" schrieb Sigmund Freud in seinem Essay „Über das Unbehagen in der Kultur“ im Jahr 1930. Mit diesem geflügelten Wort zitierte er den Sozialphilosophen Thomas Hobbes (1588–1679), der sich selbst wiederum auf den römischen Dichter Titus Plautus (um 200 v. Chr.) bezog. Ganz im Sinne seiner Triebtheorie prägte Freud mit diesem Ausspruch das Bild der Aggression als dem Drang zum Bösen im Menschen.

Dem Aggressionstrieb als dem natürlichen Drang des Menschen zu Gewalt und zur Zerstörung stellte Freud als seelische Gegenkraft den Lebenstrieb oder **Selbsterhaltungstrieb** entgegen, den er als „Eros“ bezeichnete und aus dem er das sexuelle Verlangen ableitete. Dieses gegensätzliche Verlangen im Menschen diente seiner Ansicht zufolge dem Überlebensdrang und dem Bedürfnis, sich zu vermehren und seine Fortexistenz durch Nachkommen zu sichern.

Aggression bedeutete bei Freud neben dem Trieb zu beherrschen, Gewalt anzuwenden und zu zerstören auch das Nachdenken über die Möglichkeit, sich selbst zu zerstören, sich selbst zu töten. Allein die im Eros verankerte Gegenkraft versetzte den Mensch seiner Auffassung nach in die Lage, sich der bösen inneren Mächte und der Selbstvernichtung zu erwehren.

Die Aggression ist in Freuds Vorstellungswelt eine triebgesteuerte, energetische Kraft, die grundsätzlich nach Entladung drängt. Gelingt diese Neutralisierung im Inneren nicht, erwächst eine Aufstauung an Energie, die bei der nächsten großen sozialen Herausforderung leicht in einem wütenden Ausbruch explodiert. Dieses **„Energieprinzip“ in der Aggression** wird von mir in der Besprechung der induktiven Empathie (s.u.) besonders wichtig. Denn das Kleinkind, schon fähig Empathie zu entwickeln, aber noch im Zustand egozentrischer Durchsetzung der eigenen Bedürfnisse, kann innerlich noch nicht neutralisieren und gerät je nach Temperament sehr leicht in solche energetischen Stauempfindungen. Die narzisstische Wut (s. 4. Kapitel Teil 2) setzt diese frühkindlichen Wutausbrüche fort.

Ich möchte noch kurz bei Freuds Triebtheorie bleiben, auch wenn sie heute unter den Gesichtspunkten der modernen Tiefenpsychologie und der Objektbeziehungen in ihrer ursprünglichen Form nicht mehr zu halten ist. Einige Aspekte von ihr sind aber nach wie vor unwidersprochen richtig und beeinflussen auch heutige Vorstellungen über die Reaktionsformen des Menschen im sozialen Miteinander.

Alles Triebgeschehen, von Sigmund Freud als **Es** bezeichnet, kann den Menschen in gefährliche Verwicklungen führen, sowohl im Selbsterleben als auch in sozialen Bezügen. Die Beobachtungen auf sich selbst gerichteter Aggression bei Kleinkindern (z.B. den Kopf auf den Boden schlagen), aber auch bei Jugendlichen in der Pubertät (Hungern bis zum Tode oder Selbstverletzungen bis zur Verstümmelung von Gliedmaßen) wie auch das Angreifen von Mitmenschen im Zorn oder die Neigung, Konflikt durch Sich-Schlagen/Prügeln aus der Welt zu schaffen sind beredte Beispiele. Damit es nicht soweit kommt, müssen sich im **Ich** des Menschen sozial verträgliche Gegenkräfte entwickelt haben, die einerseits grundsätzlicher Erfahrung entspringen, andererseits dem erzieherischen Einfluss entnommen werden (Empathie-Induktion usw.).

Die Kräfte und Verhaltensweisen, die der sozialen Verträglichkeit des individuellen Menschen dienen und die auf die regulierenden erzieherischen Impulse zurückgehen, versammeln sich im Gehirn in Zentren, die zusammen genommen das **Über-Ich** ausbilden. Die höchste Priorität in diesem äußerst komplizierten neuronalen Geflecht von Sozialstrukturen hat das von mir in die Selbststruktur einbezogene Gewissen.

Das Ich des Menschen hat in den Aussagen von Freud in „Das Ich und das Es" (1923/2000) nun die lebenslange Aufgabe, zwischen den Triebimpulsen des Es und den Einschränkungen des Über-Ichs zu vermitteln. Das Ich entspricht in diesem Punkt einem System aus zahllosen Weichen, das den „Informationsverkehr" wie in einem Rangierbahnhof regelt.

Einen Schritt weiter über die Triebtheorie hinaus ging in der Mitte des vergangenen Jahrhunderts Konrad Lorenz, als er die Verhaltensforschung an Tieren zur Erklärung menschlicher Verhaltensweisen hinzuzog. Im Zentrum bei diesen Betrachtungen stand in erster Linie das menschliche Sozialverhalten und das, was sich dafür aus dem Sozialverhalten der Tiere an Erklärungen ableiten ließ. Lorenz begann, wie seinerzeit der Bindungstheoretiker John Bowlby auch, menschliches Verhalten auf seinen evolutorischen Ursprung in der Tierwelt zu überprüfen, ausgehend von der Überzeugung, dass das Entwicklungsprinzip der Arten, so wie es Charles Darwin in seiner Evolutionstheorie beschrieben hatte, der Wahrheit entspricht.

Aus dem triebtheoretischen „**Bösen**" als dem Inbegriff der Aggression wurde bei Lorenz „Das sogenannte Böse" (1963/1964), das seinem umfangreichen Werk den Namen gab. Denn bei der Beobachtung und Erforschung der Verhaltensweisen der Tiere wurde erkennbar, dass Aggression weit mehr Aufgaben enthält, als nur das aus menschlicher Sicht moralisch Schlechte und Verwerfliche zu apostrophieren. Ganz im Gegenteil bekam Aggression auf einmal ein geradezu positiv gewendetes Kleid: im Sinne von Selbstverteidigung gegen den Fressfeind, Abgrenzung gegen territoriale Ansprüche anderer Artgenossen und Aktivitätsvermehrung zur Erhaltung der Art. Die hierzu notwendigen sozialen Regulatoren ergaben sich aus spontaner Unterwerfung und bereitwilliger Flucht des Schwächeren der jeweiligen Gegner. Weiter oben wurden vergleichbare Aspekte von mir hauptsächlich unter bindungstheoretischen Gesichtspunkten angesprochen, wobei Flucht- und Kampfverhalten andere Ausdrucksformen bekam.

Selbstverständlich bleibt bei Lorenz auch der negative Aspekt der Aggression mit Zerstörung und Tötung erhalten, aber in diesem außermenschlichen Bereich der Natur sind solche negativen Auswirkungen der Aggression praktisch immer zweckgebunden und dienen der Erhaltung des Individuums oder der eigene Art. Ein **Vernichten** und **Töten** um den Tötens willen kommt nicht vor, und eine aggressive Eroberung oder Unterwerfung fremder Besitzanteile zu Vermehrung eigenen Besitzes ebenso wenig. Territoriale Ausdehnung, Machtanspruch in der Herde oder Gruppe und Zweikampf sind ritualisierte Verhaltensformen zur Organisation der Gruppe und zur eigenen Absicherung im Überlebenskampf. Einzige Ausnahme scheinen Eroberungszüge von Schimpansengruppen zu sein, einer Primatenart, die dem Menschen genetisch äußerst nahe steht (J. Goodall, M.W. Rien, 1991).

Eine weitere Sicht auf die Aggression im individuell-psychologischen Sinn bietet die **Frustrations-Aggressions-Hypothese** (J. Dollard, L.W. Dobb, N.E. Miller, 1982). Sie entspricht mehr einem verhaltenspsychologischen Konzept mit Einbeziehen des Reiz-Reaktions-Schemas. Aus ihr ist die Erkenntnis festzuhalten, dass die Unterbrechung einer lustvollen und zielgerichteten Handlung oder die Versagung eines wichtigen Bedürfnisses zum Ausbruch von Aggression führen kann, nicht aber muss. Die Frage nach einer folgenden oder nicht folgenden aggressiven Reaktion hängt mit den individuell erworbenen Sozialisationsstrukturen zusammen und wirft ein Bild auf die Ergebnisse der gesamten psychosozialen Entwicklung. Auf diesem Boden ist im Hinblick auf das Frustrationsphänomen und die aggressive Reaktion das Verbindungsglied zwischen Individualpsychologie und Sozialpsychologie zu suchen.

Diese wie erwähnt von der Verhaltenspsychologie beeinflusste Hypothese legt denn auch das Schwergewicht auf die Eltern-Umwelt-Kind-Interaktionen, also auf das, was sich zwischen den erzieherischen Instanzen und dem zu erziehenden Kind auf menschlicher Ebene abspielt. Reflektiert wird auch auf die Formulierung eines Lernens am Modell. In der Seele selbst voranschreitende Entwicklungen zwischen den einzelnen Gefühlsinstanzen im Sinne der Psychodynamik finden darin geringere Berücksichtigung.

So baut dieses Erklärungsmodell von Aggressivität auf der Basis von Frustration neben dem Abschauen und Einüben von konventionellen Verhaltensnormen hauptsächlich auf dem Lohn-Strafe-Prinzip auf. Immer dann, wenn das Kind ausreichend Respekt vor einer drohenden Strafe hat, unterdrückt es die aufsteigende Lust an aggressiven Handlungen zur Durchsetzung seiner Bedürfnisse und entgeht so der Frustration. Infolgedessen vermindert sich die emotionale Spannung mit neuer Aggression.

Das Ergebnis ist ein angepasstes Sozialverhalten, das als erzieherischer Erfolg gewertet wird. Das erzielte Ergebnis leitet sich aus der zuletzt bereitwilligen Akzeptanz konventioneller Normen her, um Sanktionen und Strafe zu entgehen und Lob und Anerkennung zu finden. Damit befinden wir uns im Erziehungsstil, denn ich eingangs als konventionelle elternorientierte autoritäre Erziehung (KEAE) bezeichnet habe.

Die in den tiefenpsychologischen Interpretationen getroffene Unterscheidung zwischen positiven und sozial günstigen Aspekten von Aggression und deren Gegenteil, den negativen Aspekten, verlangt eine Auflistung ihrer positiven und negativen Eigenschaften. Das soll im Folgenden geschehen.

Tabellarische Darstellung negativer und positiver Aspekte von Aggression individuell und in der menschlichen Gesellschaft:

Negative Eigenschaften der Aggression	Positive Eigenschaften der Aggression
Physische Übermächtigung des Anderen: – Mutwillige Schädigung des Anderen (Angreifen, Schmerz zufügen, Verletzen, gezielt Töten) aus Wut und Hass – Unterwerfung und Unterdrückung des Anderen (z.B. unrechtmäßig gefangen nehmen/halten, willkürliche Freiheitsberaubung) – Ausnutzung des Anderen zu egoistischen Zwecken – Ausleben unstillbarer Triebe am Anderen (Missbrauch) – Ausnutzen oder Vernichten des Anderen für ideologische Ziele	*Physischer Selbstschutz:* – Schutz vor Schmerzzufügung, Unterdrückung, Bedrohung und Ausnutzung – Selbstabgrenzung und Angriffsverteidigung der eigenen Person – Unterstützung der Selbstbehauptung und Selbstbestimmung – Territoriale Verteidigung im persönlichen Bereich – Selbststärkung durch Kraft- und Wirkungsentfaltung (pos. persönliche Expansion gegen unrechtmäßige, äußere Grenzen – Ordnung der Gesellschaft durch Behauptung von Stellung und Rang und Besitz
Psychische Übermächtigung des Anderen: – Verbale Erniedrigung – Demütigung, Beschimpfung, Schmähung, Beleidigung u.a. – Gezielte Unterdrückung und Ausnutzung eines Jüngeren oder Schwächeren – Missachtung der Persönlichkeit des Anderen („an den Pranger stellen")	*Psychischer Selbstschutz:* – Erhaltung und Verteidigung des Bindungsprinzips – Selbstverteidigung in Worten, Mimik und Gestik – Verteidigung des Anderen, Schwächeren durch Parteinahme und Körperschutz (Zivilcourage)

Auf die eingangs von mir aufgestellte, noch sehr simple Formel von Aggression multipliziert mit Macht ergibt Gewalt, muss jetzt nach allem, was zur Aggression gesagt worden ist, eine erste Differenzierung erfolgen. Es muss ein Quotient erstellt werden zwischen Faktoren einer ungünstigen oder gefährlichen Form von Aggression und einer günstigen oder nützlichen. Danach sieht die Formel folgendermaßen aus:

$$\frac{\text{Aggression} -}{\text{Aggression} +} \times \text{Macht} = \text{Gewalt}$$

wobei positive und negative Aspekte der Aggression so zu verstehen sind, wie in den Ausführungen zuvor besprochen.

Um in der Definition der Gewalt auf dem Boden der Aggression weiter zu kommen, sollte jetzt der zweite Faktor besprochen werden, der sich dem ersten als Multiplikator hinzugesellt: die Macht.

Auch in der Frage der **Macht** stellen sich negative und positive Effekte in ihrer Auswirkung auf das Gesellschaftsleben des Menschen heraus. Im Kapitel über die Attribute und Attribution zur Bedienung und Stärkung des Belohnungssystems im Gehirn wurde bereits ausgeführt, dass Macht eines der stärksten positiven Attribute überhaupt darstellt. Bereits im Trotzalter und sogar schon bei den ersten Widerständen des älteren Säuglings und jungen Kleinkindes spielt die Machtfrage in der Eltern-Kind-Beziehung eine wichtige Rolle (s.a. 1. Kapitel Teil 3 über die Machtverhältnisse in der Familie). Die Entwicklung des Willens und die Entdeckung des unabhängigen und persönlichen Selbst geben dem Kind vor, Bestimmungsmacht zu üben. **Der Wille drängt zur Entscheidung über die sozialen Vorgänge, ja möglichst alle Vorgänge mit dem Selbst.**

Aber sachliches Wissen und Lebenserfahrung lassen eine solche Entscheidung im Kleinkindalter keineswegs immer zu. Die Selbstgefährdung wäre viel zu groß und Misserfolge im Tun reihenweise das Ergebnis. So müssen die Bezugspersonen, allen voran die Eltern, die Hoheit über die Entscheidungsmacht behalten. Das Kind darf und soll aber auch Bestimmungsmacht ausüben dürfen, und zwar immer dann, wenn es den Eltern als ungefährlich erscheint und für die Gemeinschaft weitgehend unbedeutend ist. Dem Kind genügt es erst einmal, über ganz einfache Dinge entscheiden zu dürfen. Diese einfachen Entscheidungen sind aber zugleich die ersten positiven Attribute im Zusammenhang mit Macht. Werden diese unterdrückt und gelingen nicht durch die in der Familie angetroffene stark hierarchische Machtkonstellation, werden sie mittels des Trotzes erkämpft. Hierbei wird der aggressive Trieb dann gerne zur

Verstärkung genutzt, wie zahllose Eltern leidvoll berichten können. Wie weit die Kinder dabei gehen und wie heftig sie reagieren, hängt allerdings auch von ihrer Veranlagung zur Aggressivität und Impulsivität ab.

Ein positiver Ausdruck von Macht ist also die Selbstbestimmtheit sowie die erfolgreiche Darstellung des Selbst in der Gemeinschaft; aber auch die Unterwerfung des Anderen, wenn er gegensätzliche Bestrebungen und Ansichten vertritt. Auf diese Weise verbessern sich bereits im Kindesalter Selbstwertgefühl und Selbstbewusstsein. Aber auch Erfüllung eigener Wünsche und Bestrebungen sowie Prestige und Status in der Gruppe lassen sich durch Macht erreichen. Auf gemeinschaftlicher Ebene fügen sich weitere Vorteile hinzu, wie ein Ordnungsprinzip in der Gruppe mit Führerschaft und Leitung durch einen Einzelnen oder durch Wenige und vielen „Gefolgsleuten". Das setzt natürlich voraus, dass immer nur diejenigen ihren Machtanspruch durchsetzen können, die offenkundig klüger und weitsichtiger sind und die Gruppe vor Nachteil und Schädigung bewahren können. Die Beherrschung der Anderen durch diese Form von Macht muss aber unbedingt zugunsten der Benachteiligten und Schwächeren erfolgen, denn sonst regt sich auch schnell Widerstand. Auf diese Weise können von einzelnen Kindern, die in den Genuss einer Führerschaft mit hineingezogen werden, sogar Minderwertigkeitsgefühle ausgeglichen werden und Frustrationen und Nachteile kompensiert. Sehr viel später kommen zu dieser positiv gewendeten Macht persönliche Expansion in Richtung auf soziale Leitungsfunktion dazu und nicht zuletzt im Einverständnis mit einem Partner auch sexuelle Erfüllung.

Viel häufiger als mit den positiven Zuschreibungen verbindet man in der Gesellschaft Macht mit negativen Attributen. Im Zentrum steht die Dominanz des einzelnen Menschen, der zu seinen eigenen Gunsten entscheidet und über die Interessen der Anderen hinweggeht. Andere schwächere Menschen werden, ob aus rein körperlichen, aus altersmäßigen oder sozialen Gründen zur Durchsetzung der eigenen Interessen unterdrückt. Das Selbst des Mächtigen mit seinen Bedürfnissen erkämpft sich ohne Rücksicht auf die Situation und Lage anderer Menschen seine Rechte. Dabei wird Unterdrückung und Manipulation der anderen notfalls mit aggressiven Mitteln realisiert. Macht führt letztendlich immer zu einem Anstreben von Herrschaft und Verfügungsgewalt über Untergebene. Im Idealfall entsteht die ungehinderte Selbstverwirklichung im eigenen Interesse.

Aber auch Macht zeigt sich in zweideutiger Wertigkeit: So kann physische und psychische Macht einerseits ihre Überlegenheit dazu nutzen, Menschen in Not und Bedrängnis zu helfen und sie aus Gefahren für Leib und Leben zu befreien. Gleichzeitig kann diese Form der Überlegenheit dazu eingesetzt werden, Vorteile für sich selbst zu erlangen und/oder seine privaten Bedürfnisse und Gelüste zu befriedigen. Gerade im sexuellen Bereich spielen sich solche Machtkonstellationen häufig ab und sind im Einzelfall Teil besonderer Spielarten.

Macht kann in moralisch einwandfreier Gesinnung Gemeinschaften ordnen und Aufgaben verteilen. Sie kann Gerechtigkeit durch Gesetzgebung schaffen und Recht sprechen. Sie kann Minderheiten und unterlegene Gruppen schützen und ihnen zu einer anerkannten Position verhelfen. Macht kann etwas gut machen, was vorher einen schlechten Verlauf genommen hat. Auch zur Machtfrage soll eine Auflistung positiver und negativer Effekte zwischen einzelnen Menschen und in der Gesellschaft erfolgen.

Tabellarische Darstellung negativer und positiver Auswirkung von Macht in der Gruppe und in der menschlichen Gesellschaft:

Negative Eigenschaften der Macht	**Positive Eigenschaften der Macht**
Physisches Dominanzverhalten: – Zwang und Unterdrückung des/der Anderen zum Handeln in egoistischem Interesse – Direktes Handeln gegen den Willen des Anderen – Herrschaft von Einzelnen über Viele durch ein Angst- und Bestrafungssystem – Erpresserischer Missbrauch – Bestrafung durch Zufügung körperlicher Schmerzen – Ausbeutung des Menschen – Zwang und Folter	*Physisches Dominanzverhalten:* – Hemmung eines ungerechtfertigt aggressiven Ausbruchs des Anderen (Selbstverteidigung) – Verhinderung von Selbst- und Fremdgefährdung – Herstellung einer Ordnung in der Gruppe und der Gemeinschaft mit körperlichen Mitteln – Organisation, Regulation und Verteidigung großer gesellschaftlicher Zusammenhänge durch Machtdemonstrationen
Psychisches Dominanzverhalten: – Unterdrückung des Meinung des Anderen – Manipulation des Denkens – Schmähung und Erniedrigung angeblich minderwertiger Menschen – Beeinflussung oder Verführung Schwächerer zu amoralischem Handeln – Ausnutzung der Ohnmacht eines Anderen (intellektuell oder bewusstseinsmäßig)	*Psychisches Dominanzverhalten:* – Durchsetzen des Selbst – Erhaltung der Selbstbestimmung – Schutz und Unterstützung des Anderen – v.a. auch in Gefahr – Seelische Führung verunsicherter Menschen durch Einrede – Statusaufwertung von Schwächeren, – Erhaltung positiver Werte durch Überzeugung

Nimmt man nun den Faktor Macht als dritte Variable in die Anfangsformal zur Entstehung von Gewalt hinzu, wird man sie wie die Aggression mit negativem Attribut in den Zähler setzen müssen und mit positivem Attribut in den Nenner. Das heißt, auch bei der Macht muss der Quotient zwischen schlechten und guten Ausprägungsfaktoren gebildet werden:

$$\frac{\text{Aggression} -}{\text{Aggression} +} \times \frac{\text{Macht} -}{\text{Macht} +} = \text{Gewalt}$$

Die Gewaltformel Aggression multipliziert mit Macht mit jeweils positivem Attribut und negativem Attribut in Zähler und Nenner, lässt nun einige Rückschlüsse auf den Faktor Gewalt auf der anderen Seite des Gleichheitszeichens zu. Dabei geht es um die Frage, wie sich Gewalt durch Aggression und Macht im mathematischen Sinne kleiner machen lässt und im humangesellschaftlichen Sinn wirkungsloser. Zunächst gibt es die linearen Produktbeziehungen. Der negative Aspekt von Aggression und Macht miteinander multipliziert vergrößert die Gewalt und der positive Aspekt der beiden Einzelfaktoren verkleinert sie. Das heißt bezogen auf die mathematische Formel, dass im negativen Fall der Zähler und im positiven Fall der Nenner wächst, um Gewalt zu beeinflussen.

Das bedeutet inhaltlich, dass der sozialregulative Charakter der Aggression durchaus eine nützliche Komponente in der Organisation der menschlichen Gesellschaft darstellt und dieser günstige Aspekt durch positive Wirkung von Macht noch verbessert werden kann. Dagegen ergibt die Verknüpfung der jeweils negativen Aspekte beider Faktoren einen Ausschlag aufseiten der Gewalt ins Ungünstige.

Man kann aber diese Formel auch noch anders lesen. So kann man sie dergestalt interpretieren, dass eine besonders hohe Potenz ungünstiger Aggression durch eine Verstärkung positiver Machtanteile reduziert werden kann, um die Gewalt wenigstens nicht größer werden zu lassen, vielleicht sogar zu verringern. Ebenso macht sich negative Macht eines Menschen weniger stark bemerkbar, wenn seine aggressive Potenz sich mehr im Positiven abspielt oder von Natur aus gar nicht so ausgeprägt ist. Im besten Fall lässt sich durch günstig kanalisierte Aggression trotz hoher Machtanteile die Neigung zur Gewalt verringern.

Diese formelhafte Hypothese von Aggression, Macht und Gewalt sagt aber auch aus, dass es Gewalt in der Gesellschaft zumindest im Kleinsten immer gibt. Sie ist zwar kein angeborener, genetisch fixierter Trieb, aber sie ist ein unvermeidlicher Faktor in jeder größeren Gemeinschaft und mithin in der menschlichen Gesellschaft. Der Blick in die Zeitgeschichte der Menschheit mit ihrer endlosen Kette von Auseinandersetzungen und Kriegen legt diesen Schluss nahe und unterstützt dadurch die oben gefundene mathematische Gleichung durch besondere Beweiskraft.

Will man also regionale Auseinandersetzungen oder Kriege globalen Charakters auf ihre Ursachen hin untersuchen, dann sollte den obigen Ausführungen zufolge die Schlussfolgerung so lauten, dass nicht die Aggression des Menschen der Auslöser ist, sondern seine Neigung, soziale, wirtschaftliche und territoriale Konflikte mit Gewalt aus der Welt zu schaffen. Es handelt sich bei diesen Kriegen also nicht um ein Geschehen, dass menschlicher Triebhaftigkeit entspricht, sondern seiner durch ungünstige Umstände in der psychosozialen Entwicklung erlernten Strategie, Konflikte im Kleinen wie eben auch im Großen mit Gewalt zu lösen. Ist nun nicht das Entwicklungsprinzip der Vernunft stark genug ausgeprägt, dieser Gewalt per Gewissensregung Einhalt zu gebieten, wird der kalte Verstand bemüht, die Gewalt erfolgreich umzusetzen. Ideologische und selbstrechtfertigende Begründungen liefert der Verstand gleich mit, damit das psychosoziale Dilemma, das durch die Gewalt entsteht, nicht den Erfolg moralisch ins Abseits stellt.

Kurze Zusammenfassung des Kapitels

Die Aggression als Trieb muss den zuvor gegebenen Erklärungen zufolge über den differenzierten sozialpsychologischen und den sehr viel einfacheren neurobiologischen Zugang auf eine andere als die bisher übliche Weise definiert werden. Das heißt für mich aber nicht, dass ihr Triebursprung aufgegeben werden muss. Vielmehr sollte ihre Triebentstehung im menschlichen Gehirn im Zusammenhang mit der geschlechtsspezifischen Sozialisation des Menschen gesehen werden. Denn ähnlich wie die Sexualität erscheint mir die Aggression nicht nur an der Regulation sozialer Prozesse in der menschlichen Gemeinschaft beteiligt zu sein, sondern auch an der Arterhaltung und Fortpflanzung des Menschen an sich. Während die Sexualität aber rein aus dem Positiven schöpfend die Erhaltung der menschlichen Art sichert, tut es die Aggression auch aus dem Negativen.

Dabei geht es jedoch nicht, wie oft angenommen wird, um Vernichtung oder Dezimierung des Menschen und/oder seiner Errungenschaften und Besitztümer, sondern um ein Erzwingen des Nützlichproduktiven. Dabei denke ich in erster Linie auch an die Mitwirkung der Aggressivität bei der Entwicklung zur Empathie (s.u.). Aggression ermöglicht aber wie gezeigt allem voran eine verbesserte Form von sozialer Organisation und Struktur.

In der von mir entwickelten Vorstellung über die Aufgaben der Aggression und des Machtbedürfnisses beim Menschen steht die Positionierung des erworbenen Selbst im Mittelpunkt. Die zahlreich aufgeführten gemeinschaftlich sozialen Aspekte behalten indes allesamt ihre Gültigkeit. Nur geht es vom individualpsychologischen Standpunkt gesehen primär darum, dass das Selbst, wenn es einmal im Menschen geboren ist, expansiven Drang entwickelt, welcher sich im Willen für jeden Anderen erkenntlich formuliert. Die daraus resultierenden Verhaltensweisen sind dabei jedem, der sich mit kleinen Kindern befasst, hinlänglich bekannt. Ja, die Allgemeinheit leidet zuweilen unter diesem expansiven Drang des frühkindlichen Selbst.

Im Trotz kommt exakt dieses Geschehen konfliktträchtig mit der Umwelt zum Ausdruck. Das Selbst als die soziale Seite des Ich ist nicht dafür gemacht, sich den Ansprüchen des oder der Anderen freiwillig zu unterwerfen oder ohne Hinterfragen anzupassen. Nein, das Selbst sorgt zunächst einmal immer für den eigenen Vorteil und ist geneigt, gegen die Ansprüche der Anderen zuallererst Widerspruch einzulegen. Dieser Widerspruch zeigt sich anfangs im reinen Verweigerungsverhalten als der bekannte Trotz und nach dem ausreichenden Spracherwerb im ständigen Widersprechen. Körperlich wie geistig wird vom Kind also immer erst die eigene Vorstellung inszeniert, bevor ein Nachgeben aufgrund eigener Unterlegenheit in Kauf genommen wird. Das heißt auf einen einfachen Nenner gebracht, ein Kleinkind überlässt das Feld niemals „kampflos“, es sei denn, es wäre von Natur aus besonders defensiv eingestellt oder es litte schon unter einer Eltern-Kind-Beziehungsstörung (s.o.).

Was das für die einsetzende Sozialisationsentwicklung des Kindes heißt, zeigt sich in den im Folgenden beschriebenen Entwicklungsschritten. Denn ohne Sozialisation ist der Mensch auf Dauer in dieser Welt nicht existenzfähig. Das nächste Kapitel muss also die Entwicklungskaskade von der anfänglichen emotionalen Integration im Säuglingsalter bis zur Vernunftentwicklung und Prosozialität im Schulalter beinhalten.

Dabei soll erkennbar werden, dass die Aggression als nicht vollständig unterdrückbare Triebregung sowie das unvermeidliche Dominanzstreben als Äußerung von Macht auch schon in der frühkindlichen Entwicklung des Menschen nicht auszuklammern sind. Beide das Verhalten modifizierenden Eigenschaften hat der Mensch aus seiner phylogenetischen Herkunft im Tierreich beibehalten. Allerdings sind sie bei ihm einer gewandelten Funktion unterzogen worden. Es hat den Anschein, als sei es die Aufgabe der Evolution gewesen, den Macht- und Aggressionstrieb bei Zunahme der Intelligenzfunktion der neuen Spezies Mensch unter eine spezielle Kontrolle zu bekommen. Denn die Paarung aus Macht/Aggression und Intelligenz ist unter ungünstigen Umwelt- und Lebensbedingungen beinahe verheerend für die biologische Art, die sie entwickelt. Das Überlebensprinzip dieser neuen Art wäre an genau dieser Stelle also in hohem Maße gefährdet. Der Mensch als die neue Art hatte daher nur eine Chance zu überleben, wenn er sich als soziales Wesen den Herausforderungen der Natur stellt und er seine Intelligenz friedlich und sinnvoll in seinem Lebensumfeld nutzt.

Das Machtstreben und der Aggressionstrieb stehen diesem Grundsatz in ihrer negativen Ausdrucksform erkennbar im Wege. Also kam es drauf an, in den Entwicklungsprozess zum sozialen Denken und Handeln eine starke und zugleich effektive moralische Kontrolle einzubauen, welche die Macht und die Aggression auf ihre positiven Aspekte verpflichtet und dabei ein ausreichend starkes Gegenprinzip zur negativen Verlaufsform abgibt. Das konnten nur die Fähigkeit zur Empathie, wie zur Mentalisation des Fühlens und Denkens sowie die Entstehung eines Gewissens sein. Von der Entstehung dieses Moralkomplexes im menschlichen Gehirn soll daher im nächsten Kapitel die Rede sein.

b) Die Entwicklung der psychodynamischen Moraltheorie in der Ausbildung zur Vernunft

Vier Schritte erscheinen nach allem Gesagten in der psychosozialen Entwicklung des Kindes nötig zu sein, das Ziel einer vom Gewissen kontrollierten Vernunft zu erreichen:

1. Die Entwicklung des steuerbaren und kontrollierbaren Willens.
2. Die Ausbildung von Empathie (spontan und über Induktion).
3. Die Entstehung des Gewissens auf der Basis von Stolz und Scham.
4. Das Erreichen der Vernunft.

Diese vier Schritte sollen im Folgenden noch einmal detailliert besprochen werden.

Man könnte die folgenden Ausführungen auch, wie bereits im Vorwort angekündigt, als das Herzstück des ganzen Buches bezeichnen. Etwas später in den Allgemein einleitenden Erklärungen hatte ich auf die zentrale Aussage des Buches hingewiesen, die negativen Seiten in der menschlichen Entwicklung durch geeignete Erziehung günstig beeinflussen zu können. Nach Klärung der Fragen, die sich um die Entstehung von Gewalt als pathologische Ausdruckform von Aggression und Macht ranken, und die noch einmal in die klassische Triebtheorie zurückgeführt haben, müssen wir uns jetzt genauer den Erkenntnissen zuwenden, die sich aus den entwicklungsgeschichtlichen Errungenschaften des menschlichen Geistes und der Psyche ergeben. Nur Geist und Psyche, Trieb und Selbstkontrolle im ausgewogenen Verbund sind in der Lage, die Gewalt im Zaum halten oder sogar gänzlich zu überwinden. Auf sehr einfache, plakative Begriffe heruntergebrochen lässt sich das so ausdrücken:

Nachdem die Ursprünge des Bösen im Menschen analysiert worden sind, gilt es jetzt, das Gute in ihm zu definieren. Dabei werden einzelne Aspekte noch einmal zur Sprache kommen, die in anderen Zusammenhängen schon aufgetaucht sind.

ba) Anzufangen ist einmal mehr mit der Frage zur Ausgestaltung des **menschlichen Willens**. Einige wichtige Vorbemerkungen zu dieser Thematik hatte ich schon im Kapitel 3 von Teil 1 und dem Kapitel 2 von Teil 3 ausgeführt. Ausgehend von der Behauptung, dass die Emotionen in der Strukturierung des menschlichen Gehirns den Erkenntnissen immer einen Schritt voraus sind, müssen wir den Willen zu einem Produkt der Gefühle zählen. Denn der Wille steht zeitlich und in der Entscheidungsabfolge im Gehirn vor dem Verständnis der eigentlichen Handlung oder Tat. Das lässt sich noch genauer beschreiben: Vor dem Willen steht zunächst ein **Drang**, der den Impuls gibt, eine bestimmte Handlung auszuführen oder einen bestimmten Gedanken zu fassen. Dieser Impuls kommt zunächst rein von innen heraus gleich einer inneren Motivation (s.o.). Er bedarf vorerst keines äußeren Anlasses. Dieser Drang besitzt selbst somit noch keinen Inhalt und ist vorläufig kein Teil der Erkenntnis. Er ist nur Antrieb einer jeden motorischen oder geistigen Regung im Gehirn und damit ungerichteter Wille. Der Philosoph Arthur Schopenhauer sprach vom „blinden, ungerichteten" Willen, der die gesamte Natur durchzieht.

Das sich daraus ergebende Problem für das menschliche Gehirn ist, das sei hier aus Verständnisgründen angefügt, dass es auch einen Drang gibt, der weiterhin ohne Inhalt bleibt und der in psychopathologischen Zuständen immer wieder auftritt und seinen Initiator quält (motorische Unruhestände, Zwang, Gedankenflucht). Er quält ihn deswegen, weil der (im Willen) unbefriedigte, letztlich ideenlose Drang immer zu einer schmerzlichen Frustration führt.

Aber in der gesunden emotionalen und psychosozialen Entwicklung gerät der Drang zunehmend unter die Gestaltungskraft des **Willens** und bekommt einen inhaltlichen Sinn. Bezüglich einer Handlung ist dieser Sinn die Absicht etwas zu tun. Im rein gedanklichen Bereich entspricht er dem Einfall. So fangen der ältere Säugling und das Kleinkind eines Tages an, sich zu überlegen, was sie als Nächstes tun wollen. Sie folgen ihrem Einfall. Die Kinder sind dann ungefähr ein Jahr alt und entwickeln erste Ansätze zu einem Handlungsplan, den sie im Kopf haben, bevor sie diesen dann zur Ausführung bringen. Da diese Planung noch Zeit in Anspruch nimmt, kann man den Kindern regelrecht ansehen, wie sie nachdenken. Für solche Handlungspläne entsteht im Gehirn mit der Zeit eine Art Archiv, für das sich mit stetigem Fortschritt ein ganzes Hirnzentrum zuständig erklärt, das **Handlungsplanungszentrum**. Das Handlungsplanungszentrum befindet sich in den hinteren seitlichen (dorsolateralen)

Anteilen des Frontalhirns. Ihnen „vorgeschaltet“ ist die supplementär motorische Area (SMA) (s.o.). Diese sorgt dafür, dass das Gefühl der Selbstverursachung oder „Willkür“ entsteht, wenn Muskeln dazu in Aktion versetzt werden.

Noch vor diesem großen Zentrum steht also der Wille selbst als eine weitere abgrenzbare Ansammlung von Hirnnervenzellkomplexen, vermutlich in Anteilen des Gyrus cinguli, dem zum Mittelspalt gewandten Abschnitten der Hirnrinde. Dieser Zellkomplex sorgt dafür, dass der Zugang zum Archiv der Handlungen einer ständigen Kontrolle unterworfen ist. Das bedeutet, es entsteht zugleich ein „Jemand“, der kontrolliert, und dieser Jemand wird sich selbst in den ersten eineinhalb Lebensjahren immer klarer als eine Person, bis er sich schließlich „**Ich**“ nennen kann. Dieses Ich formuliert jetzt seinen Willen bewusst und überlegt sich sein Handeln absichtsvoll vorweg. Dafür „checkt“ es im günstigsten Fall, ob sich der gefasste Plan auch lohnt und überhaupt ausführbar ist (z.B. könnten Gefahren dagegen sprechen) oder ob nicht der Wille eines anderen Menschen (z.B. der der Eltern) dagegen spricht. Und erst jetzt trifft das Ich die **Entscheidung**, ob es den Plan ausführt oder nicht. Dieser letzte Schritt ist einem Zusatzdetail des Gedankengebäudes unterworfen, den wir in der eigenen Erfahrung mit dem Begriff **Entschluss** charakterisieren.

So ergibt sich folgende Ereigniskette im Gehirn:

1. Antrieb für ein Tun, welcher Drang heißt.
2. Wille zur Ausführung, in dem das Ich zugeschaltet wird und ein Plan entsteht.
3. Entscheidung nach Abwägung durch das Ich.
4. Entschluss zur Realisation.

Dieser Vorgang kann Bruchteile von Sekunden ausmachen, er kann aber auch Stunden dauern, je nachdem wie sich die Motivationslage im Ich verhält und wie die äußeren Lebensumstände in den Entscheidungsprozess mit hineinspielen. Misslingt dieser Vorgang, kann ein Kind in einen seelischen Ausnahmezustand geraten und „sich selbst trotzen“. Solche Trotzanfälle unterscheiden sich kaum von denen der üblichen Selbstbehauptung. Sie zeigen aber einen gewissen Verzweiflungsaspekt. Denn der entstehende Widerspruch im Willen entspricht einem unentscheidbaren **Ambivalenzkonflikt**. Bei hoch impulsiven Kindern, also jenen, die man dem „schwierigen Temperament“ zurechnet, ist die Bahnung des Entschlusses hingegen wegen einer grundsätzlich bestehenden Entscheidungsschwäche zu rasch. Der einmal gefasste Wille kann nicht mehr rechtzeitig zurückgenommen werden (Fallgatter et al., 2004).

Die **emotionale Integrationstheorie** besagt nun, dass in Abhängigkeit von der positiven oder negativen Lebenserfahrung des Säuglings, der Wille sich stärker zum beherrschbaren und entscheidungsmächtigen, d.h. „freien" Willen ausbildet oder stärker im Stadiums des Drangs, also des ungerichteten Willens verhaftet bleibt. Damit wird er jedoch unflexibel und beharrlich. Wir befinden uns dabei zeitlich, das sei erinnert, noch im ausklingenden Säuglingsstadium und sehen den etwa einjährigen Kindern bei ihren ersten Unternehmungen zu.

Drang und Wille lassen sich bei der Beobachtung des Kindes etwa folgendermaßen unterscheiden: Der gut einhalbjährige Säugling greift ganz spontan, ohne viel zu überlegen, den Gegenstand, den er findet und zu fassen bekommt, beobachtet ihn dann in seinen Händen und lässt ihn fallen oder wirft ihn weg. Bei ihm ist es noch so, als zöge der Gegenstand das Kind magnetisch an. Sein Antrieb zu handeln entspricht allein dem inneren Drang.

Das gerade dem Säuglingsalter entwachsene Kleinkind mit einem Jahr sieht man schon auf dem Boden krabbeln oder bereits laufen und bemerkt, wie es erst ein Spielzeug anvisiert, dann einen Moment noch beobachtet und überlegt, schließlich eine Plan entwickelt und sich zu ihm hin bewegt. Dann übt es eine kleine Spielsequenz mit diesem Gegenstand aus, um sich schließlich einem anderen Gegenstand in gleicher Weise zuzuwenden. In diesem Verhalten kommt zum ersten Mal gezielter Wille zum Ausdruck. Die Entscheidungsfähigkeit entsteht dabei parallel zum beherrschbaren Willen.

Sicher gebundene Säuglinge, die viel negatives Ursprungsgefühl (Angst, Schmerz, Hunger, Durst usw.) durch einfühlsames, zuverlässiges und wirksam beruhigendes Handeln ihrer Bezugsperson(en) in positives Selbstempfinden umwandeln konnten, können mehr vom ursprünglichen Drangempfinden in steuerbares Willensgefühl umwandeln. Ihr Wille wird demnach also flexibler, beherrschbarer und ist damit besser einer nachgeschalteten Entscheidungsfindung zugänglich.

Das kann man sich so vorstellen, dass sich die Zentren im Gehirn, welche für Befriedigung und Glücksgefühle zuständig sind – das **Belohnungssystem** (s.o.) – stärker ausbilden und sich gleichzeitig intensiv mit den Zentren der Willensbildung und der Handlungsplanung in Verbindung bringen. Diese Netzwerkverknüpfung sorgt dann in Zukunft für Ordnung und Konzentration im Gehirn. In der Fachsprache wird hier gerne das Wort **Strukturierung** benutzt. Ein solches Gehirn wird demnach als gut strukturiert bezeichnet.

Ordnung, Konzentration auf ein bestimmtes Handeln und Strukturierung in der Willensbeherrschung und Entscheidungsfindung werden in der fortschreitenden Entwicklung im Rahmen der Lernfähigkeit des Klein- und Schulkindes zu einem wichtigen Faktor, der in Form einer Messbarkeit als **Aufmerksamkeit** bezeichnet wird. Neben dem nach außen erkennbar überlegten

Reagieren und Antworten ist von diesem inneren Vorgang auch immer die nicht wahrnehmbare Denkfähigkeit betroffen. Die im Denken zunehmend geordneten Handlungspläne werden in speziellen Netzwerken abgespeichert und von dort der direkten Anwendung oder der Erinnerung zugänglich gemacht (Handlungsplanungszentrum, s.o.). Der Wille kann jetzt darüber entscheiden, welche Ideen und Vorstellungen zur Verwirklichung gelangen sollen und welche nicht. Solche inneren Vernetzungen kann man heutzutage mittels Neuroimaging als bildliche Darstellung von Hirnaktivität sichtbar machen (D.F. Braus, 2004).

Anders ergeht es den Kindern, welche uneinfühlsame, lieblose, verständnislose und/oder vernachlässigende Eltern erleben und ertragen mussten. In ihnen Köpfen verbleibt der Dranganteil des Willens um eine Etliches stärker erhalten. Dadurch bleibt aber die **Steuerungsfähigkeit des Willens geschwächt** zurück. Die Angstzentren im Gehirn dagegen, allen voran die Amygdala und andere Teile des limbischen und mesolimbischen Systems (G. Roth, 2003) lassen verunsichernde und unglückliche Gefühle im Gehirn als so genanntes Bestrafungssystem (s.o.) entstehen, ein System, das die willentliche Steuerbarkeit des Handelns fortgesetzt dem Drang unterwirft oder komplett hemmt. Diese Kinder handeln demzufolge auffallend stur und beharrlich oder ziehen sich bei Widerstand sofort in sich selbst zurück. Ihr Wille, so er noch geäußert und nicht aus Angst vor Strafe bereits unterdrückt wird, erscheint durch den hohen Anteil von Drang unflexibel und unbeugsam. Auch hier gilt, dass neben dem Handeln das ganze Denken davon betroffen ist. Das heißt auch ihr Denken ist unbeweglich, wenig abgestimmt auf den anderen und ganz der Erfüllung eigener Vorstellungen unterworfen, ob sie nun verbal geäußert werden oder unausgesprochen weiter verfolgt werden.

Dementsprechend sind die Netzwerkstrukturen im Handlungsplanungszentrum schwächer mit der Willenssteuerung verbunden als für einen umgänglichen Gebrauch notwendig. Das Handlungsplanungszentren arbeitet quasi allein für sich – ohne die nötige starke Ich-Kontrolle. Vergleichende Studien an „fehlgeprägten", in größeren sozialen Gruppen lebenden Tieren haben solche Störungen in der Vernetzung sichtbar machen können (A.-K. Braun, M. Meaney, s.o.). Am Menschen sind solche strukturellen Besonderheiten allerdings noch nicht bewiesen, werden es aber sehr wahrscheinlich sein.

Zieht man aus diesen Ausführungen über die Willensentstehung im Menschen Bilanz, lässt sich Folgendes festhalten: Der „freie", das bedeutet hier der beherrschbare, vom Ich steuerbare Wille besteht in der geistigen Kraft und Fähigkeit, den Dranganteil in ihm wirkungsvoll im Zaum zu halten und damit unter Kontrolle zu bekommen. Diese ausübende Kontrolle muss dahingehend in der Lage sein, den noch bestehenden Drang im Willen durch Verneinung, resp. Negierung so zu unterdrücken, dass seine Umsetzung jederzeit abgebrochen werden kann. Kraft und Stärke dieses steuerbaren Willens hängen – wie mehrfach beschrieben – von der Verinnerlichung der positiven Bindungs- und Beziehungserlebnisse im ersten Lebensjahr ab. Je positiver diese Bilanz ist, desto stärker gestaltet sich der Wille in der Fähigkeit zur **Negierbarkeit des Drangs**. Das sich parallel stark ausprägende Belohnungssystem sorgt mit für eine günstige Entwicklung in Richtung weiterer prosozialer Fähigkeiten.

Viel Angst und Stress im ersten Lebensjahr fördern in umgekehrter Weise den Drang und schwächen den Willen über den Mangel an Kontrolle und Steuerbarkeit. Gleichzeitig wächst das gegenteilig arbeitende Bestrafungssystem. Da der hohe Drang den Willen unflexibel und beharrlich macht, fällt bei diesen Kindern neben der schlechten Beeinflussbarkeit durch erzieherische Maßnahmen das besonders starke Trotzen auf. Allerdings sind anlagebedingte Faktoren in der Stärke der emotionalen Trotzäußerung, der allgemeinen Affektausprägung und der hohen Impulsivität von diesen Entwicklungsergebnissen abzugrenzen.

In der Beurteilung von Kleinkindern wird nun der Wille häufig mit dem Drang verwechselt oder diesem zumindest gleichgesetzt. Als „willenstarke Kinder" werden dann die Kinder bezeichnet, die noch einen hohen Dranganteil in sich verspüren. Vordergründig betrachtet hat es tatsächlich auch diesen Anschein. Wird aber nun der Drang durch machtvolle erzieherische Maßnahmen der Eltern oder anderer ErzieherInnen unterdrückt, wie allzu oft empfohlen, trotzen die Kinder um ihrer selbst willen eher noch stärker. Keineswegs beugen sie sich dem Diktat. In gegenteiligen Fällen trotzen sie jedoch aus Angst vor Strafe kaum noch und widersetzen sich auch immer weniger. Das wäre ein Resultat der konventionell autoritären Erziehung, wie es gerne als gutes erzieherisches Ergebnis dargestellt wird.

Kurze Fallgeschichte zur Kontrollierbarkeit des Willens

Ein Kleinkind, nennen wir es Lisa, entwickelt mit gut einem Jahr die Lust, immer wieder die Blätter der Zimmer- und Gartenpflanzen abzureißen und sich in den Mund zu stecken. Darüber sind die Eltern nicht beglückt, und so gehen sie hin, die Absichten von Lisa durch eindringlich ausgesprochene Verbote zu unterbinden. Da Lisa aber noch nicht weiß, was ein Verbot ist, begeht sie den „Fehler" immer wieder und steuert die Pflanzen an, wann immer sie Lust dazu verspürt. Dadurch fühlen sich die Eltern herausgefordert und meinen, ihr Verbot noch strenger vortragen zu müssen. Lisa reagiert auf diese Strenge jetzt zwar irritiert, entwickelt eine gewisse Angst vor der elterlichen Reaktion, weiß aber noch nicht, warum und wie sie sich anders verhalten soll. Der Konflikt ist vorprogrammiert.

Lisa macht nun aus ihrem Verhalten ein Spiel, weil ihr die Natur vorgibt, das Spiel als Grundprinzip eines „Lernens noch ohne Verstehen" zu nutzen. Die Abfolge des Spiels in diesem Fall ist folgendermaßen: Immer wenn sie den lustvollen Drang verspürt, sich zu den Pflanzen zu begeben und die Blätter abzureißen, geht sie hin, berührt die Blätter nur und schaut zu den Eltern, wie diese reagieren. Die Mutter oder der Vater intervenieren jetzt mit einem klaren „Nein!" und einem bösen Blick. Da die Grundlage des Spiels aber Belustigung ist, sonst würde dieses Prinzip in der Natur nicht richtig genutzt werden, reagiert Lisa – wie jedes andere Kind auch – widererwartend freudig, lacht und macht einfach weiter. Nun schreiten die Eltern drastischer ein und tragen ihre Tochter von der Pflanze weg. Das aber löst bei Lisa massive Unlust aus, und sie fängt an, aus Protest gegen diese „Grobheit" wütend zu schreien.

An diesem Punkt setzt nun der Unterschied ein zwischen einem Kind, das schon ein wenig mit seinem Willen umgehen kann und einem, das noch stark unter dem Einfluss des Drangs steht. Je stärker dieser Drang im Kind noch besteht, desto stärker fällt auch dieser Protest aus. Das eine Kind hört gleich auf zu schreien, nachdem es losgelassen wird, das andere schreit jedoch noch etliche Minuten weiter, nachdem der eigentliche Vorfall schon vergessen sein könnte. Grundsätzlich gilt: Je weiter der freie, umgängliche Wille vorangeschritten ist, desto schneller beendet das Kind seinen Protest und unterwirft seinen eigenen Willen dem der Eltern.

In den Phasen des Widerstandes und Trotzes verschärfen sich solche Konflikte durch die Zunahme des kindlichen Forschungsdrangs erheblich. Angesichts der Tatsache, dass Widerstand und Trotz grundsätzlich der Selbstbehauptung des Kindes dienen, sind Beharrlichkeit in der geplanten Handlung oder der im Kopf entstandenen Idee von Natur aus schon sehr stark. Drangvoller Wille pfropft sich dann noch darauf und lässt Protestreaktionen im Falle eines Verbots beim Kind dramatische Ausmaße annehmen. Die Kinder brechen nicht nur in wütendes Geschrei aus, sie werfen sich auch auf den Boden, schleudern greifbare Spielsachen in die Ecke und treten oder schlagen auch schon mal ihre Bezugspersonen.

Kurze Fallgeschichte zur Entwicklung drangvoller Trotzerscheinungen

Der kleine Ben ist von Geburt an ein unruhiges Kind, das schnell unzufrieden reagiert und jede Unannehmlichkeit mit lang anhaltenden Schreiphasen quittiert. Viel zur Beruhigung herumgetragen wird Ben nicht und liegt, oft lange Zeit sich selbst überlassen, in seinem Bettchen. Die Eltern erhalten den Rat, sich von den Launen ihres Kindes nicht beherrschen zu lassen und es von Anfang an durch gezielt abwartendes Verhalten zum Einlenken zu zwingen. Sie sollen Ben sich notfalls ausschreien lassen und nur in bestimmten Abständen versuchen, ihn tatsächlich zu beruhigen. Er würde schon „Vernunft annehmen" und sich dann zunehmend nach den Eltern richten. Die Abende und ganz besonders das Einschlafen werden so für Eltern wie Kind zu einer Tortur. Ben soll auf jeden Fall lernen, von Anfang an alleine in seinem Zimmer einzuschlafen.

Die Fremdelreaktionen fallen mit etwa einem halben Jahr sehr heftig aus und Ben reagiert sogar auf dem Arm der vertrauten Großmutter oft mit Abwehr und Schreien. Jetzt sagt man den Eltern, „da müsse der Junge durch." Je früher er viel Kontakt mit anderen Menschen hätte, desto leichter täte er sich später damit. Mit einem Jahr ist Ben jedoch extrem anhänglich und schreit sofort, wenn er seine Mutter nicht mehr im Blick hat. Aber selbst wenn sie ihn dann hochnimmt, kommt er innerlich nicht zur Ruhe, weint erst einmal weiter und schiebt manchmal seine Mutter regelrecht fort. Reagiert sie dann unwillig und setzt ihn wieder auf den Boden, wird das Geschrei noch größer. Der Vater kann ihr bisher noch gar nicht dabei helfen. Ben zeigt jetzt die Anzeichen der ambivalent-unsicheren Bindung.

Den oben gemachten Ausführungen zufolge kann Ben nur verhältnismäßig wenig Drang in steuerbaren Willen umwandeln und dieser Drang unterliegt zudem einem angeborenen hohen Impulsivitätsfaktor. Ben wird, kaum dass er die Grenze des ersten Lebensjahres überschritten hat, zu einem regelrechten Rebellen. Wo immer sich ihm Widerstand bietet, kocht seine Wut hoch. Oft ohne Vorankündigung fängt er an zu schreien, trampelt mit den Füßen auf den Boden und schlägt mit den Armen um sich. Mitunter ist seine Wut so groß, dass er seinen Kopf auf den Boden schlägt. Die Eltern lassen ihn oft alleine, und er hat kein Gegenüber für das Ausleben seiner Gefühle und Affekte.

Die ersten Kämpfe mit der Mutter fanden schon auf dem Wickeltisch statt. Ben hat es gehasst, sich wickeln zu lassen, wenn ihm sein Sinn nach etwas anderem stand. So wandte er sich mit seinem Körper unter den Händen der Mutter ständig weg. Er hasste es auch, auf den Arm genommen zu werden, wenn er eigentlich auf Erforschungstour gehen wollte, schrie andererseits lauthals, wenn er nicht auf den Arm genommen wurde, obwohl er gerade der Zärtlichkeit bedurfte. Das Füttern war für die Eltern ein Vabanquespiel, weil Hunger und Appetit mehr der kindlichen Laune unterworfen waren als der Gewohnheit und Regelmäßigkeit in der Ernährung. Das Einschlafen hingegen gelang gut, weil Ben sich sein Schreien wegen erfahrener Nutzlosigkeit inzwischen abgewöhnt hatte.

In der Trotzphase im zweiten und dritten Lebensjahr verschärft sich das widerständige und zugleich unberechenbare Verhalten von Ben immer mehr. Jetzt genügen schon kleine Eingriffe in die geforderte Selbstbestimmungshoheit, um ihn vollständig explodieren zu lassen. Er wirft sich laut schreiend auf den Boden, reißt an allem, was er zu fassen bekommt, schleudert Spielzeug durchs Zimmer, schlägt oder tritt nach seinen Eltern, beißt sogar vor Wut in ihre Hände und haut seine Kopf gegen die Wand, wenn er kein Aggressionsobjekt zu fassen bekommt. Seinen Eltern erscheint Ben regelrecht jähzornig. Der unbändige Drang, den er immer noch in sich verspürt und der durch keinen beherrschbaren Willen im Zaum gehalten wurde, gerät entwicklungsgemäß unter den in diesem Alter erwachenden Aggressionstrieb und treibt die Trotzanfälle auf die Spitze. Nirgendwo sind die Eltern mehr vor diesem Anfallsgeschehen sicher. Am Schlimmsten treibt es Ben in der Öffentlichkeit oder in Situationen, in denen erkennbar Anpassung gefordert ist. Belehrungen und anderen erzieherischen Maßnahmen ist Ben kaum noch zugänglich, sofort ist sein Widerstand geweckt und unaufhörlich kämpft er um sein gerade erwachendes Selbstempfinden. Das frühe Selbstbewusstsein besteht hauptsächlich aus einem unablässigen Kampf mit der Umwelt. An anderer Stelle habe ich diesen Entwicklungsstand als den „Kampf ums Selbst" bezeichnet.

Wenn man jetzt die oben schon angesprochenen **Erkenntnisse der Hirnforschung** hinzu nimmt, dann muss man von Ben annehmen, dass er in seinem Belohnungszentrum zu wenig funktionstüchtige Netzwerkstrukturen anlegen konnte. Auf der anderen Seite verblieb sein Willenszentrum unterrepräsentiert. In beiden Zentren herrschen dopaminerge Rezeptoren vor, deren Funktion bei der Entwicklung zum Störungsbild der ADHS gestört ist (Dopamin-3-Rezeptoren- und Transporter-System, s.o.). Gleiches gilt für das sich in diesem Alter stark entwickelnde Frontalhirn als Entscheidungs- bzw. Exekutivorgan. Neuere Forschungen zeigen, dass im Belohnungszentrum auch Opiatrezeptoren (für Endorphine) wirksam sind, deren Ausbildung in diesem Zusammenhang ebenfalls mangelhaft erfolgt. Bislang ging man immer davon aus, dass diese Fehler genetischen Ursprungs seien. Bei der Darstellung von Bens Entwicklung wird somit deutlich, wie auch umweltliche, d.h. epigenetische Faktoren auf solche Fehlentwicklungen Einfluss nehmen können.

Ein stark im Willen aufgegangener Drang macht sich mit der Zeit immer weniger stark bemerkbar, und das Kind entwickelt von innen heraus die Möglichkeit, den elterlichen Wünschen leichter nachzugeben. Der Trotz fällt dazu insgesamt sehr viel gemäßigter aus. Einzig eine starke Affektivität und hohe Impulsivität als Temperamentsfaktoren können sich weiterhin als Störfaktor in diesem Entwicklungsprozess einschleichen

Im Zusammenhang mit den temperamentsbedingten und charakterlichen Eigenschaften stellt sich die Frage nach den zugrunde liegenden genetischen Voraussetzungen für eine leichtere oder schwerere Entstehung von strukturellen Veränderungen im Gehirn und damit verbunden für Verhaltensauffälligkeiten. Diese Frage rührt an zwei hirnorganische Grundbedingungen des Menschen, die es zu beantworten gilt: Einmal ist es die angeborene seelische Widerstandsfähigkeit gegen schädliche Auswirkungen der Lebensumwelt, die man als die schon mehrfach angesprochene **Resilienz** bezeichnet; und zum anderen ist es deren genaues Gegenteil, die **Vulnerabilität** (Verletzlichkeit) oder auch Empfänglichkeit für ungünstige Umwelteinflüsse. Im Einleitungskapitel hatte ich diese gegensätzliche Konstellation für die seelische Gesundheit schon einmal aufgegriffen. An dieser Stelle soll sie nun vertieft werden.

Ähnlich wie im körperlichen Bereich bei der angeborenen Resistenz oder deren Gegenteil, der Infektanfälligkeit, muss es im menschlichen Erbgut (Genom) Orte geben, an denen vergleichbare Eigenschaften auch für die Seele eingeschrieben (kodiert) sind. Beides sind rein individuelle, existenzielle Vorgaben, auf die man im Umgang mit dem einzelnen Menschen zunächst keinen Einfluss hat. Auch kennt man ihre jeweilige Stärke im Voraus nicht. Man kann sie nur zu Erklärungszwecken für Krankheitsneigung und seelische Empfindsamkeit heranziehen. Empfehlenswert erscheint mir, im psychosozialen Umgang mit Säuglingen und Kleinkindern immer so vorzugehen, als seien sie eher ungünstig veranlagt, also Kinder mit schwacher Resilienz und höherer Vulnerabilität. So erspart man ihnen eine zu hohe emotionale Belastung und erhält ihnen die Chance, ihr schwieriges Temperaments eines Tages in einer guten Sozialisation aufgehen zu lassen.

Kurze Fallgeschichte

Es eignet sich an dieser Stelle, noch einmal den Anfangsverlauf eines durch die Schwangerschaft unbelasteten und von seinem Temperament her günstig veranlagten Kindes zu skizzieren. Dadurch soll das Verständnis der angeborenen Resilienz und der erworbenen Ressourcen eines Kindes noch einmal vertieft werden. Den kleinen Jungen möchte ich diesmal Jannik nennen. Er kommt ohne große Mühen für Mutter und Kind zur Welt und ist von Natur aus ein eher genügsamer Säugling, der sich schnell zufrieden gibt, von Anfang an gut schläft und sich auch in dieser frühen Entwicklungsphase schon eine Zeit lang mit sich selbst beschäftigen kann. Die Eltern sind ihm stets zugewandt, reagieren einfühlsam, sorgen zuverlässig für ihn, animieren ihn mit Mimik, Gestik und Stimme und lassen ihn, weil sie ihrer Intuition vertrauen, bei sich im Schlafzimmer schlafen. Weint er nachts, wird er schnell beruhigt und notfalls noch einmal herumgetragen.

Die Fremdelreaktionen fallen gemäßigt aus. Mit einem Jahr folgt entwicklungsgemäß auch er seiner Mutter auf Schritt und Tritt, zeigt aber kein besonderes Angst- und Stressverhalten, wenn er sie einmal aus den Augen verliert.

Bekommt er es doch einmal mit der Angst zu tun, genügt es ihm zur schnellen Beruhigung, wenn ihn die Mutter zu sich holt und auf den Arm nimmt. Er schmiegt sich sofort an sie und kommt prompt zur Ruhe. Er zeigt somit alle Zeichen der sicheren Bindung. Auch der Vater wird zu diesem Zeitpunkt als erste Ersatzbezugsperson schon als Tröster und „Beruhiger" akzeptiert.

Jannik kann so viele negative Ursprungsgefühle der Angst und Verlassenheit in positive Gefühle des Umsorgt- und Geborgenseins umwandeln. Auf diese Weise wird auch viel unabwendbarer Drang in steuerbaren Willen umgewandelt.

So fällt sein Widerstand im zweiten Lebensjahr gemäßigt und auf das entwicklungsnotwendige Maß beschränkt aus und seine Trotzerscheinungen bewegen sich in einem tolerablen Bereich. Dass er sich hier und da auf den Boden wirft und heftig losbrüllt, ist das Äußerste, was er an Dramatik bietet. Im gewöhnlichen Fall schmollt er nur, verzieht sich in eine Zimmerecke oder stampft mit dem Fuß auf. Im Großen und Ganzen aber zeigt er sich den elterlichen Belehrungen zugänglich und lässt sich, was die alltäglichen Verrichtungen und Unternehmungen angeht, von ihnen gut führen. Mit drei Jahren ist seine Sprachentwicklung dann so weit, dass die Eltern erste Verhandlungen mit ihm realisieren können, und er sich nach ihren Anweisungen immer öfter richtet. Sein Selbstbewusstsein wächst unaufhörlich durch die positiven Erfahrungen an, die er im Umgang mit seinen Mitmenschen macht.

Die beiden etwas idealtypisch konstruierten Fälle von Ben und Jannik sind vergleichbar mit den Endpunkten einer gedachten Linie, auf der sich die wahren Entwicklungen in unterschiedlichen Bindungstypologien aufreihen. Das gilt sowohl für die kindlichen Mitgaben in Temperament und Charakterentwicklung als auch für die elterlichen und umweltbedingten Reaktionen auf das Kind. Die gedachte Linie verleiht darüber Ausdruck, dass in Wirklichkeit kein Kind in seiner psychosozialen Entwicklung dem anderen gleicht.

Das Kapitel Willensentwicklung sollte nicht abgeschlossen werden ohne einen kurzen Hinweis auf die krankhaften Beeinträchtigungen des Willens. Als **Abulie** bezeichnet man ein Phänomen in der Psychiatrie, das im Rahmen von verschiedenen psychiatrischen Erkrankungen, im Wesentlichen von Psychosen, auftritt und den Willen im Verbund mit seiner Entscheidungsfähigkeit derart „lähmt", dass der Mensch seinen Alltag nicht mehr bewältigen kann. Bei der schweren Depression ist Abulie ein kennzeichnendes Symptom.

Interessant für die Verortung des Willens im Gehirn ist die Tatsache, dass auch Tumoren und organische Hirnerkrankungen eine vergleichbare Störung hervorrufen können, wenn sie das Frontalhirn betreffen, Anteile des cingulären Cortex oder die Basalganglien beiderseits (A. Damasio, 1997). Infolge der

Willenlosigkeit kommt es im Einzelfall auch zu einer Unfähigkeit des Sprechens (Mutismus), sowie zur völligen Initiativlosigkeit, zur Verringerung der Spontanbewegungen und zu einer Beeinträchtigung des Denkens.

bb) Zum Zeitpunkt der **Entwicklung zur Empathie** geht das Kind langsam auf das Ende des Kleinkindalters zu und tritt in das Kindergartenalter ein. Diese Zeitangaben sind jedoch nicht ganz strikt zu sehen, denn erste Regungen im empathischen Sinne erleben Eltern auch schon um den zweiten Geburtstag ihrer Kinder herum. Die noch früher festzustellenden und nur scheinbar empathischen Handlungen der Kleinkinder stellen mehr imitierte Handlungsweisen der Erwachsenen dar als wirklich einfühlsame Reaktionen. Inwieweit **Spiegelneuronen** (J. Bauer, 2005) an diesen Handlungen beteiligt sind, bleibt einstweilen noch Forschungsgegenstand. Spiegelneuronen sind in ihrer Funktion vorgeformte Nervenzellen im Gehirn, die auf bestimmte miterlebte Verhaltensweisen bei einem anderen Menschen anspringen und eine Verhaltensimitation auslösen. Es dürfte als unbestritten gelten, dass diese besonders spezialisierten Neuronen ein Resultat der menschlichen Entwicklungsgeschichte darstellen.

Grundvoraussetzung zur echten Empathie ist zu allererst der geistige Schritt einer **kritischen Selbsterkenntnis**. Nach den Studien an Kleinkindern von D. Bischof-Köhler (1994) und anderen Wissenschaftlerinnen und Wissenschaftlern ist diese reife und damit „kritische" Selbsterkenntnis bei Kinder zwischen eineinhalb und zwei Jahren auszumachen (**Rouge-Test** vor dem Spiegel, 3. Kapitel Teil 1). Tiefenpsychologisch betrachtet wird die Phase von der Wiederannäherungskrise (variiert nach M. Mahler, 1975/1997). Es gibt auch Einzelbeobachtungen an sozial schon sehr weit entwickelten Kleinkindern dazu bereits Anfang des zweiten Lebensjahres (eigene Beobachtungen).

In dieser Phase setzen zugleich Widerstand und gezieltes Trotzen ein, welche zunächst einmal jede empathische Gefühlregung beim Kind überdecken. Vorläufig erscheint es dem Kind wichtiger zu sein, sein Selbst in Besitz zu nehmen und jeden kleinen Sieg vehement auszukosten. Um die Befindlichkeiten seines Gegenübers kann es sich noch nicht kümmern. Diese emotionale Gewichtung auf das Ich mit Verteidigung der eigenen Empfindlichkeiten erhält sich im weiteren Leben bei all denjenigen Kindern, denen der Schritt zur Empathie nicht oder nur unvollkommen gelingt.

Es dürfte kein Zufall in der menschlichen Natur sein, dass die Entstehung der Empathie zeitlich mit dem Hervortreten des Aggressionstriebs verbunden ist. Denn erst der Trieb, der auch Angriffslust auf den anderen Menschen erkennen lässt, macht es zwingend erforderlich, empathische Fähigkeiten zu entwickeln. Entwicklungsziel ist bei einem sozial ausgerichteten Wesen, den Artgenossen zu schonen und ihm möglichst keinen großen Schaden zuzufügen.

Denn das Überleben in der Natur ist nur zusammen mit einem anderen Menschen möglich. Außerdem könnte mit Zunahme der Intelligenz der zugefügte Schaden auch lebensbedrohliche Formen annehmen. Über die Fragen der Aggression und Macht beim Menschen wurde zu Anfang des Kapitels im Zusammenhang mit der Entwicklung zur Gewalt detailliert gesprochen. Hier muss dieser Aspekt im Zusammenhang mit der Empathie-Entwicklung wieder zur Sprache kommen.

Die Fähigkeit zur Empathie setzt neben der Selbstobjektivierung – das heißt, das jetzt personifizierte Ich betrachtet sein Selbst (oder sich selbst) beim Denken –, auch ein erstes **Verstehen der eigenen Gefühle** voraus. Zwei Gefühle scheinen in diesem Verständnis den Anfang zu machen, das ergibt die empirische Beobachtung an Kleinkindern. Einmal ist es der **Schmerz**, was nahe liegt, denn die Körperlichkeit dominiert noch stark über das Seelenempfinden. Zum anderen ist es die **Angst**, denn die Angst wird vom Kind absolut elementar erlebt. Aber schon bald ist es auch die **Wut** oder der **Zorn**, welcher die Kinder zu Überlegungen über ihr seelisches Empfinden anregt. Entsprechen fallen die Äußerungen der Kinder in diesem Alter zu ihren Befindlichkeiten aus, wobei sie zuerst einmal Fragen zu diesen Gefühlen an ihre Eltern richten. „Aua, das tut weh" und „ich habe Angst" werden jetzt auch spontan geäußert und zugleich als Frage an den Anderen gerichtet. Etwas später kommt dann auch die Bemerkung „ich bin sauer" oder „ich bin wütend".

Beim Schmerz wird aber nicht nur die Feststellung als solche geäußert, sondern das auslösende Ereignis. Die betroffene Stelle am Körper wird immer wieder spielerisch demonstriert. Dabei ist der eigene Körper unerschöpfliches Objekt. Jede kleinste Verletzung und jede Wunde auch von geringster Bedeutung werden offenkundig beklagt, betrachtet und befühlt. Auch später sprechen die Kinder immer wieder von dem Vorfall, obwohl die entstandene Verletzung längst abgeheilt ist. Trotzdem muss die Stelle durch Pusten erneut geheilt werden. Die Erfahrung der Verwundung und des Schmerzes sind so intensiv für ein Kind, dass sie im Spiel ständig erinnert werden.

In einem weiteren Schritt zwickt oder schlägt das Kind – wohlgemerkt in normalerweise sanfter Form – seine Mutter oder seinen Vater, oder beißt ihr/ihm mit spitzbübischem Lächeln in die Hand. Dabei möchte es erfahren, welche Reaktion der Schmerz bei der Bezugsperson hervorruft. Anschließend ist das Kind bereit, dieselben Maßnahmen zur Linderung oder Beseitigung des Schmerzes bei den Bezugspersonen anzuwenden, die es an sich selbst erleben durfte. An dieser Stelle ergibt sich ein nahtloser Übergang zur **Induktion**, wie ich sie im Kapitel 2 von Teil 3 beschrieben habe. Mit dem Gefühl der Angst ist eine derartige spielerische Aktion schwieriger zu gestalten. Aber auch in diesem rein emotionalen Bereich werden, wie ich zusammen mit der Induktion zeigen konnte, solche Erfahrungen im Spiel inszeniert.

Der in diesem Stadium immer stärker werdende Aggressionstrieb unterstützt das Kind bei all seinen spielerisch sozialen Aktionen. Es benötigt das Gefühl der Aggression, um sich selbst innerlich zu stärken und gleichzeitig zu wappnen vor potenziellem Liebesverlust der Bezugsperson. Im Sinne einer präventiven Verteidigung schützt es sich vor echter Angst, einer Gegen-Aggression ausgesetzt zu sein. Nun ist aber zu beobachten, dass stark aggressiv veranlagte Kinder wie auch solche, die die Aggression als Trotzverstärkung zu benutzen gelernt haben, bei diesen Scheinangriffen oder der gespielten Angst zuweilen über die Stränge schlagen.

Eltern, aber auch Erzieherinnen und Erzieher oder andere Betreuungspersonen dürfen in dieser frühen sozialen Entwicklungsphase auf keinen Fall dem Irrtum erliegen, die inszenierte Aggression sei zielgerichtet auf eine Schädigung des Anderen ausgerichtet und offenbarte eine Veranlagung des Kindes zum Bösen. Ebenso wenig ist das Kind daran interessiert, echte Angst erleben zu müssen. Alles muss klar erkennbar spielerisch bleiben. Insofern sind auch alle Maßnahmen einer ernsten Belehrung oder sogar Sanktion sinnlos und verschieben den eigentlich harmlos gemeinten Vorgang in ein tatsächlich aggressiv getöntes Machtgehabe oder angstvolles Szenario. Diese Verkehrung des nur auf Empathieerwerb und Gefühlsverständnis ausgerichteten Spiels in eine Demonstration von Provokation und Macht durch den Erwachsenen wäre ein erster konkreter Schritt in Richtung einer Erziehung zur Gewalt.

Aber gerade bei den gespielten Angstszenarien schlagen die Eltern gerne über die Stränge und machen sich einen Spaß daraus, das Kind zum Weinen zu bringen. In diesem Moment ist das Kind in der Trennung von Scheinwirklichkeit im Spiel und wahrer Realität schnell überfordert und gerät plötzlich in eine regelrechte Paniksituation (s. 2. Kapitel Teil 3).

Empathie ist die Fähigkeit des Menschen, die Gefühle oder die Stimmungslage eines anderen Menschen zu erfassen und der Situation entsprechend in sich selbst nachzuempfinden. Das entspricht dem, was man landläufig als „sich in den Anderen hineinversetzen können" bezeichnet. Durch dieses Einfühlungsvermögen wird ein elementar wichtiger sozialer Prozess angestoßen, der als **intersubjektive Gefühlsverständigung** bezeichnet werden kann. Dieser Vorgang ist das, was ich als **emotionalen Perspektivwechsel** schon mehrfach beschrieben habe. Auf diesen Augenblick haben nun alle Eltern gewartet. Denn sie wollen, dass sich ihr Kind endlich vorstellen kann, wie ihnen als Eltern bei ihrer aufopfernden Erziehungsleistung zumute ist. Dabei stehen für sie verständlicherweise vor allem die begleitenden negativen und überfordernden Aspekte im Vordergrund. Die Hoffnung der Eltern ist dann auch die, dass das Kind im Konfliktfall Verständnis für den erzieherischen Notstand aufbringt und die Eltern durch eigenes Einlenken und Sich-Zurücknehmen entlastet. Aber soweit ist es noch nicht. Der geistige Perspektivwechsel, der für diese Verständnisleistung außerdem notwendig ist, setzt erst etwas später, etwa um den vierten Geburtstag herum ein.

Vorläufig ist das Kind noch damit beschäftigt, mit den Erfahrungen und Erlebnisweisen der jetzt verstandenen Gefühle umgehen zu lernen. Und es ist damit aufgehalten, die komplizierten Gefühlsabläufe und Austauschformen zwischen sich selbst und seinen Bezugspersonen kennenzulernen. Denn es muss feststellen, das das Gefühl, das bei ihm selbst vorherrscht, nicht immer dasselbe sein muss, das bei der Mutter oder dem Vater oder irgendeinem anderen gerade vorhanden ist. Dieser gefühlsmäßige Abgleich muss nun in einem Lernprozess immer wieder vorgenommen und nachjustiert werden, bis die „emotionale Kommunikation" einigermaßen sitzt. Gefühlsarme Kinder und autistische Kinder versagen an dieser Stelle komplett.

Den entwicklungskonformen Übergang von der Empathie zum Gewissen bildet das sozial ausgerichtete Gefühl des Mitleids. **Mitleid** hat keine eigenständige Funktion im Gefühlshaushalt und ist offenbar kein Gefühl, das aus sich selbst heraus entsteht. Vermutlich gibt es auch kein Gen, das Mitleid hervorbringt. Hingegen gibt es wahrscheinlich Gene, die Sozialität beim Menschen ganz allgemein hervorrufen und Empathie bewirken.

Mitleid hat immer einen Adressaten, wobei dieser Adressat allerdings auch das eigene Selbst sein kann (Selbstmitleid). Im einen wie im anderen Fall benutzt das Mitleid im Denken den Weg der Rollenumkehr. Das Kind stellt sich im Moment der beobachteten Bedrohung oder Gewalt gegen ein anderes Kind oder gegen jedes andere Wesen vor, es könne selbst dieses Opfer sein. In gleicher Weise geht es vor bei dem eigenen Bedürfnis, aggressiv zu handeln. Dabei bemüht es seine ganz persönlichen Angst- und Schmerzerfahrungen, die es aus seinem bisherigen Leben ableiten kann. Diese Erfahrungen müssen aber auch erlebbar gewesen sein. Waren sie unterdrückt, ist dieses Prinzip nicht mehr gewährleistet. Außerdem scheint es Kinder zu geben, die von Natur aus wenig Angst empfinden und/oder relativ schmerzunempfindlich sind. Sie haben zwangsläufig größere Probleme bei der Mitleidsempfindung.

Mitleid ist den Ausführungen zufolge die stärkste emotionale Regung im Menschen, welche die Aggression direkt hemmen kann. Es gibt neuesten Forschungen zufolge im Zusammenhang mit Mitleid, bezogen auf die menschlichen Hirnfunktionen, die Erkenntnis, dass das „Bindungshormon" Oxytocin, das in Momenten prosozialer Gefühlsvorgänge nachweislich vermehrt ausgeschüttet wird, nicht nur in der Lage ist, Beziehungen anzubahnen und Bindungen zu knüpfen, sondern auch aggressive Impulse und Streit zu hemmen. Allerdings vermag Oxytocin auch Bindungsausschlüsse von Fremden emotional zu unterstützen (M. Spitzer, 2012).

Die Schwierigkeit für das Kind in der Erkenntnis seiner inneren emotionalen Vorgänge besteht nun darin, einmal diese Parallelität zwischen dem anderen Menschen und sich selbst überhaupt zu entdecken, und zum anderen die in sich selbst aufkommenden Mitleidsgefühle auch zuzulassen, gefährden sie doch sofort immer auch die eigene Integrität. Je stärker aber die Empathie Einzug in dieses Gemisch aus Gefühlen und sicher auch ersten logischen Gedanken gefunden hat, desto überzeugender für das Selbst gestaltet sich auch das Mitleid. Mitleid ist auf diese Weise nichts anderes als sozial gewendete Empathie. Gänzlich unempathische Kinder wie auch allgemein unempathische Menschen empfinden demzufolge kaum oder kein Mitleid.

Mitleid soll, so wird es die Evolution vorgesehen haben, in der menschlichen Sozialisation zu zwei Grundverhaltensweisen führen, die im gemeinschaftlichen Leben von unerlässlicher Bedeutung sind. Das ist zum einen das Bedürfnis einzugreifen, um die Not des Anderen abzuwenden und die Blut- oder Gewalttat zu verhindern, sprich den Täter (auch das Tier) zu bändigen und das Opfer zu retten. Und da ist zum anderen die Erkenntnis, niemals selbst gegen ein schwächeres Wesen gewalttätig vorzugehen.

Beide inneren Aufforderungen sind nun nicht nur im Erwachsenenalter, sondern auch schon im Kindesalter schwer umzusetzen. Der erste Appell erfordert Mut, sich gegen andere, mächtigere Menschen (oder gefährliche Tiere) durchzusetzen (sog. Zivilcourage). Die Angst vor Selbstgefährdung steht immer dagegen. Der zweite Appell setzt eine innere Kraft voraus, die ohne die Einrichtung des Gewissens nicht verlässlich funktionieren kann. Denn zunächst einmal herrschen zumindest beim Kind immer noch der Selbstnutzen und das Bestreben vor, die Dinge so zu richten, dass es selbst dabei am besten wegkommt. Dieses Bestreben erhält sich auch bei erwachsenen Menschen, wenn sie eine problematische Sozialisation durchlaufen haben.

Aber noch weit vor allen geistigen Erwägungen und Rückschlüssen zu der Frage, ob mitleidsvolles Eingreifen zur Rettung eines anderen Menschen im Rang über der potenziellen Selbstgefährdung steht oder nicht, greift ein im Menschen angelegtes Verhaltensprinzip, das auf ganz einfachen neuronalen Strukturen basiert. Denn an dieser Stelle kommen die weiter oben bereits erwähnten **Spiegelneuronen** wieder ins Spiel. So gibt es Hinweise, dass dem Menschen die Veranlagung zum sozialen Denken und Handeln prinzipiell angeboren ist. Und am ehesten bewiesen scheint diese Behauptung durch die Entdeckung der Spiegelneuronen zu sein.

Die ursprünglichste Form einer Reaktion von Spiegelneuronen scheint die **Affektansteckung** zu sein. Allen Eltern ist geläufig, dass der eigenen Säugling schnell zu weinen anfängt, wenn in seiner Umgebung ein anderer Säugling oder eine anderen Kind weint. In Kliniken auf Neugeborenenstationen macht man die Erfahrung, dass wenn ein Säugling schreit bald „die ganze Station" schreit. Die nächste Stufe in der zielgerichteten Sozialisation nach der Affektansteckung wäre dann die durch das Erwachsenenvorbild ausgelöste Empathie. Das hieße im Hinblick auf das Mitleid, dass das Erleben von Trost und Schmerzlinderung als Beobachtung an anderen Menschen oder an sich selbst beim Kleinkind ohne jede weitere Überlegung das Bedürfnis auslöst, im Notfall dem anderen gleichermaßen zu helfen („emotionale Resonanz", R.N. Emde, 2011). Die Beobachtung an Kleinkindern bereits im zweiten Lebensjahr scheint diese Annahme zu bestätigen. Im Als-ob-Spiel werden die empathischen Handlungen an Puppen und Teddybären erst einmal eingeübt. Die Spiele gleichen dann im Wesentlichen dem, was das Kind selbst dazu erlebt hat. Das Kind braucht aber in diesem Moment weder ein prinzipielles, soziales Verständnis noch Einsichten in eine Moralität, um empathisch-mitleidsvoll zu handeln.

Dieses nur „gespiegelte" Verhalten bliebe demnach auch nicht von Bestand und scheiterte alsbald an der hohen egozentrischen, auf den Selbstvorteil ausgerichteten, inneren Haltung, gäbe es nicht später die emotional-geistige Ausformung und Stabilisation des Mitleids durch die Empathie. Das ist der spezifisch menschliche Entwicklungsschritt in Richtung echter Empathie und späterer Prosozialität.

Auf diese Weise beantwortet sich auch die Frage nach der Möglichkeit einer reinen **Selbstinduktion** von Empathie und Mitleid. Oder anders gesagt: Könnte es eine Entwicklung von Mitleid ganz ohne mitleidsvolles Erleben an sich selbst oder an anderen geben? Meiner Auffassung nach sind daran große Zweifel angebracht. Die Spiegelneuronen alleine erzeugen keine Nachhaltigkeit im Mitleid und reichen nicht aus, Prosozialität im menschlichen Gehirn einzurichten. Auf definierte äußere Bedingungen anspringende Nervenzellen erzielen einen bedingten Reflex aber kein komplexes Verhaltensmuster. Solche vorbereitenden Neuronen legen nur eine Art Grundgerüst fest.

Schauen wir doch nur auf das Gegenbeispiel von schwer vernachlässigten und misshandelten Kindern, die angeboren jedoch wie jedes andere Kind passende Spiegelneuronen besitzen. Sie haben so gut wie nie Mitgefühl und Mitleid an sich selbst erlebt und meist auch nicht an anderen Menschen. Sie müssten demzufolge erwachsene Menschen werden, die kaum je Mitleid und Nachsicht mit ihren Mitmenschen empfinden. Und tatsächlich: Diese Kinder entwickeln sich im Laufe der Kindheit leicht zu dissozialen oder antisozialen Persönlichkeiten. Allein eine vordergründige, um der sozialen Vorteilsnahme willen ausgerichtete Mitleidsperspektive stellt sich ein (kraft Spiegelneuronen).

Kommt es aber darauf an, tatsächlich Mitgefühl mit dem Mitmenschen unter Beweis zu stellen und auf eigene Vorteile zu verzichten, versagen diese Hilfskonstruktionen. Der Weg in das Verbrechen erscheint geradezu vorgezeichnet.

Um Gegenargumenten gleich zuvorzukommen: Es gibt erwiesenermaßen Menschen, denen es trotz traumatischer Kindheitserfahrungen gelingt empathische Gefühlsformen zu entwickeln, und man fragt sich, wie diese prosozialen Gefühle zustande kommen. Der aufgestellten Logik folgend müssten in ihren Schicksalen doch einige wenige lichte Momente stattgefunden haben, in denen von Mitleid gekennzeichnete Situationen das angeboren vorhandene Kontingent an Spiegelneuronen mit echter Empathie ausgestattet haben. Damit bliebe dann die entwickelte Mitmenschlichkeit nachhaltig, hat es doch hinter der Fassade von mutmaßlich familiärer Grausamkeit und Gewalt einen Funken Menschlichkeit gegeben, welcher ihre Empathie für das Leid des Anderen angefacht hat. Kommen dann noch günstige Vorbilder in der sozialen Umgebung der Kinder dazu, kann dieser erste Keim sogar austreiben. So sieht ihre Prognose für Mitleid wider Erwarten günstig aus. Für eine solche positive Wendung genügt schon ein einziger anderer Mensch, der die Menschlichkeit für das Kind repräsentiert, wie eine Lebensweisheit sagt. Die Schweizer Psychoanalytikerin Alice Miller sprach in diesem Zusammenhang von dem „wissenden Zeugen", womit sie jedoch in ihrer psychoanalytischen Denkstruktur verblieb (A. Miller, 1983/1990).

Vieles in diesen hochkomplizierten Entwicklungsverläufen der individuellen Geschichte zum guten oder zum schlechten Menschen ist aber vorläufig bei allen Erkenntnissen immer noch ungeklärt.

bc) Dem emotionalen Perspektivwechsel (s.a. 4. Kapitel Teil 1, 2. Kapitel Teil 3 und 1. Kapitel Teil 4) bei jetzt vorhandener Empathie und vorhandenem Mitleid, stellt sich in konsequenter Fortsetzung der mentalen Entwicklung der kognitive Perspektivwechsel (ebd.) zur rationalen Einsicht und Selbstbegrenzung an die Seite. Während der erste Schritt in der Sozialisation wie gezeigt schon im dritten bis vierten Lebensjahr einsetzt, kommt der zweite erst im vierten bis fünften Lebensjahr Zug um Zug zustande. Aber mit diesen beiden Hauptentwicklungsschritten ist dann das Grundgerüst zur Ausbildung von **Gewissen** und Vernunft erstellt. Den Begriff **doppelter Perspektivwechsel** möchte ich in diesem Zusammenhang noch einmal in Erinnerung rufen.

Der kognitive Perspektivwechsel versetzt im Gegensatz zum emotionalen das Kind in die Lage, nicht nur die Gefühle, sondern auch die Gedanken des anderen Menschen als dessen eigene Realität zu begreifen. Dabei erkennt es automatisch, dass es bei allen Menschen unterschiedliche Auffassungen zu ein und derselben Situation und Angelegenheit gibt (Theory of Mind, ebd.). Und es erkennt, dass es selbst auch nicht immer die richtige Auffassung von dem besitzt, was der andere empfindet.

Damit ist der Schritt in Richtung auf die Abstimmung der eigenen Meinung mit der der anderen Personen getan, was dazu führt, dass sich die rein egozentrische Weltsicht in eine generell multizentrische Betrachtungsweise auflöst. Dieser Erkenntnisfortschritt ermöglicht zugleich aber auch das Verstehen der eigenen „falschen Annahme" („false belief") über eine Sache oder Angelegenheit und eröffnet die sozial so unbedingt notwendige Bereitschaft zur geistigen Auseinandersetzung mit dem anders Denkenden. Nur auf diesem Weg ist die eigene gedankliche Korrektur möglich.

Von nun an sind Eigennutz und persönlicher Vorteil also nicht mehr die Ankerpunkte der Selbstreflexion schlechthin; an ihre Stelle treten der Gemeinschaftssinn und die Verständigung mit den anderen Gruppenmitgliedern als neue Bezugspunkte im kindlichen Kosmos. Damit ist der Weg geebnet für die Ausbildung des Gewissens.

In der Funktion des **Gewissens** streben die folgenden zwei Grundrichtungen im menschlichen Denken zusammen: einmal die geistige Ausformung der gegenseitigen Abhängigkeiten generell und zum anderen die Auffassung über die verschiedenen emotionalen Zustände des Selbst und des anderen. Einfacher gesagt: Die Schuldverhältnisse der Menschen untereinander hinsichtlich ihrer Gefühlslage treten in Beziehung zum Selbstverständnis des Einzelnen bzw. des Ich und erzeugen so einen Konflikt, der das Gewissen hervorruft. Und weiter: Im emotionalen Bereich führt die Missachtung der momentanen Gefühlszustände des anderen zum Eingeständnis von Schuld des Selbst. Dieses Eingeständnis löst eine Gewissensnot aus.

Beide Verhaltensregulative, der **Gewissenskonflikt** wie die **Gewissensnot**, stellen sich bei einem Kind noch etwas einfacher dar als später bei den Adoleszenten oder Erwachsenen. Im Kindesalter fehlt noch der komplizierte gesellschaftlich ideologische Überbau.

1. Gerät ein Kind in Bedrängnis, entwickelt es jetzt den berechtigten Anspruch, dass ihm durch einen Erwachsenen geholfen wird. Handelt der Erwachsene nicht wie erwartet, wird es wütend auf ihn und fühlt sich mit seinen negativen Gefühlen im Recht. Erkennt es aber, dass dieser Erwachsene gar nicht in der Lage ist, ihm zu helfen, schraubt es seine Erwartungen zurück und sucht sich einen anderen Ausweg. Es ist dann auch nicht mehr wütend auf ihn. Eine solche Einsicht war in der Kleinkindzeit noch nicht möglich. Über diesen Weg wird rücksichtsvolles Verhalten möglich.
2. Fühlt sich ein Kind innerlich schlecht, sieht es sich zunächst einmal berechtigt, bei einem anderen Menschen emotionale Zuwendung in Anspruch nehmen zu dürfen. Reue wegen dieser Anspruchshaltung schon im

Zuge eines Schuldbewusstseins empfindet es nicht, da ihm klar ist, aus der Position der Benachteiligung zu handeln. Das Kind beansprucht für sich das Recht, seinen persönlichen Nachteil eigenen Bedürfnissen und Vorstellungen gemäß durch die Bezugsperson ausgleichen zu lassen. Aber das Kind überlegt jetzt dabei, ob seine Bezugsperson, der es sich anvertraut, auf dem gleichen Gefühlsniveau agiert wie es selbst. Dabei versucht es zu ermessen, ob der persönliche Anspruch auf Trost überhaupt berechtigt ist und von dem Anderen tatsächlich erwartet werden kann.

3. Ganz anders ist es, wenn das Kind sich gut fühlt. Denn dann weiß es, dass es kein Recht hat, sich bei dem anderen emotional zu bedienen oder von ihm Nachsicht in Anspruch nehmen zu können. Entwickelt es jetzt trotzdem ein Bedürfnis auf emotionale Zuwendung, weil es gerade Lust darauf verspürt (und Kinder verspüren fast immer diese Lust), überlegt es sich nun, ob es tatsächlich berechtigt ist, dieses Bedürfnis erfüllen zu lassen oder nicht. Im günstigsten Fall befriedigt das Kind in Verkehrung der Bedürfnislage den Anspruch des anderen nach Zuwendung, wenn er diesen äußert, oder zeigt ihm die eigene Bereitschaft zur Hilfe.

Auch das bereitwillige **Abgeben** gehört in diese Kategorie wechselseitigen emotionalen Austauschs. Das Kind erkennt im entsprechenden Fall, dass das andere Kind eigentlich einen höheren Anspruch auf den Gegenstand hat als es selbst. Ein freiwilliges Abgeben eines Gegenstands, auf den das Kind einen Besitzanspruch erhebt, war zu einem früheren Zeitpunkt nicht möglich. Geschah es trotzdem, entsprang dies allein dem Erziehungsdruck seiner Eltern. Meistens kam es jedoch zu einem wütenden Protest.

In Verbindung mit der Selbstzurücknahme und der Bereitschaft zum Abgeben steht ein Bewusstseinsfortschritt, der sich mit dem Gefühl der Verantwortung verbindet. Das Kind reift so zum verantwortungsbewussten Menschen, der über sein Tun und Lassen im gemeinschaftlichen Sinn nachzudenken beginnt (s. nächstes Unterkapitel).

Die dabei grundsätzliche Einstufung in schlechtes und gutes Selbstempfinden hängt ab von den sozialen Gefühlen Stolz und Scham. In den vorigen Kapiteln hatte ich die zentrale Bedeutung dieser beiden komplexen Gefühle detailliert beschrieben. Hier sollen sie mir dazu dienen, die Entstehung des Gewissens weiter auszuleuchten. Stolz ist die Ansammlung vieler guter Selbstzuschreibungen (positiver Attributionen) in der frühen Kindheit, Scham ihr Gegenteil. Um zu einem ausgewogenen Selbst zu gelangen, so hatte ich es formuliert, muss der Stolzanteil in der Seele des Kindes den Anteil der Scham überwiegen. Entscheidend ist also der positive Nettoeffekt. Die Aktivitäten von Belohnungs- und Bestrafungssystem folgen diesem Resultat.

Das Überwiegen von Stolz macht es nun möglich, dass das Kind bei einer fehlerhaften Handlung im Umgang mit Gegenständen und Geräten oder bei einem Verstoß gegen Normen, Gebräuche und Konventionen im unmittelbaren sozialen Kontext Scham zulässt und seine Schuld anerkennen und Reue empfinden kann. Steckt aber das Kind schon vorab zu tief in der Scham, ist ihm eine weitere Anhäufung von Schamgefühl nicht erträglich. Es würde die Zuweisung von Scham und die damit verbundene Beschuldigung sofort abwehren und sich falls nötig für die Tat verleugnen. Der Weg zu Schuldempfinden und Reue wäre ihm dadurch versperrt, die Wiedergutmachung nicht möglich. Schuldanerkennung setzt demzufolge ein soweit ausgewogenes Selbst voraus, das nicht Gefahr läuft, bei jeder neuen negativen Attribution in Scham zu versinken.

Die **aggressiv-oppositionelle Fehlentwicklung** wirkt sich auf dieses emotional filigrane Geschehen in hohem Maße ungünstig aus. Da sie dem stark beschädigten und in der Scham aufgehaltenen Selbst zur Verteidigung dient und die soziale Aktion überwiegend nur noch als Kampf ums Selbst versteht, ist ihr eine Verwandlung von Scham in Stolz beinahe unmöglich. Der Kampf ums Selbst lässt einzig noch die Scham zu, um die Verteidigungshaltung zu rechtfertigen und überdies, wenngleich paradox, auch zu stärken. Den Stolz zu finden und in sich zuzulassen hieße jedoch, die Berechtigung zur Verteidigung aufzugeben und sich einer weiteren Gefährdung auszusetzen. So befindet sich das Kind in einer Art emotionalem Teufelskreis. Daher fällt es den aggressiv-oppositionellen Kindern auch so schwer, ein Lob anzunehmen. Abgesehen davon, dass ein Lob von vermeintlichen Gegnern immer auch ein falsches sein könnte, hieße gut sein und stolz darauf zu entwickeln die Verteidigungshaltung an dieser Stelle aufzugeben.

Die **Reue** ist der entscheidende Schritt zur Entwicklung des Bedürfnisses nach Wiedergutmachung. Mit letzterer knüpft das mentale Geschehen im kindlichen Gehirn an die erlangten Fähigkeiten zur Empathie und Mitleid an. Die Täterposition vermischt sich im Kopf des Kindes mit der Lage des Opfers, und das Kind sucht Möglichkeiten zur Bereinigung des angerichteten Schadens oder der verursachten Ungerechtigkeit. Die Wiedergutmachung ist dafür in diesem Alter die einzig richtige Methode. Später fügt sich in der Weiterentwicklung zur Vernunft das Geloben von Unterlassung der schlechten Tat an. Dafür verlässt dann aber der gesamte innere Vorgang die Ebene des reinen Gefühls und begibt sich in die von Vernunft beherrschte Gedankensphäre (s. nächstes Kapitel).

In dieser ersten Gewissensphase steht dem Kind der eigene emotionale Nutzen aber immer noch sehr nahe und legt in ihm die Bereitschaft für eine Fortsetzung der angenommenen, inneren Haltung fest. Aufgrund dessen sucht sich das Kind eine der weiteren Stabilisation seines ausgewogenen Selbst dienliche Position im Abgleich von emotionalem Gewinn und Verlust. Diese kann es nur dadurch erlangen, Stolz darauf zu entwickeln, Scham für seinen Fehler oder seine Untat zuzulassen bzw. sich einzugestehen. Und genau dieser Abgleich positiver und negativer Gefühle zugunsten eines letztendlich positiven Ausschlags, also das, was ich als Stolz auf die Scham bezeichne, ist die Triebfeder für die Entstehung und den Erhalt des Gewissens. **Gewissen ergibt sich aus dem Stolz auf die Scham**. Die Unterteilung in eine schlechtes Gewissen (Scham über zuviel Stolz) und ein gutes Gewissen, wie gerade aufgeführt, habe ich hier aus methodischen Gründen nicht noch einmal ausgeführt. Sie wurde bereits im Teil 1, Kapitel 4 besprochen.

Wissenschaftliche Ergänzung

Wo aber sind die Gewissensstrukturen im Gehirn zu suchen? Kann man überhaupt einen Ort für ein derart komplexes Geschehen im menschlichen Gehirn ausmachen? Beobachtungen an hirnverletzten Personen oder Patienten (A. Damasio, 1997) haben ergeben, dass eine massive Schädigung zentraler Hirnformationen im Frontalhirn des Menschen (v.a. ventromedialer und orbitofrontaler Cortex, VMC und OFC) entscheidende Verluste von erlerntem Sozialverhalten nach sich ziehen. Aber auch der seitliche hintere Frontalcortex (DLC) mit seiner Handlungsplanung ist darin einbezogen. In enger Verbindung hierzu stehen auch noch andere, entstehungsgeschichtlich ältere Areale des Gehirns wie vor allem die Amygdala und die parahippocampalen Strukturen, sowie Bereiche am Übergang vom Schläfen- zum Scheitelhirn, die Inselregion und der hintere Abschnitt des Gyrus cinguli (s. Allgemein einleitende Erklärungen). Das Frontalhirn ist, das sei an dieser Stelle angemerkt, der entwicklungsgeschichtlich jüngste Teil des Gehirns.

Die von solchen Schäden betroffenen Menschen verlieren die Fähigkeit, sich in die Angst und das Leid anderer hineinzuversetzen. Sie verlieren auch die Fähigkeiten, ihr Verhalten auf die sozialen Strukturen abzugleichen, in denen sie sich bewegen, und ihr äußeres Erscheinungsbild so auszugestalten, dass sie als gesittete und in die Gemeinschaft eingebundene Menschen gelten. Anders gesagt, diese Menschen verlieren ihre sozial angepassten Verhaltensformen, vernachlässigen ihr Äußeres, benehmen sich plötzlich wie unerzogene kleine Kinder und haben ihr Leben nicht mehr im Griff. Darüber hinaus werden sie unberechenbar in ihren Reaktionen und je nach ihren aggressiven Grundvoraussetzungen auch gefährlich. Impulsives Handeln nimmt bei ihnen stark überhand. Diese Menschen sind krank und bedürfen ärztlicher und mitmenschlicher Hilfe.

Bei den dissozialen Entwicklungsstörungen und den antisozialen Persönlichkeiten muss man ebenfalls von Störungen in diesen speziellen Anteilen des Frontalhirns und des übrigen Gehirns ausgehen (s. wissenschaftliche Ergänzung). Aber in diesen Fällen handelt es sich um Funktionsstörungen des Gehirns durch falschen Aufbau und mangelhafte Strukturierung und nicht um eine später eingetretene organische Beschädigung. Die negativen Aggressionen sind eine direkte Folge solcher Funktionsstörungen. Das hemmende Gewissen, das solche den Mitmenschen und die Gemeinschaft schädigenden Handlungen bei gesunden psychischen Verhältnissen unterbindet, steht nicht (mehr) ausreichend zur Verfügung. Und die Impulssteuerung versagt durch zu geringe Selbstbeherrschung.

Bei diesen antisozial handelnden Menschen liegt also keine Hirnschädigung im anatomischen Sinne vor, sondern eine in der Vernetzungsstruktur und den synaptischen Verbindungen. Dabei spielen auch die Mittlersubstanzen, die Neurotransmitter und ihre Rezeptoren, eine gewichtige Rolle. Belohnungs- und Bestrafungssystem werden durch genau diese Neurotransmitter gesteuert (s. Kapitel 3 und 4 Teil 2). Alle Netzwerkfunktionen und Rezeptor-Verschaltungen organisieren sich in der frühen Kindheit des Menschen. Epigenetische Prozesse in den Nervenzellen erzeugen ihre Anpassung an die Anforderungen der Lebensumwelt. Dauerhafter und zu hoher Stress wirken sich dabei ungünstig aus. Die Verschaltungen sind zwar nicht lebenslang unveränderbar festgelegt, aber sie sind im Erwachsenenalter nur noch schwer umzustrukturieren und auch schlecht durch therapeutische Prozesse zu beeinflussen. Die Prognose von Gewalttätern beschreibt diesen Sachverhalt.

Bevor ich nun auf die Vernunft zu sprechen komme, möchte ich an dieser Stelle das Gewissen noch einmal als Ausgangspunkt und zentrale Instanz für alle moralischen Handlungen und Reaktionen des Menschen herausstellen. Das Gewissen steuert nicht nur die Taten des Menschen und sein Auftreten in der Gesellschaft als ein von außen nur schwer beeinflussbarer, moralischer Kontrolleur, sondern es bestimmt auch das ganze Denken als geistiger Überwacher für die Richtigkeit und Angemessenheit der Gedankenabläufe vor jeder Handlung. Mit dieser zuletzt getroffenen Feststellung bewegt man sich aber direkt auf die Vernunft zu.

Das Kapitel über die Entstehung sollte nicht geschlossen werden, ohne auf das berühmt gewordene Milgram-Experiment einzugehen. Der amerikanische Psychologe Stanley Milgram führte 1961 in New Haven in den USA ein Experiment mit Schauspielern und Durchschnittsbürgern durch, bei dem die ersteren als Untergebene bzw. Schüler und die letzteren als Aufseher bzw. Lehrer eingesetzt wurden. Die Lehrer waren dabei die eigentlichen Versuchspersonen.

Die Schüler waren vorbereitete Schauspieler. Überwacht wurde das Experiment durch einen Versuchsleiter, der ebenfalls Schauspieler war.

Die Versuchsanordnung war nun so, dass die „Schüler" Wortpaare zu bilden hatten und die „Lehrer" dies auf ihre Richtigkeit überprüfen mussten. Begingen die Schüler einen Fehler, waren die Lehrer dazu angehalten, den Schülern zur Strafe einen leichten Stromschlag zu versetzen. Dass Fehler auftraten, dafür sorgte der Leiter des gesamten Experiments mit seinen Anweisungen.

Weigerten sich die Lehrer, den Stromschlag auszuführen, wurden sie von „oben" durch den Versuchsleiter dazu angehalten. Die Stromschläge wurden mit Häufung der Fehler immer heftiger, so dass die Schüler wie verabredet anfingen Schmerzen zu äußern. Trotzdem sollte dann das Experiment fortgeführt werden. Ziel des Experiments war es, die Gewissensstärke der Aufseher bzw. Lehrer zu testen, d.h. wie bereitwillig sie waren, schmerzhafte Strafen auszuführen bzw. wie sehr sie sich dagegen aus Gewissensnöten wehrten. Bei einer bestimmten Stromstärke musste dann das Experiment beendet werden, weil die Stromschläge zu schmerzhaft wurden.

Das erschreckende Ergebnis dieser Untersuchung brachte zutage, dass von 40 Aufsehern bzw. Lehrern 26 ohne innere Hemmung bis zu maximalen Stromstärke vorgingen und nur 14 vorher aus Gewissensgründen das Experiment abbrachen. Von diesen 14 offenbar gewissensstarken Lehrern, die sich wie beschrieben aus normalen Bürgern rekrutierten, brachen 5 gleich am Anfang das Experiment ab, die anderen auch erst später.

Dieses Experiment wurde wegen der Verletzung ethischer Grundsätze heftig kritisiert. Trotzdem bleibt sein ernüchterndes Ergebnis bestehen und beweist, wie ungefestigt das Gewissen bei den meisten Menschen ist und wie leicht es auszuhebeln ist, wenn autoritäre Strukturen das Überschreiten innerer Hemmungen verlangt. Sind gar selbst bedrohende Konsequenzen zu befürchten, setzt das Gewissen bei den meisten Menschen mutmaßlich ganz aus.

Die Frage, die sich im Zusammenhang mit der in diesem Buch formulierten Entstehung des Gewissens stellt, ist die, ob das im Selbst verankerte Gewissen gleichermaßen durch autoritäre Strukturen auszuhebeln ist oder ob nicht diese Verankerung und die gleichzeitige Verbindung mit Stolz und Scham dafür sorgt, ein solches Versagen auszuschließen.

bd) Der Begriff **Vernunft** ist vieldeutig und schon seit Jahrhunderten von den Geisteswissenschaften vereinnahmt, so dass er unter biologistisch-psychologischen Gesichtpunkten schwer zu definieren ist. In gewisser Form ist das auch beim Begriff Gewissen schon so, aber in diesem Fall ist der Bezug zur Emotionalität des Menschen, also zu seinem Gefühlsleben, sehr viel klarer herzustellen. Gefühle gehören nun einmal in den Bereich des Biologisch-organischen und sind Hauptgegenstand der Psychologie. Beim „Geist", den ich mit den Begriffen Intelligenz, Verstand und Vernunft verbinde, sind die Verhältnisse nicht so eindeutig. Der französische Philosoph René Decartes (s.o.) hat zu Beginn der Aufklärung im 17. Jahrhundert daher eine Zweiteilung von „Körper und Geist" im Erscheinungsbild des Menschen vorgenommen und als meinungsbildende Grundlage für Jahrhunderte festgelegt. Der Geist, so seine Auffassung, schwebe gleichsam über dem Körper und hielte durch einen organischen Abschnitt im Gehirn, den er der Zirbeldrüse zuordnete, Verbindung zu ihm. Die Gefühle des Menschen gehörten dabei in den Bereich des Körperlichen und damit rein Physisch-organischen.

Auf dieser Vorstellung beruhend stand der Gewissensbegriff generell immer mit dem einen Fuß in der Materie, also dem psychoorganischen Teil des Menschen, der sich dann etwa zwei Jahrhunderte später zur Psychologie und Soziologie entwickelte. Mit dem anderen Fuß basierte er aber auch im Geist und damit in der Philosophie, wo er auch bis heute geblieben ist. Dieser philosophische Anteil ordnete sich darüber hinaus immer schon in den Begriff der Ethik ein. Was in der mittelalterlichen Epoche zum Gewissen und der Vernunft von Geistesgrößen gedacht wurde, fand aber seine Grundlagen hauptsächlich in religiös-klerikalen Lehren der selbst ernannten „Aristoteliker" Augustinus (354–430) und knapp tausend Jahre später Albertus Magnus (um 1200–1280) sowie des Scholastikers Thomas von Aquin (1225–1274). Gesucht wurde der Einklang mit den biblischen Zehn Geboten und den Inhalten der Bergpredigt, die die Hauptgrundlagen des christlichen Moralkodex bildeten.

Im Zentrum all dieser sich um das Christentum rankenden Lehren mit dem Sündenfall und dem göttlichen Heilsversprechen standen aber immer noch die Fragen nach dem Unterschied zwischen Seele und Geist, resp. Vernunft. Die auf die Antike und Aristoteles ausgerichteten Denker verwiesen auf ein von der Vernunft geprägtes Denken, das den Menschen richtig leite, die christlichen Kleriker dagegen auf ein auf Glaube und Hoffnung ausgerichtetes. Übernommen aus der Antike wurde die Lehre der vier **Kardinaltugenden**: Weisheit, Gerechtigkeit, Tapferkeit und Mäßigung. Thomas von Aquin fügte diesen „Haupttugenden" wie er sie nannte, drei weitere christliche Tugenden hinzu: Glaube, Liebe Hoffnung. Diese Tugenden waren jedoch keine menschlichen Eigenschaften im eigentlichen Sinn, sondern ganz auf Gott und das ewige Leben ausgerichtete Empfindungen.

Mit der Vernunft war es seit dem Beginn der Renaissance und den Zeiten der Aufklärung anders. Sie stand und steht mit beiden Füßen seit jeher in der Philosophie und dahin müssen wir ihr auch erst einmal folgen. Nikolaus von Kues (1401–1464) schrieb der Vernunft höhere Kräfte zu als dem Verstand und sah in ihr die einzige menschliche Fähigkeit, Widersprüche im Denken zwischen Diesseits und Jenseits aufzulösen. Wie daran zu erkennen ist, dachte auch er noch ganz in christlich-klerikalen Begriffen, wenn er in der Vernunft ein gottähnliches Prinzip im Menschen zu erkennen glaubte.

Mit der Aufklärung wurde der Begriff Vernunft zum großen Teil von den religiös beeinflussten Auffassungen und Erklärungen befreit und endgültig einem humanistisch-ethischen Konzept unterworfen. In vorderster Linie standen nach René Decartes (1596–1650) die Philosophen Jean-Jaques Rousseau, s.o., François Voltaire (eigtl. Arouet) (1694–1778), John Locke, s.o., David Hume (1711–1776) und im deutschsprachigen Raum Immanuel Kant (1724–1804) und in gewisser Weise auch Georg Friedrich Wilhelm Hegel (1770–1831).

Über Rousseau wurde im Kapitel 1 von Teil 3, dem Kapitel über die Theorien der Pädagogik, ausführlich gesprochen. Von Kant, der sich stark auf Rousseau bezogen hat und über den hier genauer gesprochen werden soll, stammen zwei Hauptwerke zur Frage der Vernunft: „Kritik der reinen Vernunft" und „Kritik der praktischen Vernunft". Der menschliche Verstand, frei von aller herrschaftlichen Unterdrückung, klerikal wie weltlich, als die zentrale Forderung der Aufklärung, rückte in seiner Zeit ins Zentrum der Weltbetrachtung. Im Zusammenhang mit der Frage der Erziehung des Menschen interessiert bei Kant am meisten die „praktische Vernunft", die ihre zentrale Aussage im „kategorischen Imperativ" gefunden hat.

Der **kategorische Imperativ** besagt in seiner Kernaussage, dass das Handeln eines jeden Menschen so ausgerichtet sein solle, dass es zugleich zu einer Richtschnur oder Leitlinie (orig. Maxime) für jeden anderen Menschen werden kann. Eine solche Forderung setzt voraus, dass der Mensch frei in seinem Willen ist und genügend Verantwortung für den Anderen und die Gemeinschaft in sich verspürt. Dadurch kann verhindert werden, dass ein äußerer Zwang diese Verantwortung aushebelt und dass der Mensch mit diesem inneren Auftrag missbräuchlich umgeht. Der kategorische Imperativ sagt aber auch, dass es für die Maxime, also die Allgemeingültigkeit des guten und richtigen Handelns, keine objektive Erklärung geben kann, weil es für Moral keine ursächlichen Prinzipien gibt. Allein im Willen des Menschen liege begründet, so Kant, dass das Prinzip Moral zur Anwendung kommt. Und dieser Wille habe „gut" zu sein (I. Kant zit. n. W. Röd, 1996).

Kant geht dabei von einem rationalen Verständnis über Moral aus, was er allerdings in Anlehnung an den britischen Philosophen David Hume einschränkt. Hume war Empirist und ging davon aus, dass nur Erfahrungswerte zählten. Er lehnte demzufolge rein geistige, gedankliche Konstruktionen zur Moral ab. Abstrakte Begriffe wie Seele, Gott oder Welt sind aber rein geistige, gedankliche Konstruktionen und nicht dinglich erkennbar und/oder durch rationale Schlüsse erfassbar oder begreifbar. Also musste für ihren Hintergrund laut Hume erst einmal eine verstandesmäßige Konstruktion gefunden werden.

Da nun psychologische und damit auch biologisch-organische Kriterien für Kant aber noch keine spezifische Überlegung waren, sah er sich gezwungen, diese abstrakten Begriffe wie auch den „guten Willen" als gegeben vorauszusetzen, quasi a priori, das heißt aus sich selbst heraus. Dieses Apriori-Prinzip entlieh er aus seiner Erkenntnislehre der reinen Vernunft, nach welcher alle Erscheinungen und Dinge in der Welt außer der alltäglichen Form noch eine „zweite" Existenz außerhalb der menschlichen Vorstellungskraft besitzen. Das heißt, den Gegenständen und Vorgängen in der Natur war seiner Auffassung nach eine zweite Seite zueigen, die vollkommen unabhängig ist von der menschlichen Sicht auf sie und seinem Urteil über sie. Die Dinge existieren in dieser anderen Form, so sagt Kant, „an sich".

Kant hielt daran anlehnend den guten Willen im Menschen folgerichtig für ein angeborenes Verständnis vom elementar Guten, welches wie die Dinge „an sich" in ihrer wahren Existenz im Menschen a priori vorhanden sei. Dieser gute Wille muss vom Menschen nur gefunden werden, wozu der Mensch frei von Unterdrückung zu sein hat und Verantwortung für den Mitmenschen empfinden muss. Mit diesem freien und guten Willen stellt Kant den Menschen als denkendes Wesen in eine Reihe mit den Dingen in der Welt an sich, die in dieser Betrachtungsweise nur Ideenstatus besitzen. Diesem Ideenstatus vom Menschen entspricht der als Maxime verstandene „gute Wille" (W. Fischer und D.-J. Löwisch, 1998).

Für die moderne Psychologie haben solche philosophischen Betrachtungsweisen über die Fragen des Willens und die Ursächlichkeit bzw. Kausalität von Handlungen des Menschen samt seinen existenziellen Ereignissen nur noch einen methodischen Wert. Längst befasst sich die Wissenschaft mit Fragen der Wahrnehmung auf biophysikalischer Ebene (Sensorik), was die Erkenntnisfähigkeit von Dingen und Erscheinungen in der Natur angeht, und mit neuronalen Netzwerkstrukturen sowie dem neuropsychologischen Apparat, was die innere Welt des Menschen mit seinen Gefühlsvorgängen, seinem Gedankengebäude und seinem Handeln anbelangt (Psychomotorik). Fragen nach einer jenseitigen Gottesexistenz stellt sich die Psychologie nicht.

Auf dieser Basis lässt sich nun ein anderes Vernunftkonzept erstellen. Es basiert nicht mehr auf einem vom menschlichen Denken unabhängigen und von den natürlichen und existenziellen Bedingungen des Menschen a priori vorgegebenen grundsätzlichen (Natur-)Prinzip, das seinen Ausdruck im „freien (d.h. von geistiger Unterdrückung befreiten) Willen" findet und das bei konsequenter Rückführung auf die Ursache doch wieder bei transzendenten Gründen und schließlich bei einem göttlichen Prinzip endet. Vielmehr findet es seinen Ursprung auf einem sich entwickelnden und ausbildenden Konstrukt neuronaler Netzwerke direkt im Gehirn des Menschen, errichtet auf dem Boden von charakterlicher Anlage (Genetik) und psychosozialen Vorerfahrungen (Biographie) sowie gemachter Lebenserfahrung (Epigenetik). Auf einen kurzen Nenner gebracht heißt das, dass Anlage und Umwelt in ihrer gegenseitigen Beeinflussung den Grad an vernünftigem Handeln beim Menschen ausmachen, der in seinem Jugendlichen- und Erwachsenenleben festzustellen ist. Die Entwicklung vom ich-steuerbaren Willen über die Empathie und das Mitleid zum Gewissen bildet hierzu das Fundament.

Vernunft ist in diesem Konzept dann aber auch keine übergeordnet existierende Wahrheit. Der Vernunftgedanke entspricht daher in meiner Vorstellung in großen Zügen einer philosophischen Schule, die als **Kritischer Rationalismus** bezeichnet wird. Diese Form der Vernunftdefinition zeichnet sich durch die Denkmethode aus, die bei jeder Ansicht, Auffassung und jedem Urteil die Unfehlbarkeit der vermeintlich gefundenen Wahrheit in Zweifel zieht. Also jede Schlussfolgerung kann falsch sein oder einfach auch nur anders und muss erst bewiesen werden. Vernünftig ist dann das, was sinnvoll ist, in das geistige Konzept des Menschen hinein passt und einer allgemein menschlichen Übereinkunft – auch im Hinblick auf Moral – entspricht.

Das Besondere daran ist, dass diese allgemeine Übereinkunft auch wieder falsch sein kann und sich nur auf den jeweils aktuellen Wissens- und Erkenntnisstand fehlerfrei anwenden lässt. Es ist kein absolutes und für immer gültiges Gedankengebäude. Damit ist jeder Auffassung einer ewigen Wahrheit und damit folgerichtig auch einer Transzendenz oder Übernatürlichkeit der Boden entzogen. Vernunft ist demzufolge wandelbar und anpassungsfähig an die jeweils vorgegebenen objektiven existenziellen Bedingungen. Man kann sagen, diese Wandelbarkeit ist das Wesen der Vernunft.

Unvernunft wäre dieser Definition zufolge Starre in der Auffassung und Stillstand in der Entwicklung der Dinge, Unvernunft wäre in der Hauptsache auch mangelhafte Anpassungsfähigkeit. Der Zweifel an der Richtigkeit der Ansichten und Einsichten, also deren bewusste „Falsifizierung" (Popper zit. n. W. Röd, 1996), ist der erste Schritt zu ihrer Erneuerung, Verbesserung und/oder Erweiterung im Vergleich mit dem Bisherigen. Damit ist jedem Fundamentalismus im Denken der Boden entzogen. Aber diese potenzielle oder realisierte Falsifizierung schließt nicht aus, dass es auch gute – vernünftige – Gründe dafür gibt, die bisherige Sicht und das allgemein gültige Urteil beizubehalten.

Zwei Formen oder Abteilungen der Vernunft sind bei all den grundsätzlichen Überlegungen rein praktisch zu unterscheiden. Ich denke dabei an die **Vernunft der Annahmen** und Weltvorstellungen sowie die Vernunft des Agierens und Umgehens mit den Dingen und Ereignissen, das heißt auf die **Vernunft des Handelns**.

Einmal dreht es sich also darum, eine sich selbst einsichtige und erklärbare Ideenkonstruktion von der eigenen Existenz und derjenigen aller Menschen zu entwickeln und zum anderen, diese schlüssige und auf das Dasein logisch bezogene Geisteshaltung auf das eigene Vorgehen und Tun im tatsächlichen Leben anzuwenden. Im ersten Fall ist es also ein geistig-kognitiver Schritt im Denken, im zweiten ein sozial-pragmatischer.

Vernünftig ist es, die umgebende Natur als den geeigneten Lebensraum anzuerkennen und zu erhalten, gesund zu leben, sich vor Gefahren zu schützen, für die Zukunft vorzusorgen, Belastendes abzuschütteln, ein zielführendes Lebenskonzept auszuarbeiten usw. Vernünftig ist es aber auch, sich solidarisch mit den anderen Menschen zu zeigen, Beziehungen und Freundschaften einzugehen und gemeinsam an einer Sache zu arbeiten, Werte aufzustellen und zu erhalten, Normen und Umgangsformen anzuerkennen, sich in die Gesellschaft einzufügen, Gesetze zu akzeptieren und zu achten und so fort. Richtig ist es, diese Maximen wieder in Zweifel zu ziehen und neu zu überdenken; Verfeinerungen dieser Ansichten könnten das in Gedanken vollzogene Resultat sein sowie Verbesserungen und nützliche Erweiterungen. Manch eine Maxime könnte auch revidiert werden. Aber bei allem Überdenken dürfte es die sinnvolle und von allen Menschen geteilte Auffassung sein, dass diese einheitlich angenommenen Wertvorstellungen des Lebens auch richtig sind und einen Wahrheitsanspruch auf sich vereinen können.

Ein weiterer Aspekt zur Frage der Vernunft bekommt in dieser Auffassung eine grundlegende Bedeutung. Ich spreche vom Verhältnis zwischen den Gefühlen bzw. Emotionen und dem Verstand. Die Vernunft spielt sich nach allen gerade gemachten Ausführungen weder allein im Kompartiment menschlicher Hirntätigkeit ab, das den emotionalen Zentren, allen voran dem limbischen System, zuzurechnen ist, noch allein in dem rationalen Zentrum bzw. der Hirnrinde im präfrontalen Cortex (Stirnhirn). Vernunft ist daher weder reines Gefühl noch klarer Verstand. Vernunft liegt dazwischen und hat von beidem etwas. Man kann mit Fug und Recht sagen: **Vernunft ist das Bindeglied zwischen Gefühl und Verstand**.

Da aber wie hier dargestellt das Hauptziel der emotionalen und psychosozialen Entwicklung des Menschen die Vernunft ist, während sich der Verstand als kognitive Leistung vielfach nur parallel dazu eingliedert, müsste Vernunft die Nahtstelle sein, die sich eines Tages zwischen gereiften Emotionen und fortgeschrittenem Verstand ergibt.

Vernunft ist daraus schlussfolgernd das entscheidende Steuerungsinstrument im menschlichen Gehirn für das Verhalten und nicht, wie oft behauptet und erklärt, der Verstand. So wurde es auch bereits in den frühen Zeiten der Aufklärung verkündet, wobei aber eine trennscharfe Unterscheidung zwischen Vernunft und Verstand nicht immer vorgenommen wurde. Es sind aber auch nicht die Emotionen allein, die das Verhalten steuern, wie oft in der Psychoanalyse des 20. Jahrhunderts postuliert. Im besten Fall beherrscht die Vernunft die Emotionen und steuert im optimalen Fall den Verstand. Beide Instanzen wären ohne die Vernunft einer weitgehenden Zügellosigkeit ausgesetzt. Der Begriff **Selbstkontrolle** spiegelt diese Funktion wider.

Eine weitere Frage im Zusammenhang mit der Vernunft beschäftigt die Wissenschaften und schlägt aktuell mediale Wellen. Es ist die Frage nach der **Freiheit des Willens** und der tatsächlichen Steuerung des menschlichen Handelns durch eine willentliche Entscheidung. Seit den legendär gewordenen Versuchen des Physiologen Benjamin Libet (1916–2007) über die Entscheidungsfreiheit geht die Auffassung vieler Hirnforscher und Neurobiopsychologen dahin, die Handlung eines Menschen im Sinne der Hirnfunktionen als unfrei zu betrachten. Libet fand heraus, dass vor jeder Muskelaktion zu einer Handlung bereits 200 msec. früher das zugehörige Aktionspotenzial im Gehirn völlig unwissentlich abgefeuert wird. Wenn dieses Potenzial aber einmal entstanden ist, gibt es kein Zurück mehr in dieser Handlung, die Tat ist besiegelt.

Wertet man nun die Tat als moralische Handlung, bedeutete dies, dass jede Moralität im Menschen vollkommen dem natürlichen Drang unterworfen ist, wenn sich Handlungspläne aus dem Unbewussten heraus, das heißt noch ohne bewusste Registrierung, ausbilden. In dem Augenblick, in dem dieser Plan dann im Bewusstsein erscheint, sind schon die zugehörigen Aktionspotenziale in den neuronalen Netzwerkstrukturen 200 msec. früher abgefeuert worden. Die Handlung kann nun nicht mehr gestoppt werden und muss zur Ausführung gebracht geworden. Der Mensch hat so keine Möglichkeit mehr, sich gegen diese Handlung zu entscheiden.

Diese recht mechanistische Konstruktion menschlicher Hirntätigkeit verbindet einfache lineare Ursache-Wirkungs-Beziehungen. Das bedeutet, dass im Gehirn immer ein Funktionsschritt nach dem anderen erfolgt, also der Handlungsplan entsteht, der Gedanke erscheint, das Bewusstsein einsetzt und die Ausführung geschieht. Aber so wird es nicht sein. Das menschliche Gehirn ist ein „neuronaler Apparat", der pausenlos mehrere Funktionen nebeneinander, das heißt parallel, ausführt. Unwillkürliche Muskelfunktionen aus den Basalganglien laufen parallel zu willkürlich gefassten Handlungen im Handlungsplanungszentrum ab. Denken und Sprechen legen sich darüber und schaffen Bewusstsein. Unter allem oder vielleicht weit darüber steuern die Emotionen ihren Einfluss auf das bewusste Geschehen bei und variieren damit jeden Ablauf im Hinblick auf soziale Verträglichkeit oder Unverträglichkeit. Über diesen Weg gelangen die Funktionen des Unterbewussten in die menschliche Tätigkeit und beeinflussen seine bewusst geführte Kommunikation.

Die Handlungspläne werden teils bewusst (ich will dahin und dieses oder jenes sagen und tun), teils unbewusst (wie bin ich dahin gekommen, warum habe ich das jetzt gesagt oder getan) zusammengeschmiedet. Im alltäglichen Auftreten und Agieren des Menschen vereinen sich diese Pläne im Bewusstsein und gelangen zur realen Ausführung. Der Mensch selbst hat dabei tatsächlich aber nur einen einzigen wirklichen Einfluss auf all das, was aus sich heraus mit ihm geschieht, und das ist sein Wille. Der Wille kann das Denken, Sprechen oder Handeln verändern oder unterdrücken, nie jedoch das Fühlen. Möchte der Wille ein Gefühl verändern, gibt es unangenehm spürbare Beschränkungen, will er es unterdrücken, wird es nur immer stärker.

Anders ist es nun beim Denken, Sprechen und Handeln. Hier hat der Mensch die Möglichkeit, sich blitzschnell dagegen zu entscheiden, was ihm sein Organ Gehirn gerade vorgibt. Diese blitzschnelle Entscheidung ist ihm allerdings im bedingten Reflex wieder entzogen. Das hat einen evolutorischen Vorteil, denn seine Hand längere Zeit auf der heißen Herdplatte liegen zu lassen oder mit den Fingern einen dornigen Rosenzweig zu fest anzufassen und darüber nachzudenken, was passiert, erzeugt gefährliche Verletzungen. Der Mensch zieht seine Hand automatisch zurück. Oder: Ein Insekt ins Auge fliegen zu lassen, wäre ein erheblicher Nachteil für die Sehfähigkeit. Der das Auge schützende Lidschlag erfolgt ohne Möglichkeit zur Unterdrückung. Aber das sind rein muskuläre, sensomotorisch kurzgeschlossene Reaktionen der zentralen Hirnrinde.

Diese Reaktionen haben also nichts mit dem Handlungsplanungszentrum zu tun (s.o.). Aber um dieses geht es bei den geplanten Vorhaben im motorischen Bereich und den multikomplexen sozialen Handlungen. Handlungsplanung wird, bevor sie überhaupt als solche wahrgenommen wird, mehrfach durch verschiedene Instanzen im Gehirn geleitet. Da spielen Erinnerungsvorgänge aus dem episodischen Gedächtnis eine Rolle: Der Mensch will wissen, ob seine Handlung auch sinnvoll und nützlich ist oder eher unvernünftig und schädlich. Dafür braucht er Erfahrung, mit der er sie abwägen kann. Parallel erfolgt der Abgleich mit den Gefühlen. Macht es Lust, dieses oder jenes zu tun, bin ich überhaupt motiviert? Oder langweilt es mich, das zu tun, mache ich es nur, um mich zu widersetzen und einen anderen Menschen zu ärgern usw. Das motorische System wird befragt, ob die eigene Koordination und Muskelkraft überhaupt ausreichen, diese Handlung auszuführen. Je nach der jeweiligen Vorgeschichte schickt der Mensch den Plan auch kurz durch das moralische Kontrollzentrum.

Schließlich kommt das Ergebnis in die Ich-Zentrale mit dem Willenszentrum und erst jetzt wird entschieden, ob der Handlungsplan zur Ausführung gelangen soll oder nicht. Bei einem komplizierten Vorhaben dieser Art spielt sich der gesamte Vorgang höchst wahrscheinlich nicht in nur 200 msec. ab. Eher läuft es so ab, dass sich Handlungsplanungszentrum, Ausführungsstelle und zentrale Registratur noch ein Weilchen damit herumplagen, ob die Sache überhaupt entschieden und zum Entschluss freigegeben wird oder nicht. Bei Kindern kann dieser Vorgang endlos lange dauern und zu einem Konflikt für das betroffene Kind führen. Ständig geht der Plan im Kopf herum, kann aber nicht zur Ausführung gelangen. Am schlimmsten ist es, wenn ein zweiter Plan ähnlichen Inhalts parallel gefasst ist, die Ausführung beider Pläne aber in der Realität widersinnig ist und sich de facto ausschließt. Der Wille ist jetzt blockiert und das Kind erleidet einen emotionalen Zusammenbruch. In der Psychologie nennt man dieses Geschehen einen Ambivalenzkonflikt.

Auch bei erwachsenen Menschen entstehen solche Ambivalenzen, und Entschlusslosigkeit ist ein Grundproblem in vielen psychisch belasteten Situationen. Selten jagt einmal die Erfüllung eines Vorhabens so durch die Willensinstanzen, dass eine Negierung seiner Ausführung nicht mehr zustande kommen kann. Das entspräche dem, was man dann als Affekthandlung bezeichnet und eventuell zu entschuldigen hat.

Im Normalfall ist vermutlich der Wille dem Handlungsplan schon viel früher zugeschaltet als erst in den letzten 200 msec. Bei einem Vorhabensplan ist das regelmäßig der Fall. Es wird also bereits im Vorfeld des Geschehens Möglichkeiten geben, in der rationalen Abwägung dessen, was ausgeführt werden soll, die weitere Planung und Ausarbeitung des Vorhabens abzubrechen. Dafür ist nun die Vernunft zuständig und nicht mehr allein der Wille. Denn die Vernunft kann den Handlungsplan parallel vorab schon in den ethisch-moralischen Kontrollinstanzen einer Beurteilung unterziehen, bevor es mit ihm bis zur Ausführung weiter geht. Selbst bei einer Planentwicklung im Unterbewussten, auf die der Mensch dann sicherlich nur einen begrenzten Zugang hat, ist die Vernunft als „Freund der Gefühle“ imstande, regulativen Einfluss auszuüben. Denn das Unbewusste spricht nicht in klaren Sätzen, sondern teilt sich über Gefühle und Stimmungen mit. Der Mensch hat im Verstehen dieser seiner Gefühlswelten die Chance, den Fortgang des Geschehens kraft seiner Vernunft abzubrechen. Dafür ist allerdings psychische Gesundheit Voraussetzung.

In diesen Ausführungen wird deutlich, welche gewichtige Funktion im inneren Entscheid gerade auch der Vernunft zukommt. Man kann also in der Zuweisung oder Freisprechung von Verantwortung nicht allein auf den Willen des Menschen abheben, man muss immer die vorausgehende Vernunftkontrolle in die Betrachtung mit einbinden. Wenn man erklären möchte, was die Vernunft denn im Einzelnen in der Handlungsplanung bewirkt, ich spreche jetzt also nicht von der Vernunft der Annahmen, sondern von der Vernunft des Handelns, dann sind zwei Grundaspekte in den Mittelpunkt zu stellen. Erstens die **Einsicht** und zweitens die **Verantwortung**.

Die Fähigkeit zur Einsicht setzt voraus, dass das Kind rationale Gründe für sein Handeln über emotionale stellt. Es bedeutet auch, dass jede Selbstgefälligkeit einer allgemeinen sozialen Anspruchshaltung und Bedürftigkeit untergeordnet wird. Vom Kind wird mithin verlangt, dass es die Normen, Bräuche und Gesetze seiner angestammten Gesellschaft verstanden hat und in der Lage ist, diese mit seinen Bedürfnissen abzugleichen. Dabei gilt als Maxime, das heißt nach der von Immanuel Kant geforderten Beispielhaftigkeit auch für andere, das eigene Bedürfnis nur dann über allgemein gültige Grundsätze zu erheben, wenn es für die Gemeinschaft oder die ganze Gesellschaft vertretbar und unschädlich ist. Im anderen Fall muss das Kind akzeptieren lernen, das eigene Bedürfnis zurückzustellen oder ganz aufzugeben.

Wenn das Kind also sein Bedürfnis nach einem Länger-bleiben-Wollen auf dem Kinderfest oder nach einem Kauf von Spielsachen im Geschäft vorbringt, die Eltern aber unter Zeitdruck stehen und nach Hause müssen oder kein Geld für den Spielzeugkauf ausgeben wollen, dann muss das Kind kraft seiner Vernunft in der Lage sein, seine eigenen Bedürfnisse aufgrund von Einsicht in die Sachzwänge zurückstellen zu können.

Die Fähigkeit zur Verantwortung setzt aber noch mehr voraus, als nur einen Abgleich zwischen Eigenbedürfnis und Allgemeinheitsanspruch auszuführen. Verantwortung ist die Erkenntnis, als Individuum vorbildhaft die Belange der Allgemeinheit zu verwalten und als stärkerer und kenntnisreicherer Mensch den oder die schwächeren und kenntnislosen Mitmenschen zu führen und vor Schaden zu bewahren. Unter Einbeziehung der Machtverhältnisse zwischen Eltern und Kindern (vgl. Kapitel 1b Teil 3) lässt sich bei der Verantwortung davon reden, dass Bestimmungsmacht in Entscheidungsmacht übergeht.

So ist es in früheren Jahrhunderten absolut üblich gewesen, dass die älteren Kinder, solche, die wir als Schulkinder bezeichnen würden, jüngere Geschwister den ganzen Tag zu beaufsichtigen hatten. Es stand jetzt in ihrer Verantwortung, ob die Kleinen in der Zeit ihrer Obhut unbeschadet blieben und sinnvoll spielten oder nur Unsinn machten. Damit hatten die größeren Kinder zum ersten Mal in ihrem Leben die volle Entscheidungsmacht und eine hohe Verantwortung. Eine Erziehung im heute üblichen Sinn hat es im mittelalterlichen Europa noch nicht gegeben (Ph. Ariès, 1978/1984).

Verantwortung macht sich mehr noch als die Einsicht zur Aufgabe, dass die eigenen Gefühlserlebnisse beherrscht und dem Verstand unterworfen werden können, der in diesem Zusammenhang als „dritte Instanz" im Kopf des Menschen die Lebenslage viel besser analysiert und dabei das Wohl aller oder eines bestimmten Anderen über das eigene Wohl stellt. Diese Fähigkeit entspricht dem, was man als **Selbstbeherrschung** bezeichnet. Verantwortung ist demnach Verzicht auf Gefühle im kritischen Moment einer wie auch immer gerade zusammengestellten menschlichen Gemeinschaft. Vorausgesetzt ist dabei das Verstehen von Sachverhalten im menschlichen Zusammenleben und von Regeln und Prinzipien, die dieses Zusammenleben erst möglich machen. All dies muss Erkenntnisleistung durch das Verständnis von logischen Ableitungen und erstem Weltwissen geworden sein.

Diese Form von Verantwortung ist genau genommen frühestens von Schulkindern zu erwarten. Wie ich aber im Kapitel 1b von Teil 2 gezeigt habe, werden einige Kinder schon sehr viel früher zu einer solchen Verantwortung herangezogen, was ich mit dem Begriff Parentifikation bezeichnet habe. An dieser Stelle wird noch einmal deutlich, welcher großen Überforderung die Kinder auf diese Weise ausgesetzt sind. Es liegt auf der Hand, dass das Kind dadurch Folgen in seiner Entwicklung erleiden wird.

Verantwortungsvolles Handeln setzt, um das noch einmal kurz zusammenzufassen, zwei Fähigkeiten im Menschen voraus, die erst im fortgeschrittenen Kindesalter erworben werden:

1. Einsicht: Das bedeutet Selbst-Zurücknahme in Anerkennung einer gesellschaftlichen Notwendigkeit als höheres Gut, verglichen mit dem eigenen Bedürfnis nach Befriedigung. Gleichzeitig bedeutet sie Bereitschaft zum Kompromiss unter gelingender Selbstbeherrschung (Zügelungsprinzip).
2. Verantwortung: Das bedeutet Selbst-Relativierung in Abwägung der persönlichen Ansprüche mit denen der Gemeinschaft sowie das Ausrichten des Handelns am Interesse des Anderen (Mitleidsprinzip).

Die mit diesen geistigen Fähigkeiten des Kindes verbundenen Bildungsprozesse zur Einrichtung eines Wertekanons, zur Anerkennung von Tugenden und zum Verständnis der Moral können erst jetzt zustande kommen und finden für ihre Verankerung im Denken, Fühlen und Handeln auch erst jetzt den bereiten Boden.

Das Thema Moral soll in einem gesonderten Kapitel im Anschluss an die Konkretisierung des erzieherischen Vorgehens auf diesen Grundlagen besprochen werden. An dieser Stelle sei aber schon vorausgeschickt, dass sich die Moral ähnlich wie die Vernunft des Handelns in zwei, vielleicht sogar drei funktionsbezogene Kompartimente aufteilt: zum einen in eine Handlungsmoral (Gerechtigkeitsempfinden, s. L. Kohlberg, 1995) und zum anderen in eine Gesinnungsmoral (Fürsorgeempfinden, s. C. Gilligan zit. nach D. Garz, 2008).

Ich meine, es ließe sich noch eine spezielle Mitleidsmoral abgrenzen, worauf ich dann im nächsten Kapitel zu sprechen kommen werde.

Das von mir zuvor in konkreten Entwicklungsschritten erarbeitete Moralkonzept könnte schon im Vorgriff auf das nächste Unterkapitel folgendermaßen zusammengefasst werden:

1. Stufe: Handlungsorientiertes Denken allgemein. Entsprechung im Willen. Beginn erstes bis zweites Lebensjahr.
2. Stufe: Einbeziehung der anderen Person. Entsprechung in der Empathie. Beginn drittes bis viertes Lebensjahr.
3. Stufe: Mental vollzogene Umkehr der Rollen von Ich und der anderen Person. Entsprechung im Gewissen. Beginn viertes bis fünftes Lebensjahr.
4. Stufe: Bereitschaft zur Handlungskorrektur oder Unterlassung. Entsprechung in der Vernunft. Beginn fünftes bis sechstes Lebensjahr.

2. Moralentwicklung und religiöse Grundsätze

In den vorangegangenen Kapiteln war schon viel von Moral die Rede. Ihr eigentlicher Inhalt soll aber erst jetzt zur Sprache kommen. Dabei soll vor allem die Rolle der **Religion als Grundlage der Moralentwicklung** nicht ausgespart bleiben. Vorstellungen darüber, wie sich moralisches Denken im Menschen entwickelt, besaßen die Menschen schon mindestens seit dem Altertum. In den frühen menschlichen Zivilisationen des eurasischen Raumes waren Ethik und Moral aber Themen, die sich im Wesentlichen aus der Götterwelt und den mit ihr verbundenen Mythen ableiteten. Die Idee, ein Wertekanon für die Gesellschaft könne sich auch allein unter Menschen entwickeln, kam ihnen nicht. Im alten Griechenland und bei den Römern stellte sich dann die Philosophie an die Seite der Götterwelten. Vor allem Aristoteles sowie Sokrates und sein Schüler Platon entwarfen Konzepte einer Verbindung zwischen der Erziehung des Menschen und moralischem Handeln. Damit unterbreiteten sie zum ersten Mal in der Menschheitsgeschichte den Gedanken, dass **Tugend** und **Sittsamkeit** keine angeborenen Eigenschaften der Menschen sind, sondern das Ergebnis pädagogischer Einflussnahme. Bei diesen Philosophen waren zum ersten Mal die Menschen selbst Schöpfer sittlich und moralisch bereinigter und zugleich rechtmäßig genormter Werte, die sie durch die richtige Erziehung an die nächste Generation weiterzugeben haben.

Im römischen Reich wurden einerseits die griechischen Lehren zur Tugend übernommen, andererseits neue Interpretationen in Verbindung mit dem öffentlichen Leben entwickelt. Zwei große Schulen, so kann man es zusammenfassen, die aber beide im alten Griechenland gegründet wurden, standen sich dabei gegenüber: der **Epikureismus** und die **Stoa**. Dichter und Philosophen wie Lukrez (ca. 97–53 v. Chr.) und Seneca (ca. 1–65 n. Chr.) führten die Lehren in der römischen Gesellschaft ein. In beiden Lehren wurde der Versuch unternommen, die Ethik und Moral im menschlichen Leben mit den Gesetzen des Kosmos und der Natur in Übereinstimmung zu bringen. Die Götterwelt stand für diese Philosophen nicht mehr im Zentrum. Deren Fähigkeit zur Einmischung in das Menschenschicksal wurde von ihnen verneint. Ziel aller Überlegung war die richtige Positionierung des Menschen mit seinem Gewissen und seiner Vernunft im natürlichen Ganzen, im Kosmos.

Die Ergebnisse dieser Überlegungen bei den Epikureern wie bei den Stoikern konnten kaum unterschiedlicher sein. Während Epikur als Begründer seiner Philosophie und Ethik das glückliche Leben als Hingabe an den Genuss des Augenblicks verkündete (Hedonie), sahen die Stoiker das Glück in der Beherrschung der eigenen Gefühle und der Abkehr von den vordergründigen

Genüssen und Freuden des Lebens. Als wahre Tugend empfanden die Stoiker die innere Kontrolle über die Leidenschaften und den Übergang des alltäglichen Gefühlslebens in eine ertragensfähige Gleichgültigkeit. Das Adjektiv „stoisch" beschreibt noch heute diese Vorstellung beherrschter Emotionen.

Die Epikureer erkannten dagegen im Prinzip des Begehrens und Genießens eine Form menschlicher Freiheit, die immer dann Tugendhaftigkeit bewirkt, wenn sie im Stillen und Persönlichen ausgelebt wird. Diese Auflage hatte den Sinn, das Streben nach Lust nicht unsittlich und begierig ausarten zu lassen, sondern sich in Mäßigung zu üben. So erkannten auch die Vertreter der Lehren Epikurs die Notwendigkeit menschlicher Tugendhaftigkeit, brachten sie aber mit den Sinnesgenüssen und der Lusterfüllung in Einklang als dem wahren Guten. Dazu zählten auch die Zufriedenheit mit dem, was man hat, und die Bescheidenheit in dem, was man zu erreichen sucht.

Es war dann die wieder Philosophie, die nach dem Mittelalter auch in Mitteleuropa die Beantwortung der grundlegenden Fragen zum moralischen Leben übernahm (zuerst in der Renaissance, später in der Aufklärung) und damit zwangsläufig in den Diskurs mit der Kirche trat. Denn zuvor war es, wie im vorigen Kapitel ausgeführt, nahezu die Kirche allein, die den moralischen Kodex in Form der so genannten Fundamentalethik formulierte und ihn im Glauben bei den Menschen durchsetzte. Dabei ging sie freilich nicht immer mit menschlich einwandfreien Methoden vor. Insbesondere gegen das Gebot der Nächstenliebe, das auch die Möglichkeit der Feindesliebe enthielt, wurde massiv verstoßen. Nicht-Gläubige oder auch nur Zweifler wurden schnell der Gotteslästerung und Ketzerei bezichtigt und über Jahrhunderte hinweg der Inquisition ausgeliefert.

Aber ohne noch einmal auf den Komplex der **Religionsgeschichte** und der **Moralphilosophie** (Augustinus, Thomas von Aquin, Martin Luther u.a.) im ausklingenden Mittelalter eingehen zu wollen, möchte ich mich jetzt den eher praktischen Fragen in der Religion zuwenden, wie sie für die Eltern-Kind-Beziehung und die ersten Erziehungsschritte im individuellen menschlichen Leben bedeutsam sind. Es wäre ein großer Irrtum zu meinen, in der frühkindlichen Erziehung hätte die Religion keine Bedeutung mehr, und die Eltern wären so weit verweltlicht, dass ihnen Antworten zur Moralentwicklung ihrer Kinder aus Religion und Kirche gleichgültig seien.

Die Frage der Beziehung zwischen Religion, Kultur und Moralentwicklung im Kind ist zwischen den Zeilen in diesem Buch an geeigneten Stellen immer präsent gewesen. Sie hat aber aus konzeptuellen Gründen keinen klaren Durchbruch in den jeweiligen Formulierungen gefunden. Das beruht darauf, dass in der Besprechung der Bindungstheorie die Religion in den ersten Lebensjahren des Kindes nicht von fundamentaler Gestaltungskraft ist. Die

Bindungstheorie hat rein naturwissenschaftliche Grundlagen, die sich zu Anfang aus Verhaltensbeobachtungen im Tierreich ableiteten. Dabei machte sie die Prägungsvorgänge bei allen Säugetierarten zum Maßstab der Eltern-Kind-Beziehung und legte so die **Evolutionstheorie** von Charles Darwin auch der Menschheitsentwicklung zugrunde. Für Gott und seine Schöpfung war hier ohne Weiteres kein Platz vorhanden. Das heißt nicht, dass Gott als Schöpfer keine Gültigkeit mehr besitzt und Religion und Glaube aus dem Entwicklungsprinzip der Arten verbannt seien. Es heißt aber, dass eine völlige Übereinstimmung der jeweiligen Grundhaltungen in der Entstehungsfrage der Welt und ihrer Erscheinungen sowie der Entwicklung der Arten zwischen Bindungstheorie und Glaube nicht gelingen kann.

Obwohl die Moralentwicklung meiner Auffassung nach auf bindungstheoretischen und darin eingeschlossen auf psychodynamischen Grundlagen beruht und somit solchen, von der Religion vertretenen Entstehungskonzepten entgegenläuft, im Endeffekt aber ganz ähnliche Werte hervorbringt, ist der Abstand zwischen dem rein naturwissenschaftlichen Konzept und dem geistig-spirituellen gar nicht so groß, wie zu befürchten wäre. Indes gibt es einen entscheidenden Unterschied. Im naturwissenschaftlichen Konzept entstehen die Voraussetzungen zum Erwerb von moralischen Grundsätzen schon in allerfrühester Kindheit und das ganz ohne geistig-kognitive Konstrukte, wohingegen sich im spirituell-religiösen Konzept der Geist, sprich Wissen und Verstand, erst ausreichend entwickelt haben muss, um Moralität ins Gehirn einzulassen. Dieser letzteren Grundvoraussetzung haben sich auch alle philosophischen Konzepte unterworfen.

Aber genau genommen ist auch das kein großer Widerspruch, sprechen wir doch in dem einen und in dem anderen Fall nicht von exakt denselben Dingen. So hatte ich bei der Besprechung der **psychodynamischen Moralentwicklung** bereits darauf hingewiesen, dass die Entwicklung des Gewissens auf der Basis von Stolz und Scham zunächst einmal nur das „mentale Gefäß" schafft für alle die Inhalte, die dann die Vernunft in Verbindung mit Gefühl und Verstand in der Folgezeit der voranschreitenden geistigen Entwicklung hinein füllt. Es ist also nicht der konkrete Inhalt der Moral im Einzelnen, der sich noch vor der differenzierten geistig-kognitiven Entwicklung im emotionalen Gehirn des Kindes ausbildet. Vielmehr sind es seine einstweilen abstrakten Koordinaten, welche das (neuronale) Grundgerüst für moralischen Denken und Handeln zur Verfügung stellen. Erst muss das Gefühl für die Richtigkeit eines mitleidsvollen und nach Gerechtigkeit strebenden Handelns gespürt werden können, bevor die Methode, wie dieses zu erreichen sei, verstanden werden kann. Auf eine angeborene Intuition ist dabei aus vielfach erklärten Gründen für den frühkindlichen Egozentrismus kein Verlass.

Wenn also Religion für sich beanspruchen möchte, und das hat sie Jahrhunderte lang bis heute getan, die Grundlagen für die Moral und den Wertekanon in der Gesellschaft zu legen, dann muss sie nun lediglich zur Kenntnis nehmen, dass es nämlich vor der geistigen Aufnahme ihrer Dogmen, Riten und Katechismen schon etwas in jedem einzelnen Mitglied der Gesellschaft, also in jedem Kind, entwickelt gibt, auf dessen Matrize sie nur noch ihre Glaubensgrundsätze zu schreiben hat. Das gilt im Übrigen für alle Religionen, ganz gleich welcher Grundrichtung und Weltanschauung sie angehören. In gewisser Weise trifft diese Formulierung auch die Vorstellung dessen, was die französischen Aufklärer Rousseau und Voltaire mit dem Begriff Zivilreligion verbanden.

Konkret stellt sich demnach also die Frage, welchen Sinn es macht, dass Eltern ihren kleinen Kindern – es geht um Kinder der Altersklasse bis etwa sechs Jahren – Moral vermittelnde Geschichten aus den heiligen Schriften ihrer Religionen erzählen oder mit ihnen beten, wenn das beschworene Gefäß, in das diese Inhalte eines Tages einmal eingefüllt werden, noch gar nicht erstellt ist. Anders gesagt: Was versteht ein Kind davon, was es zu Gott betet, um ein gutes Kind zu sein. Und was würde ein zwei- oder dreijähriges Kind davon verstehen, dass Töten amoralisch ist, Lügen verwerflich und Stehlen unrechtmäßig und jedes Handeln in dieser Weise Bestrafung nach sich zieht? Hier wäre erst einmal die Grundsatzfrage zu klären, ob ein Kind dieses Alters überhaupt schon versteht, was Töten, Lügen und Stehlen bedeuten. An der Unbekümmertheit dessen, wie Kleinkinder mit diesen Dingen umgehen, lässt sich ablesen, dass sie weder die elementaren Dimensionen ihres Tuns, noch die ethisch-moralischen Folgen, mit denen sie verbunden sind, begreifen.

Demzufolge hat es auch keinen Sinn, die Handlungsweisen der Kinder in diesen Zusammenhängen überhaupt mit solchen Moralkategorien zu messen. Jean Piaget und Lawrence Kohlberg haben in Erkenntnis dieser Fakten ihre Vor-Stadien der Moralentwicklung (bis etwa zum Schuleintritt) auch auf die niedrigste und von aller persönlichen Verantwortung befreiten Stufe herabgesetzt (**heteronome** bzw. **präkonventionelle Phase**). Nimmt also ein dreijähriges Kind seinem Spielgefährten das Spielzeugauto oder den Roller weg und behauptet es sei seiner, dann ist das kein Stehlen, selbst wenn es das kleine Auto z.B. auch noch „widerrechtlich" mit nach Hause nimmt. Und es ist kein Lügen, wenn das vierjährige Kind leugnet, die Milch verschüttet oder die Tapete angemalt zu haben, sondern nur der Versuch, durch die Manipulation der Wahrheit, die schuldbelastete Verursachung zu verdecken (Angst vor Strafe sei vorausgesetzt). Ebenso wenig ist es ein Töten im moralisch verantwortlichen Sinne, wenn das fünfjährige Kind das Meerschweinchen zu füttern vergisst, so dass es stirbt, oder wenn es im Vorübergehen eine Ameise zertritt.

In der Frage des Tötens wird es allerdings schwierig, weil die Absichtlichkeit mit ins Spiel kommt und die Erwartung aller Eltern und Erzieherinnen und Erzieher dahin geht, ein Kind müsse einsehen, dass jedes Lebewesen jeden erdenklichen Schutz für sich beanspruchen darf, um am Leben zu bleiben. So ist ein unabsichtliches Sterbenlassen, eventuell auch noch aus der Unkenntnis heraus, was dieses Lebewesen alles zum Überleben braucht, grundsätzlich etwas anderes, als das gezielte Erschlagen oder Zertreten, um ein lästiges Tier zu beseitigen.

So hütet sich auch ein Kleinkind tatsächlich schon intuitiv davor, ein kleineres Tier umzubringen, obwohl es noch gar nicht weiß, dass Töten grundsätzlich amoralisch ist. Das hängt damit zusammen, dass bereits Säuglinge zwei grundlegende Kategorien bilden zwischen allen Erscheinungen in der Welt, die ihnen begegnen. Da sind einmal die Lebewesen und das sind zu anderen die leblosen Gegenstände. Erst später begreift das Kind dann als dritte Kategorie die eher abstrakten physikalischen Erscheinungen.

Identifikationsmerkmale für Lebewesen sind Gesichtskonturen wie Augen, Nase und Mund (S. Pauen, 2006). Diese sind den Menschen ähnlich, und in dieser Übereinstimmung wurzelt wohl das im Innersten schnell aufkommende Bedürfnis beim Kind nach einem Schützen alles Lebenden verbunden mit dem Tötungsverbot. Lebewesen sind wie es selbst und daher anders zu behandeln als Gegenstände. Für schwer bindungsgestörte Kinder gilt dagegen etwas anderes, nämlich dass sie frühzeitig dieses „angeborene Tötungshemmnis" aus dem Sinn verlieren und schon als junge Kinder mit Genuss kleine Tiere quälen und umbringen. Nicht groß ist der Schritt dann auch zu einem Malträtieren und Quälen von schwächeren Kindern.

Ich möchte nun auf dieses „Gefäß" zu sprechen kommen, das ich als aufnehmende neuronale Struktur im Gehirn des Kindes für alle später hinzukommenden moralischen Grundsätze und Handlungskorrektive voraussetze. Rein physiologisch baut sich dieses Gefäß als eine überaus komplexe, strukturale Hirnformation aus multiplen Netzwerken auf, deren Verortung allen neurologischen Untersuchungen und bildgebenden Verfahren in der Hirnforschung zufolge in bestimmten Anteilen des Frontalhirns, des limbischen Systems und der übrigen Großhirnrinde zu suchen ist (A. Damasio, 1997). Auf die diesbezüglich verortete Struktur der ventromedialen, orbitofrontalen und dorsolateralen Hirnrinde im Frontalhirn bin ich schon einige Male in meinen Ausführungen zur Hirnforschung eingegangen. Anzufügen wären an dieser Stelle die Verbindungen zum Erinnerungscortex im Schläfen- und Scheitelhirn, zum Präcuneus, zur Inselregion (Körper-Selbst), zum hinteren cingulären Cortex und zur Amygdala (s.o. unter Entwicklung zum Gewissen) (S. Eickhoff, 2012).

Funktional betrachtet setzt sich also dieses Gefäß zusammen aus den Zentren für die Gefühle des Menschen inkl. der assoziierten Speicher- und Schaltzentren im Frontalcortex, den Zentren für die Willenssteuerung cingulären Cortex sowie dem Zentralort für Körpererfahrung des Selbst (als Empfindungsspiegelung des anderen) im Körperempfindungscortex. Außerdem gibt es die wichtigen Verknüpfungen zu jenen Netzwerk- und Bahnenformationen, die als Belohnungs- und Bestrafungssystem zu bezeichnen sind.

Entscheidend in der frühkindlichen Entwicklung ist nun, wie dieses Gefäß im Endeffekt beschaffen ist. Bleiben wir bei diesem bildhaften Vergleich, dann könnte dieses Gefäß zunächst einmal absolut dicht sein und das, was es aufnehmen soll, in aufrechter Position nicht wieder herauslassen. Es könnte aber ebenso gut porös sein mit bröckeliger und durchlässiger Wandstruktur, und es könnte regelrecht löchrig sein und damit im Grunde beschädigt. In den beiden zuletzt genannten Fällen wäre der Inhalt, den dieses Gefäß aufnehmen soll, nicht vor gleichzeitigem Verlust geschützt. Im Fall von Löchrigkeit ginge der Inhalt, so wie er oben hineingelangt, sogar unten gleich wieder heraus. Bei porösen Wandstrukturen bliebe wenigstens ein Teil davon hängen, und im günstigsten Fall wäre das Gefäß wenigstens in den unteren Abschnitten gefüllt.

Dieses Bild nun in den Zustand von zu erreichender Gewissensstärke und Vernunft übersetzt würde bedeuten, dass es in der frühkindlichen Entwicklung des Gehirns drei nicht immer trennscharfe Endergebnisse in Richtung Moralität und vernünftige Selbststeuerung gibt: erstens die sichere Funktion, zweitens die unsichere Funktion und drittens die Funktionslosigkeit. Nicht trennscharf soll heißen, in dem zugehörigen Ausbildungsprozess gibt es keine ganz klaren Abgrenzungen voneinander, und das Ergebnis lässt Übergänge von einem in das andere Funktionsergebnis zu.

Diese Übergänge und Funktionszustände entstehen jedoch nicht willkürlich und sind von der Natur beliebig gesteuert. Vielmehr unterliegen sie einem festen Schema, das sich aus den bisher erworbenen Kenntnissen zum Sozialverhalten und der individuellen Willenstärke und Selbstkontrolle des einzelnen Kindes zusammensetzt. Außerdem bleibt zu beachten, dass die Sinninhalte, mit denen das Gefäß befüllt wird, in der Lage sind, das Gefäß von innen nachträglich weiter abzudichten. Nicht zuletzt ist aber auch die Härte der Herausforderungen des weiteren Lebens zu beachten. Günstige Lebensläufe ermöglichen ein Nachbessern des Gefäßes, ungünstige zerstören die Wandstruktur noch weiter.

Entscheidend ist jedoch erst einmal der Grundzustand des Gefäßes selbst und damit das neuronale Flechtwerk, in dem die prosozialen Gefühle, Gedanken und Handlungsabläufe sich verfangen sowie gespeichert und für die Zukunft vorgehalten werden. Mit prosozialen Gefühlen ist die Akzeptanz von gesellschaftlichen Werten, Normen (Konventionen), Sitten (Umgangsformen) und Bräuchen (Regeln) gemeint sowie die Absicherung einer im Selbst verankerten Basis von Empathie, Fürsorge und Mitleid. Das Verbot zu quälen, zu demütigen, zu misshandeln, zu foltern und zu töten ist darin ausdrücklich eingeschlossen. Das stabile und zuverlässig funktionierende Gewissen ist das Ziel aller prosozialen Entwicklung und Erziehung.

Durch das funktionierende Gewissen sind Empathie, Besorgnis und Mitleid mit der anderen Kreatur sowie die Hemmung aggressiver Verhaltensstrategien gegenüber anderen Lebewesen wie auch Menschen gesichert und für immer gewährleistet. Nur die unmittelbare eigene existenzielle Not ist dann noch in der Lage, die auftretende Verhaltenshemmung wieder aufzuheben (Selbsterhaltungstrieb, s.o.). Rousseau unterschiedet in diesem Zusammenhang zwischen moralisch einwandfreier Selbstliebe und sozial schädlicher Eigenliebe (s. 1. Kapitel Teil 3). Konkret bedeutet das, dass ein Kind mit zunehmendem Gewissen allein durch sich selbst an der Ausübung von normativ falschem oder sittlich verwerflichem Handeln gehindert wird. Es bedarf dann keiner zusätzlichen Überwachung von außen durch Erzieher, Eltern oder andere Bezugspersonen. Neben der Selbstkontrolle bedeutet diese Form prosozialen Denkens und Handelns aber auch, dass das Kind selbst dann beklemmende Gefühle bekommt, wenn es nur Zeuge dessen wird, wie anderen Kindern oder überhaupt anderen Menschen Leid und Unrecht zugefügt wird, Tiere vernachlässigt oder gequält werden, ja sogar Gegenstände, die einen gewissen Wert besitzen, absichtlich beschädigt oder gar zerstört werden.

Selbst vor die Wahl gestellt, anderen Menschen schlimmes Leid und Unrecht zuzufügen, Tiere zu quälen oder Gegenstände von einem gewissen Wert zu vernichten, oder genau das Gegenteil zu tun, würde dieses Kind sich dem moralisch verwerflichen Handlungsimpuls verweigern und moralisch verantwortungsbewusst handeln. Sollte es sich aber aus existenziellen Gründen, die es selbst betreffen, doch für eine der negativen Handlungsweisen entscheiden müssen, würde es massive Gewissenbisse entwickeln, Reue empfinden und die entstandene Schuld durch schnelle Wiedergutmachung und spätere Unterlassung tilgen wollen. Um das noch einmal in Erinnerung zu rufen: Wir sprechen bei diesen Verhaltensweisen von Kindern frühestens ab vier bis fünf Jahre.

Mit dieser positiven Charakterisierung im Verhalten sind diejenigen Kinder gemeint, die über dichte Gefäßwände in ihrem emotionalen und geistigen „Sozialzentrum" im Gehirn verfügen. Für die Kinder mit „porösen Gewissensstrukturen", wobei jetzt Bildebene und Funktionsebene zu einem Begriff zusammengezogen sind, kommen diese Gefühle zwar ebenfalls zustande, sind aber nicht in gleichem Maße verlässlich und von den Kindern beherrschbar.

Der eigennützige Impuls der ersten Lebensjahre beherrscht sie noch vollständig und geht dann unter Umständen mit ihnen durch.

Das bedeutet, bei diesen Kindern hängt es mehr von ihrem momentanen Gefühlszustand und von ihren gerade bestehenden Launen ab, ob das Gewissen greift und die antisozialen Handlungen und auch Haltungen verhindert, oder ob sich die negativen Handlungsweisen Bahn verschaffen und schließlich vollends durchbrechen. Diese Kinder sind nicht nur unzuverlässig in ihrem Sozialverhalten, sondern auch leicht durch andere Macht ausübende Personen oder geschickte Verführer zu schlechten Taten verführbar. Konkret gemeint sind diejenigen Menschen, die sich das Unterdrücken und Peinigen von anderen Lebewesen, insbesondere von anderen Menschen, zu ihrem Machterhalt und ihrer Machtvermehrung auf die Fahnen geschrieben haben.

Zum Schluss sind da die Kinder mit löchrigem Gefäß, das heißt mit praktisch unausgebildeten Gewissensstrukturen, die nicht mehr in der Lage sind, ausreichend Prosozialität in sich zu entwickeln und auszuüben. Die diesen Kindern später vermittelten Normen, Werte und Konventionen rutschen gleich durch die „Maschen" hindurch und hinterlassen im Gefäß allenfalls noch eine Ahnung von dem, was in der Gesellschaft an prosozialem Verhalten erwünscht und notwendig ist. Aber was dort hängenbleibt, reicht nicht mehr aus, ein funktionstüchtiges, der Prosozialität verpflichtetes Gewissen aufzubauen. Diese Menschen werden auf paradoxe Weise frei, sich ihre eigene Welt und deren Gerechtigkeitssystem zurechtzuzimmern, und schließlich nach eigenen Gesetzen zu leben. Die Schritte zu schwerwiegender Dissozialität und zu antisozialen Persönlichkeitsstrukturen sind jetzt nur noch kurz und Delinquenz und Kriminalität erscheinen wie vorgezeichnet.

Den Selbstformen (4. Kapitel Teil 1), sozusagen die zentrale Drehscheibe für den Ausgang der Ausbildung zur individuellen Persönlichkeit des Menschen, lässt sich die Gefäßstruktur der moralischen Zentren im Gehirn in folgender Weise zuordnen: Kinder mit ausgewogenem Selbst bilden automatisch ein dichtes oder zumindest weitgehend dichtes Gefäß aus und streben somit immer Prosozialität an. Kinder mit einfach unausgewogenem Selbst haben es da schon etwas schwerer. Ihr Gefäß wird aus der Binnensicht der Sozialentwicklung heraus betrachtet zunehmend porös und ihre Prosozialität gerät zuweilen schwer ins Wanken.

Aber erst die minderwertigen und zum Teil auch grandiosen Selbste laufen Gefahr, löchrige Gefäße für ihre Gewissensbildung auszubilden und damit auf die Schiene der Diss- und Antisozialität zu geraten. Das hängt vor allen Dingen mit ihrem pathologische Narzissmus (3. Kapitel Teil 2) zusammen, der sie dazu antreibt, sich ständig nur mit sich selbst und den eigenen Befindlichkeiten zu befassen und die Situation des anderen Menschen oder anderer Lebewesen aus den Augen zu verlieren. Bei ihnen überflutet Selbstliebe die Eigenliebe (Rousseau, s.o.) und lässt die Möglichkeit einer moralischen Trennung nicht mehr zu.

Im pathologischen Narzissmus gehen dann auch Schritt für Schritt alle einmal erworbenen Bindungs- und Loslösungsstrukturen im Gehirn zu Bruch, sterben schließlich ganz ab und weichen dem reinen, eigennützigen Überlebensprinzip, das kein Erbarmen mehr für den oder die anderen am Leben Beteiligten kennt. Für dieses Prinzip werden nun aber alle negativen Handlungsimpulse zugelassen, die sowohl die Mitmenschen und Mitkreaturen schädigen, als auch das eigene auseinanderbrechende Selbst weiter in Mitleidenschaft ziehen. Letzteres wird offensichtlich billigend in Kauf genommen. Einzig durch das Erleben des Leids anderer oder durch das eigene, geradezu wahnhaft auf die Spitze getriebene Leid scheinen diese Menschen noch in der Lage zu sein, die zerstörerischen Impulse im eigenen Selbst beschwichtigen zu können oder unter Kontrolle zu bekommen.

Die grandiosen Selbste haben allerdings anders als die minderwertigen eine Möglichkeit, bei ausreichendem Talent und hoher Kreativität ihr Gewissensdefizit von innen her auszugleichen, in dem sie die beschädigten Wandstrukturen des „Gefäßes“, also das schwach entwickelte Gewissen, mit ihren eigenen Ideen und Schöpfungen „zustopften“. Das geht aber nur solange gut, wie sie aus ihrer Lebensumwelt eine positive Resonanz erhalten. Sie bedürfen also einer Stütze durch die günstig eingestellte, soziale Umgebung, sonst bricht ihr Konstrukt schnell wieder zusammen.

Für diese Persönlichkeiten gilt so etwas wie eine Alles-oder-nichts-Regel. Entweder sie werden geliebt, anerkannt und geachtet, dann stellen sie sich prosozial ein und können Großes schaffen. Oder sie erleben sich als nicht anerkannt und missachtet und bringen für die Gesellschaft nichts als Verachtung auf, missachten ihre Regeln und versuchen, sie zu zerstören (notfalls auch mit sich selbst). Vor der Zerstörung steht dann noch die narzisstische Wut als die selbstgefällige, emotionale Explosion (der Ausraster), durch welche ihr inneres Dilemma ans Tageslicht kommt. Von solchen Entwicklungen sind die Menschen mit antisozialer Persönlichkeitsstörung deutlich stärker betroffen, als diejenigen mit dissozialer Entwicklung.

Die Religion und ihr Dogma der **Nächstenliebe** möchten nun die vom Menschen erwarteten prosozialen Handlungsweisen durch geeignetes Vorbild, Unterricht und Lehre in die Seelen der Kinder verpflanzen. Gleiches gilt für die moralischen Grundsätze der **Zehn Gebote**. Die Religion übersieht dabei, dass die Kinder nur das tatsächlich verstehen, annehmen und auch umsetzen können, das widerspruchsfrei in ihre Gedankenwelt passt. Andernfalls überkommt sie immer wieder der Drang, dagegen zu handeln, und sich dem

Dogma zu widersetzen. So gerät das Kind allzu leicht in einen inneren Widerspruch zwischen Treue zur Glaubenslehre und Willen zur Selbstbestimmung, der im Falle eines Fehltritts von der Kirche durch rituelle Vorgaben zur „seelischen Reinigung“ wie Schuldbekennung, Beichte oder Buße zu lösen versucht wird. Die Kirche ganz gleich welcher christlichen Konfession bekennt sich damit zu Strukturen der autoritären Erziehung.

Nächstenliebe ist in Wahrheit kein Dogma, das sich durch Belehrung an Kinder weitergeben lässt. Und auch das Bild vom allen Menschen verzeihenden Gott ist ebenso wie das Vorbild seines Sohnes mit der universellen Opferbereitschaft durch Menschwerdung und Kreuzigung vom Kind in keiner Weise zu begreifen. Viel zu abstrakt sind die ethisch-moralischen Zusammenhänge und viel zu fremd ist diese auf Opferbereitschaft und Verzeihen basierende Nächstenliebe. Für das Kind ist der andere zunächst immer auch ein bedrohlicher Mensch, der erst einmal argwöhnisch betrachtet wird, notfalls ausgeschlossen und wenn nötig sogar gehasst werden muss. Jeder andere Mensch muss sich erst durch Zuwendung, Verständnis und Freundlichkeit den Status einer potenziellen Bezugs- oder Bindungsperson erarbeiten. Ein Kind kann niemals Feindesliebe, wie vom christlichen Dogma gefordert, üben.

Der einzige Weg für ein Kind, Nächstenliebe und Verzeihen zu üben, ist im hier vertretenen Verständnis derjenige über die **Selbstliebe** und die **Nachsicht** oder **Vergebung**. Die Selbstliebe ergibt sich für das Kind aus der Ausgewogenheit seines Selbst und damit aus den positiven Lebenserfahrungen in seiner frühen Kindheit. Aus den Ausführungen in den vorherigen Kapiteln ergibt sich, dass allein der Stolz auf die Scham in der Lage ist, den an sich ungeheuer schwierigen Schritt zu tun, gegen den eigenen Vorteil und Nutzen zu handeln, Nachsicht zu üben und den Anderen so zu lieben, wie er ist. Jedes Kind, das sich nicht selbst liebt und anerkennen kann, das mit einem vielleicht sogar minderwertigen unausgewogenen Selbst aus der Kindheit hervorgeht, ist zwangsläufig immer auf seinen eigenen Vorteil bedacht und nicht in der Lage, nachsichtig zu sein und dem Konkurrenten oder gar Feind zu vergeben; geschweige denn, ihn zu lieben. Es hat schon Schwierigkeiten genug, sich selbst zu lieben und seinen Eltern und seiner Herkunft zu genügen.

Zieht man alle Entwicklungsschritte zum ausgewogenen Selbst zusammen, wird klar, dass nur das Kind mit sicherer Bindung, gelungener Loslösung und von Stolz überwogenem Selbst, das heißt im Besitz ausreichend positiver Selbst-Attribution, dazu befähigt ist, jeden anderen Menschen wenn nicht gleich zu lieben, so doch zu achten und ihm notwendige Hilfe zukommen zu lassen. Auch die Schritte zur Empathie und dem Mitleid unterliegen genau diesem günstigen Entwicklungsprofil. Bei diesen Kindern braucht die Religion mit ihren Lehren nicht viel hinzuzutun. Sie nehmen leicht und gerne den geistigen Überbau in sich auf, den die Religion zu bieten hat.

Kinder, denen diese günstige Entwicklung nicht zuteil wurde und die sich mit stark unausgewogenem Selbst bis hin zur Minderwertigkeit oder realitätsfernen grandiosen Zügen herumplagen müssen, sehen kein anzustrebendes Ziel darin, gegen Mitmenschen Nachsicht zu üben und Verzeihung zu gewähren. Demzufolge nützt ihnen das Angebot der Religion auch wenig und eine opferbereite Person wie Jesus Christus bleibt ihnen im Innersten fremd. Vielmehr sehen sie nur in solchen Personen große Vorbilder, die ihre persönliche Notlage zu vorstehen scheinen und möglicherweise sogar verbessern können. Diese werden dann von ihnen alsbald vergöttert und zu Idolen gemacht. Im Grunde aber ersetzen sie nur das fehlende große Vorbild ihrer Väter und Mütter durch dafür auserkorene Retterfiguren, die offenkundig vor Macht und Einfluss strotzen, und in deren Glorienschein sie sich selbst sicher wähnen und aufwerten können. Den schwachen und versagenden Menschen, denen eigentlich ihr Mitleid und ihre Nachsicht gehören müssten, begegnen sie hingegen mit Verachtung und sogar Hass. Sie verkörpern zu sehr ihre eigene ungeliebte Seite.

Ähnlich wie mit den Mitmenschen verfahren diese Kinder auch mit Gegenständen und Sachen. So wird von ihnen nur das Edle, Wertvolle und allgemein Anerkannte bevorzugt und begehrt („Nach-Attribution"). Lässt es sich nicht mit eigener Anstrengung und Kraft erwerben, dann wird es innerlich besetzt, das heißt in der Fantasie in Besitz genommen. Befriedigt das eines Tages nicht mehr, wird es gewaltsam an sich gebracht, schlichtweg gestohlen. Ist aber genügend Geld vorhanden, wird es natürlich auch gekauft. Was dann erst mit scheinbar oder auch tatsächlich wertvollem Spielgerät beginnt, weitet sich später auf teure Accessoires, hochpreisige Kleidung, wertvolle elektronische Geräte aus oder wenn es das Geld zulässt auch auf repräsentative Autos, Häuser usw. Nur das Beste ist noch gut genug für das beschädigte Selbst. Aus einfachem Bedürfnis wird dabei allzu leicht regelrechte **Habgier** und der vom tatsächlichen Leben erzwungene Verzicht wird zuweilen mit wütender Zerstörung quittiert.

Durch die mögliche Diskrepanz zwischen Struktur („Gefäß") und Inhalt (Werte, Normen) im menschlichen Gehirn, das heißt in seinen Gedankenwelten und Vorstellungen von richtigem Verhalten, ergibt sich folgerichtig eine geistige Kluft zwischen dem, was dieses Buch vermitteln will und dem, was den Glaubensgrundsätzen der Religionen unterliegt. Während die Vorstellungen in diesem Buch davon ausgehen, dass vor jeder geistig moralischen Inbesitznahme von humanen Werten und prosozialen Verhaltensweisen die Ausformung der neurophysiologischen Grundlagen im Gehirn steht, gehen

Religion und auch die klassische Philosophie mit ihrer Ethiklehre davon aus, dass die Lehre selbst das Gehirn in der angestrebten Weise (um-)gestaltet und ausbildet. Letzteres würde aber bedeuten, dass die Jahre vor der geistig-kognitiven Reife zur Aufnahme dieser Lehren quasi verloren wären, man sich folglich um diese Lebenszeit des Menschen auch nicht zu kümmern brauche. In entsprechender Weise verhielten sich Kirche und weltliche Lehre tatsächlich bis auf die Tatsache, durch strenge Erziehung die Kinder schon frühzeitig auf die Bereitschaft zur Aufnahme ihrer Dogmen und Lehren einzuschwören.

Völlig kontrovers dazu stellt sich der Umgang mit kleinen Kindern in der hier vorgestellten Weise dar. Wenn davon auszugehen ist, dass vor jedem erkenntnishaften und geistigen Lernprozess von ethisch-moralischen Werten eine ganz bestimmte Strukturierung des Gehirns stehen muss, dann muss es sich bei dem „davor" zeitlich um die ersten menschlichen Lebensjahre, die Jahre der frühen Kindheit handeln. An diesem Punkt wird endgültig klar, was es bedeutet, dreijährigen Kindern den Zugang zum empathischen Empfinden, vierjährigen den kognitiven Perspektivwechsel und fünfjährigen das Gewissen im ganzen Stolz auf die eigene Fähigkeit zur Reue zu vermitteln. Am Anfang dieser Entwicklung zum Selbstverständnis des Gefühlslebens und zur Fähigkeit, die Ströme der Gefühle zu regulieren, steht aber der Schritt zur Beherrschbarkeit des Willens; ein Wille, der ein Maximum des Drangs umgewandelt hat, welcher andernfalls das Kind und später den erwachsenen Menschen der Willkür seiner emotionale Exzesse aussetzt.

In Anlehnung an Carol Gilligan (D. Garz, 2008) möchte ich nun die prosozialen Entwicklungsstrukturen beim Kind auf zwei voneinander zu unterscheidende Sektoren verteilt wissen: Da ist zum einen das **Gerechtigkeitsempfinden** mit zugehöriger Moral, das von Lawrence Kohlberg in den 50er bis 70er Jahren des vergangenen Jahrhunderts ausgearbeitet worden ist. Und da ist zum anderen das **Streben nach Fürsorge** für den Anderen, wie es von Gilligan selbst in den 80er und 90er Jahren entwickelt wurde. In der von mir erdachten psychodynamischen Moraltheorie scheint eine weitere spezielle Form der Moral abgrenzbar zu sein, die **Mitleidsmoral**. Sie scheint mir sogar die grundlegende von allen Moralformen zu sein, wenn man nicht sagen möchte, sie käme in beiden vorher genannten Formen der Moralentwicklung bereits mit eingeschlossen vor. An einem kleinen Beispiel will ich das erläutern:

Kurze Fallgeschichte

Ein – sagen wir – fünfjähriges Kind schlägt ein anderes, weil dieses unachtsam an ihm vorübergegangen ist und es beim Bauen eines Hauses aus Bauklötzen gestört hat. Das Haus bricht zur Hälfte zusammen und das geschädigte Kind gerät in Wut. Sein ausfahrender Schlag trifft das andere Kind im Gesicht und die Nase blutet etwas. Die Eltern kommen hinzu und müssen den Streit schlichten. Bei der Schuldfrage werden sie sich nicht einig. Da die Beschädigung des gerade aufgebauten Hauses nur aus Versehen geschehen ist und Versehen entschuldbar ist, hat der kleine Bauherr mit seinem impulsiven Schlag ins Gesicht des Schädigers seinerseits eine Schuld auf sich geladen. In gewisser Weise ist sein Schuld sogar größer als die des unachtsamen Freundes.

Die Gerechtigkeitsmoral erlaubt nun folgende Lösung des Konflikts: Das geschlagene Kind darf das andere Kind zurückschlagen, aber nicht stärker als dieses selbst zugeschlagen hat. „Mein Schmerz soll auch dein Schmerz sein", könnte es als Recht für sich beanspruchen. Die Gerechtigkeit wird so über den Ausgleich des körperlichen Angriffs erzeugt. Das Gewissen tritt hierbei zunächst in den Hintergrund. Im Nachhinein wird es vielleicht zugelassen (zumindest bis zur Stufe des Bedauerns), ändert aber nichts mehr am Vorgehen.

Anders sieht es in der Mitleidsmoral aus: Sie erlaubt den Schritt des Zurückschlagens nicht. Durch das am eigenen Leib bereits erfahrene Leid des Geschlagenwerdens z.B. von anderen Kindern – kaum ein Kind verfügt nicht über solche Erfahrungen – stellt sich Empathie mit dem potenziellen Opfer ein und aktiviert vor dem Zurückschlagen das Gewissen. Wurde das Kind selbst tatsächlich nie geschlagen, ist es alternativ das Vorbild der Eltern, grundsätzlich nicht zu schlagen, das hier wirksam wird. Grundlage für beide Fälle bietet also die Fähigkeit zur Empathie und das entstandene Gewissen zwingt das geschädigte Kind dazu, die Abfolge der aggressiven Handlungen bei sich selbst abzubrechen. Die Demütigung wird dabei in Kauf genommen und innerlich verarbeitet. Das gelingt über den Weg des Stolzes auf die zugelassene Scham (s. Gewissensfunktion). Der Racheimpuls erlischt auf diese Weise und die Scham wird vom Stolz beherrscht. Ein Zurückschlagen hätte diesem Kind im Übrigen auch nur ein schlechtes Gewissen bereitet und damit die Scham vergrößert. So erzeugt der sich daraus logisch ableitende Verzicht auf das Zurückschlagen über den vermehrten Stolz das gute Gewissen. Ab einem Alter von sechs bis sieben Jahren können sich die beiden Kinder auch verbal entschuldigen.

Auch die hierbei nicht angesprochene Fürsorgemoral begründet sich hauptsächlich auf dem Mitleid, ist aber für mich in diesem Fall keine erkennbare Größe. Grundsätzlich gilt für das Mitleid: Die schwächere, in Not oder Bedrängnis geratene, vielleicht sogar schwächelnde andere Kreatur bedarf grundsätzlich der Hilfe durch den Stärkeren. Diese Hilfeprinzip oder **Subsidiaritätsprinzip** speist sich aus in frühen Jahren unvermeidlich entstandenen Erfahrungen an sich selbst, denn in Bedrängnis geraten, schwach und krank ist jedes Kind einmal gewesen. Ein Kind, das dabei in seinen Ängsten und Nöten liebevoll aufgefangen und begleitet worden ist, hat durch Empathie und

Vorbild diesen Handlungsimpuls in sich aufgenommen und tief verinnerlicht. Ist in diesem Fall ausreichend Identifikation mit dem schwächeren Wesen, besonders einem hilfsbedürftigen Menschen vorhanden, greift dieses Prinzip spontan und unmittelbar: „Was ich Gutes an mir erfahren durfte, soll auch ein Anderer erhalten."

Der Fürsorgemoral in Abgrenzung von der Mitleidsmoral liegt das Mitleid zweifelsfrei stärker zugrunde als der Gerechtigkeitsmoral. Es gibt indes andere Beispiele für sie als für das reine Mitleid, Beispiele, die eine eigenständige menschliche Regung für sich beanspruchen dürfen, z.B. das Pflegen alter, hilfloser oder kranker Menschen oder der Umgang mit Säuglingen. Für beide Grenzabschnitte des Lebens liegen keine persönlichen Erfahrungen vor, denn auch an die eigene Säuglingszeit kann sich niemand genau erinnern. Trotzdem wird Fürsorge für den anderen schwächeren als innerer Auftrag und soziale Pflicht empfunden. Der alte Streit, ob diese Form der Moral bei Mädchen und Frauen stärker ausgeprägt ist als bei Männern (D. Garz, 2008), wirft ein Schlaglicht auf die Vorurteile und Rollenzuschreibungen in unserer Gesellschaft. Die von Carol Gilligan gemachten Studien hierzu sind offenbar zu ungenau, allein schon weil eine viel zu geringe Teilnehmerzahl untersucht worden ist. Immerhin zeigen diese Studien einen Trend in die erwähnte Richtung.

Ein weitere Aspekt ist vielleicht noch herauszustellen: Die Gerechtigkeitsmoral begründet sich mehr auf einem rationalen Prinzip, die Fürsorge- und Mitleidsmoral auf einem emotionalen. Diese Differenzierung wirft noch einmal ein Schlaglicht auf die Tatsache, dass höhere Moral nur auf einem positiven Zusammenwirken von Psyche und Verstand begründet sein kann und sich damit der Vernunft an die Seite stellt, die ihrerseits Emotion und Verstand unter einem gemeinsamen geistigen Dach vereinen will.

3. Die Grundlagen des Erziehungskonzepts gegen Gewalt als zusammenfassendes Stufenprogramm

Die Grundlagen des Erziehungskonzepts gegen Gewalt basieren auf allen in dem vorausgegangenen Text aufgeführten Teilschritten zur Stabilisation der frühen Eltern-Kind-Bindung und zur Sicherung der günstigen Voraussetzungen für die Loslösung; und weiter unter Beachtung aller äußeren Einflussfaktoren auf der Ausbildung und Entstehung des Selbst und der Entwicklung von Empathie, Mitleid, Gewissen und Vernunft. Die enge Verzahnung von Selbstentwicklung und erzieherischem Einfluss in den ersten Lebensjahren hatte ich auf vier zeitlich sich überschneidende Kernprozesse festgelegt. Diese möchte ich hier kurz noch einmal wiederholen:

Im ersten Entwicklungsabschnitt geht es um den frühen Umgang mit dem Willen, der von den Erziehenden entweder respektiert und geschickt gelenkt oder autoritär unterdrückt wird. Letzteres bringt frühzeitig die Gefahr mit sich, dass die Eltern-Kind-Beziehung hauptsächlich auf ein reines Machtverhältnis reduziert wird. Im zweiten Abschnitt geht es um die Ausbildung von Empathie und Mitleid vermittels einer emotionalen Spiegelung des Leids anderer Menschen. Durch ein frühzeitiges Erlernen jedoch von Unterdrückung eigener negativer Gefühle wie Angst, Schmerz, Wut oder Kummer sowie durch ein schlechtes Eltern- und Erwachsenenvorbild ist dieser überaus wichtige Entwicklungsschritt leicht gefährdet. Als drittes Element der in einer kontinuierlichen Abfolge befindlichen Entwicklung hatte ich die unauflösliche Durchdringung des Selbst mit dem Gewissen angeführt. Bei diesem Schritt können Probleme entstehen durch eine zu schwache Verankerung der ersten moralischen Kategorien im Selbst und eine zu geringe Ich-Bezogenheit des Gewissens. Das so entstehende Defizit zieht den Erhalt des frühkindlichen Egozentrismus und späteren Egoismus nach sich. Als vierten Schritt in der Abfolge der als Reifung zu betrachtenden Prozesse hatte ich den Erwerb der Vernunft benannt, der, wenn er ausbleibt, einen unzureichenden Abgleich des Eigenen, Privaten mit dem Allgemeinen, Gemeinschaftlichen hervorruft. Die dadurch bedingt fehlende Einsicht in nötige Selbstbeherrschung und Verhaltenskontrolle sowie in soziale Notwendigkeiten lässt Verantwortungslosigkeit und Rücksichtslosigkeit im Umgang mit anderen Menschen und Lebewesen allgemein sowie Respektlosigkeit im Umgang mit Sachen und Gegenständen entstehen.

Da es im Folgenden noch einmal um erzieherische Fragen geht und um die Reaktionsformen der Eltern, Erzieher allgemein und des ganzen sozialen Umfelds, soll das gesamte Programm noch einmal aus einem rein methodischen

Blickwinkel betrachtet werden. Dazu wähle ich an dieser Stelle schlagwortartige Begriffspaare, die die einzelnen Entwicklungsschritte noch einmal kurz und prägnant erläutern und gebe zu den einzelnen Schlagworten kurze Erklärungen im psychologisch-pädagogischen Zusammenhang.

1. **(emotionale) Integration statt Konditionierung** (Konstruktion des „freien", beherrschbaren Willens gegen Zwang zur Anpassung auf dem Lohn-Strafe-Prinzip).
2. **Reifung statt Anpassung** (altersgerechtes Erreichen des höheren Funktionsniveaus gegen die Unterwerfung unter die vorzeitigen, willkürlich gesetzten Erwartungen anderer).
3. **Regeln statt Grenzsetzung** (Akzeptanz gemeinsam erwirkter Übereinkünfte gegen die Beziehungsgestaltung durch reine Machtstrukturen).
4. **Kompromiss statt Anweisung** (gemeinschaftlicher Interessensausgleich von individuellen Absichten gegen befehlshaberische Festlegung durch den Stärkeren).
5. **Motivation statt Sanktionierung** (Hilfe beim Aufspüren der inneren Lust und äußere lustvolle Anregung gegen den Zwang zur Ausführung durch Drohung, Angst und Strafe).
6. **Überzeugung statt Diktat** (sinnvolle, kind- und jugendlichengerechte Erklärungen gegen schlichte Behauptungen und Meinungsmanipulation durch wissende Erwachsene).

Diese sechs Grundregeln im erzieherischen Verhältnis zwischen Eltern, anderen Erziehern und Erwachsenen im Allgemeinen und Kindern, könnten genügen, eine Erziehung einerseits *ohne* Gewalt und andererseits *gegen* Gewalt zu realisieren. Das Grundprinzip hierzu besteht in der Anerkennung des Kindes als respektables, Achtung gebietendes, menschliches Wesen mit allen Rechten, die Menschen generell zugestanden werden müssen. Ich spreche hier ausdrücklich von den „Menschenrechten" für Kinder (vgl. UN-Kinderrechtskonvention, 1989).

Auf der anderen Seite besteht das Grundprinzip in der Akzeptanz der eigenen Erwachsenenpflicht, ein jedes Kind „erzieherisch zu begleiten", um ihm ein glückliches, gesundes, erfolgreiches und verantwortungsvolles Leben in der Gesellschaft zu ermöglichen. Unter diesem Aspekt sind die zusammenfassend formulierten sechs Grundregeln das konzeptuelle Gerüst der bindungsbasierten frühkindlichen Entwicklung und Erziehung. Dahinter steht aber wie in den letzten Ausführungen gesehen auch eine Erziehungsphilosophie.

Die sechs Grundregeln sollen noch einmal kurz im Einzelnen besprochen werden.

Zu Punkt 1: Die Grundaufgabe von Eltern im ersten Lebensjahr ihres Kindes ist die des Abbaus von Unsicherheit und Urangst in Verbindung mit dem Aufbau von Sicherheit und Urvertrauen. Das gelingt nur über das Erspüren der leiblichen wie seelischen Bedürfnisse ihres Säuglings und deren prompte und zuverlässige Befriedigung. Dieses als Einfühlsamkeit oder Feinfühligkeit bezeichnete Elternverhalten ist der Ausgangspunkt der primären Bindung. Das damit verbundene Ergebnis einer Umwandlung von negativem Stress in positives Fühlen ist die Basis des Urvertrauens und zugleich die dauerhafte Begrenzung der dranghaften Impulse im Handlungsantrieb. Dies wiederum ist das Grundverbindungselement für den Aufbau eines flexiblen und schließlich steuerbaren Willens.

Ein Erzwingen sozial opportuner Verhaltensweisen im Säuglingsalter wie wunschgemäß Ruhegeben, alleine Ein- und Durchschlafen oder Gesittet-Essen durch konditionierende Maßnahmen auf der Basis negativer Gefühlslast, letztendlich auf dem Boden eines Strafens, widerspricht der zuvor gemachten Grundaufgabe und verbietet sich demzufolge strikt. Das Belohnungsprinzip wiederum ist an dieser Stelle eher unzweckmäßig, da es nicht ein kindgerecht richtiges Verhalten positiv bewertet, sondern nur das erzieherisch erwünschte.

Das gilt auch noch für ältere Kinder, bei denen ebenfalls nur innerlich überzeugte und aus sich selbst heraus entwickelte, prosoziale Verhaltensweisen, wie auch tatsächlich erbrachte, gute Leistungen positiv hervorgehoben werden sollten, aber keine künstlich aufgesetzten, die nur antrainiert worden sind und hinter denen das Kind nicht wirklich steht.

Zu Punkt 2: Die Natur hat in der Entwicklung des Menschen optimale Zeiten für das Erreichen neuer Fähigkeiten vorgesehen, die sich mit den regulären Entwicklungsprozessen im Gehirn decken. Man nennt diese Zeiten Entwicklungszeiten oder Entwicklungsfenster. Diese sind bei allen Erziehungsmaßnahmen zu beachten und bei jedem Kind noch einmal individuell herauszulesen, denn jede Entwicklung verläuft darin individuell etwas unterschiedlich. Ein vorzeitiges Drängen zu bestimmten Fähigkeiten aus Bequemlichkeitsgründen der Gemeinschaft, übertriebenen Erwartungshaltungen der Eltern oder aus vordergründigen Motiven eines Leistungswettbewerbs unter Kindern ist abzulehnen. Immer ist der Reifung der Vorzug vor der Anpassungsleistung zu geben. In diesem Punkte anders vorzugehen, ist u.a. der Anlass für viele Entwicklungskrisen und Beziehungsstörungen.

Zu Punkt 3: Das Regelverständnis ist ein typisches Reifungsphänomen, das auf den logischen Denkfortschritten des Kindes beruht. Das universelle Kausalprinzip muss geistig erfasst sein und Wenn-dann-Konsequenzen müssen gedacht werden können. Erst dann werden Regeln einsichtig.

Das so genannte Grenzensetzen verfährt hierzu gegenteilig und lässt das Kind letztlich am Scheitern seiner dinglichen wie sozialen Fertigkeiten begreifen, dass der Stärkere die Macht besitzt, ihm Vorschriften machen zu können. Der Erkenntnisgewinn beim Kind bezieht sich folglich überwiegend auf Stärke und Schwäche und nicht auf logische Denkformen von faktischen Zusammenhängen oder sozialen Notwendigkeiten. So wird der angestrebte Nutzen der Grenze auch nicht begriffen und das erzieherische Ergebnis basiert allein auf autoritären Grundprinzipien. Bei der Regelformulierung kommen dagegen demokratische Prinzipien zur Anwendung, wobei derjenige, der die Regel ausgibt, demjenigen, der sie befolgen soll, das Warum zu erklären hat.

Zu Punkt 4: Die Findung eines Kompromisses ist im Falle des Konfliktes die einzige gerechte Möglichkeit zur Konfliktlösung. Da beide Verhandlungspartner etwas abgeben müssen und gleichzeitig etwas hinzugewinnen, ist der Interessenausgleich akzeptabel. Das gilt nicht nur für horizontale Konflikte zwischen Kindern, sondern auch für vertikale zwischen Erwachsenen und Kindern, wobei hier im Einzelfall das höhere Gut das Erwachseneninteresse sein kann. Das ist immer dann der Fall, wenn das Kind aus Unkenntnis der Sachlage oder aus altersbedingtem Unvermögen die Zusammenhänge nicht verstehen kann und deswegen der Fürsorge seiner Eltern und Erzieherinnen und Erzieher bedarf. Letztere dürfen aber die erzieherische Pflicht nicht zu ihrem persönlichen Vorteil auslegen. Denn sonst verbliebe vom Ausgleich der Interessen nur die Anweisung des Stärkeren.

Der Kompromiss strebt aber nicht nur materiellen Interessensausgleich an, sondern auch gefühlsmäßige Einigkeit. Hier muss nun das Kind häufig eine höhere Beachtung finden, weil die Selbstkontrolle über die Gefühlslage sich erst im Laufe der Kindheit herausbildet und nicht von Anfang an vorhanden ist. In der Regel ist das Kind emotional der schwächere Partner und bedarf eines besonderen Schutzes und der Rücksichtnahme durch den Erwachsenen.

Zu Punkt 5: Das Prinzip der Strafe ist das uralte Erziehungsinstrument bestimmungsmächtiger Erwachsener gegenüber sich unangemessen und nicht regelkonform verhaltenden Kindern. Die Basis der Strafe ist die Angst vor der Zurücksetzung, Selbstbeschädigung oder schmerzhaften Züchtigung. Die Angst vor der Strafe soll den Ungehorsam bremsen und Motivation zu wohlfeilem Verhalten der Gemeinschaft gegenüber erhöhen.

Bei all dem handelt es sich jedoch um eine externe, aufgezwungene Motivation, die keiner inneren Überzeugung entspricht. Daher wird sie vom Kind auch nicht verinnerlicht und muss immer wieder neu hervorgerufen, durch weitere Strafandrohung ausgelöst oder z.B. durch hinzugenommene Belohnung aktiviert werden. Außerdem bedürfen Strafe wie Lohn auf Dauer eines immer höheren Wirkfaktors und müssen gesteigert werden. Dem kann kein dauerhafter Erfolg beschieden sein.

Erst wenn das Kind durch Reifungsschritte, Erkenntnisse und Einsicht *innere* Motivation entwickelt, ist weitgehende Regelkonformität zu erwarten. Das Kind beginnt jetzt freiwillig zu gehorchen, weil es sich zu dem besseren, seinem Denken konformen Handeln entschließen kann. Die soziale Anerkennung genügt ihm dazu als Bestätigung. Das endgültige Ziel ist dann autonome, interne Motivation (Selbstmotivation) zur Einhaltung der Werte und Normen, Konventionen und Gesetze als ein Bekennen zum rechtmäßigen Handeln und zur Prosozialität. Dabei spielt das gute Gewissen die entscheidende Rolle in der Selbstüberzeugung.

Zu Punkt 6: Überhaupt sollen innere Überzeugungen grundsätzlich vor autoritären Anordnungen von anderen, mächtigeren Menschen stehen. Die Erziehung hat zu leisten, dass diese Überzeugungen mit den Normen und Gesetzen der Gesellschaft übereinstimmen, wobei die Grundlage hierfür nicht das blinde Anerkennen derer sein darf, sondern das logische Verständnis ihrer Notwendigkeiten als Grundlage eines friedlichen Zusammenlebens (vgl. „Streben nach Vervollkommnung“ (Rousseau) oder „geistige Verfeinerung“ (Montessori)).

Dafür müssen dem Kind frühzeitig kindgerechte und damit verständliche Erklärungen für die elterlichen und erzieherischen Anweisungen geboten werden. Selbst wenn es den genauen Inhalt der Botschaft noch nicht begreift, spürt es doch die Einbeziehung seiner Person und seiner Selbstvorstellungen wie auch Rechte in die getroffenen Entscheidungen. Allein das erhält ihm seinen inneren Wert und bekundet ihm die Achtung seiner Persönlichkeit. Und so zeigt es erste einsichtige Reaktionen allein im Vertrauen auf die Richtigkeit der Anordnungen seiner Eltern und Erzieherinnen und Erzieher.

Die Achtung der mit sich selbst und ihren Anlagen übereinstimmenden Person schon von Kindesbeinen an ist die Kernvoraussetzung für eine gewaltfreie Erziehung. Mit dem Gelingen dieser Erziehung gestaltet sich auch die Erziehung gegen Gewalt. Aber ihre positiven Auswirkungen kann immer erst die gerade heranwachsende, nächste Generation unter Beweis stellen. Und die Erzogenen von heute sind die Erzieher von morgen.

4. Die anderen Erziehungskonzepte im Vergleich

Das von mir in diesem Buch entworfene Erziehungskonzept gegen Gewalt (BBFEE) versteht sich nicht nur als eine Möglichkeit, dem Phänomen Gewalt in der menschlichen Gesellschaft erzieherisch zu begegnen, sondern auch als eine gesamtgesellschaftliche, der Ethik unterworfene Betrachtung für einen guten und richtigen Umgang der Menschen miteinander. Gut und richtig heißt dabei, dass die negativen Anlagen im Menschen in Fragen des Erfüllungsanspruchs eigener Bedürfnisse, der Selbstabgrenzung gegen andere und des Dominanzstrebens über die Mitmenschen auf das in der Allgemeinheit vertretbare und nützliche Maß zurückgeschraubt werden. Gleichzeitig muss dafür gesorgt werden, dass die positiven Anlagen zu Empathie, zum Mitleid sowie zur Prosozialität maximal zur Ausreifung gelangen. Dabei sollen Individualität und persönliches Glück über jeglichem Kollektivismus und der Selbstaufgabe für die Gemeinschaft stehen, ohne aber den angeborenen Egozentrismus aufrechtzuerhalten und weiter zu bedienen.

Alle diese Ansprüche schreiben sich nun auch viele andere Erziehungskonzepte auf ihre Fahnen, ohne es vielleicht genauso auszuformulieren, aber doch um es implizit in ihren Empfehlungen zur Erziehung zur Anwendung zu bringen. Dabei werden jedoch bindungstheoretische Grundlagen, so wie ich sie für eine solche Erziehung für unentbehrlich halte, nicht immer beachtet und angewandt. Im Gegenteil, einige dieser Konzepte orientieren sich an verhaltenstheoretischen Grundsätzen, operieren mit einem Reiz-Reaktionsschema und schaffen es nicht, versteckte autoritäre Strukturen aus ihrem Programm zu entfernen. Einfache Belohnungs- und Bestrafungsmethoden als positive und negative Verstärker stehen offiziell in ihren Empfehlungen. Der Grund hierfür ist die erklärte Sorge, dass auch das Wohl der Eltern und der Erzieherinnen und Erzieher nicht aus dem Auge verloren werden darf.

Getreu meiner in den einleitenden Erklärungen dargestellten Weise, wie unterschiedlich man bereits im Grundsatz an Erziehung des Menschen herangehen kann und dabei die Gewichtung des erzieherischen Nutzens auf Kind und Erzieher verteilen will, möchte ich auch am Ende der gesamten Darstellung noch einmal darauf zu sprechen kommen, dass es einen bedeutsamen Unterschied zwischen „elternorientierter“ Erziehungspraxis und „kindorientierter“ gibt. Erstere neigt dazu, durch die Hintertür autoritäre Strukturen wieder einzuführen oder weiter zu erhalten, letztere macht damit erklärtermaßen Schluss und stellt das Kind mit seinen Bedürfnissen, sowie Reifungs- und Entwicklungsschritten in den Mittelpunkt.

Nun könnte man spitzfindig sagen, eine gute Erziehung kann nur die gerechte Ausgewichtung der konkreten Erziehungspraxis zwischen Elternanspruch und Kindbedürfnis sein. Aber da gibt es Interessenskollisionen und Ausschlussprinzipien, die einen solchen Kompromiss von Vornherein verhindern. In der jetzt folgenden kurzen Besprechung anderer, schon auf dem „Markt" angebotener Erziehungskonzepte sollen solche Kollisionen und Prinzipien aufgeführt werden. BBFEE als Grundlagenprogramm ist in dieser Betrachtung nur die bindungstechnische Schablone, die über die Erziehungskonzepte gelegt werden kann, um herauszufinden, ob Bindungsprinzipien konkret eingehalten werden oder nicht. Zuvor soll aber kurz auf das Fünf-Säulen-Modell in der Erziehung von Sigrid Tschöpe-Scheffler Bezug genommen werden, die als Herausgeberin des Buches über die verschiedenen Erziehungskonzepte fungiert (2005).

Ausgangsbasis dieses Erziehungsmodells ist die Bereitschaft der Eltern, ihr Leben auf die Bedürfnisse ihres Kindes einzustellen, entwicklungsfördernde Unterstützung zu gewähren, sich dabei selbst zu verändern und den eigenen „Lebensentwurf mit dem des Kindes zu verbinden" (s. Tschöpe-Scheffler, S. 279). Rigide Erziehungshaltungen der Eltern, Desinteresse am Kind und latente Feindseligkeit sind Grundhaltungen, die nicht akzeptabel sind und sichere Bindungsstrukturen stören.

In fünf Beziehungsebenen zwischen Eltern und Kind werden von Sigrid Tschöpe-Scheffler entwicklungsfördernde und entwicklungshemmende Aspekte einander gegenübergestellt mit der Absicht, erstere im Erziehungsgeschehen aufleben zu lassen und letztere möglichst auszuschalten. Als die fünf Beziehungsebenen werden bezeichnet: Liebe in Form von emotionaler Wärme, Schutz und Anteilnahme, Achtung in Form von Anerkennung, Wertschätzung und Lob, Kooperation in Form von minimaler Lenkung und maximalem Freiraum, Struktur in Form von Ritualen und Regeln sowie Konsequenz und Förderung in Form von kindgerechter Umgebung und Bildungsangeboten. Ich habe bei der Beschreibung nur die besonders wichtigen Aspekte des gesamten Programms herausgegriffen. Als entwicklungshemmend werden alle gegenteiligen Positionen angesehen.

Ziel dieser Erziehungskonzeption ist es, Eltern dazu anzuregen, über ihr eigenes Erziehungsprogramm kritisch nachzudenken und es, wo es nötig erscheint, in günstigere Bahnen zu lenken. Ihr zugrunde liegt ein demokratischer Erziehungsstil, der partnerschaftliche Umgangweisen zwischen Eltern und Kindern favorisiert und autoritäre Strukturen ablehnt. Darin sehe ich eine große Übereinstimmung mit der BBFEE.

In den meisten zum Teil kommerziell angeboten Elternstärkungs- und Erziehungsprogrammen kommt aber das Wort Bindung allenfalls am Rande vor.

Der Bindungsaspekt, so wie er hier im Buch als Grundlage jeder guten Erziehung favorisiert wird, spielt in diesen Erziehungskonzepten eine eher untergeordnete Rolle. Auch in der öffentlichen Debatte über Kindererziehung ist noch wenig von Bindung zu hören, und viel häufiger fällt das Wort Bildung als pädagogische Zielvorgabe. Auf diese Weise wird der geistig-kognitive Entwicklungsanteil beim Kind weit über den emotional-psychosozialen gestellt. Das ist meines Erachtens ein Fehler, denn das Sozialverhalten der Jugendlichen weist deutlichere Mängel auf als der Wissenshorizont. Das gilt zumindest für den Bereich des alltäglichen Lebens. Nur in der Schule und bei der Ausbildung sind Vorteile eines hohen Bildungsangebots festzustellen.

Eine der Ausnahmen macht das Programm „FamilienTeam“. In ihm werden emotionale und psychosoziale Entwicklungsaspekte im Umgang mit den Kindern explizit herausgestellt. „Intelligenz der Gefühle“ und „emotionale Kompetenz“ werden in den Mittelpunkt der erzieherischen Empfehlungen gerückt. Auf strafende Maßnahmen zur Verhaltensregulierung wird weitgehend verzichtet. Hilfe zur Selbsthilfe steht vor Anleitung und gezieltem Vormachen. Das Kind soll aus sich selbst heraus und seinen ihm dafür zur Verfügung stehenden Ressourcen eine Lösung für Probleme und Konflikte entwickeln. Daraus bauen sich Selbstverstrauen und Selbstbewusstsein auf.

Zugrunde gelegt wird ein autoritativer Erziehungsstil (s. Kapitel 1e Teil 3). Emotionale Verbundenheit ermöglicht Hierarchiegrenzen. Das Machtgefälle von Eltern auf die Kinder wird verbunden mit einem klaren Regelprinzip. Die Grenzen im Verhalten ergeben sich aus der Akzeptanz der Bedürfnisse des anderen in der Familie und aus dem Respekt vor dessen verständlich gemachten Interessen. Wertschätzung untereinander ist der Kitt, der die Familie zusammenhält (J. Graf in Tschöpe-Scheffler, 2005).

Auch das Programm STEEP (Steps Toward Effective Enjoyable Parenting) stellt Bindungsaspekte in den Vordergrund. Ähnlich wie das Elternkompetenztraining SAFE (Sichere Ausbildung Für Eltern) wendet es sich aber schon an werdende Eltern in der Zeit de Schwangerschaft und reicht nur bis etwa zum 2. Geburtstag im ersten Fall und grundsätzlich bis zum 1. Geburtstag im zweiten. STEEP ist aus den USA übernommen (M. Erickson und B. Egeland) und wird in Deutschland von den Psychologen G. Suess und M. Schieche in Hamburg bzw. München vertreten und ausbildungstechnisch durchgeführt. SAFE leitet der Kinder- und Jugendpsychiater und Kinderpsychotherapeut K.H. Brisch in München.

STEEP begründet seine Vorgehensweise auf der Kombination von Gruppenterminen mehrerer Elternpaare mit Darstellung problematischer Alltagssituationen per Videosequenzen und Hausbesuchen durch die zertifizierten Beraterinnen und Berater. Ein Zeitraum von 2 Jahren wird angestrebt.

SAFE ist insofern ein interessantes Programm im Vergleich mit der BBFEE, als sich Aspekte im Umgang der Eltern mit ihren Säuglingen (und auch Kleinkindern) in vieler Hinsicht decken. Die konsequente Beachtung bindungsspezifischer Vorgaben in den Reaktionen der Eltern auf die Probleme mit ihren Kindern führt zu gleichartigen Empfehlungen im erzieherischen Verhalten. So stehen prompte und angemessene Bedürfnisbefriedigung hier wie dort absolut im Zentrum elterlicher Bemühungen im Säuglingsalter und respektvoller Umgang mit den Widerstands- und Trotzerscheinungen im Zuge der Selbstentwicklung im zweiten bis dritten Lebensjahr.

Ein wenig anders sind die jeweiligen Prämissen in den Vorstellungen über die Entstehung solcher Probleme, die im Fall von SAFE z.B. stark auf die eigenen Ressourcen der Eltern abheben, im Fall der BBFEE mehr auf die natürlichen Anlagefaktoren. Aber in beiden Fällen wird auch die jeweilig andere Betrachtungsweise zur Erklärung herangezogen, Beziehungsaspekte stehen absolut im Vordergrund.

In der Hintergrundbeleuchtung auf die Schwierigkeiten, die Eltern mit ihren Säuglingen und Kleinkinder haben, fällt das Licht beim SAFE-Programm stark auf die individuelle Kindheitsvorgeschichte der Eltern. An diesem Punkt wird dann auch der Ansatz gemacht, die das Problem verstärkenden Schleifen in der Interaktion zwischen Kind und Eltern zu durchbrechen. Emotional ungehaltene, seelisch überforderte Eltern, die ihren Säugling durch eigene Nervosität und Gereiztheit in seinem Rhythmus durcheinanderbringen und dadurch schwierig machen, müssen sich einer Konfrontation mit eigenen zumeist schmerzlichen Kindheitserfahrungen aussetzen. Dazu bilden sie von Mentoren geleitete Elterngruppen in mehreren aufeinanderfolgenden Kursen. Das eigene Verhalten ihren Kindern gegenüber wird in Videosequenzen festgehalten und anschließend gemeinsam mit den Mentoren besprochen. Zudem wird eine zusätzliche, ganz individuelle Elternberatung angeboten.

Das Programm B.A.S.E.-Babywatching lenkt das Hauptaugenmerk auf die Entwicklung der Kinder zu Aggression und Angst (s. Kapitel über frühe Bindungsstörungen). Ausgebildete Gruppenleiterinnen und -leiter bemühen sich, anhand von Videoaufzeichnungen, wenn möglich aber auch zusammen mit realen Müttern und ihren Säuglingen, Kinder zur Entwicklung von Empathie zu veranlassen. Dieses Vorgehen bietet ebenfalls K.H. Brisch aus München an, wobei er sich mit der Methode auf den Aggressionsforscher Henry Parens aus den USA bezieht.

Die Programme F.E.T. (Family Effektiv Training nach Thomas Gordon), Starke Eltern – starke Kinder (Kinderschutzbund), STEP (Steps Towards Effective Parenting) und Encouraging Elterntraining Schoenaker-Konzept sind stark auf die Verbesserung der erzieherischen Elternkompetenz ausgerichtet.

Den beiden letzteren Programmen liegen individualpsychologische Ansichten von Alfred Adler und seinem Schüler Rudolf Dreikurs zugrunde. Bei diesen Programmen tritt das in Erscheinung, was ich zu Anfang des Kapitels als kritisch beurteilt habe: Bindung ist nicht das Grundprinzip.

Zero to Three, Triple P (Positive Parenting Programm) und in gewisser Form auch K.E.S.S. (Kooperativ Ermutigend Sozial und Situationsorientiert der Katholische Familienbildung und Caritas) setzen verstärkt und gezielt auf begrenzendes Erziehen von schwierig gewordenen Kindern durch klare Eltern-Kind-Beziehungsstrukturen. Auch K.E.S.S. arbeitet auf der Basis der Individualpsychologie A. Adlers und R. Dreikurs'. Gedacht ist es für Kinder ab einem Alter von zwei Jahren.

Triple P (ab zwei Jahre) und seine zeitlich vorausgehende Anwendung auf Kinder zwischen Geburt und drei Jahren (Zero to Three) zeigen die vielleicht stärkste Durchdringung autoritärer Strukturen. Dennoch beansprucht das Programm für sich ebenfalls einen autoritativen Erziehungsstil. Triple P wurde von Prof. Dr. Matthew Sanders in Australien entwickelt und wird im gesamten deutschsprachigen Raum angeboten (D. Deegener, K. Hurrelmann). Im Zentrum der Erziehung liegt die frühzeitige Förderung der Kinder zur Selbstregulation. Ideales Ziel ist, dass die Kinder in die Lage versetzt werden, unabhängig von ihren Eltern und Erziehern Probleme selbstständig zu lösen. Um dieses Ziel zu erreichen sollen die Eltern lernen, das nicht zufällige Konfliktkonstellationen, Reifungsfaktoren oder sonstige unbeeinflussbare Faktoren das Konfliktpotenzial bestimmen, sondern ihr eigenes Verhalten den Kindern gegenüber (Fehler in der Erziehung, Lernen am Modell).

Durch Verstehen (Verhaltensanalyse) und gezielte Änderung ihres eigenen Verhaltens (in Form von operanten Lernprinzipien) sollen Eltern in die Lage versetzt werden, ihre Kinder zu erwünschtem Verhalten zu bewegen. Lerntheoretische Grundkenntnisse werden ihnen in Kursen beigebracht. Dazu zählen u.a. das Ignorieren unerwünschter Verhaltensweisen beim Kind, Anwendung von Belohnungsprinzipien, aber auch Bestrafungsrituale z.B. durch soziale Ausgrenzung und „Pranger"-Prinzipien wie der „stille Stuhl".

Trotz solcher fragwürdigen Strategien im erzieherischen Umgang mit Kindern basiert die Grundhaltung von Triple P wie die aller genannten Erziehungsprogramme auf dem Respekt vor dem Kind und einer liebevoller Umgangweise. Alle diese Programme schreiben sich die Antigewalt-Komponente auf ihre Fahnen, und alle Programme sehen in der Entwicklung des Kindes zur Selbst- und Sozialkompetenz das Hauptziel. Unterschiedlich sind immer nur die erzieherischen Methoden im Einzelnen und die jeweiligen pädagogischen Schritte. Aber wie in der Schule und später in der Weiterbildung steht und fällt die fruchtbare Vermittlung von Sozialverhaltensweisen wie von Wissen und Erkenntnis immer mit der menschlichen Qualität der Lehrerin oder des Lehrers. In der frühkindlichen Erziehung sind es die Güte und das Verständnis der Erzieherin oder des Erziehers für das Kind, die das Maß guter pädagogischer Qualität ausmachen.

Statt eines Nachworts einige abschließende Anmerkungen zur Frage der Erziehung

Über Jahrtausende menschlicher Zivilisationsgeschichte hinweg galt die Erziehung als ein wichtiges Instrument der herrschenden Gesellschaft, junge, nachwachsende Menschen möglichst schnell und widerstandslos in ihre Dienste zu stellen. Von der vorgeschichtlichen Zeit einmal abgesehen, über deren Einstellung zur Kindheit wir nicht viel wissen, diente das Kind hauptsächlich als „Nachwuchs" im menschlichen Generationszyklus, um diejenigen Lücken zu schließen, die die verstorbenen Menschen hinterließen. Die Kindheit als eigenständige und in jeder Hinsicht respektable Lebensphase im individuellen Dasein war nicht Gegenstand einer Überlegung. Und Erziehung als eine grundlegende Aufgabe menschlichen Handelns zu verstehen, um den Nachkommen seelische Gesundheit und Lebensglück zu bescheren, kam höchstens als ein Aspekt unter anderen des ethischen Philosophierens vor.

Erst in der Zeit der Aufklärung (18. bis 19. Jahrhundert) geriet der Begriff Erziehung dann als Gestaltung der Kindheit ins Blickfeld kritisch denkender Zeitgenossen, und es wurde zum ersten Mal in der Menschheitsgeschichte gezielt hinterfragt, inwieweit sich die Erziehung des Kindes auf die Geisteshaltung des erwachsenen Menschen auswirkt. Die Namen Jean-Jacques Rousseau, Johann Heinrich Pestalozzi oder Friedrich Fröbel stehen dafür Pate. Im 3. Teil des Buches über die Entwicklung der Erziehung hatte ich diese Pädagogen zusammen mit den Ansätzen der Reformpädagogik im 20. Jahrhundert besprochen.

Dieser auf Erziehung gerichtete Gedankenschritt in der Betrachtung des Ablaufs eines Menschenlebens setzte voraus, dass man sich auf ein Organ im Körper einigte, in dem sich erlebte Vergangenheit (auch emotionale und soziale) erinnern und auf die in der Gegenwart erfahrenen Einflüsse aus der Umwelt abstimmen lässt. Handlungsplanung und zweckgerichtetes Handeln mussten darin automatisch generierbar sein. Als dieses Organ wurde das Gehirn ausgemacht, das folgerichtig in dieser Zeit voller Wissbegier auf seine Funktionen hin untersucht wurde (z.B. R. Décartes, s.o.). Da aber zunächst keine Instrumente zur Untersuchung seiner genauen, das heißt feingeweblichen, Struktur vorhanden waren und über elektrische Aktivität sowie Botenstoffe noch keine Kenntnisse bestanden, war alles rein spekulativ, was man über das Gehirn herausfand. Entsprechend ungenau waren die Ergebnisse.

Korbinian Brodmann kartografierte die Hirnoberfläche zum ersten Mal gemäß ihrer feingeweblichen Strukturen. Das Mikroskop war erfunden. Die von ihm gefundene Einteilung der Funktionen auf der Hirnoberfläche entspricht in etwa dem, was auch heute noch Gültigkeit besitzt. Über die eigentlichen inneren Abläufe im Gehirn wusste aber auch er so gut wie nichts. Die Idee, dass im Gehirn so etwas wie ein Film über das eigene Leben abläuft und dass in ihm eine Seele verborgen ist, in der alle Gefühle gespeichert sind und die jeweils aktuellen Verhaltensweisen steuern, ist hauptsächlich ein Ergebnis der Psychoanalyse und ihres Begründers Sigmund Freud.

Sigmund Freud wirkte vor genau einhundert Jahren, was ein ernüchterndes Bild darüber abgibt, wie kurz diese Dinge überhaupt erst als bekannt gelten dürfen, gemessen an der Existenz menschlichen Lebens insgesamt. Über die exakten Funktionsweisen des Gehirns weiß man noch viel kürzer Bescheid, nämlich nur gut zehn Jahre, wobei sich dieser Zeitraum auf die Einsatzmöglichkeiten der modernen radiologischen Messmethoden bezieht, die einen tiefen Einblick in die Hirnfunktionen zulassen (zum Beispiel funktionelle magnetische Resonanztomographie/fMRT, Positronenemissionstomographie/PET oder Single Photonen Emissionstomographie/SPECT). Auch über die Botenstoffe und über die Hormonwirkungen im Gehirn weiß man Genaueres erst seit wenig mehr als zwanzig Jahren.

Von dem Verständnis der Funktionsweise des menschlichen Gehirns durch Apparate und neurochemische Messungen, soweit diese die Funktionen überhaupt naturgetreu abbilden, bis zu deren Anwendung auf die Erziehungsmethoden, liegt jedoch noch ein weiter Weg vor der Menschheit. Man fängt gerade erst an, die Veränderungen der Hirnfunktion durch die Psychotherapie zu ermitteln. Von pädagogischen Auswirkungen auf die Gestaltung des Gehirns bis zur gezielten Erziehung des Menschen auf neurophysiologischen und neuropsychologischen Grundlagen ist die Wissenschaft noch sehr weit entfernt. Man darf aber erwarten, dass auf diesem Gebiet in den nächsten Jahrzehnten viele neue Erkenntnisse hinzukommen werden.

Als geistiger Vorläufer auf diesem Gebiet ist die Entdeckung zu werten, dass das einmal angelegte genetische Programm für den einzelnen Menschen, also das, was man als seine Erbanlagen bezeichnet, keineswegs von Anfang an unverrückbar festgelegt ist und von den Lebensumständen unbeeinflussbar zur Ausgestaltung gelangt. So wird dieses Programm, das ist das Ergebnis neuester Forschungen, tatsächlich nur in der Weise umgesetzt, wie es die Umwelt ihm abverlangt. Die damit verbundene Beeinflussung der Gene durch die Außenwelt bezeichnet man als Epigenetik. Anders gesagt, die Erbanlagen sind hauptsächlich nur eine Richtschnur für die Formgebung des Individuums, die tatsächliche Verwirklichung geschieht einzig im Zusammenhang mit der von ihm angetroffenen Umwelt oder konkret: Lebensumgebung. Was als Anlage im Gehirn niemals gefordert oder abgerufen wird, verkümmert regelrecht.

Das gilt in bekannter Weise weniger für den rein körperlichen Ausdruck im verankerten Erbgut, umso mehr aber für den geistig-seelischen. Zweck dieser Aufteilung in der Natur ist die für die menschliche Existenz in der Gesellschaft unbedingt notwendige Flexibilität einer Anpassung von Psyche und Persönlichkeit. Schon innerhalb einer Generation muss diese hohe Anpassungsbereitschaft bestehen, damit möglichst jeder neue Mensch seine Kindheit in der von ihm zufällig angetroffenen, sozialen Umwelt erfolgreich meistern kann. Und diese sozialen Gemeinschaften sind allein aufgrund der großen kulturellen, aber ebenso auch geographisch existenziellen Unterschiede kaum identisch. Jedes Kind muss prinzipiell in jedem Kulturkreis groß werden können.

Aber nicht nur die Kulturkreise unterscheiden sich und fordern von jedem neuen Menschen eine hohe Anpassungsleistung, sondern auch die einzelnen Familien in den jeweiligen Kulturkreisen unterscheiden sich noch einmal, und auch in jeder Familie muss ein Kind prinzipiell groß werden können. So sind die Funktionen der Epigenetik die Versicherung für das Kind, nicht gleich zu Anfang seines Lebens durch völlige Fehlanpassung aus der Gemeinschaft ausgeschlossen zu werden und möglicherweise seinem Verderben entgegen zu sehen. Wenn das auch heutzutage durch die Einrichtung von Kinderrechten in den Verfassungen der einzelnen Staaten weitgehend ausgeschlossen ist, vor Hunderten von Jahren war das noch ganz anders. Und noch sind die Kinderrechte auch nicht in allen Staaten vollständig übernommen, geschweige denn verwirklicht.

Jetzt sind wir bei der Frage angelangt, was das alles mit Pädagogik zu tun hat. Die Pädagogik entwickelt dort ihre Chance, wo epigenetische Funktionen auf die innere Gestaltung des Gehirns Einfluss nehmen. Ohne die Möglichkeit, die Erbanlagen schnell zu variieren, um wie gezeigt als individueller Mensch in der real angetroffenen, sozialen Gemeinschaft angenommen zu werden, hätte das Kind kaum eine Chance, psychisch einigermaßen gesund groß zu werden. Aber von der psychischen Gesundheit hängt auch seine körperliche Gesundheit ab, so wie seine Existenzfähigkeit überhaupt und zwar in elementarer Weise. Die Pädagogik als Lehre der Erziehung nimmt entscheidenden Einfluss auf die genetisch festgeschriebenen Charakteranlagen, um unzweckmäßige Reaktions- und Verhaltensweisen im Sinne der Ansprüche einer sozialen Gemeinschaft umzuformen.

Wenn man die Schlussfolgerungen in dieser Form anerkennt, kommt auf die Erziehung, respektive die Pädagogik, eine enorm hohe Verantwortung zu. Denn die Erziehung übernimmt die große Aufgabe, das Kind gesellschaftstauglich zu bilden und damit sein psychosoziales Überleben zu sichern; und das unter Beachtung seiner individuellen, erblichen Anlagen und Eigenschaften. Andererseits ist das erzogene Kind aber der Gestalter der Gesellschaft von morgen und auch zugleich wieder Erzieher. Das ist noch einmal ein besonders hervorzuhebender Aspekt im gesamten Geschehensablauf. Für diese Aufgabe nun muss die Pädagogik in erster Linie wissen, wie die psychosoziale Entwicklung des Kindes überhaupt vonstatten geht. Will heißen, die Erziehung muss nicht nur die seelischen Voraussetzungen des Kindes kennen und berücksichtigen, sondern auch seine grundsätzlichen emotionalen und psychosozialen Entwicklungsschritte genau beachten. Dabei kann ohne eine stabile emotionale Ausrüstung keine gesunde psychosoziale Entwicklung zustande kommen. Die Erziehung ist also verpflichtet, zunächst einmal die psychologische Seite des Kindes zu erforschen, bevor sie auf die Kernstrukturen des Menschlichen schlechthin, gemeint ist die Psyche, formenden Einfluss nimmt. Wenn in diesem Zusammenhang hauptsächlich auf die Entwicklung der Gefühle und das Sozialverhalten reflektiert wird, dann nicht in Unkenntnis dessen, dass die parallel verlaufende, geistig kognitive Entwicklung einen ebenso großen Beitrag leistet. Ich hatte aber anfangs erklärt, dass in der vorliegenden Abhandlung aus Gründen der Beschränkung und des Erhalts einer Übersichtlichkeit im Wesentlichen nur von der Entwicklung der Gefühle gesprochen wird.

Die Bindungstheorie als neuer Zweig der Entwicklungspsychologie ist mit ihren Grundsatzerklärungen zur frühkindlichen, emotionalen und psychosozialen Entwicklung geeignet, die gestellten Ansprüche an die Pädagogik im Grundsatz zu erfüllen, sie zu bestätigen und auch fruchtbringend zu begleiten. Daher möchte ich mit diesem Buch eine nicht mehr zu trennende Verbindung zwischen frühkindlicher emotionaler Entwicklung und gleichzeitiger, auf die Gesellschaft abgestimmter Erziehung einleiten und auf eine erste solide Stufe stellen. Die bindungsbasierte frühkindliche Entwicklung und Erziehung (BBFEE) soll das hierfür gewählte Erziehungskonzept sein und zugleich auch eine Erziehungsphilosophie entfalten. Die programmatische Begriffsdefinition dieser Erziehungsform hatte ich bereits in den einleitenden Worten vorgenommen. Das angloamerikanische Pendant hierzu, um dem globalen Anspruch genüge zu tun, könnte lauten: **A**ttachment **B**ased **C**hild **D**evelopment and **E**ducation (ABCDE).

Ursprünglich wählte die Erziehung im frühen Kindesalter entweder rein erfahrungsmäßige, oft traditionsgebundene und vor allem in der religiösen Glaubenslehre und der kirchlichen Moral angesiedelte Ansichten und Überlieferungen als Grundlage zum pädagogischen Umgang. Diese aber waren von Kulturkreis zu Kulturkreis sehr unterschiedlich. Seit Mitte des vergangenen Jahrhunderts richtete die Erziehung in Mitteleuropa ihr pädagogisches Programm auch an den neueren Erkenntnissen der Reformpädagogik aus, die zum großen Teil Ende des 19. Jahrhunderts entwickelt worden sind.

Bis zum Abschluss des Mittelalters gab es in Europa überhaupt keine Richtlinien zu einem kindgerechten, erzieherischen Umgang mit den heranwachsenden Menschen. Zumeist zog man die Kinder nach rein zweckmäßigen Gesichtspunkten oder nach kirchlich-religiösen Glaubenssätzen groß. Oder aber man überließ sie sich selbst, kaum dass die Säuglings- und Kleinkindzeit überwunden war, wobei die älteren Kinder dann den Jüngeren erzieherische Ratschläge gaben, wie diese sich am besten einzufügen hatten. Erfahrungsmäßige und geschickt an das Erwachsenenleben angepasste Strategien bestimmten die Inhalte solcher letztlich traditionsgemäß überlieferten Werte im gesellschaftlichen Verhalten (vgl. Ph. Ariès, 1978). Was an gemeinschaftlich entwickelter Vernunft in dieser Hinsicht fehlte, wurde mit rituell-religiösen Vorschriften oder simplen lebenspraktischen Einstellungen ausgefüllt. Das Ziel eines jeden Großziehens von Kindern war ihre möglichst frühe Einflechtung in den Arbeitsprozess. Die nüchterne Lebensbewältigung nahm in dieser Zeit einen so hohen Stellenwert im Gemeinschaftsleben ein, dass alle anderen Formen einer Lebensgestaltung in den Hintergrund traten. Müßiggang und Genuss am Leben spielten so gut wie keine Rolle.

Nur in den privilegierten Schichten gab es genaue Verhaltensanweisungen und Benimmregeln für Kinder, welche mithilfe von angestellten Lehrern, anfangs von Ammen, genau auf ihre Rolle im Erwachsenenalter hin erzogen wurden. In diesem Milieu spielten dann auch Müßiggang und Lebensgestaltung im positiven Sinne eine gewisse Rolle. Aber kein Kind war jemals frei in der Gestaltung und Entwicklung seiner Neigungen und Anlagen. Fühlte es sich dennoch zu Höherem berufen und versagte es sich den zweckmäßigen Bestimmungen, musste es gegen die herrschenden Verhältnisse ankämpfen. Häufig gelang dies nur durch das Ausscheiden aus der weltlichen Zwangsgemeinschaft und das Eintreten in die klerikalen Refugien. Letzteres galt für Frauen noch sehr viel mehr als für Männer. Klöster waren ein beliebter Ort, Individualität verbunden mit einer Abneigung gegen die herrschende Ordnung auszuleben. Selten einmal gelang es den kreativen und begabten Menschen, ein erfolgreiches Leben als Künstler zu führen.

Nach dem Mittelalter, in der Zeit der Renaissance, besann sich die Gesellschaft auf klassische Ideale in der geistigen Ausformung des Menschen, die als Tugenden allesamt nur im reifen Jugendalter und Erwachsenenalter zu erreichen waren. Die Tatsache, dass vor dem Erwachsensein eine mehrjährige Kindheit liegt, in der alle Vorbereitungen für dieses tugendhafte Erwachsensein getroffen werden, war noch nicht im Bewusstsein der Menschen verankert. Allerdings regten sich erste Vermutungen, dass es vor dem ausgebildeten Menschen so etwas wie eine Entwicklungsphase geben müsste, in der die vernünftigen und gesellschaftstauglichen Verhaltensweisen vorbereitet würden. In

Abstimmung auf dieses erste Entwicklungskonzept wurde die Auffassung geboren, dass der Mensch als ein „weißes, unbeschriebenes Blatt" zur Welt käme, auf das erst all die Inhalte geschrieben werden müssten, die dann im Erwachsenenalter als gebotene Verhaltensweisen in Erscheinung treten. Diese Vorstellung von der Sozialentwicklung des Menschen, die ursprünglich aus der griechischen Philosophie abgeleitet wurde, initiierte der englische Philosoph John Locke (s.o.) neu. Damit schlug er zum ersten Mal in der abendlichen Kulturgeschichte das Prinzip der Erziehung als Formung des Menschen zu einem individuellen Charakter vor.

Diese Auffassung vom Menschen als einem in der Kindheit noch unfertigen und in Entwicklung begriffenen Wesen sollte sich also erst im Zeitalter der Aufklärung ändern. Und auch erst jetzt trat das Gehirn als Sitz von Seele und Geist (nach Décartes Dualismus einstweilen noch voneinander völlig getrennt) ins Zentrum der Betrachtung über das Verhalten des Menschen (s.o.).

Die große Suche begann, wie in dieses geistige Zentralorgan dasjenige hinein gelangen könnte, was dann im Verhalten als Vernunft in Erscheinung tritt (Immanuel Kant, Johann Gottlieb Fichte, Gotthold Ephraim Lessing u.a.). Indes, man suchte immer nur nach den Ursprüngen der Vernunft und des Verstandes (Rationalismus) und unterschlug dabei die Seele mit ihrem Spektrum an Gefühlen. Die Seele und das Gefühlsleben des Menschen mit ihrem scheinbaren Wirrwarr an Erscheinungsformen waren vorerst noch ein Tabu in der Philosophie und in der Geisteswissenschaft. Sie fristeten ein in der Gesellschaft auftretendes Randdasein als Naturverbundenheit des Menschen. Ihren kulturellen Ausdruck fanden sie als Gegensatz zum Rationalismus in der Naturphilosophie und in der Romantik.

Daneben brandete ein ewiger Streit über die Ursprünge des moralischen Denkens und Handelns des Menschen und die Notwendigkeit einer göttlichen Verbundenheit oder gegenteilig eines rein vernünftigen und einsichtigen Erdenkens im menschlichen Geist. Erst Ende des 19. Jahrhunderts änderte sich dieses Bild radikal mit den Entdeckungen der Psychoanalyse und dem Wirken von Sigmund Freud, Carl Gustav Jung, Alfred Adler und deren Nachfolgern. Was die seelische Entwicklung von Kindern angeht, war es Freuds Tochter Anna, die neue Maßstäbe setzte (Anna Freud, 1895–1982). Jetzt standen auf einmal das Gefühlsleben und die Seele der Kindheit am Anfang aller reifen, kontrollierten Handlungen und Verhaltensweisen des erwachsenen Menschen in der Gemeinschaft und in der ganzen Gesellschaft und nicht mehr die reine Vernunft, die als ein unbeeinflussbares, übergeordnetes Prinzip einzig der Bildung und der Erziehung unterworfen blieb. Aber damit begann auch das große Misstrauen der Gesellschaft gegen die Auswirkungen des menschlichen Seelenlebens, weil mit dem Teilverlust der berechenbaren Vernunft und dem Einzug der schwer fassbaren Seele mit ihren Gefühlen die bis dahin verständliche Gesellschaftsordnung ins Wanken geriet. An diesem Unbehagen der Menschen den seelischen Vorgängen und den Gefühlen gegenüber hat sich bis heute nicht viel geändert.

In der allerneuesten Zeit werden nun aber auch die Gefühle und die seelischen Zusammenhänge mehr und mehr verständlich und erhalten messbare Gestaltungskraft auf die Ausbildung der Vernunft. Dadurch geraten die menschlichen Reaktionsweisen wieder in eine kalkulierbare Größenordnung. Die so hinzugewonnene Kalkulierbarkeit bezieht aber ihre Grundlagen aus dem Verständnis der emotionalen und psychosozialen Entwicklung des Kindes. An diesem Entstehungsprozess will ich mich mit dem vorliegenden Buch beteiligen. Vernunft und Gefühl sollten sich nie wieder unverbunden oder „feindlich" gegenüberstehen wie einst Geist und Seele bei René Descartes, sondern sollen sich durchdringen und gegenseitig befruchten in einem letztendlich nicht zu entwirrenden Geflecht von neuronalen Netzwerken im menschlichen Gehirn.

Literatur

Ahnert, Lieselotte (Hrsg.) (2004). Frühe Bindung. Entstehung und Entwicklung, 2. Aufl. (2008). München: Ernst Reinhardt

Ahnert, Lieselotte (2010). Wie viel Mutter braucht ein Kind? Bindung – Bildung Betreuung: öffentlich und privat. Heidelberg: Spektrum Akademischer Verlag

Ainsworth, M.D., Blehar, M.C., Waters, E., Wall, S. (1978). Patterns of attachment. A psychological study of strange situation. Hillsdale, NJ: Lawrence Earlbaum

Ariès, Philippe (1978). Geschichte der Kindheit. 6. Aufl. (1984). München: Carl Hanser

Baake, Dieter (1999). Die 0–5-jährigen. Einführung in die Probleme der frühen Kindheit. Weinheim, Basel: Beltz

Ballauff, Theodor (1998). Johann Heinrich Pestalozzi. In: Fischer, Wolfgang, Löwisch, Dieter-Jürgen (Hrsg.). Philosophen als Pädagogen. Wichtige Entwürfe klassischer Denker (154–168). 2. Aufl. (1989). Darmstadt: Wissenschaftliche Buchgesellschaft

Bauer, Joachim (2004). Das Gedächtnis des Körpers. Wie Beziehungen und Lebensstile unsere Gene steuern. München: Piper

Bauer, Joachim (2005). Warum ich fühle, was du fühlst. Intuitive Kommunikation und das Geheimnis der Spiegelneurone. 2. Aufl. (2005) Hamburg: Hoffmann und Campe

Bauer, Joachim (2007). Unser flexibles Erbe. In: Gehirn und Geist 9, 58–65

Bauer, Joachim (2011). Schmerzgrenze. Vom Ursprung alltäglicher und globaler Gewalt. München: Karl Blessing

Beblo, Thomas, Woermann, Friedrich G. (1997). Traumatisierung und zerebrale Bildgebung (1997). In: Egle, U. T., Hoffmann, S. O., Joraschky, Peter (Hrsg.). Sexueller Missbrauch, Misshandlung, Vernachlässigung. Erkennung, Therapie und Prävention der Folgen früher Stresserfahrungen (75–84). 3. Aufl. (2005). Stuttgart: Schattauer

Becker-Stoll, Textor, Martin R. (Hrsg.) (2007). Die Erzieherin-Kind-Beziehung. Berlin, Düsseldorf, Mannheim: Cornelsen

BELLA-Studie (2012). Studie zum seelischen Wohlbefinden und Verhalten von Kindern und Jugendlichen in Deutschland. Berlin: Robert Koch-Institut

Bischof-Köhler, Doris (1994). Selbstobjektivierung und fremdbezogene Emotionen. In: Zeitschrift für Psychologie, 202, 349–377

Bischof-Köhler, Doris (2000). Kinder auf Zeitreise. Bern, Göttingen: Verlag Hans Huber

Bischof-Köhler, Doris (2007). Zusammenhänge zwischen Bindung, Erkundung und Autonomie. In: K.-H. Brisch & T. Hellbrügge (Hrsg.) (2007). Die Anfänge der Eltern-Kind-Bindung (325–340). Stuttgart: Klett-Cotta

Blanz, B., Schneider, S. (2003). Angststörungen. In: Herpertz-Dahlmann, B., Resch, F., Schulte-Markwort, M., Warnke, A. (Hrsg.). Entwicklungspsychiatrie. Biopsychologische Grundlagen und die Entwicklung psychischer Störungen (744–770). Stuttgart, New York: Schattauer

Böhm, Rainer (2011). Auswirkungen frühkindlicher Gruppenbetreuung auf die Entwicklung und Gesundheit von Kindern. In: Kinderärztliche Praxis 82 (5), 316–321

Böhm, W., Schiefelbein, E., Seichter, S. (2008). Projekt Erziehung. Ein Lehr- und Lernbuch. 2. Aufl. (2010). Paderborn: Ferdinand Schöningh

Bowlby, John, Ainsworth, Mary (1953). Frühe Bindung und kindliche Entwicklung. 4. Aufl. (2001). München, Basel: Ernst Reinhardt

Braun, Anna K., Bock, Jörg et al. (2002). Frühe emotionale Erfahrungen und ihre Relevanz für die Entstehung und Therapie psychischer Erkrankungen. In: Strauss, B., Buchheim, A., Kächele, H. (Hrsg.). Klinische Bindungsforschung. Methoden und Konzepte (122–128). Stuttgart, New York: Schattauer

Braun, Anna K., Bock, Jörg (2003). Die Narben der Kindheit. In: Gehirn und Geist 1, 51–53

Braun, Anna K. (2008). Ins Gehirn geschaut. Wie frühkindliche Bindungs- und Trennungserfahrungen die Entwicklung des Gehirns beeinflussen. Vortrag auf der 13. Jahrestagung der Gesellschaft für die seelische Gesundheit in der frühen Kindheit, Freiburg

Braus, Dieter F. (2004). EinBlick in das Gehirn. Moderne Bildgebung in der Psychiatrie. Stuttgart, New York: Georg Thieme

Brisch, Karl-Heinz (1999). Bindungsstörungen. Von der Bindungstheorie zur Therapie. 7. Aufl. (2006). Stuttgart, New York: Klett Cotta

Brisch, Karl-Heinz (2010). SAFE. Sichere Ausbildung Für Eltern. Stuttgart, New York: Klett Cotta

Brisch, Karl-Heinz (2011). Eltern-Säuglings/Kleinkind-Therapie bei früher Traumatisierung. In: Kißgen, Rüdiger, Heinen, Norbert (Hrsg.). Familiäre Belastungen in früher Kindheit. Früherkennung, Verlauf, Begleitung, Intervention (277–290). Stuttgart, New York: Klett Cotta

Bürgin, Dieter, Rost, Barbara (1997). Psychische und psychosomatische Erkrankungen bei Kindern und Jugendlichen. In: Egle, U., Hoffmann, S.O., Joraschky, P. (Hrsg.). Sexueller Missbrauch, Misshandlung, Vernachlässigung. Erkennung, Therapie und Prävention der Folgen früher Stresserfahrungen (247–266). 3. Aufl. (2005). Stuttgart: Schattauer

Bürgin, Dieter (2008). Sich binden – sich trennen – sich finden. Vortrag auf der 13. Jahrestagung der Gesellschaft für die seelische Gesundheit in der frühen Kindheit, Freiburg

Bussmann, Kai (2010). Familien-Gewalt-Report. Martin Luther Universität Halle-Wittenberg. Online verfügbar unter http://wcms.uzi.uni-halle.de/download.php?down=14704&elem=2282564 (abgerufen am 05.02.2013)

Cassirer, Ernst (2012). Über Rousseau. Berlin: Suhrkamp

Chamberlain, Sigrid (2010). Adolf Hitler, die deutsche Mutter und ihr erstes Kind: Über zwei NS-Erziehungsbücher. Gießen: Psychosozial Verlag

Chugani, H.T., Behen, M.E., Muzik, O., Juhász, C., Nagy, F., Chugani, D.C. (2001). Local Brain Functional Activity Following Early Depriation. A Study of Postinsitutionalized Romanian Orphans. In: Neuroimage, 14, 1290–1301

Cierpka, Manfred (2012). Familienstützende Prävention. In: Cierpka, M. (Hrsg.). Frühe Kindheit 0–3. Beratung und Psychotherapie für Eltern mit Säuglingen und Kleinkindern (523–531). Berlin, Heidelberg: Springer

Damasio, Antonio (1997): Decartes' Irrtum. München: Deutscher Taschenbuch Verlag

Damasio, Antonio (2011). Selbst ist der Mensch. Körper, Geist und die Entstehung des menschlichen Bewusstseins. München: Siedler

Döpfner, Manfred, Frölich, Jan, Lehmkuhl, Gerd (2002). Hyperkinetische Störungen. Göttingen, Bern: Hogrefe

Döpfner, M., Schürmann, St., Lehmkuhl, G. (2000). Wackelpeter und Trotzkopf. Heidelberg: Beltz PVU

Dollard, J., Dobb, L.W., Miller, N.E. (1982). Frustration und Aggression. Basel, Weinheim: Beltz

Dornes, Martin (2011). Erziehungsnotstand. Mythen und Fakten. In: Kißgen, Rüdiger, Heinen, Norbert (Hrsg.). Familiäre Belastungen in früher Kindheit. Früherkennung, Verlauf, Begleitung, Intervention (17–46). Stuttgart, New York: Klett-Cotta

Eibl-Eibesfeldt, Irenäus (1984). Die Biologie des menschlichen Verhaltens. Grundriss der Humanethologie. 3. Aufl. (1997). München: Piper, Lizenzausgabe Weyern: Seehamer-Verlag

Eickhoff, Simon (2012). Moralisches Denken entsteht im Gehirn durch emotionale und rationale Verarbeitungsprozesse. Brain Network Modelling Group. Institut für Neurowissenschaften und Medizin. Forschungszentrum Jülich

Emde, Robert N. (2011). Bindung, frühe Moralentwicklung und wechselseitige Regulationsprozesse. In: K.-H. Brisch (Hrsg.). Bindung und frühe Störungen der Entwicklung (237–255). Stuttgart, New York: Klett Cotta

Erikson, Erik H. (1982). Kindheit und Gesellschaft. 12. Aufl. (1995). Stuttgart, New York: Klett Cotta

Fallgatter, A.J., Ehlis A.C., Seifert, W.K. et al. (2004). Altered response control and anterior cingulate function in attention-deficit/hyperactivity disorder boys. In: Clinical Neurophysiology, 115, 973–981

Fiedler, Peter (1994). Persönlichkeitsstörungen. 6. Aufl. (2007). Basel, Weinheim: Beltz

Fischer, Wolfgang, Löwisch, Dieter-Jürgen (Hrsg.) (1989). Philosophen als Pädagogen. Wichtige Entwürfe klassischer Denker. 2. Aufl. (1998). Darmstadt: Wissenschaftliche Buchgesellschaft

Fornagy, Peter, Target, Mary (2002). Neubewertung der Entwicklung der Affektregulation vor dem Hintergrund von Winnicotts Konzept des „falschen Selbst". In: Psyche, Zeitschrift für Psychoanalyse und ihre Anwendungen, Sonderheft Entwicklungsforschung, Bindungstheorie, Lebenszyklus, 56, 839–862

Forsa-Institut (2012). Studien zu Gewalt an Kindern. Online verfügbar unter http://www.eltern.de/c/pdf/umfrage-ohrfeigen/Studie_forsa_Gewalt%20in%20der%20Erziehung_2011.pdf (abgerufen am 06.02.2013).

Förstl, Hans, Hautzinger, Martin, Roth, Gerhard (2005). Neurobiologie psychischer Störungen. Berlin, Heidelberg: Springer

Förstl, Hans (Hrsg.) (2007). Theory of Mind, Neurobiologie und Psychologie sozialen Verhaltens. Heidelberg: Springer Medizin

Freud, Sigmund (1923). Das Ich und das Es. 8 Aufl. (2000). Frankfurt am Main: Fischer Taschenbuch Verlag

Fürstaller, M., Funder, A., Datler, W. (2011). Wenn Tränen versiegen, doch Kummer bleibt. Über Kriterien gelungener Eingewöhnung in die Kinderkrippe. In: Frühe Kindheit. Zeitschrift der Deutschen Liga für das Kind, 14 (1), 20–26 Online verfügbar unter: http://liga-kind.de/fruehe/111_datler.php (abgerufen am 23.07.2012)

Garz, Detlef (1989). Sozialpsychologische Entwicklungstheorien. Von Mead, Piaget und Kohlberg bis zur Gegenwart. 4. Aufl. (2008). Wiesbaden: VS Verlag für Sozialwissenschaften

Gehirn & Geist (2011). Zügellose Neurone. Übermäßig aktivierte Hirnzellen machen Nager apathisch. In: Nature 470 (2011), 535–539

Gopnik, A., Kuhl, P., Meltzoff, A. (2000). Forschergeist in Windeln. Wie Ihr Kind die Welt begreift. Kreuzlingen, München: Hugendubel (Ariston)

Goodall, Jane (2010). Mein Leben für Tiere und Natur. 50 Jahre in Gombe. München: Bassermann

Goodall, Jane, Rien, Mark, W. (1991). Wilde Schimpansen. Verhaltensforschung am Gombe-Strom. Reinbek bei Hamburg: Rowohlt

Grossmann, Karin, Grossman, Klaus E. (2003). Elternbindung und Entwicklung des Kindes. In: Herpertz-Dahlmann, B., Resch, F., Schulte-Markwort, M., Warnke, A. (Hrsg.). Entwicklungspsychiatrie. Biopsychologische Grundlagen und die Entwicklung psychischer Störungen (221–241). Stuttgart, New York: Schattauer

Grossmann, Karin, Grossmann, Klaus E. (2004). Bindungen – das Gefüge psychischer Sicherheit. Stuttgart, New York: Klett Cotta

Haarer, Johanna (1934). Die Mutter und ihr erstes Kind. 5. Aufl. (1961). Frankfurt am Main: Fischer Taschenbuch Verlag

Herpertz-Dahlmann, Beate, Herpertz, Sabine C. (2003). Persönlichkeitsstörungen. In: Herpertz-Dahlmann, B., Resch, F., Schulte-Markwort, M., Warnke, A. (Hrsg.). Entwicklungspsychiatrie. Biopsychologische Grundlagen und die Entwicklung psychischer Störungen (1052–1078). Stuttgart, New York: Schattauer

Herpertz-Dahlmann, B., Resch, F., Schulte-Markwort, M., Warnke, A. (2003). Entwicklungspsychiatrie. In: Herpertz-Dahlmann, B., Resch, F., Schulte-Markwort, M., Warnke, A. (Hrsg.). Entwicklungspsychiatrie. Biopsychologische Grundlagen und die Entwicklung psychischer Störungen (303–351). Stuttgart, New York: Schattauer

Hübner-Liebermann, Bettina, Hausner, Helmut, Wittmann, Markus (2012). Peripartale Depressionen erkennen und behandeln. In: Deutsches Ärzteblatt, 109 (24), 419–24

Hüther, Gerald (2001). Bedienungsanleitung für das menschliche Gehirn. 11. Aufl. (2013). Göttingen : Vandenhoeck & Rupprecht

Hüther, Gerald (2009). Biologie der Angst. Wie aus Stress Gefühle werden. Göttingen: Vandenhoeck & Rupprecht

Hüther, Gerald, Krens, Inge (2011). Das Geheimnis der ersten neun Monate. Unsere frühesten Prägungen. Basel, Weinheim: Beltz

Hüther, Gerald (2011). Die Macht der inneren Bilder. Wie Visionen das Gehirn, den Menschen und die Welt verändern. Göttingen: Vandenhoeck & Rupprecht

Juul, Jesper (2003). Das kompetente Kind. 3. Aufl. (2004). Reinbek bei Hamburg: Rowohlt

KIGGS (2007) Studie zur Gesundheit von Kindern und Jugendlichen in Deutschland. Bundesgesundheitsblatt-Gesundheitsforschung-Gesundheitsschutz 5/6. Berlin: Robert Koch-Institut

Kohut, Heinz (1981). Die Heilung des Selbst. Frankfurt am Main: Suhrkamp

Kohlberg, Lawrence (1995). Die Psychologie der Moralentwicklung. Frankfurt am Main: Suhrkamp

Krausz, M., Schäfer, I., Lucht, M., Freyberger, H.J. (1997). Suchterkrankungen. In: Egle, U.T., Hoffmann, S.O., Joraschky, Peter (Hrsg.). Sexueller Missbrauch, Misshandlung, Vernachlässigung. Erkennung, Therapie und Prävention der Folgen früher Stresserfahrungen (483–498). 3. Aufl. (2005). Stuttgart, New York: Schattauer

LeDoux, Joseph (1998). Das Netz der Gefühle. Wie Emotionen entstehen. München, Wien: Carl Hanser

Lehmkuhl, Gerd, Döpfner, Manfred (2003). Aufmerksamkeits-/Hyperaktivitätsstörungen (ADHS). In: Herpertz-Dahlmann, B., Resch, F., Schulte-Markwort, M., Warnke, A. (Hrsg.). Entwicklungspsychiatrie. Biopsychologische Grundlagen und die Entwicklung psychischer Störungen (674–693). Stuttgart, New York: Schattauer

Liegle, Ludwig (2006). Bildung und Erziehung in früher Kindheit. Stuttgart: Kohlhammer

Lorenz, Konrad (1963). Das sogenannte Böse. Zur Naturgeschichte der Aggression. 5. Aufl. (1964). Wien: Dr. G. Borotha-Schöler

Mahler, Margaret, Pine, Fred, Bergmann, Anni (1975). Die psychische Geburt des Menschen. (1997). Frankfurt am Main: Fischer Taschenbuch Verlag

Makarenko, A.S. (1974). A.S. Makarenko Werke, Band V. Berlin: Volk und Wissen Volkseigener Verlag

Meaney, Michael (2005). Wie Zuwendung der Eltern die Stressvulnerabilität beeinflusst. Molekularbiologische Grundlagen sozialer Erfahrung. In: Verhaltenstherapie, 15, 110–112

Miller, Alice (1979). Das Drama des begabten Kindes. Und die Suche nach dem wahren Selbst. 12. Aufl. (1990). Frankfurt am Main: Suhrkamp

Miller, Alice (1983). Am Anfang war Erziehung. Frankfurt am Main: Suhrkamp

Montessori, Maria (1971). Die Entdeckung des Kindes. Schriften des Willmann Instituts München–Wien. Freiburg, Basel, Wien: Herder

Montessori, Maria (1972). Das kreative Kind. Der absorbierende Geist. Schriften des Willmann Instituts München–Wien. Freiburg, Basel, Wien: Herder

Montessori, Maria (1980): Kinder sind anders. Bearbeitete Aufl. (1985). Frankfurt am Main, Berlin, Wien: Klett-Cotta im Ullstein Taschenbuch

Neill, Alexander, S, Schroeder, H., Horstrup, P. (1969). Theorie und Praxis der antiautoritären Erziehung: Das Beispiel Summerhill. Reinbek bei Hamburg: Rowohlt

Nissen, Gerhard (2005). Kulturgeschichte seelischer Störungen bei Kindern und Jugendlichen. Stuttgart: Klett-Cotta

Papousek, M. (2011). Verwundbar, aber unbesiegbar – Ressourcen der frühen Kommunikation in Eltern-Säuglings-Beratung und -Psychotherapie. In: Hellbrügge, T, Weiß, B. (Hrsg.). Frühe Störungen behandeln – Elternkompetenzen stärken (62–92). Stuttgart: Klett-Cotta

Papousek, M., Schieche, M., Wurmser, H. (2004). Regulationsstörungen der frühen Kindheit. Bern, Göttingen: Verlag Hans Huber

Pauen, Sabina (2006). Was Babys denken. Eine Geschichte des ersten Lebensjahres. München: C.H. Beck

Petermann, F., Döpfner, M., Schmidt, M.H. (2001). Aggressiv-dissoziale Störungen. Göttingen, Bern: Hogrefe

Pfeiffer, Ernst, Lemkuhl, Ulrike (2003). Bindungsstörungen. In: Herpertz-Dahlmann, B., Resch, F., Schulte-Markwort, M., Warnke, A. (Hrsg.). Entwicklungspsychiatrie. Biopsychologische Grundlagen und die Entwicklung psychischer Störungen (645–651). Stuttgart, New York: Schattauer

Piaget, Jean, Inhelder, Bärbel (1983). Die Psychologie des Kindes. Frankfurt am Main: Suhrkamp

Posth, Rüdiger (2007). Vom Urvertrauen zum Selbstvertrauen. Das Bindungskonzept in der emotionalen und psychosozialen Entwicklung des Kindes. 2. Aufl. (2009) Münster, New York, München, Berlin: Waxmann

Posth, Rüdiger (2010). Gefühle regieren den Alltag. Schwierige Kinder zwischen Angst und Aggression. 2. Aufl. (2012). Münster, New York, München, Berlin: Waxmann

Posth, Rüdiger (2010). Die Bedeutung der Bindungstheorie in der Frühpädagogik. In: Weegmann, W., Kammerlander, C. (Hrsg.). Die Jüngsten in der Kita. Ein Handbuch zur Krippenpädagogik. Stuttgart: Kohlhammer

Reichholf, Josef H. (2012). Warum die Menschen sesshaft wurden. Das größte Rätsel unserer Geschichte. Frankfurt am Main: S. Fischer

Remschmidt, H., Schmidt, M.H., Poustka, F. (Hrsg.) (2006). Multiaxiales Klassifikationsschema für psychische Störungen des Kindes- und Jugendalters nach ICD-10 der WHO. Mit einem synoptischen Vergleich von ICD-10 mit DSM-IV. Bern: Verlag Hans Huber

Renz-Polster, Herbert (2009). Born to be wild: Wie die Evolution unsere Kinder prägt. München: Kösel

Röd, Wolfgang (1996). Der Weg der Philosophie von den Anfängen bis ins 20. Jahrhundert. Erster und zweiter Band. München: C.H. Beck

Rogge, Jan-Uwe (2008). Das Neue Kinder brauchen Grenzen. 2. Aufl. (2008). Reinbek bei Hamburg: Rowohlt

Roth, Gerhard (2003). Fühlen, Denken, Handeln. Wie das Gehirn unser Verhalten steuert. Frankfurt am Main: Suhrkamp

Roth, Gerhard (2003) Aus Sicht des Gehirns. Vollst. überarb. Neuaufl. (2009). Frankfurt am Main: Suhrkamp

Rutter, Michael, Beckett, Celia, Castle, Jenny et al. (2007). Effects of profound early institutional deprivation: An overview of findings from a UK longitudinal study of Romanian adoptees. In: European Journal of Developmental Psychology, 4 (3), 931–946

Schindler, Andreas (2013). Bindung und Sucht – theoretische Modelle, empirische Zusammenhänge und therapeutische Implikationen. In: Brisch, Karl-Heinz (Hrsg.). Bindung und Sucht (13–31). Stuttgart, New York: Klett-Cotta

Schmahl, Christian (2012). Dämpfer fürs Gefühlschaos. Warum fügen sich manche Menschen immer wieder Schnitte und Brandwunden zu? In: Gehirn&Geist 9, 48–53

Schneider, Silvia (2004). Angststörungen bei Kindern und Jugendlichen. Grundlagen und Behandlung. Berlin, Heidelberg, New York: Springer

Sodian, Beate (2003). Die Entwicklungspsychologie des Denkens – das Beispiel Theory of Mind. In: Herpertz-Dahlmann, B., Resch, F., Schulte-Markwort, M., Warnke, A. (Hrsg.). Entwicklungspsychiatrie. Biologische Grundlagen und die Entwicklung psychischer Störungen (182–194). Stuttgart, New York: Schattauer

Spitz, René A. (1954). Vom Säugling zum Kleinkind. Naturgeschichte der Mutter-Kind-Beziehungen im ersten Lebensjahr. 5. Aufl. (1976). Stuttgart: Ernst Klett

Spitzer, Manfred (2012). Oxytocin – die dunkle Seite des Kuschelhormons. In: Zeitschrift für Nervenheilkunde 31, 653–656

Statistisches Bundesamt (2012). Bevölkerung und Erwerbstätigkeit. Statistik der rechtskräftigen Beschlüsse in Eheauflösungssachen (Scheidungsstatistik). Fachserie 1, Reihe 1.4. Online verfügbar unter https://www.destatis.de/DE/Publika

tionen/Thematisch/Bevoelkerung/Bevoelkerungsbewegung/Scheidungsstatistik2010140107004.pdf?__blob=publicationFile (abgerufen am 06.02.2013)

Stern, Daniel N. (1985). Die Lebenserfahrung des Säuglings. 2. Aufl. (1992), Stuttgart: Klett Cotta.

Strauss, Bernhard, Buchheim, Anna, Kächele, Horst (2002). Klinische Bindungsforschung: Theorien – Methoden – Ergebnisse. Stuttgart, New York: Schattauer

Strauss, Bernhard (1997). Vernachlässigung und Misshandlung aus der Sicht der Bindungstheorie. In: Egle, U.T., Hoffmann, S.O., Joraschky, P. (Hrsg). Sexueller Missbrauch, Misshandlung, Vernachlässigung. Erkennung, Therapie und Prävention der Folgen früher Stresserfahrungen (105–115). 3. Aufl. (2005): Stuttgart, New York: Schattauer

Taureck, Bernhard H.F. (2009). Jean-Jacques Rousseau. Rowohlts Monographien. Reinbek bei Hamburg: Rowohlt

Tenorth, Heinz-Elmar (1988). Geschichte der Erziehung. Einführung in die Grundzüge ihrer neuzeitlichen Entwicklung. 5. Aufl. (2010). Weinheim, München: Juventa

Tschöpe-Scheffler, Sigrid (Hrsg.) (2005). Konzepte der Elternbildung – ein kritische Übersicht. Opladen: Barbara Budrich

UNICEF-Report (2011). Kinder vor Gewalt schützen. Mit allen Daten zur Situation der Kinder in der Welt. Frankfurt am Main: Fischer Taschenbuch Verlag

Warneken, F., Chen, F., Tomasello, M. (2006). Cooperative activities in young children and chimpanzees. In: Child Development, 77, (3), 640–663

Wessel, M.A., Cobb, J.C., Jackson, E.B., Harris, G.S., Detwiler, A.C. (1954). Paroxysmal fussing in infancy, sometimes called „colic“. In: Pediatrics, 14, 421–434

Winnicott, Donald Woods (1976). Von der Kinderheilkunde zur Psychoanalyse. München: Kindler

Zentner, Marcel R. (2008). Der Einfluss des Temperaments auf das Bindungsverhalten. In: Ahnert, Lieselotte (Hrsg.). Frühe Bindung. Entstehung und Entwicklung (175–197). 2. Aufl. (2008). München: Ernst Reinhardt

Zulauf-Logoz, Marina (2008). Die Desorganisation der frühen Bindung und ihre Konsequenzen. In: Ahnert, Lieselotte (Hrsg.). Frühe Bindung. Entstehung und Entwicklung (297–312). 2. Aufl. (2008). München: Ernst Reinhardt